令和5-6年 新試験対応

情報処理技術者試験対策書

2023-2024

基本情報技術者

科目A 試験対策書

●アイテックIT人材教育研究部［編著］

iTEC

人間力を、企業力に

内容に関するご質問についてのお願い

この度は本書籍をご購入いただき誠にありがとうございます。弊社では本書の内容に関するご質問を受け付けております。書籍内の記述に，誤りと思われる箇所がございましたら，お問い合わせください。正誤のお問い合わせ以外の，学習相談，受験相談にはご回答できかねますので，ご了承ください。恐れ入りますが，質問される際には下記の事項を確認してください。

● ご質問の前に

弊社 Web サイトで「正誤表」をご確認ください。
最新の正誤情報を掲載しております。

https://www.itec.co.jp/learn/errata/

● ご質問の際の注意点

弊社ではテレワークを中心とした新たな業務体制への移行に伴い，全てのお問い合わせを Web 受付に統一いたしました。お電話では承っておりません。ご質問は下記のお問い合わせフォームより，書名（第○版第△刷），ページ数，質問内容，連絡先をご記入いただきますようお願い申し上げます。

アイテック Web サイト　お問い合わせフォーム

https://www.itec.co.jp/contact

回答まで，1 週間程度お時間を要する場合がございます。
あらかじめご了承ください。

● 本書記載の情報について

本書記載の情報は 2023 年 2 月現在のものです。内容によっては変更される可能性もございますので，試験に関する最新・詳細な情報は，「独立行政法人 情報処理推進機構」の Web サイトをご参照ください。

https://www.jitec.ipa.go.jp/

はじめに

　基本情報技術者試験は，IT 関連の様々な業務で必要とされる基本的知識を理解し，基本的な技能をもっているかどうかを判定する試験です。技術の進歩や業界動向の変化に対応して，何度か制度を変えながら実施されてきましたが，50 年以上の時を経て，令和 5 年度から試験の内容が大きく変更されます。これまで知識を問う午前試験が科目 A 試験に，知識の応用問題やアルゴリズム，プログラミングの問題を出題してきた午後試験が科目 B 試験と名前を変えて通年実施となり，出題数・試験時間・出題内容・採点方法が変わります。特に科目 B 試験は，大胆に変わり，「アルゴリズムとプログラミング」，「情報セキュリティ」の 2 分野だけで，出題形式が小問形式（一問一答）になります。

　科目 A 試験の出題範囲は従来と同じで，基礎理論と技術知識を含むテクノロジ分野，プロジェクトマネジメントやサービスマネジメントを含むマネジメント分野，システム戦略や経営戦略・法律などビジネス関連の知識を含むストラテジ分野が含まれます。

　本書は，既刊の「午前試験対策書」を新しい「科目 A 試験対策書」として改訂したもので，改訂内容としては，科目 B 試験でも出題されるセキュリティと令和元年秋期試験から重視された数学関連の内容を増やしています。出題範囲や内容は，問題公表されていた時から変わりませんので，他試験の最新問題も参考に，新しい技術や IT 業界動向の問題も収録しています。

　基本情報技術者の科目 A 試験は，学習すべき内容が多いので，試験対策としての学習を考えた場合，「限られた時間をいかに効率良く使って，出題のポイントを理解するか」ということが大切になります。全ての分野で高い正解率を出すことが理想ですが，得意・不得意な分野があるのが普通です。

　本書は，苦手な分野の出題ポイントを効率良く理解して知識を習得できるよう，過去の試験の出題内容を詳細に分析し，新しい試験の出題内容を予想した"科目 A 試験対策書"として利用していただける内容にしています。過去の試験では，合格点まであと一歩届かなかった人が毎回 2〜3 割いましたが，試験前に集中的に出題ポイントを復習すれば，合格ラインに達することができた可能性が高く，本書は，直前の知識整理としても利用していただけるよう簡潔に説明しています。本書を活用して，合格の栄冠を手に入れられることを心よりお祈りしております。

2023 年 2 月
株式会社アイテック　IT 人材教育研究部

商標表示

各社の登録商標及び商標，製品名に対しては，特に注記のない場合でも，これを十分に尊重いたします。

第1部
part 1

新試験制度と科目Ａ試験のポイント・本書の学習方法

新試験制度の概要

〔新しい試験制度で何が変わったか〕

令和5年度から実施が予定されている新しい基本情報技術者試験は，これまで実施されてきた試験の出題数と試験時間，出題内容，採点方法，試験実施回数など大きく変わります。

① 試験の出題数と試験時間

新しい試験では科目A（旧午前試験）が60問出題で90分，科目B（旧午後試験）が20問出題で100分に短縮され，それぞれ全問解答します。変更前はそれぞれ80問出題と解答で150分，11問出題の5問解答で150分でした。

② 出題内容

出題内容は本書で説明する科目Aに関しては変更がなく，従来と同じ出題範囲・内容です。科目Bはデータベースやネットワークなどの応用問題と言語別のプログラム問題がなくなり，アルゴリズムとプログラミング（16問）と情報セキュリティ（4問）の二つの分野だけから出題され，全て科目Aと同じ1問1答形式の小問形式になります。なお，科目Bで出題されるアルゴリズムの問題では，従来の記号（▲，▼，■）を使った擬似言語から，プログラム言語に近い（if, for, while など）新しい擬似言語に変わります。

③ 採点方法

科目AとBの試験は，それぞれ1,000点満点で，両方の試験が600点以上で合格となります。ただし，採点はIRT（項目応答理論）という方式で行われ，過去の統計データを基に1問ごとの点数が決められます。このため，単純に6割の問題を正解しても，採点結果が600点になるとは限りません。

④ 試験実施回数

これまで1年の上期と下期に一定期間で実施されていた試験が，1年間通して受験できる通年試験になり，希望する時間と場所を選んで受験できます。なお，再受験規定（リテイクポリシー）が公表されていて，不合格の場合は，受験した翌日から30日を超えた日以降を受験日として申し込みすることができます。

以上が主な変更内容です。知識が問われる科目Aの試験は出題数と試験時間が減りましたが，出題内容は変更されていないので，これまでと同じ学習方法で試験対策を行えばよいといえます。なお，令和2年度以降の基本情報技術者試験は問題内容が公開されていないため，他のITパスポート試験や応用情報技術者試験で出題されている内容を参考にして，重要ポイントとなり得る新しい

内容については，本書で解説をしています。

　このように，これまでと大きく変わる基本情報技術者試験ですが，試験の実施方式については，自分で選んだ試験会場に出向いて受験する CBT（Computer Based Testing）方式で実施され，科目 A と科目 B の両方の試験を同じ日に受験することになります（これまでの CBT 試験では別の日の受験も可能でした）。令和 5 年度試験の申込開始は令和 5 年 3 月ごろの予定となっていますので（令和 5 年 2 月時点の情報），今後発表される試験関連の情報については，試験実施団体の IPA（独立行政法人情報処理推進機構）から発表される内容を必ず確認してください。

（IPA の情報処理技術者試験のページ）
https://www.jitec.ipa.go.jp/index.html

〔**新しい基本情報技術者試験の対策を始めるに当たって**〕
　新しい基本情報技術者試験は，試験の出題数と試験時間が減るため受験者の負担が軽くなる一方で，1 問当たりにかけられる時間は短くなっています。また，IRT で採点されるため，やや難しい計算問題や考察問題などの点数が高くなる傾向があると考えられます。

ポイント1　考える時間は短くなる！

　科目 A 試験ではこれまで重要ポイントとなっていた内容が出題されないこともあり得ます。しかし，受験するたびに試験の出題内容が変わると考えられるため，出題範囲のポイントについて"山をかける"のではなく，本書で説明している事項について，しっかり学習をし理解しておく必要があります。

ポイント2　山をかけずに出題範囲のポイントを確実に理解する！

　本書では解説しませんが，科目 B 試験で出題される「アルゴリズムとプログラミング」分野の問題では，科目 A の出題範囲の「基礎理論」に含まれる基数変換や論理演算の知識，応用数学，データ構造，アルゴリズムなどが前提知識として必要です。
　同じように「情報セキュリティ」分野の問題では，科目 A の出題範囲の「セキュリティ」の知識は必須になりますので，これらの分野については特に重点的に学習して確実に理解し，8〜9 割の正解率が出せるぐらいまで理解を深めてください。

ポイント3　科目 A の基礎理論とセキュリティは徹底的に学習する！

基本情報技術者 科目A試験のポイント

part 1

　基本情報技術者試験は，システムを開発する立場の人だけでなく，運用サービスに携わる人，システム企画を行う人，自動車や家電製品などの組込みシステムの開発に携わる人など，多くの人を対象にして実施されています。

　このように幅広い人が受験する試験のため，ITに関するテクノロジ系分野の知識の他に，マネジメント系，ストラテジ系分野の知識も加わった出題範囲になっています。本章では，これらの知識を問う科目A試験の出題内容と出題ポイントを説明します。

（ポイント1）　試験対策として7割の正答率を目標にする

　基本情報技術者試験は，科目A，科目Bともに1,000点満点のテストで，両方のテストで600点以上得点できれば合格となります。しかし，IRT（項目応答理論）で評価が行われるため，問題ごとの得点は過去のデータから計算され，均等ではありません。このため，試験対策としては合格ぎりぎりの6割の正答率ではなく，余裕をもって7割の正答率を目指して学習を進めてください。

　科目A試験は出題範囲が非常に広いため，合格に必要な600点以上を得点するには，各分野の出題ポイントを確実に理解しておく必要があります。試験結果が公表されていた令和元年秋期までの統計情報では，科目A試験（旧午前試験）を受けた人の50%前後の人が100点満点で60点以上の得点者でした。しかし，あと10点足りなかった人（50〜59点の人）が約20〜25%もいることから，ぎりぎりで合格している人が多く，必要な知識をしっかり理解して受験する必要があります。

（ポイント2）　科目A試験はテクノロジ系分野を中心とした出題

　科目A試験の出題範囲は，次の表のようにテクノロジ，マネジメント，ストラテジという三つの分野で構成され，各分野を細分化した9の大分類，23の中分類に分かれています。ITに関連する知識のほとんどの内容を網羅しているため，非常に多くの項目を含んでいますが，これまでの試験で出題された問題内容は，約6割がテクノロジ分野だったことから，令和5年度から始まる新試験でも60問中の約6割がテクノロジ分野からの出題になると予想できます。

学習は，このテクノロジ分野の知識から行うのがお勧めです。ただ，大分類の「1 基礎理論」は非常に重要な分野ですが，数式など出てくる内容もあり，苦手な人は分かる内容だけ先に学習し，その他は後で学習しても構いません。

表　科目Ａ試験の出題範囲

分野	大分類		中分類		小分類
テクノロジ系	1	基礎理論	1	基礎理論	離散数学，応用数学，情報に関する理論，通信に関する理論，計測・制御に関する理論
			2	アルゴリズムとプログラミング	データ構造，アルゴリズム，プログラミング，プログラム言語，その他の言語
	2	コンピュータシステム	3	コンピュータ構成要素	プロセッサ，メモリ，バス，入出力デバイス，入出力装置
			4	システム構成要素	システムの構成，システムの評価指標
			5	ソフトウェア	オペレーティングシステム，ミドルウェア，ファイルシステム，開発ツール，オープンソースソフトウェア
			6	ハードウェア	ハードウェア
	3	技術要素	7	ヒューマンインタフェース	ヒューマンインタフェース技術，インタフェース設計
			8	マルチメディア	マルチメディア技術，マルチメディア応用
			9	データベース	データベース方式，データベース設計，データ操作，トランザクション処理，データベース応用
			10	ネットワーク	ネットワーク方式，データ通信と制御，通信プロトコル，ネットワーク管理，ネットワーク応用
			11	セキュリティ	情報セキュリティ，情報セキュリティ管理，セキュリティ技術評価，情報セキュリティ対策，セキュリティ実装技術
	4	開発技術	12	システム開発技術	システム要件定義・ソフトウェア要件定義，設計，実装・構築，統合・テスト，導入・受入れ支援，保守・廃棄
			13	ソフトウェア開発管理技術	開発プロセス・手法，知的財産適用管理，開発環境管理，構成管理・変更管理
マネジメント系	5	プロジェクトマネジメント	14	プロジェクトマネジメント	プロジェクトマネジメント，プロジェクトの統合，プロジェクトのステークホルダ，プロジェクトのスコープ，プロジェクトの資源，プロジェクトの時間，プロジェクトのコスト，プロジェクトのリスク，プロジェクトの品質，プロジェクトの調達，プロジェクトのコミュニケーション
	6	サービスマネジメント	15	サービスマネジメント	サービスマネジメント，サービスマネジメントシステムの計画及び運用，パフォーマンス評価及び改善，サービスの運用，ファシリティマネジメント
			16	システム監査	システム監査，内部統制
ストラテジ系	7	システム戦略	17	システム戦略	情報システム戦略，業務プロセス，ソリューションビジネス，システム活用促進・評価
			18	システム企画	システム化計画，要件定義，調達計画・実施
	8	経営戦略	19	経営戦略マネジメント	経営戦略手法，マーケティング，ビジネス戦略と目標・評価，経営管理システム
			20	技術戦略マネジメント	技術開発戦略の立案，技術開発計画
			21	ビジネスインダストリ	ビジネスシステム，エンジニアリングシステム，e-ビジネス，民生機器，産業機器
	9	企業と法務	22	企業活動	経営・組織論，OR・IE，会計・財務
			23	法務	知的財産権，セキュリティ関連法規，労働関連・取引関連法規，その他の法律・ガイドライン・技術者倫理，標準化関連

共通キャリア・スキルフレームワーク ／ 情報処理技術者試験

※小分類に含まれる具体的な知識項目は，巻末資料をご覧ください。

（ポイント3） 分野別の出題数

　令和2年度から基本情報技術者試験はCBT方式で実施されてきましたが，ペーパー試験として最後に実施された令和元年度秋期試験の傾向から大きな変化はなかったと考えます。令和5年度からの新試験では出題数が80問から60問に減りますが，出題傾向の変更に関する発表はされていません。これまでの傾向とIPA公表のサンプル問題（令和4年12月）の出題内容を参考にして新しい試験の分野別出題数をアイテックで予想したのが次の表です。

　予想に当たっては，セキュリティは重点分野で変わっていないこと，数学関連の出題を増やす方針に変わり基礎理論の出題数が増えて重視されていること，を考慮しています。この傾向を踏まえると，基礎理論とセキュリティ分野の知識については，多めに時間をとって重点的に学習を進める必要があります。

表　令和5年度からの新しい試験の分野別出題数予想

共通キャリア・スキルフレームワーク						R1 秋 出題数	R5 年度 出題予想	小計
分野		大分類		中分類				
テクノロジ系	1	基礎理論	1	基礎理論		7	5	41
			2	アルゴリズムとプログラミング		4	5	
	2	コンピュータシステム	3	コンピュータ構成要素		3	3	
			4	システム構成要素		3	3	
			5	ソフトウェア		2	2	
			6	ハードウェア		3	1	
	3	技術要素	7	ヒューマンインタフェース		1	1	
			8	マルチメディア		1	1	
			9	データベース		5	4	
			10	ネットワーク		5	4	
			11	セキュリティ		10	8	
	4	開発技術	12	システム開発技術		5	3	
			13	ソフトウェア開発管理技術		1	1	
マネジメント系	5	プロジェクトマネジメント	14	プロジェクトマネジメント		4	3	7
	6	サービスマネジメント	15	サービスマネジメント		3	2	
			16	システム監査		3	2	
ストラテジ系	7	システム戦略	17	システム戦略		3	1	12
			18	システム企画		2	2	
	8	経営戦略	19	経営戦略マネジメント		2	1	
			20	技術戦略マネジメント		1	1	
			21	ビジネスインダストリ		5	3	
	9	企業と法務	22	企業活動		5	3	
			23	法務		2	1	
合計						80	60	60

（ポイント４） 科目Ａは過去問題がたくさん出題される

　科目Ａで出題される問題は，過去の試験で出題された問題（以下，過去問という）が大半を占めると予想されます。令和元年度秋期までの試験では，何度も繰り返し出題されている問題が出題されていましたが，これらは，長い間変わらず重要で，かつ基本的なIT知識が多いのが特徴です。

　令和元年度秋期までの問題を分析すると，次のグラフから分かるように出題される80問のうち，6割を超える問題が過去問でした。この他の問題は，2割強が既出の内容で新たに作られた問題，1割強が新しい技術や知識を問う新傾向の問題で，令和2年度以降（問題は公表されていない）も大きな変化はなかったと考えています。

　本書で収録している問題は，テーマの理解に役立つものや学習効果の高いものを取り上げています。また，上位の試験になりますが，応用情報技術者試験で出題されている問題でも基本情報技術者で解答できるレベルの問題は，これまでの試験でも出題されており，今後の試験でも出題される可能性があるため，新しい傾向の問題を中心に収録しています。

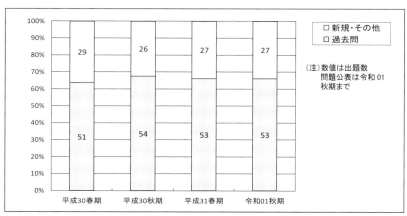

図　基本情報技術者　午前試験　過去問出題数

（ポイント５） 分野別の出題内容について

　試験で出題される内容について，分野別に概要を説明します。

① テクノロジ分野の知識

　テクノロジ分野は出題予想数として全体の6割以上を占めますが，この分野に含まれる内容が他の分野に比べて多いことが理由です。基礎理論に含まれる論理演算やデータ構造，アルゴリズム，セキュリティの知識は，科目Ｂ

で出題される「アルゴリズムとプログラミング」と「情報セキュリティ」の問題を解くために必要な前提知識となるため，確実に理解してください。

基本情報技術者試験で，これまでよく出題された内容を挙げます。なお，基礎理論の数学関連の内容として，数列やベクトル，行列，微分なども出題範囲に入っているため，出題される可能性があります。また，開発技術の問題では，柔軟な開発方法であるアジャイル関連の内容が重要です。

・基礎理論……基数変換，シフト演算，論理演算，確率・統計，グラフ理論，オートマトン，AI（機械学習の方法，ディープラーニング），BNF，逆ポーランド表記法，Java関連知識，データ構造（スタック，キュー，木），アルゴリズム（整列，探索，文字列処理，再帰処理など）

・コンピュータシステム……割込み，アドレス指定方式，キャッシュメモリ，入出力インタフェース，システム構成，仮想化，信頼性設計，性能計算，稼働率，タスク管理，仮想記憶，記憶素子，論理回路

・技術要素……データベース（E-R図，正規化，関係代数，ビュー，SQL，排他制御，障害回復，ログ，ビッグデータ），ネットワーク（転送速度・時間計算，LAN間接続装置，IPアドレス，TCP/IPプロトコル），セキュリティ（脅威，脆弱性，サイバー攻撃手法，暗号方式，認証技術，ID・パスワード管理，リスク分析・対策，セキュリティ組織・機関，マルウェア対策，ファイアウォール，セキュアプロトコル）

・開発技術……オブジェクト指向（クラス，カプセル化，継承，UML），テスト技法，レビュー技法，開発手法（アジャイル，ペアプログラミング）

② マネジメント分野の知識

マネジメント分野の出題数は10問未満と予想します。内容としてはプロジェクトマネジメント，サービスマネジメント，システム監査の各内容が2〜3問ずつ出題される考えられます。

日程計算や見積り技法，サービスマネジメントのプロセス，システム監査の基礎知識を理解してください。よく出題される内容は次のとおりです。

・プロジェクトマネジメント……ステークホルダー，WBS，日程計算（アローダイアグラム），進捗管理，見積り技法（ファンクションポイント法），工数計算，リスクマネジメント，リスク管理

・サービスマネジメント……SLA（サービスレベル合意書），サービスデスク，インシデント管理，問題管理，障害管理，可用性管理，システム運用管理（データチェック，バックアップ，データベース障害回復）

・システム監査……監査人の役割，責任，独立性，監査手続，監査報告，指摘事項

③　ストラテジ分野の知識

　ストラテジ分野の出題数は 10 数問と予想され，全体の約 4 分の 1 です。内容としてはシステム戦略，システム企画，経営戦略マネジメント，技術戦略マネジメント，ビジネスインダストリ，企業活動，法務が含まれます。

　よく出題される内容は次のとおりですが，AI，IoT，ビッグデータの普及が進み，これらの技術を応用した新しい製品やサービス，デジタルトランスフォーメーション（DX）に関連する問題が増えていくと考えられます。

・システム戦略……エンタープライズアーキテクチャ，BPR，BPO，SOA，クラウドコンピューティング（SaaS 他），SFA，RPA
・システム企画……企画プロセス，要件定義プロセス，機能要件，非機能要件，調達，RFI，提案依頼書（RFP），グリーン調達
・経営戦略マネジメント……競争戦略，SWOT 分析，PPM，マーケティング分析，価格戦略，バランススコアカード，CRM，SCM，ERP
・技術戦略マネジメント……産学連携，ロードマップ，イノベーション
・ビジネスインダストリ……IoT，MRP，e ビジネス（EDI，B to B，B to C，G to B，ロングテール，SEO），暗号資産（仮想通貨），RFID
・企業活動……経営組織，線形計画法，検査手法，QC 七つ道具（パレート図，散布図，管理図など），利益計算，損益分岐点，原価
・法務……著作権法，労働者派遣法，不正アクセス禁止法，改正個人情報保護法

(ポイント６)　効率的な学習で合格レベルの実力を付ける！

　短い時間を利用して効率的に学習するためには，出題頻度の高い重要な分野を集中的に学習するのがよいのですが，まずは本書で説明している内容を一通り理解することをお勧めします。そして，苦手な内容の学習は後回しにして構いませんので，先へ先へと学習を進めることを優先してください。基礎理論は苦手な方が多いですが，他の分野にも関連する基数変換と論理演算・シフト演算をはじめに学習したら，これら以外の数学などの内容は後で学習しても構いません。

　学習の仕方に迷ったら，まず，「学習前診断テスト」の問題を解いて，正解率の低い苦手分野を明らかにしましょう。その後で，苦手分野を中心にして学習を進めるとよいでしょう。なお，「学習前診断テスト」は第 3 章で説明する方法でダウンロードしてください。疑問に思ったことやさらに深く学習したい内容については，アイテック刊行の「コンピュータシステムの基礎　第 18 版」など，基本情報技術者試験用の分野別テキストをご利用ください。

(ポイント7) 効果的な問題の解き方

　問題を効果的に解くには，必ず自分で考えて答えを出し，それから解説を見ることが大切です。また，正解した問題についても，解説で書かれている関連事項も含めて理解するようにしてください。問題を解いた後には，正解以外の選択肢の内容も出題される可能性が高いと考えて，解説の内容をしっかりと理解してください。苦手な内容や，理解するのが難しくなかなか覚えられない内容はメモ用紙に写し，何度も読み直して学習を進めましょう。

(ポイント8) 最後の追込み学習の重要性

　科目Aの問題は，幅広い分野から出題されるので，1,000点満点で6割の600点を取るのは意外にハードルが高いといえます。経験のない分野や苦手分野については早めに学習を始め，計算問題や考える考察問題も含めて，正答率として70%を目標に学習を進めてください。

　次のグラフは，統計情報が公開された最後の令和元年度秋期の基本情報技術者試験の得点分布（100点満点）を表していますが，午前の試験で合格点の60点にあと10点足りない人（50点～59点）が13,634人いました。この方たちは受験者全体の24.2%も占めています。「あと1問」に泣かないよう，定期的に理解度を確認しながら着実に学習を進めていきましょう。

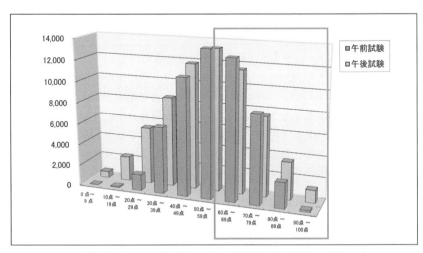

図　令和元年秋　統計情報　(基本情報技術者試験　得点分布)

(ポイント 9)　試験制度の最新情報を確認する

　新試験制度については，IPA のホームページに今後も新しい情報が掲載されます。次の URL をブラウザに登録しておいて，
こまめに内容をチェックしましょう。

　　　　https://www.jitec.ipa.go.jp/

学習の仕上げに，アイテックのオンライン模試をご利用ください

　1 年間通して行われる試験に向けて，いつでも実施できるオンライン模試をご案内しております。ご自身の試験スケジュールに合わせて，本番に向けたリハーサルをしてみてはいかがでしょうか。詳しくは，アイテックストアをご確認ください。

　また，次回試験向けに発行する教材や書籍，通信教育や e ラーニングの案内も掲載しております。ぜひ，ご利用ください。https://www.itec.co.jp/

▶ YouTube／アイテック公式チャンネルをご覧ください

　書籍にある説明よりも一歩踏み込んだ，分かりやすい解説の動画，本番の試験時間体験動画，各種書籍の紹介動画，通信教育の動画教材サンプルなどを公開しております。ぜひご活用ください。

https://www.youtube.com/channel/UCofiIa7m6fRw-mKtvyBW6_w

本書の学習方法

〔本書の特長〕

本書は，**短期間で効率良く学習**できるように構成されています。

- 「学習前診断テスト」で，苦手分野を確認してから効率的に学習できる
- 幅広い分野から出題される午前問題には，
    ① 重要テーマの頻出ポイントを解説
    ② 学習効果が高い問題を厳選して掲載
    ③ 応用力への前段階の基礎知識が身に付く，詳細な解説
- 節ごとの「理解度チェック」で，必須知識を確実に定着できる

〔本書の学習手順〕

本書の学習手順は，次のようになります。

📖 書籍，
⬇ ダウンロードまたは Web コンテンツ

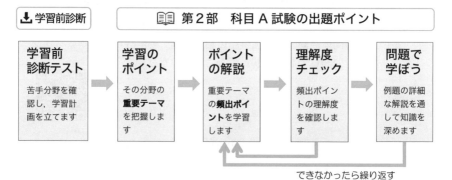

⬇ 学習前診断　　📖 **第2部　科目A試験の出題ポイント**

学習前 診断テスト	学習の ポイント	ポイント の解説	理解度 チェック	問題で 学ぼう
苦手分野を確認し，学習計画を立てます	その分野の**重要テーマ**を把握します	重要テーマの**頻出ポイント**を学習します	頻出ポイントの理解度を確認します	例題の詳細な解説を通して知識を深めます

できなかったら繰り返す

いつでも
どこでも
スマホで
用語の習得

⬇ IT用語スペルチェック

〔学習前診断テストの利用方法〕

　短期間で効率良く学習するには，苦手分野を把握し，学習時間をどのように充てるかを考える必要があります。まずは「学習前診断テスト」をやってみましょう。

📥 ご利用方法

https://www.itec.co.jp/support/download/docodemo/gakushumae_fekamokuA23_24 に Web ブラウザからアクセスしてください。

ブラウザのブックマークなどにご登録してご利用ください。

ご利用期限は 2024 年 9 月末，PW は 5Khg9WUt です。

（1）　Web コンテンツ 学習前診断テストを実施

　　11 分野の全 55 問を 70 分間で解答してください。実際の試験よりも解答時間を短く設定しています。

各問題に解答します

トップページの
分野ごとにクリック
して進んでください

判定結果ページでは，分野ごとに
何問正解したか表示されます

（2）　苦手分野を確認

　　解答できなかった問題は，解説を必ず確認しましょう。

① 　5 問中 2 問以下しか正解できなかった分野
　基本的に理解できていない分野と考え，該当の章を学習してください。

② 　5 問中 3 問正解できた分野
　たまたま正解だったという場合もあるため，①の後，学習してください。

③ 　5 問中 4 問以上正解できた分野
　ほぼ理解できている分野と考えてよいでしょう。「ポイントの解説」「問題で学ぼう」の知らない項目を確認し，学習の仕上げとしてください。

（3）　学習計画を立てる

　　苦手分野になるべく多く時間をかけるよう計画を立てましょう。各章に含まれる一つのテーマで 1〜2 時間の学習をする計画をお勧めします。

〔第2部　科目Ａ試験の出題ポイントの学習手順〕

　科目Ａ試験の範囲に合わせて 11 章に分かれています。次のように学習を進めましょう。

(1)「学習のポイント」　　　　学習方針を決める

　その章で扱う分野の重要テーマと出題ポイントを解説しています。その分野の出題内容を把握し，得意・不得意のテーマを確認しましょう。

(2)「ポイントの解説」　　　　出題ポイントの基本知識を理解する

　重要テーマの頻出ポイントや，テーマ理解に必要な，基本となる考え方や概念，用語などを解説しています。理解できない用語や項目は必ずチェックし，理解できたら消していくようにしましょう。

(3)「理解度チェック」　　　　ポイントを理解しているかを確認する

　基礎知識を理解しているか確認しましょう。すらすら答えられないときは，「ポイントの解説」に戻って学習してください。すぐに理解できない内容がある場合は，次の「問題で学ぼう」で学習した後で，再度「ポイントの解説」を読み直すとよいでしょう。

(4)「問題で学ぼう」　　　　解いて，知識を定着させる

　学習の中心となる部分です。出題ポイントの内容を効果的に学習できる問題を選んでいます。それぞれの問題で「どんな知識や考え方を理解する必要があるか？」を意識して解説を読んでください。疑問に思ったことや分からない説明があれば線を引くなど記録してから復習するようにしましょう。疑問をもち解決することで確実に知識が身に付きます。簡単な問題だと感じても，解答だけ見て終わりにせず，解説を一通り読んで，関連知識も習得しましょう。(2)の「ポイントの解説」と「問題で学ぼう」を，時間をおいて繰返し読み，理解を深めるようにしましょう。

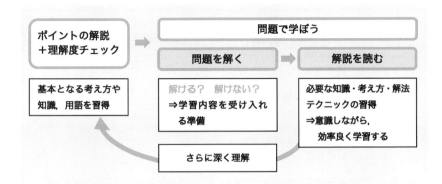

　収録問題は，過去に出題された試験問題から出題傾向や学習効果を考えて厳選しています。これまでの傾向として，過去の問題がそのまま変わらず出題されたり，選択肢を少し変えて出題されたりすることが非常に多いので，学習が済んだ後も，繰り返し問題演習に活用してください。また，正解できなかった問題や，たまたま解けてしまった問題にはチェックを入れておき，後で必ず解き直すようにしましょう。

「 IT 用語スペルチェック」で，"英略語"を覚えよう！

　基本情報技術者試験は，出題範囲が広く，「必ず覚えなければならない用語」が数多くあります。その中でも学習の壁になりがちなのが，IT 用語に頻出の英略語といえます。なぜなら，同じ重要キーワードでも，漢字やカタカナの言葉（共通鍵暗号方式，ビッグデータなど）であれば，字面から意味を推測することができますが，英字の略語（MIPS，MTBF など）は含まれている単語の意味を覚えていないと，想像で解くことになってしまうからです。

　そこで本書では，「意味」を理解しながら用語を覚えていけるように，英字の略語に必ず「フルスペル」を併記しています。一見面倒なようですが，学習時にフルスペルを合わせて確認しておくことで，用語の意味を思い出すヒントとなるからです。

　さらに，通勤・通学のスキマ時間や試験直前の限られた時間にも重要キーワードの復習ができるよう，読者特典として，Web やスマートフォンで演習できる「IT 用語スペルチェック」をご用意しました。

① IT 用語のフルスペルのうち，意味のポイントとなる単語が空欄になっています。選択肢から正しいものを選んで「答え合わせ」をしましょう。

※間違えてしまっても何度でもチャレンジできます。

② 正解すると，訳語と意味が表示されます。正しい意味を覚えていたか確認しましょう。

※訳語は意味を分解して理解しやすいよう，単語ごとに表示しています。IT 用語としての，一般的な日本語表記とは異なる場合もあります。

③ スキマ時間に用語を復習しつつ，詳細解説や関連問題は，書籍に戻って確認しましょう。

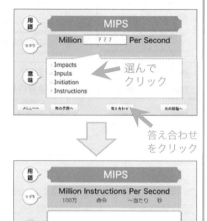

訳語と意味が表示される

📥 「IT 用語スペルチェック」ご利用方法

① https://questant.jp/q/fekamokuA23_24 に Web ブラウザからアクセスしてください。

② 本書のアンケートにご協力ください。アンケートご回答後，「IT 用語スペルチェック」に移動します。**移動先の URL を，ブラウザのブックマーク／お気に入りなどに登録してご利用ください。**

※ブラウザでご使用いただくもので，ダウンロードはできません。ご利用期限は 2024 年 9 月末です。

■アンケートご回答のお願い

※毎年，4 月末，10 月末までに弊社アンケートにご回答いただいた方の中から抽選で 10 名様に，Amazon ギフト券 3,000 円分をプレゼントしています。ご当選された方には，ご登録いただいたメールアドレスにご連絡させていただきます。

※ご入力いただいたメールアドレスは，当選した際の当選通知，賞品お届けのご連絡，賞品発送だけに利用いたします。

第2部
part 2

科目 A 試験の
出題ポイント

基礎理論

part 2

▶▶▶ Point

学習のポイント

　基礎理論の内容は，令和元年度秋期試験から数学に関する出題数が増え，このときは 11 問出題されました。数学の基礎的な理解と合わせて，論理的な思考力も身に付ける必要があり，新試験でも最重要分野といえます。令和 5 年度からの新試験では全体の出題数が 60 問に減りますが，この分野の出題数は大きく減らないと予想しています。

　また，基礎理論は，科目 A 試験で重要なだけでなく，技能を問う科目 B 試験で必須となる前提知識です。科目 B の試験では 16 問の「アルゴリズムとプログラミング」の問題が出題されますが，取り上げられる内容として基礎理論で学習する知識が大きく関係するからです。このため，基本事項をしっかり習得することが，試験の合格を確実にするための実力養成につながります。

　この分野の内容は非常に広範囲ですが，ここではよく出題される内容として，基数と数値の表現，論理演算とシフト演算，応用数学（確率，統計，グラフ理論など），情報に関する理論（符号化，形式言語，AI），データ構造，アルゴリズム，プログラム言語について説明します。

　基礎理論の内容は苦手な人が多いといえます。このため学習する順序としては，他の分野で必要な基礎知識といえる「基数と数値の表現」，「論理演算とシフト演算」を最初に学習し，その他の「応用数学」，「情報に関する理論」などは，他の分野の学習の後に行っても構いません。なお，「データ構造」，「アルゴリズム」の学習は，考える内容が多く時間がかかるため，なるべく早く学習に取り掛かり，他の分野の学習と並行して進めてほしいと思います。

（1）　基数と数値の表現

　基数法，基数変換，補数表現，固定小数点数，浮動小数点数などが理解しておくべき知識といえますが，今まで出題率の高いものは 2 進・10 進・16 進数の表現と補数に関する問題で，誤差に関する問題も出題されています。基本的

な計算は確実にできるようにしてください。

(2) 論理演算とシフト演算

　論理演算に関する問題は，プログラミングの基本的な考え方になるため，非常に出題頻度が高く，毎回出題されると考えてください。論理演算の定義は必須知識になるので必ず理解してください。また，シフト演算に関しても毎回ではありませんが出題されるので，基本事項を理解しておきましょう。

(3) 応用数学（確率，統計，グラフ理論など）

　応用数学は，令和元年度秋期試験から出題が重視された内容で，このときの試験では極限値，正規分布，確率が出題されました。以前から確率と統計，数値計算の方法などは出題されていましたが，極限値の計算は平成6年以降初めての出題でした。新試験でも，確率と統計に関する問題を中心に解いて，基本事項を理解してください。また，微分，数列，ベクトルや行列なども出題範囲に含まれているので，余裕がある人は，数列の公式，行列演算の基本的な方法などを復習しておくとよいでしょう。本書でもポイントを解説しています。

(4) 情報に関する理論（符号化，形式言語，AI）

　情報理論に関する知識は数式で理論が説明されますが，難しい計算は試験では出題されません。基本的な用語の意味の理解と簡単な例を使った計算ができるかを問う問題が出題されます。

　符号化は，データをビット列として表現する際，どういう規則でビット列にするかという概念で，圧縮などの考え方も含まれます。

　BNF（バッカス・ナウア記法）は，プログラム言語の構文記述に用いられる表記法で，逆ポーランド表記法は数式の内部表現で用いられる方法です。正規表現は文字の集合を簡易に表現できる記法で，検索条件の指定などで使います。毎回出題されるテーマとはいえませんが，一度は学習しておかないと短時間で問題を解くことは難しいので，考え方を理解しておきましょう。

　オートマトンはこれらの理論を表現するモデルとなるもので，状態遷移図の見方を理解しておく必要があります。グラフ理論は経路探索などのアルゴリズムの元となる考え方で，基本的な考え方を理解してください。

　AI（人工知能）はシステム利用が進み重要になったテーマで，機械学習（教師あり学習・なし学習），ディープラーニングなどの基礎知識とAI活用事例などを理解しておきましょう。

(5)　データ構造

　データ構造はアルゴリズムと対になる必須の学習事項です。配列，リスト，スタック，キュー，木などの特徴やこれらに対するデータの追加・削除などの問題が出題されます。毎回1問は必ず出題される内容といえるので，基本的な考え方をしっかり理解しておきましょう。

(6)　アルゴリズム

　アルゴリズムとしてよく出題されるテーマは，整列と探索，再帰処理，文字列処理といった基本アルゴリズムが多いです。また，ビット処理や最大公約数などの数学に関する処理もあります。

　出題される内容は，次のように分類できます。

　・流れ図（フローチャート）中の処理の一部を解答するもの
　・各アルゴリズムの内容や特徴を問うもの
　・整列又は探索の途中経過や結果を問うもの
　・命令の実行回数（計算量）を問うもの

　アルゴリズムの問題は，実際にデータを当てはめてプログラムの処理内容の変化を追いかける（トレースする）ことが大切です。これは科目B試験の問題を解くときも同じで，自分で考えることを積み重ねることによって，アルゴリズムを解読する力がついてきます。また，基本アルゴリズムについては，処理の順序や特徴を確実に理解しておくこと，さらに各アルゴリズムの処理の実行回数や計算量の考え方を理解しておくことが重要です。

(7)　プログラム言語

　プログラム言語に関する問題は，Java アプレットや Java サーブレット，JavaBeans, JavaScript など，Java に関連した内容がよく出題されています。問われる内容は基本的で幅広く活用されているものなので，プログラミング経験がなくても，それぞれの特徴について理解しておきましょう。

　この他，Python, Perl, Ruby などのプログラム言語の特徴や，HTML やXML についても基本事項を理解しておきましょう。

1.1 基数と数値の表現

▶▶▶ Explanation

ポイントの解説

　よく出題される内容は次のようなものです。数学としての表現方法をまず理解し，その次に負数の表現などコンピュータ内のデータ表現を学習しましょう。

- ・基数変換：整数の基数変換を行う最も基本的なもの（例：10進数→2進数）
- ・数値の演算：同じ基数の数値同士の演算
- ・小数の表現：2進数，10進数，16進数などの小数の表現

　どの問題も基数の考え方をしっかり理解することが大切です。基本事項を確認し，実際に出題されたときにどのような手順で解いていけばよいかを問題を解きながらマスターしましょう。

(1)　基数変換

① 基数

　私たちが普段使っている数は，数字の 0〜9（10通り）を使った 10 進数です。一方，コンピュータ内部のデータは全て 0，1（2通り）を使った 2 進数で表現されます。二つの記号しか使わない 2 進数は桁数が多くなるため，人間には非常に扱いづらい表現になります。このため，2 進数を簡略に表現できる 8 進数や 16 進数が使われます。この n 進数の n が基数になります。

② 基数変換の計算

　小数部分を含む基数変換，2進／8進／16進数の相互変換が重要です。

(a)　2進数，8進数，16進数から 10 進数への変換

　基数のべき乗に各桁を掛けて加えます。右端の 1 桁目が基数の 0 乗になり，全ての数の 0 乗＝1 となることに注意してください。

　例として，2進数 1011 を 10 進数に変換してみます。

$$(1011)_2 = \underline{1} \times 2^3 + \underline{0} \times 2^2 + \underline{1} \times 2^1 + \underline{1} \times 2^0 = 8 + 2 + 1 = (11)_{10}$$

　次に，16 進数の F5A を 10 進数に変換してみます。

$$(F5A)_{16} = \underline{15} \times 16^2 + \underline{5} \times 16^1 + \underline{10} \times 16^0 = 3840 + 80 + 10 = (3930)_{10}$$

(b)　10進数から 2進数，8進数，16進数への変換

　10 進数から n 進数に変換する場合，基数法の表現に注目すると，整数部分は n で割った余りを求めていき，その余りを求めた順に 1 桁目，2 桁目，

3桁目，…と並べることで求められます。また，小数部はnを掛けた結果の整数部の値を小数第1位，第2位，…と並べることで求められます。

例えば，2進数のn＝2の場合で考えると，10進数の6.25を2進数で表現した$(110.01)_2$という2進数の各桁の数は，次のように基数2のべき乗を掛けて，それぞれを加えた式で表すことができます。

$$(110.01)_2＝1×2^2+1×2^1+0×2^0+0×2^{-1}+1×2^{-2}$$

この式を基に，整数部と小数部の各桁の数は次のように求められます。

(i) 整数部：$(110)_2＝1×2^2+1×2^1+0×2^0$

元の10進数の6を2で割っていくと余りとして順に0，1，1が求められることを示しています。これを<u>右から</u>順に並べて，110となります。

(ii) 小数部：$(0.01)_2＝0×2^{-1}+1×2^{-2}$

元の10進数の0.25に2を掛けた結果の整数部として0，1が順に求められます。これを小数部の<u>左から</u>順に並べて，01となります。

これら整数部と小数部を合わせ，2進数の$(110.01)_2$が得られます。整数部と小数部で求め方が違うので注意してください。他の例も見てみます。

10進数の716を8進数に変換する

8で割る。

8	）7 1 6	余り
8	）　8 9	… 4
8	）　1 1	… 1
8	）　　1	… 3
	0	… 1

矢印の順（下から上）に，余りを並べます。

$$(716)_{10}＝1×8^3+3×8^2+1×8^1+4×8^0$$
$$＝(1314)_8$$

10進数の0.625を2進数に変換する

0.625を2倍した結果（積）のうち小数部分だけをさらに2倍します。これを繰り返して，積の小数部分が0になったら終了です。ただし，10進小数のほとんどは無限2進小数になり，その場合は積の小数部分がいつまでたっても0になりません。

矢印の順（左から右）に，整数部分（色付き）を並べます。

$$(0.625)_{10}＝1×2^{-1}+0×2^{-2}+1×2^{-3}＝(0.101)_2$$

(c) 2 進数，8 進数，16 進数の相互変換

2 進数を 8 進数に変換するときは，$8=2^3$ なので 3 ビットごとに区切って求めます。また，2 進数を 16 進数に変換するときは，$16=2^4$ なので 4 ビットごとに区切って求めます。

区切った部分でビット数が足りないところには 0 を追加して桁数を揃えます（次の例の色付き部分）。

$(576.2)_8$ を 16 進数に変換します。まず各桁を 3 ビットの 2 進数で表してから 4 ビットごとに区切り，16 進数にします。

$$\begin{array}{cccccc} & 5 & 7 & 6 & . & 2 \\ \end{array}$$
$(576.2)_8=(101\ 111\ 110\ .\ 010)_2=(0001\ 0111\ 1110\ .\ 0100)_2=(17\text{E}.4)_{16}$
$$\begin{array}{cccc} 1 & 7 & \text{E} & 4 \end{array}$$

---

(2) 補数表現

ある数の補数とは，ある数とその補数を足すとその桁数の最大値になる数，又は，ある数とその補数を足すとその桁数の最大値に 1 を加えた数になるような数のことです。このように補数には 2 種類ありますが，数値表現を扱うほとんどの問題で負数の表現に 2 の補数を用いているので，2 の補数の考え方や求め方をしっかり理解しておく必要があります。

また，負数を 2 の補数で表す理由，負数を 2 の補数で表したときに表現できる数値の範囲に関する問題もこれまでに出題されています。

① 補数の考え方

2 進数には，1 の補数と 2 の補数があります。

4 桁の 2 進数である $N=(1101)_2$ の補数を例に考えます。

---

1 の補数……その桁内の最大数（全てのビットが 1）から N を引いたもの
$\qquad (1111)_2-(1101)_2=(0010)_2$　←N の各ビットを反転したもの
　2 進演算では 1 からあるビットを引くということは，そのビットを反転することと同じことです。

---

2 の補数……その桁内の最大数＋1 から N を引いたもの
$\qquad (10000)_2-(1101)_2=(0011)_2$　←N の各ビットを反転して＋1 する
　最大数＋1 から N を引くので，結果は(1 の補数)＋1 になります。

この結果，$N=(1101)_2$ の 1 の補数は $(0010)_2$，2 の補数は $(0011)_2$ となります。

② 負数の表現

(a) 負数を補数で表現する理由

負数を補数で表現することで，減算処理を「**補数を加算する**」処理で行うことができます。減算の演算回路が不要になり，回路を単純化できます。

(b) 2の補数方式を用いた負数の表現の例

4ビットの固定小数点数（符号付きの整数）を例として考えると，次の図のようになります。負数が2の補数方式で表現されていることを確認してください。2進数で表現された数値の先頭1ビットが，0と正数では0，負数では1になっていることに注意が必要です。

なお，固定小数点数は，あらかじめ小数点の位置を固定して数値を表現する方法です。ここでは，小数点を2進数の右端に固定して整数を表しています。

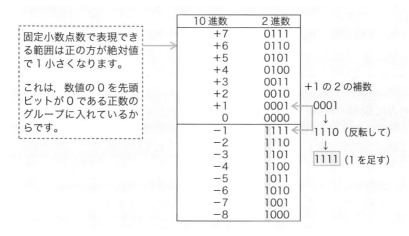

図 4ビットの固定小数点数による2の補数表現

(c) 表現範囲と数の種類

4ビットの固定小数点数の場合，表現できる数値の範囲は-8〜$+7$となり，2進数の基数である2のべき乗を使って表現すると-2^3〜$+2^3-1$となります。指数部の値3がビット数の4より1小さい値になっていることに注意してください。表現できる数の種類は$2^4=16$通りです。8ビットの場合は-2^7〜$+2^7-1$（-128〜$+127$）で種類は$2^8=256$通りです。

nビットの場合も同じように考えることができ，表現できる数値の範囲は-2^{n-1}〜$+2^{n-1}-1$となり，表現できる数の種類は2^n通りです。

（3） 浮動小数点数

固定小数点数ではビット数によって表現できる数値の範囲が限られますが，浮動小数点数では指数を用いて非常に大きな数値や小さな数値を表現することができます。

最近の傾向として，具体的な数値表現に関する問題は出題されていませんが，表現形式は理解しておいてください。

① 符号部，指数部，仮数部の表現形式

$\pm$(仮数)$\times$(基数)^{指数} で表される浮動小数点数を符号部，指数部，仮数部に分けて記憶します。基数は 2 又は 16 で，問題ごとに決まっています。

・符号部(s)……1 ビット。0 か正のとき 0，負のとき 1
・指数部(e)……7 ビット（仮数部に掛ける基数のべき乗の値）
　　固定小数点数の考え方で負数を 2 の補数で表す方法と，基準値$(1000000)_2$ を 0 として指数の値を加える "げたばき表現" がある。
・仮数部(m)……24 ビット（この長さで有効桁数が決まる）。正規化を行い，小数点以下の部分を格納する。

図　浮動小数点数の表現形式（32 ビット）の例

② 正規化

仮数部の小数第 1 位（1 ビット目）に 0 以外の数値が来るように指数を調節することを正規化といいます。仮数部の桁を少しでも多く使って数値を表現（有効桁数の確保）するために行います。

（32 ビットの浮動小数点数の表現例）10 進数の正の数 0.25
　　基数を 2 として，符号 1 ビット，指数部 7 ビット，仮数部 24 ビットとし，指数部が負の数のときは 2 の補数で表現するとする。

$+(0.25)_{10} = +(0.011)_2$

$\qquad\qquad\quad = +(0.011)_2 \times 2^0$　……　$2^0=1$ なので掛けても元の値と変わらない

$\qquad\qquad\quad = +(0.11)_2 \times 2^{-1}$　……　仮数部を正規化して指数部が-1になった

符号部	指数部	仮数部
0	1111111	1100 0000 0000 0000 0000 0000

$\qquad$（-1）を表す 2 進数　　仮数の小数部分を 24 ビットで格納する

（4） 算術演算と精度

　コンピュータによる演算では，データ形式や演算方法による誤差が発生することがあり注意が必要です。情報落ち，桁落ち，丸め誤差などがよく出題されます。それぞれの誤差の内容と誤差発生を回避する方法を理解してください。特に情報落ちと桁落ちについて，混同しないようにしておく必要があります。

① 情報落ち

　絶対値の大きい数値に絶対値の小さい数値を加減算することによって，絶対値の小さい数値が無視されてしまうことです。対策としては，複数個の数値の加減算では，絶対値の小さい順に数値を並べ替えてから加減算を行うようにします。

② 桁落ち

　値がほぼ等しい浮動小数点数同士の減算をしたとき，有効桁数が少なくなることです。対策としては，計算式を変形して，絶対値のほぼ等しい同符号の減算をなくすように処理を行います。

③ 丸め誤差

　数値の特定の桁に対して四捨五入，切捨て，切上げを行うことで生じる誤差です。

④ 打切り誤差

　技術計算などで，結果が無限小数となるような計算（無限級数など）を途中で打ち切ったことによって発生する誤差のことです。

▶▶▶ **Check**

理解度チェック ▶ **1.1 基数と数値の表現**

(1) 2進数の$(10.11)_2$を10進数で表現すると ☐ になります。

(2) 2進数の$(1101.01)_2$を8進数で表現すると ☐ になります。

(3) 16進数の$(A5.C)_{16}$を10進数で表現すると ☐ になります。

(4) 8進数の$(612.75)_8$を2進数で表現すると ☐ になります。

(5) 10進数の$(26.25)_{10}$を2進数で表現すると ☐ になります。

(6) (5)の10進数$(26.25)_{10}$を16進数で表現すると ☐ になります。

(7) 10進数の0.125を2進数で表現すると有限小数，無限小数のどちらになりますか。

(8) 16桁の2進数の最大値を10進数で表すと何桁になりますか。

(9) 8桁の2進数$(11110011)_2$の2の補数は ☐ です。

(10) 負数を2の補数で表すとき,(9)の2進数$(11110011)_2$を10進数で表現すると ☐ になります。

(11) 負数を2の補数で表すとき，4ビットで表現できる整数の範囲は， ☐ です。

(12) 次の浮動小数点数の表現形式 ア ～ ウ に入る字句は何ですか。

$$\pm \boxed{ア} \times (\boxed{イ})^{\boxed{ウ}}$$

(13) 浮動小数点表現の仮数部に正規化された表現を使う理由は何ですか。

(14) 浮動小数点数演算において，絶対値のほぼ等しい同符号の数値同士の減算後，正規化によって仮数部の「下位」の有効数字が失われ，有効桁数が減ることを何といいますか。

解答

(1) $(10.11)_2 = 2^1 \times 1 + 2^0 \times 0 + 2^{-1} \times 1 + 2^{-2} \times 1 = 2 + 0.5 + 0.25 = (2.75)_{10}$

(2) 3桁の2進数が1桁の8進数に対応します。必要な0を補って，
$(1101.01)_2 = (001\ 101.010)_2 = (15.2)_8$

(3) $(A5.C)_{16} = 16^1 \times 10 + 16^0 \times 5 + 16^{-1} \times 12 = 160 + 5 + 12 / 16 = (165.75)_{10}$

(4) $(612.75)_8 = (110\ 001\ 010.111\ 101)_2$

(5) 2で割って求めていく方法で解きますが，この場合,2のべき乗の数を加算する簡便な方法でも解答できます。
$(26.25)_{10} = 16 + 8 + 2 + 1 / 4 = 2^4 \times 1 + 2^3 \times 1 + 2^1 \times 1 + 2^{-2} \times 1 = (11010.01)_2$

(6) $(26.25)_{10} = (11010.01)_2 = (0001\ 1010.0100)_2 = (1A.4)_{16}$

(7)　$(0.125)_{10}=1／8=2^{-3}=(0.001)_2$ なので，2 進数では有限小数です。

(8)　16 桁の 2 進数の最大値は $2^{16}-1=65535$ なので，5 桁です。

(9)　ビットを反転して $+1$ を加算すればよいので，$(00001100)_2+1=$
$(00001101)_2$

(10)　$(11110011)_2$ の 2 の補数が $(00001101)_2$ なので 10 進数では $(13)_{10}$ になります。ちなみに，元の数 $(11110011)_2$ は $(-13)_{10}$ であることが分かります。

(11)　$-2^{4-1}〜2^{4-1}-1$ なので，$-8〜+7$ になります。これは 0 を含めて $2^4=$ 16 種類の数を表現しています。

(12)　$±(仮数)×(基数)^{指数}$ なので，（ア）仮数，（イ）基数，（ウ）指数になります。

(13)　正規化された表現を使う理由は，有効数字の桁数を最大に保つためです。

(14)　下位の有効数字が失われ，有効桁数が減る誤差は "桁落ち" です。

▶▶▶ Question

問題で学ぼう

問1　基数変換に関する記述のうち，適切なものはどれか。

(H20 秋·FE 問 2 改)

　ア　10 進数の有限小数は，16 進数にすると必ず有限小数になる。

　イ　2 進数の有限小数は，10 進数にすると必ず有限小数になる。

　ウ　8 進数の有限小数は，2 進数にすると有限小数にならないことがある。

　エ　8 進数の有限小数は，10 進数にすると有限小数にならないことがある。

解説

　8 進数は 2 進数を 3 桁ずつ区切って置き換えます。同じように，16 進数は 2 進数を 4 桁ずつ区切って置き換えます。2 進数の値は全て 2^k（k は整数）の和で表されるので，**2 進数，8 進数，16 進数の有限小数は 10 進数にすると必ず有限小数になります**。したがって，（イ）が正解です。

ア：10 進数の有限小数を 2 進数で表現したときの例（無限小数になる例）

　$(0.5)_{10}=(0.1)_2$　→有限小数になる（8 進，16 進でも有限小数）

　$(0.1)_{10}=(0.0001100110011…)_2$　→無限小数になる（8 進，16 進でも無限小数）

ウ，エ：8 進数の有限小数は，2 進数・10 進数でも必ず有限小数になります。

解答　イ

問2　2進数で表現すると無限小数になる10進小数はどれか。

(H26 春-AP 問1)

　　ア　0.375　　　　イ　0.45　　　　　ウ　0.625　　　　　エ　0.75

解説

　選択肢の数を一つずつ計算して無限小数になるか調べるのは時間がかかるので，2進数の小数で表現できる数を考えてみます。

　$(0.1)_2＝(0.5)_{10}$，$(0.01)_2＝(0.25)_{10}$，$(0.001)_2＝(0.125)_{10}$，…ですから，これらの10進小数 0.5，0.25，0.125 などを加えた次の数は有限小数の2進数で表すことができます。

ア：$0.375＝0.25＋0.125＝(0.011)_2$

ウ：$0.625＝0.5＋0.125＝(0.101)_2$

エ：$0.75＝0.5＋0.25＝(0.11)_2$

　この結果，消去法になりますが，（イ）の 0.45 が2進数で表現すると無限小数になります。実際に計算しても，$(0.45)_{10}＝(0.01\underline{1100}11001100\cdots)_2$ で，下線部の <u>1100</u> が無限に繰り返されます。

解答　イ

問3　16進数の小数 0.248 を10進数の分数で表したものはどれか。

(H30 秋-FE 問1)

　　ア　$\dfrac{31}{32}$　　　　イ　$\dfrac{31}{125}$　　　　ウ　$\dfrac{31}{512}$　　　　エ　$\dfrac{73}{512}$

解説

　16進数の基数は16で，16進数の小数第1位の数は 16^{-1}（$=1/16^1$）の個数，小数第2位の数は 16^{-2}（$=1/16^2$）の個数，小数第3位の数は 16^{-3}（$=1/16^3$）の個数を表します。

　このことを理解していれば，次のように計算できます。

$$(0.248)_{16}＝2\times16^{-1}＋4\times16^{-2}＋8\times16^{-3}＝2/16^1＋4/16^2＋8/16^3$$
$$＝(2\times16^2)/16^3＋(4\times16)/16^3＋8/16^3＝(512＋64＋8)/16^3$$
$$＝584/4{,}096＝73/512$$

　したがって，（エ）が正解となります。

解答　エ

問4　10進数の演算式 7÷32 の結果を2進数で表したものはどれか。

（H31 春・FE 問1）

　　ア　0.001011　　　イ　0.001101　　　ウ　0.00111　　　エ　0.0111

解説

　7÷32＝0.21875 なので，計算が面倒ですが，この値を2進小数に変換してもいいです。しかし，7÷32＝7÷2^5 と表現でき，10進数の7は2進数で表すと$(111)_2$で，**2進数を2で割るのは右に1ビットシフトすることと同じ**です。このことから，7÷2^5は，2で5回割ることなので，**$(111)_2$を右へ5ビットシフトした値が結果になります**。2進数の右端が小数点と考えて，

　10進数の7 → 2進数の$(111)_2$ → （右へ5ビットシフト） → $(0.00111)_2$
したがって，答えは（ウ）です。

　この他，7÷32＝7÷2^5＝7×2^{-5}から，2^{-5}＝$(0.00001)_2$が7個あると考えて，$(0.00111)_2$を求める考え方もあります。

解答　ウ

問5　2の補数で表された負数 10101110 の絶対値はどれか。

（H20 秋・FE 問3）

　　ア　01010000　　　イ　01010001　　　ウ　01010010　　　エ　01010011

解説

　絶対値は数値の符号を取った数のことです。ある数の2の補数を求めると，元の数が正数なら絶対値が同じ負数が求められ，元の数が負数なら絶対値が同じ正数が求められます。2の補数は，ビットを反転させて1を加えることでも求められるので，10101110 のビットを反転させて 01010001，この値に1を加えて 01010010 が2の補数になり（10進数の 82），負数 10101110 の絶対値を表します。したがって，（ウ）が正解です。

　なお，絶対値の 01010010＝2^6＋2^4＋2^1＝64＋16＋2＝82（2進数の右端が2^0）なので，元の負数 10101110 は－82 を表すことになります。さらに，82 を表す2進数 01010010 と－82 を表す2進数 10101110 を足すと0になります。実際に足し算をして確かめてみてください（あふれた9桁目は無視します）。

解答　ウ

問6　ある整数値を，負数を2の補数で表現する2進表記法で表すと最下位2
　　ビットは"11"であった。10進表記法の下で，その整数値を4で割ったとき
　　の余りに関する記述として，適切なものはどれか。ここで，除算の商は，絶
　　対値の小数点以下を切り捨てるものとする。

(H30 春-FE 問1)

　　ア　その整数値が正ならば3
　　イ　その整数値が負ならば−3
　　ウ　その整数値が負ならば3
　　エ　その整数値の正負にかかわらず0

解説

　整数値を4で割ったときの余りを考える問題で，負数は2の補数で表現すると書かれています。整数値の最下位2ビットが"11"になる数を，幾つか考えてみましょう。

　まず，整数値が正の場合，最下位2ビットが"11"ということは，$2^1 \times 1 + 2^0 \times 1 = 3$以上の整数ということになり，$(0000\ 0011)_2 = (3)_{10}$が該当します。また，これより大きい整数値の$(0000\ 0111)_2 = (7)_{10}$や$(0000\ 1011)_2 = (11)_{10}$，$(0000\ 1111)_2 = (15)_{10}$なども該当しますが，これらの整数値を4で割ったときの余りはどれも3なので，（ア）は適切な記述です。

　答えが出てしまいましたが，最下位2ビットが"11"の整数値で負の場合を調べてみます。例として，8ビットの負数$(1111\ 1011)_2$を考えてみます。この数の絶対値は2の補数をとると，ビットを反転して$(0000\ 0100)_2$，1を加算して$(0000\ 0101)_2 = (5)_{10}$となるので，元の数の$(1111\ 1011)_2 = (-5)_{10}$となります。

　$(-5) \div 4 = -1 \cdots -1$ なので，商は−1，余りも−1です。ここで，商を−1とするのは，$(-5) \div 4 = -1.25$ の計算において，「**除算の商は，その絶対値の小数点以下を切り捨てるものとする**」という問題の記述に従っています。したがって，（イ），（ウ）のいずれの記述も適切ではありません。

　また，（エ）の記述のように余りが0になるのは，整数値が正数なら$(0000\ 1100)_2 = (12)_{10}$，負なら$(1111\ 1000)_2 = (-8)_{10}$のように最下位2ビットが"00"のときで，"11"のときではありません。

　この他にもいろいろな例を考えて，余りを実際に確認してみてください。

解答　ア

問7　2進数の表現で，2の補数を使用する理由はどれか。

(H21 秋·AP 問 1)

ア　値が1のビット数を数えることで，ビット誤りを検出できる。
イ　減算を，負数の作成と加算処理で行うことができる。
ウ　除算を，減算の組合せで行うことができる。
エ　ビットの反転だけで，負数を求めることができる。

解説

　負数表現に用いられる2の補数は，表現できる2進数の最大値＋1の値から，絶対値を引いた値で負数を表現する方法です。通常は数値の2進表現の1と0を反転させて，1を足すという操作で求めます。

　2桁の10進数でこれに相当する操作を考えると，例えば，48に対して100－48＝52が補数ということになります。このとき，例えば62－48＝14という減算を行う場合，48を引く代わりに補数の52を加えると62＋52＝114となり，この結果の最上位桁を無視した14は62－48の結果と一致します。これは2進数でも同じで，（イ）が正解です。

　ここで，負数（2の補数）の作成はビットの反転と1の加算処理ででき，この結果を利用して**減算を加算で処理できるので，減算回路が不要となりCPUの構造を単純化できます**。

解答　イ

問8　0以外の数値を浮動小数点表示で表現する場合，仮数部の最上位桁が0以外になるように，桁合わせする操作はどれか。ここで，仮数部の表現方法は，絶対値表現とする。

(H29 春·FE 問 2)

　　ア　切上げ　　　イ　切捨て　　　ウ　桁上げ　　　エ　正規化

解説

　浮動小数点表示では，**仮数部の有効数字を増やして精度を上げるために**（エ）の正規化という操作が行われます。正規化は，仮数部の最上位桁が0以外の数値になるように，指数部の値を調整して，桁合わせを行うことです。

解答　エ

問9 桁落ちによる誤差の説明として，適切なものはどれか。

(R3 春·AP 問2)

　ア　値がほぼ等しい二つの数値の差を求めたとき，有効桁数が減ることによって発生する誤差

　イ　指定された有効桁数で演算結果を表すために，切捨て，切上げ，四捨五入などで下位の桁を削除することによって発生する誤差

　ウ　絶対値が非常に大きな数値と小さな数値の加算や減算を行ったとき，小さい数値が計算結果に反映されないことによって発生する誤差

　エ　無限級数で表される数値の計算処理を有限項で打ち切ったことによって発生する誤差

解説

　桁落ちによる誤差とは，**値のほぼ等しい二つの数値の差を求めたときに，有効桁数が減ることによって発生する誤差**なので，（ア）の説明が適切です。有効桁数は 0 でない先頭の数字からの桁数で，例えば，有効桁数が 8 桁ある $\sqrt{151} = 12.288206$ から $\sqrt{150} = 12.247449$ を減算すると，$\sqrt{151} - \sqrt{150} = 0.0\underline{40757}$ となり，下線 "40757" 部分の 5 桁に減ってしまいます。

　桁落ちを防ぐ対策としては，計算式を変形して，絶対値のほぼ等しい同符号の二つの数値の減算をできるだけなくすようにします。例えば，$\sqrt{}$ の計算では次のように変形して，減算のない式で計算すると桁落ちを防げます。

$$\sqrt{151} - \sqrt{150} = \frac{(\sqrt{151} - \sqrt{150})(\sqrt{151} + \sqrt{150})}{(\sqrt{151} + \sqrt{150})} = \frac{1}{\sqrt{151} + \sqrt{150}}$$

$$= 1 \div 24.535655 \fallingdotseq 0.040757013 \quad \leftarrow 有効桁数 8 桁のまま$$

イ：丸め誤差の説明です。

ウ：情報落ちの説明です。情報落ちを防ぐには，複数の数値を加減算する際，絶対値が小さい順に数値を並べ替えてから加減算するようにします。

エ：打切り誤差の説明です。

解答　ア

問10 近似値から真値を代数的に引いて得られる誤差はどれか。

(H11 春·2K 問70)

　ア　系統誤差　　イ　絶対誤差　　ウ　相対誤差　　エ　丸め誤差

解説

　誤差は，測定や観測結果などの近似値と真値（理論値）との差で，近似値から，真値を代数的に引いて得られる誤差は（イ）の絶対誤差です。

ア：系統誤差……同じ条件で同じ対象を何回も観測したときに，絶対誤差の符号（正又は負）が一定となる誤差のことです。

ウ：相対誤差……絶対誤差÷真値で求められる誤差です。

エ：丸め誤差……切上げ，切捨て，四捨五入などによって発生する誤差です。

解答　イ

問11　次の流れ図は，10進整数 j（$0 < j < 100$）を8桁の2進数に変換する処理を表している。2進数は下位桁から順に，配列の要素 NISHIN(1) から NISHIN(8) に格納される。流れ図の a 及び b に入れる処理はどれか。ここで，j div 2 は j を2で割った商の整数部分を，j mod 2 は j を2で割った余りを表す。

(R1 秋・FE 問1)

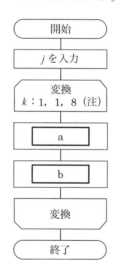

(注) ループ端の繰返し指定は，
　　　変数名：初期値，増分，終値
　　　を示す。

	a	b
ア	$j \leftarrow j$ div 2	NISHIN(k) $\leftarrow j$ mod 2
イ	$j \leftarrow j$ mod 2	NISHIN(k) $\leftarrow j$ div 2
ウ	NISHIN(k) $\leftarrow j$ div 2	$j \leftarrow j$ mod 2
エ	NISHIN(k) $\leftarrow j$ mod 2	$j \leftarrow j$ div 2

解説

アルゴリズムの問題ですが，内容は 10 進数から 2 進数への基数変換の方法を理解していれば解ける問題です。実際の試験でも変換方法の問題と考えて，先頭の問 1 で出題されたと考えられます。

処理としては，10 進整数 j（$0 < j < 100$）を 8 桁の 2 進数に変換し，下位桁から順に配列 NISHIN の要素 1 から 8 までに格納します。j の最大は 99 ですが，2 進数にしたとき $(1100011)_2$ の 7 桁ですから，配列の大きさは十分です。10 進数を 2 進数に変換するには，2 で割った余りを 1 桁目から順に並べれば求められましたが，$j = 11$ の場合の簡単な例で考えると次のようになります。

$11 \div 2 = 5 \cdots 1$　余りの 1 が 2 進数の 1 桁目（最下位）となります。
　　　　　　　　　　次に商（この場合 5）を 2 で割る操作を続けます。
$5 \div 2 = 2 \cdots 1$　余りの 1 が 2 進数の 2 桁目となります（商は 2）。
$2 \div 2 = 1 \cdots 0$　余りの 0 が 2 進数の 3 桁目となります（商は 1）。
$1 \div 2 = 0 \cdots 1$　余りの 1 が 2 進数の 4 桁目となります（商は 0）。
$0 \div 2 = 0 \cdots 0$　余りの 0 が 2 進数の 5 桁目となります（商は 0）。
　　　　　　　　　　　　　　：
$0 \div 2 = 0 \cdots 0$　余りの 0 が 2 進数の 8 桁目となります（商は 0）。

商が 0 になった時点で終了できるのですが，問題では単純に 8 回繰り返しています。求めた余りを右から並べた $(1011)_2$ が 10 進数 11 の 2 進数です。

このように，「10 進数を 2 で割った余りを配列に格納し，そのときの商を新しく割られる数にする」を繰り返すと 2 進数が求められます。空欄 a に入る「10 進数を 2 で割った余りを配列に格納する」は「NISHIN$(k) \leftarrow j \bmod 2$」，空欄 b に入る「商を求める」が「$j \leftarrow j \operatorname{div} 2$」なので，（エ）が正解です。

この順序を逆にした（ア）だと，余りの $j \bmod 2$ を配列に代入する前に j を 2 で割ってしまうため，正しい余りが求められません。

なお，余りを配列に代入するときの要素番号 k は 1 から始まるので，10 進数 11 を 2 進数にした $(1011)_2$ の各桁は，次のように配列の左から求めた順に格納されていき，表記する順と左右逆になります。このデータを利用するときには，このことに注意する必要があります。

要素番号 k	1	2	3	4	5	6	7	8
NISHIN	1	1	0	1	0	0	0	0

解答　エ

1.2 論理演算とシフト演算

▶▶▶ **Explanation**

ポイントの解説

論理演算やシフト演算に関する問題は，計算問題を解くように実際に自分で考えながら式や図を書いてみることが重要です。特に論理演算はプログラミングにおける必須知識なので，基本事項から確実に理解する必要があります。

(1) 論理演算

基本的な論理演算である論理積（AND），論理和（OR），否定（NOT）は理解していることを前提に，排他的論理和（XOR），否定論理積（NAND），否定論理和（NOR）を含めた問題が出題されます。さらに，ド・モルガンの法則などの論理演算に関する法則も重要です。

論理演算の知識は，ハードウェア分野で論理回路図と合わせて考える問題がよく出題されます。基本的な回路（AND回路，OR回路，NOT回路）の記号の意味は問題で説明があるので，各演算の定義をしっかり理解しておきましょう。回路図を使った論理演算の問題はハードウェア分野で説明します。

この他，論理演算が集合の問題として出題されることもあります。この場合は，ベン図を書いて考えられるようにしましょう。

① 論理演算の定義

		論理積	論理和	排他的論理和	否定論理積	否定論理和		否定
A	B	A AND B	A OR B	A XOR B	A NAND B	A NOR B	A	$\overline{\text{A}}$
0	0	0	0	0	1	1	0	1
0	1	0	1	1	1	0	1	0
1	0	0	1	1	1	0		
1	1	1	1	0	0	0		

図　論理演算の定義

・論理記号は問題ごとに定義されたものを使用します。

　　［例］AND→"・"，OR→"＋"，XOR→"⊕"

・論理演算子の優先順位について，科目B試験のアルゴリズム問題で利用する擬似言語では，優先順位を，否定（not）＞論理積（and）＞論理和（or）と定めています（小文字で表記をしています）。

・排他的論理和は特に重要です。AとBが同じであれば結果は0，異なれば1となります。

　A $\oplus$ B＝A・$\overline{\text{B}}$＋$\overline{\text{A}}$・B であることも覚えておくと役に立ちます。

・論理積は集合演算の∩（かつ，積集合）に対応し，論理和は集合演算の∪（又は，和集合）に対応します。

② ベン図による論理演算の表現

　各論理演算の結果をベン図で表現すると，次のようになります。ベン図を使えば，分かりづらい論理値の組合せが具体的に見える形になるので，考えやすくなります。この場合，論理積（AND）が積集合の∩に，論理和（OR）が和集合の∪に対応します。ベン図を書いて考える習慣を付けましょう。

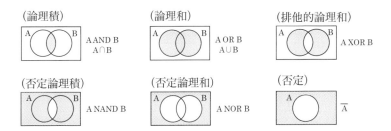

③ 集合演算の基本公式

　集合 A, B, C の集合演算ついて，応用できる基本公式（公理）があります。ここでは主なものを示します。結合則，分配則，ド・モルガンの定理について，それぞれベン図を書いて，実際に公式が成り立つことを確認してみてください。

・交換則：$A \cap B = B \cap A$, 　$A \cup B = B \cup A$
・結合則：$A \cap (B \cap C)=(A \cap B)\cap C$, 　$A \cup (B \cup C)=(A \cup B)\cup C$
・分配則：$A \cap (B \cup C)=(A \cap B)\cup(A \cap C)$, $A \cup (B \cap C)=(A \cup B)\cap(A \cup C)$
・ド・モルガンの定理：$\overline{A \cap B} = \overline{A} \cup \overline{B}$, 　$\overline{A \cup B} = \overline{A} \cap \overline{B}$
・$A \cap A = A$, 　$A \cup A = A$
・$A \cap \overline{A} = 0$（空集合）, 　$A \cup \overline{A} = 1$（全集合）, 　（二重否定）：$\overline{\overline{A}} = A$

④ 命題

　判断や主張を表す記述で，真か偽か判定できるものを命題といいます。

　命題を複数組み合わせたり，否定したりしてできる命題を複合命題といい，論理演算の考え方がそのまま使えます。

（例）P，Q を命題として，次のことが成り立ちます。

　　・P and Q……P，Q の両方が真なら真。少なくとも一方が偽なら偽。

　　　　　　　　この複合命題は，P∧Q，「P かつ Q」とも表記します。

　　・P or Q……P，Q の少なくとも一方が真なら真，両方が偽のとき偽。

　　　　　　　　この複合命題は，P∨Q，「P 又は Q」とも表記します。

　　・not P ……P が真なら偽。P が偽なら真。

　　　　　　　　この複合命題は，$\overline{P}$，¬P，「P でない」とも表記します。

（命題の真理値表）

P	Q	P and Q	P or Q	not P	not Q
0	0	0	0	1	1
0	1	0	1	1	0
1	0	0	1	0	1
1	1	1	1	0	0

⑤ ビット演算

　論理演算は，0 と 1 で表現される 2 進数にも適用でき，これをビット演算といいます。二つの 2 進数の対応するビットごとに論理演算を行います。

論理積（AND） $(10011010)_2$ と $(11110000)_2$ との論理積	AND	1 0 0 1 1 0 1 0 1 1 1 1 0 0 0 0 1 0 0 1 0 0 0 0

論理和（OR） $(10011010)_2$ と $(11110000)_2$ との論理和	OR	1 0 0 1 1 0 1 0 1 1 1 1 0 0 0 0 1 1 1 1 1 0 1 0

排他的論理和（XOR） $(10011010)_2$ と $(11110000)_2$ との排他的論理和	XOR	1 0 0 1 1 0 1 0 1 1 1 1 0 0 0 0 0 1 1 0 1 0 1 0

否定（NOT） $(10011010)_2$ の否定 → ビットの反転	NOT	1 0 0 1 1 0 1 0 ↓ 0 1 1 0 0 1 0 1

(2) シフト演算

2進数を1ビット左シフトして$2^1 = 2$倍，1ビット右シフトして$2^{-1} = 1/2$倍になることを利用した計算問題がよく出題されます。論理シフトと符号を考慮した算術シフトでは，シフトする方法が異なるので注意が必要です。

① 算術シフト

先頭ビットを符号とみなして，符号ビットを除いてシフトを行います。

・左シフトでは右側の空いた位置に0，右シフトでは空いた位置に符号ビット（先頭ビットと同じ値）を入れます。

・nビット左シフトで元の値の2^n倍，右シフトで元の値の2^{-n}倍になります。例えば，2進数の$(0000\,0011)_2$を1ビット左シフトすると，$(0000\,0110)_2$となります。1ビット左シフトなので，2倍したことになるはずです。10進数に変換して，確かめてみましょう。

・元のビット列　　　$(0000\,0011)_2$　$1 \times 2^1 + 1 \times 2^0 = 3$

・1ビット左シフト　$(0000\,0110)_2$　$1 \times 2^2 + 1 \times 2^1 = 4 + 2 = 6$　　　（元の2倍）

・2ビット左シフト　$(0000\,1100)_2$　$1 \times 2^3 + 1 \times 2^2 = 8 + 4 = 12$　（元の4倍）

（2ビット左に算術シフト）	（2ビット右に算術シフト）
$0\ 0\ 0\ 0\ 0\ 0\ 1\ 1\ =(3)_{10}$	$1\ 0\ 1\ 0\ 0\ 0\ 0\ 0\ =(-96)_{10}$
↓	↓
$0\ 0\ 0\ 0\ 1\ 1\ \underline{0\ 0}\ =(12)_{10}$	$1\ \underline{1\ 1}\ 0\ 1\ 0\ 0\ 0\ =(-24)_{10}$
$3 \times 2^2 = 3 \times 4 = 12$	$(-96) \times 2^{-2} = (-96) \times (1/4) = -24$

② 論理シフト

単純にビットを左右にシフトし，空いた位置に0を入れます。論理シフトはビットをシフトすることだけ行い，算術シフトのようにシフトによって倍数が求められるといった概念はありません。

（2ビット左に論理シフト）	（2ビット右に論理シフト）
$0\ 0\ 0\ 0\ 0\ 0\ 1\ 1$	$1\ 0\ 1\ 0\ 0\ 0\ 0\ 0$
$0\ 0\ 0\ 0\ 1\ 1\ \underline{0\ 0}$	$\underline{0\ 0}\ 1\ 0\ 1\ 0\ 0\ 0$

▶▶▶**Check**

理解度チェック ▶ 1.2 論理演算とシフト演算

(1)　二つの集合 A と B について，A AND $\overline{B}$ を表すベン図を書きなさい。

(2)　集合演算に関する公式の 　　　 に入る式を答えなさい。

　① 結合則：A∩(B∩C)＝(　ア　)∩C ， A∪(B∪C)＝(　イ　)∪C

　② 分配則：A∩(B∪C)＝(　ウ　)∪(A∩C)，

　　　　　　A∪(B∩C)＝(A∪B)∩(　エ　)

(3)　4 ビットのデータ A＝1010，B＝1100 として，次の論理演算を行った結果はそれぞれ幾つですか。

　（ア）A AND B　　　　（イ）A OR B　　　　　（ウ）A XOR B

　（エ）A NAND B　　　（オ）A NOR B

(4)　P，Q を命題として，複合命題の真，偽を考えます。

　P が偽，Q が真のとき，P and Q は 　ア　 で，P or Q は 　イ　 です。

(5)　2 進数（0.101）を右に 5 ビットシフトした結果は幾つになりますか。また，この結果は元の数の何分の 1 ですか。

(6)　正の 2 進整数を左に 4 ビット算術シフトした結果は元の数の何倍になりますか。桁あふれはないものとします。

解　答

(1)　「A である部分」かつ「B でない部分」なので，斜線部のようになります。

(2)　① ア：A∩B　イ：A∪B　　② ウ：A∩B　エ：A∪C

(3)　A と B を上下に並べて，対応するビットごとに AND 演算します（下図）。

　同じように求めると，

　（イ）A OR B は 1110

　（ウ）A XOR B は 0110

　（エ）A NAND B は A AND B の否定で 0111

　（オ）A NOR B は A OR B の否定で 0001 となります。

		A＝1010
AND	B＝	1100
（ア）		1000

(4)　ア：偽，　イ：真

(5)　2 進数（0.101）を右に 5 ビットシフトすると（0.00000101）になります。また，$2^{-5}＝1/2^5＝1/32$ なので，元の数の 32 分の 1 になります。

(6)　4 ビット算術シフトすると 2^4 倍になるので，元の数の 16 倍になります。

▶▶▶ Question

問題で学ぼう

問1　集合$(\overline{A} \cap B \cap C) \cup (A \cap B \cap \overline{C})$を網掛け部分（　　　　　）で表している
　　ベン図はどれか。ここで，$\cap$は積集合，$\cup$は和集合，$\overline{X}$はXの補集合を表す。

（H25 秋・FE 問 1）

ア
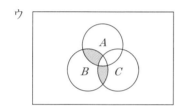

イ
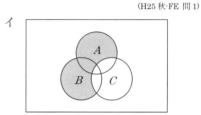

ウ
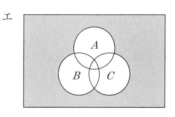

エ

解説

　問題で示された集合の式 $(\overline{A} \cap B \cap C) \cup (A \cap B \cap \overline{C})$ は，（ ）で括られた二
つの集合の和集合（$\cup$）になっているので，（ ）の**それぞれの集合がベン図
のどこを表すか**を調べます。

①：$(\overline{A} \cap B \cap C)$

　（ ）内の演算記号が全て積集合（$\cap$）で，全ての
集合の共通部分になるので，この式は，「集合 A では
ない部分と，集合 B と集合 C の共通部分，の両方に
共通する部分」と考えることができ，右図の網掛け
部分を表します。

$(\overline{A} \cap B \cap C)$

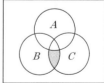

②：$(A \cap B \cap \overline{C})$

　①と同じように考えると，この式は，「集合 A と集合 B の共通部分と，集
合 C ではない部分，の両方に共通する部分」と考えることができ，次図の網
掛け部分を表します。

　問題で示された集合は①と②の和集合（①∪②）なので，二つの部分を合わせた（ウ）が正解です。

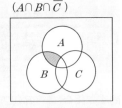

$(A \cap B \cap \overline{C})$

　他の選択肢の集合は幾つか表現方法がありますが，例を挙げます。

ア：集合 B から，集合 A と B と C の共通部分を除いた部分なので，$B \cap (\overline{A \cap B \cap C})$ と表せます。

イ：集合 A と B の和集合から，集合 C を除いた部分なので，$(A \cup B) \cap \overline{C}$

エ：全体から集合 A と B と C の和集合を除いた部分なので，$\overline{A \cup B \cup C}$

解答　ウ

問2　集合 A，B，C を使った等式のうち，集合 A，B，C の内容によらず常に成立する等式はどれか。ここで，∪は和集合，∩は積集合を示す。

（H29 春·FE 問1）

　　ア　(A∪B) ∩ (A∩C) ＝ B ∩ (A∪C)

　　イ　(A∪B) ∩ C ＝ (A∪C) ∩ (B∪C)

　　ウ　(A∩C) ∪ (B∩A) ＝ (A∩B) ∪ (B∩C)

　　エ　(A∩C) ∪ (B∩C) ＝ (A∪B) ∩ C

解説

　一つずつベン図を書いて確かめていく基本的な方法で答えを出すことが基本ですが，ここでは結合則，分配則，交換則を使って式を変形して考えてみます。分配則は次のように変形できる公式でした（緑字部分が共通）。

　　A∩(B∪C)＝(A∩B)∪(A∩C)，　　A∪(B∩C)＝(A∪B)∩(A∪C)

ア：(A∪B)∩(A∩C)＝((A∪B)∩A)∩C ＝A∩C
　　…… 左辺(A∪B)を一つで考え結合則を使い変形。右辺の集合と異なる

イ：(A∪B)∩C＝(A∩C)∪(B∩C) …… ∪と∩の位置が違う

ウ：(A∩C)∪(B∩A)＝(A∩C)∪(A∩B) …… 交換則でAとBを入替え
　　＝(A∩B)∪(A∩C) …… 交換則で( )ごと入替え（右辺と異なる）

エ：(A∩C)∪(B∩C)＝(A∪B)∩C
　　…… 分配則で∩Cを( )の外に出す（選択肢と結果が同じです）。

解答　エ

問3　P, Q, R はいずれも命題である。命題 P の真理値は真であり，命題（not P）or Q 及び 命題（not Q）or R のいずれの真理値も真であることが分かっている。Q, R の真理値はどれか。ここで，X or Y は X と Y の論理和，not X は X の否定を表す。

（H31 春·FE 問 3）

	Q	R
ア	偽	偽
イ	偽	真
ウ	真	偽
エ	真	真

解説

　問題から分かることを整理すると，次の①〜③になります。**命題 P が真であることから順に考えていきます。**

① 　命題 P は真である。

② 　命題（not P）or Q は真である。

③ 　命題（not Q）or R は真である。

　①から命題 P が"真"なので，②の not P は"偽"になります。そして"偽"の命題 not P と命題 Q の or（論理和）が"真"なので，命題 Q は"真"ということになります。

　この結果から，③の not Q が"偽"になります。"偽"の命題 not Q と命題 R の or（論理和）が"真"なので，命題 R は"真"ということになります。よって，命題 Q, R の真理値の組合せは，両方が"真"の（エ）になります。

解答　エ

問4　X と Y の否定論理積 X NAND Y は，NOT（X AND Y）として定義される。X OR Y を NAND だけを使って表した論理式はどれか。

（H29 春·FE 問 3）

ア　((X NAND Y) NAND X) NAND Y

イ　(X NAND X) NAND (Y NAND Y)

ウ　(X NAND Y) NAND (X NAND Y)

エ　X NAND (Y NAND (X NAND Y))

解説

　X と Y を集合と考え，選択肢で示された論理式の真理値表を一つずつ調べていく方法で，OR と同じ結果になるものを見つけることもできますが，ここでは，**集合演算の公式を使って，X OR Y の式を変形していく方法**で考えていきましょう。考えるべきことは，OR を AND の否定（NAND）でどうやって表すかということですが，**ド・モルガンの法則を思い出せた人は，解決の糸口がつかめた**と思います。もう一つ，問題の定義から，X NAND X＝NOT（X AND X）＝NOT X になることも考えに入れて，式を変形していきます。

　　X OR Y
　＝ NOT（NOT（X OR Y））　… 二重否定しても結果は変わらない
　＝ NOT（(NOT X) AND (NOT Y)）　… ド・モルガンの法則で変形
　＝ NOT（(X NAND X) AND (Y NAND Y)）　… NOT X と NOT Y を変形
　＝ (X NAND X) NAND (Y NAND Y)　… NOT(〜AND〜) を NAND に変形

　以上から，（イ）が X OR Y を NAND だけで表した式です。なお，**全ての論理回路は NAND 又は NOR だけで実現できる**ことが知られています。

解答　イ

問5　8ビットの値の全ビットを反転する操作はどれか。

(R1 秋-FE 問2)

　　ア　16進表記 00 のビット列と排他的論理和をとる。
　　イ　16進表記 00 のビット列と論理和をとる。
　　ウ　16進表記 FF のビット列と排他的論理和をとる。
　　エ　16進表記 FF のビット列と論理和をとる。

解説

　ここでは元の8ビットのビット列を(1010 1101)として考えてみます。
ア，イ：16進数 00（2進数の 0000 0000）と排他的論理和をとっても，論理和をとっても，各ビットの値は変わらず，(1010 1101)のままです。
ウ：16進数 FF（2進数の 1111 1111）と排他的論理和をとると，

8ビットのビット列	1010 1101
16進数 FF	1111 1111
排他的論理和の結果	0101 0010

となり，各ビットが反転して(0101 0010)となるので，（ウ）が正解です。

エ：16 進数 FF（2 進数の 1111 1111）と論理和（OR）をとると，全ビット
　が 1 の(1111 1111)となります。
　ビット演算では，次の操作を理解しておきましょう。
　・結果を 0 にしたいときは，0 と AND をとる。
　・結果を 1 にしたいときは，1 と OR をとる。
　・反転したいときは，1 と XOR あるいは NAND をとる。
　・そのままにしたいときは，1 と AND をとる，あるいは，0 と OR をとる。

解答　ウ

問6　次に示す手順は，列中の少なくとも一つは 1 であるビット列が与えられた
　　とき，最も右にある 1 を残し，他のビットを全て 0 にするアルゴリズムである。
　　例えば，00101000 が与えられたとき，00001000 が求まる。　a　に入
　　る論理演算はどれか。

(H30 秋·FE 問 2)

手順 1　与えられたビット列 A を符号なしの 2 進数と見なし，A から 1 を引
　　　　き，結果を B とする。
手順 2　A と B の排他的論理和（XOR）を求め，結果を C とする。
手順 3　A と C の　a　を求め，結果を A とする。

ア　排他的論理和（XOR）　　　イ　否定論理積（NAND）
ウ　論理積（AND）　　　　　　エ　論理和（OR）

解説

　与えられたビット列の最も右にある 1 を残し，他のビットを全て 0 にする
アルゴリズムの手順 1 で行っていますが，「A から 1 を引き，結果を B とす
る」の 1 を引く意味がすぐには分かりませんね。
　与えられたビット列 00101000 を使って，結果を見ていきます。
手順 1：ビット列 A＝00101000　A から 1 引き，B＝00100111 となる。
手順 2：A＝00101000 と B＝00100111 の排他的論理和（XOR）を求める。

```
        00101000  …… A
XOR  00100111  …… B
        00001111  …… C とする。
```

　A と B の排他的論理和の結果は，A の最も右にある 1 を含めてその右側
のビットが全て 1 になり（緑字部分），その他は全て 0 になっています。

手順3：AとCの　　a　　を求め，結果をAとする。

```
      00101000  …… A
[a]   00001111  …… C
      00001000  ……新たにAとする。
```

　新たにAとするビット列は，元のAの最も右にある1を残し，他のビットを全て0にしたデータです。対応するビットの演算結果を見ていくと，両方が1のときだけ，結果が1になっているので，空欄aに入る論理演算は，（ウ）論理積（AND）と分かります。

　一つのデータだけ調べても，実際にうまく処理できるのか，不安な人もいると思います。**他のAの例として，00101010，00100101，11111111などでも正しい結果が求められることを確認してください。**

解答　ウ

問7　数値を2進数で格納するレジスタがある。このレジスタに正の整数 x を設定した後，"レジスタの値を2ビット左にシフトして，x を加える"操作を行うと，レジスタの値は x の何倍になるか。ここで，あふれ（オーバフロー）は，発生しないものとする。

(H28 春·FE 問1)

　　ア　3　　　　　イ　4　　　　　ウ　5　　　　　エ　6

解説

　あふれが発生しない場合は，2進数を1ビット左にシフトすると元の値の $2^1 = 2$ 倍に，2ビットならば $2^2 = 4$ 倍に，3ビットならば $2^3 = 8$ 倍に…，というように，**2のべき乗倍する演算と同じ処理になります。**

　整数 x を2ビット左シフトすると元の値の4倍の $4x$ となり，これに x を加えて $5x$ になるので，元の数の5倍になる（ウ）が正解です。

解答　ウ

問8　8ビットの2進数 11010000 を右に2ビット算術シフトしたものを，00010100 から減じた値はどれか。ここで，負の数は2の補数表現によるものとする。

(H24 秋·FE 問1)

　　ア　00001000　　　イ　00011111　　　ウ　00100000　　　エ　11100000

解説

　算術シフトで注意が必要なことは，**左端の符号ビットは固定で，右に算術シフトしたときは，シフトで空いたビットに符号ビットが入る**ことです。

　まず，2進数 11010000 を右に 2 ビット算術シフトすると，左端の符号ビット 1 はそのままで，続く 2 ビットに符号ビットと同じ 1 が入って 11110100 となります。ここで，この数値の 2 の補数＝00001011＋1＝00001100＝$(12)_{10}$ となるので，2 進数 11110100 は－12 を表現していることが分かります。

　以上から，00010100＝$(20)_{10}$ からこの値を減じると，20－(－12)＝20＋12 ＝32 となり，2 進数で 00100000 となるので，（ウ）が正解です。

解答　ウ

問9　非負の 2 進数 $b_1 b_2 \cdots b_n$ を 3 倍したものはどれか。　　　　　(H24 春·FE 問2)

　　ア　$b_1 b_2 \cdots b_n 0 + b_1 b_2 \cdots b_n$
　　イ　$b_1 b_2 \cdots b_n 00 - 1$
　　ウ　$b_1 b_2 \cdots b_n 000$
　　エ　$b_1 b_2 \cdots b_n 1$

解説

　"非負の 2 進数 $b_1 b_2 \cdots b_n$" という表現が分かりづらいですが，これは b_1, b_2, $\cdots$, b_n のそれぞれに 0 か 1 が入る 2 進数を表しています。例えば，$n=4$ で，$b_1=1$, $b_2=1$, $b_3=0$, $b_4=1$ なら，$(1101)_2$ という 2 進数になります。

　2 進数は左に 1 ビットシフトすると 2 倍になるので，左に 1 ビットシフトした値に元の値を足せば結果は 3 倍になります。

　(元の数を 3 倍した値)＝(元の数を 2 倍した値)＋元の数

　2 進数 101 の場合，元の数を 2 倍した値は左に 1 ビットシフトして右端のビットが 0 となり 1010 となります。よって，101 を 3 倍した値 1111 は，

　　　1111＝1010＋101

という式で表すことができます。

　これを $b_1 b_2 \cdots b_n$ の形式で考えると，$n=3$ で元の値は $b_1 b_2 b_3$，2 倍した値は $b_1 b_2 b_3 0$ と表すことができます。よって，3 倍した値はこれら二つの数を加えた $b_1 b_2 b_3 0 + b_1 b_2 b_3$ と表現でき，（ア）が正解となります。

解答　ア

1.3 応用数学

▶▶▶ **Explanation**

ポイントの解説

コンピュータでは様々な計算処理が行われますが，計算の根拠となる数学の知識が試験でも出題されます。以前から確率と統計に関する出題はありましたが，AIの進展に伴い理数能力が重要視され，令和元年度秋期試験から出題比率が上がりました。

問題は高校数学のレベルです。範囲が非常に広いので，出題予想は難しいですが，過去に出題されている順列，組合せ，確率と，平均，メジアン，モード，標準偏差などの統計，数列，極限値，行列の基本事項を理解しておきましょう。

(1) 確率

これまでも確率の問題はよく出題されてきました。過去に出題されている順列，組合せ，確率，期待値の計算方法などの基本事項を理解しておきましょう。

① 順列，組合せ

・**順列**……異なる n 個のものから r 個を取って並べる方法の種類のこと。

$_nP_r$ で表します。

$$_nP_r = \underbrace{n \times (n-1) \times (n-2) \times \cdots \times (n-r+1)}_{r個} = \frac{n!}{(n-r)!}$$

（例）a, b, c, d, e さんの 5 人から 2 人を選び並べる方法

$_5P_2 = 5 \times 4 = 20$ 通り

(ab, ac, ad, ae, ba, bc, bd, be, ca, cb, cd, ce, da, db, dc, de, ea, eb, ec, ed の 20 通り)

・**組合せ**……異なる n 個のものから r 個取る組合せの数のこと。

$_nC_r$ で表します。

$$_nC_r = \frac{_nP_r}{r!} = \frac{n!}{r!(n-r)!} = \frac{n \times (n-1) \times (n-2) \times \cdots \times (n-r+1)}{r \times (r-1) \times \cdots \times 2 \times 1}$$

（例）a, b, c, d, e さん 5 人から 2 人を選ぶ組合せの数

$_5C_2 = {}_5P_2 \div 2! = (5 \times 4) \div (2 \times 1) = 20 \div 2 = 10$ 通り

(ab, ac, ad, ae, bc, bd, be, cd, ce, de の 10 通り)

② 確率

　ある事象が起こり得る確からしさを表したもの。起こり得る全ての場合の数がn通り，ある事象Aが起こる場合の数がa通りのとき，Aが起こる確率は，

$$A が起こる確率 = a \div n = \frac{a}{n}$$

・**条件付き確率**

　事象Aが起こったという条件の下で，事象Bが起こる確率を，Aの下でのBが起こる条件付き確率といいます。

・**原因の確率（事後確率）**

　ある事象が起こったという結果から，「この結果をもたらした原因がどの事象によるものか」という確率を"原因の確率"（事後確率）といいます。

・期待値

　期待値は，各事象の発生確率とその事象における値を掛け合わせて総和をとったものです。

　（例）サイコロを1回投げたときに出る目の期待値

　　　　1〜6までの目が出る確率はそれぞれ1/6なので，出る目の期待値は，

　　　　$(1 \times 1/6) + (2 \times 1/6) + (3 \times 1/6) + (4 \times 1/6) + (5 \times 1/6) + (6 \times 1/6) = 21/6 = 3.5$

（2）　統計

　統計の問題も確率と同じようによく出題されてきました。平均，メジアン，モード，標準偏差などの統計の基本事項を理解しておきましょう。

① **平均，メジアン，モード，標準偏差の求め方**

・**平均**……データ $x_1, x_2, ..., x_n$ の平均 $\bar{x} = (x_1 + x_2 + ... + x_n) / n$

・**メジアン**……データを大きさの順に並べて中央にくる値のこと。データの個数が偶数個のときは中央の二つのデータの平均で求めます。

・**モード**……最頻値のことで，度数（データの個数）が最大のデータ値です。

・標準偏差……データの散らばり具合の尺度として用いられる値です。

　　　　データ $x_1, x_2, ..., x_n$ の標準偏差 σ（シグマ）は，各データと平均との差の2乗を平均し，平方根を求めます。

$$\sigma = \sqrt{\{(x_1 - \bar{x})^2 + (x_2 - \bar{x})^2 + ... + (x_n - \bar{x})^2\} / n}$$

・分散……標準偏差の $\sqrt{}$ の中の式で表される値を分散といい，$\sigma^2 =$ 分散や $\sigma = \sqrt{分散}$ と表します。データの散らばり具合を表す尺度ですが，2乗した値の平均値なので，データ値や平均値と比較や計算する処理で直接使えず，平方根（$\sqrt{}$）を求めた標準偏差の方がよく使われます。

② 正規分布

正規分布は，データのばらつきが，その平均値を中心として前後で同じ程度にばらついている分布です。平均に近いデータの数が多く，離れるに従って少なくなっていきます。正規分布のグラフを描くと，平均値を中心に左右対称の釣り鐘状になります。

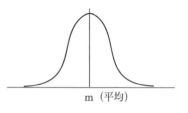

m（平均）

・正規分布の性質

平均を m，標準偏差を σ として，m±σ の中にデータ全体の約 68%が含まれます（1 シグマ）。同様に，m±2σ の中にデータ全体の約 95%が含まれ（2 シグマ），m±3σ の中にデータ全体の約 99%が含まれます（3 シグマ）。

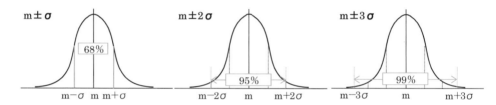

（3） 数列

一定の規則で並んでいる数の並びが数列です。試験では最近出題されていませんが，今後は等差数列や等比数列の一般項や和を求める問題が出題される可能性があるので，基本事項を理解しておきましょう。

・**等差数列**

初項を a，公差を d とすると，一般項（第 n 項）：$a_n = a + (n-1) \times d$

初項から n 項までの和：$S_n = \dfrac{n \times (a + a_n)}{2} = \dfrac{n \times \{2a + (n-1) \times d\}}{2}$

・**等比数列**

初項を a，公比を r とすると，一般項（第 n 項）：$a_n = a \times r^{n-1}$

初項から n 項までの和：$S_n = \dfrac{a \times (1 - r^n)}{(1-r)} = \dfrac{a \times (r^n - 1)}{(r-1)}$

・**自然数の数列の和（Σ記号）**

$$\sum_{k=1}^{n} k = 1 + 2 + 3 + \cdots + n = \frac{1}{2}n(n+1) \quad \cdots\cdots 1 \text{から} n \text{までの和}$$

（例）$\sum_{k=1}^{10} k = 1 + 2 + 3 + \cdots + 10 = \dfrac{1}{2} \times 10 \times 11 = 55 \quad \cdots\cdots 1 \text{から} 10 \text{までの和}$

（4） 行列

数や要素を縦横に並べたものが行列です。多くのデータを扱う AI の機械学習などの処理でよく利用される形式です。出題範囲に加わった内容なので，行列の加算や乗算，単位行列，逆行列などの基本事項を理解しておきましょう。

① 行列の表現方法

複数の数値や変数を長方形に並べて，（ ）や［ ］で囲って表します。

（例）2 行 3 列の行列 $\begin{bmatrix} 1 & 3 & 2 \\ 6 & 4 & 5 \end{bmatrix}$

② 各種の行列（2 行 2 列の例）

行と列の数がともに n である行列を n 次の **正方行列** といいます。

単位行列 $I = \begin{bmatrix} 1 & 0 \\ 0 & 1 \end{bmatrix}$ ，ゼロ行列 $O = \begin{bmatrix} 0 & 0 \\ 0 & 0 \end{bmatrix}$

$A = \begin{bmatrix} a_{11} & a_{12} \\ a_{21} & a_{22} \end{bmatrix}$ とするとき，a_{jk} は j 行，k 列の要素を示します。

この行と列を入れ替えた $A' = \begin{bmatrix} a_{11} & a_{21} \\ a_{12} & a_{22} \end{bmatrix}$ を **転置行列** といいます。

③ 行列の加算と乗算（2 行 2 列の例）

（例） $A = \begin{bmatrix} a_{11} & a_{12} \\ a_{21} & a_{22} \end{bmatrix}$, $B = \begin{bmatrix} b_{11} & b_{12} \\ b_{21} & b_{22} \end{bmatrix}$ とするとき，$kA = \begin{bmatrix} ka_{11} & ka_{12} \\ ka_{21} & ka_{22} \end{bmatrix}$

$A + B = \begin{bmatrix} a_{11} + b_{11} & a_{12} + b_{12} \\ a_{21} + b_{21} & a_{22} + b_{22} \end{bmatrix}$, $A - B = \begin{bmatrix} a_{11} - b_{11} & a_{12} - b_{12} \\ a_{21} - b_{21} & a_{22} - b_{22} \end{bmatrix}$

$x = \begin{bmatrix} x_1 \\ x_2 \end{bmatrix}$ とするとき，$Ax = \begin{bmatrix} a_{11} & a_{12} \\ a_{21} & a_{22} \end{bmatrix} \begin{bmatrix} x_1 \\ x_2 \end{bmatrix} = \begin{bmatrix} a_{11}x_1 + a_{12}x_2 \\ a_{21}x_1 + a_{22}x_2 \end{bmatrix}$

$AB = \begin{bmatrix} a_{11} & a_{12} \\ a_{21} & a_{22} \end{bmatrix} \begin{bmatrix} b_{11} & b_{12} \\ b_{21} & b_{22} \end{bmatrix} = \begin{bmatrix} a_{11}b_{11} + a_{12}b_{21} & a_{11}b_{12} + a_{12}b_{22} \\ a_{21}b_{11} + a_{22}b_{21} & a_{21}b_{12} + a_{22}b_{22} \end{bmatrix}$

（一般に，$AB \neq BA$ です。）

④ 逆行列と行列式（2 次の正方行列の例）

n 次の正方行列 A に対し，I を単位行列とするとき，$AX = XA = I$ となる X を A の **逆行列** といい，A^{-1} と表します。

$A = \begin{bmatrix} a & b \\ c & d \end{bmatrix}$ と表すとき，$ad - bc \neq 0$ のとき逆行列 A^{-1} をもち，

$A^{-1} = \frac{1}{ad-bc} \begin{bmatrix} d & -b \\ -c & a \end{bmatrix}$

なお，$ad - bc$ を行列 A の **行列式** といい，$|A|$ と表します。

(5) グラフ理論

　グラフは数値データの大小を表現する棒グラフや折れ線グラフのことではなく，ノード（節点，頂点）とエッジ（枝，辺）の集合で構成されるもので，一筆書きできるかどうか調べる図をイメージすると分かりやすいです。

　応用事例として，経路探索やデータの関係などを数学のグラフ理論に基づいて行いますが，試験対策としては基本的な用語の意味を理解してください。

① 無向グラフと有向グラフ

　グラフ G のうち，枝の向きを考えないグラフを無向グラフ，枝の向きを考えるグラフを有向グラフといいます。

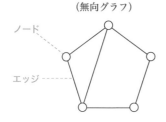
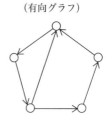

② 端点，始点，終点

　枝 e が節点 u と v を結ぶとき，u と v を端点といい「u と v は隣接している」といいます。特に，有向グラフで枝 e が端点 u から v に向かっているときは u を始点，v を終点といいます。

③ 次数

　ある節点 v を端点とする枝の本数を v の次数といいます。

▶▶▶ **Check**

理解度チェック ▶ 1.3 応用数学

(1) 10 個の異なる記号から 3 個を選んで並べる方法は何通りありますか。

(2) 10 人から 3 人の委員を選ぶ方法は何通りありますか。

(3) 100 枚あるくじで当たりが 5 枚あるとき，最初に 1 枚くじを引いて当たる確率は幾つですか。

(4) 袋の中に白い玉が 10 個，赤い玉が 5 個入っています。この袋から 2 回続けて玉を取り出すとき，2 回とも赤い玉である確率は幾つですか。

(5) 5 個の製品の重さを計測したところ，9.5, 9.8, 10.1, 10.3, 10.3 グラムでした。このデータのメジアンは ア ，モードは イ です。

(6) 平均が m，標準偏差が σ の正規分布を考えます。
このとき，m±σ の中にデータ全体の約 ア ％が含まれます（1 シグマ）。
同様に，m±2σ の中にデータ全体の約 イ ％が含まれ（2 シグマ），
m±3σ の中にデータ全体の約 ウ ％が含まれます（3 シグマ）。

(7) 初項が 20，公差が 3 の等差数列の一般項（第 n 項）は幾つですか。

(8) $\sum_{k=1}^{100} k = 1 + 2 + 3 + \cdots + 100$ の値は幾つですか。

(9) $A = \begin{bmatrix} 2 & 1 \\ 0 & 3 \end{bmatrix}$, $B = \begin{bmatrix} 1 & 0 \\ 4 & 5 \end{bmatrix}$ のとき，AB と BA の値はそれぞれ幾つですか。

解 答

(1) 順列の計算で，$_{10}P_3 = 10 \times 9 \times 8 = 720$ 通り （$10! \div (10-3)!$ でも計算可）

(2) 組合せの計算で，$_{10}C_3 = {}_{10}P_3 \div 3! = 720 \div 6 = 120$ 通り

(3) $5 / 100 = 1 / 20 = 0.05$

(4) 1 回目が赤の確率＝5／15，この後の 2 回目が赤の確率＝4／14 から，2 回続けて赤の玉を取り出す確率は，$(5／15) \times (4／14) = 20／210 = 2／21$

(5) ア：メジアン（中央値）10.1　　イ：モード（最頻値）10.3

(6) ア：68，イ：95，ウ：99　　(7) 第 n 項＝$20 + (n-1) \times 3 = 3n + 17$

(8) $\sum_{k=1}^{100} k = 1 + 2 + 3 + \cdots + 100 = (100 \times 101) \div 2 = 5{,}050$

(9) $AB = \begin{bmatrix} 2 & 1 \\ 0 & 3 \end{bmatrix}\begin{bmatrix} 1 & 0 \\ 4 & 5 \end{bmatrix} = \begin{bmatrix} 2 \times 1 + 1 \times 4 & 2 \times 0 + 1 \times 5 \\ 0 \times 1 + 3 \times 4 & 0 \times 0 + 3 \times 5 \end{bmatrix} = \begin{bmatrix} 6 & 5 \\ 12 & 15 \end{bmatrix}$

$BA = \begin{bmatrix} 1 & 0 \\ 4 & 5 \end{bmatrix}\begin{bmatrix} 2 & 1 \\ 0 & 3 \end{bmatrix} = \begin{bmatrix} 1 \times 2 + 0 \times 0 & 1 \times 1 + 0 \times 3 \\ 4 \times 2 + 5 \times 0 & 4 \times 1 + 5 \times 3 \end{bmatrix} = \begin{bmatrix} 2 & 1 \\ 8 & 19 \end{bmatrix}$　（AB≠BA）

▶▶▶ **Question**

問題で学ぼう

問1　1から31までの数の中から任意に五つを選び，選んだ数の組合せが一致すれば当たりになるくじがある。数を選択する順序は自由としたとき，このくじが当たる確率は幾らか。なお，一度選んだ数は重複して選べないとする。

(H12秋-AD 問5改)

　　ア　1／32　　　イ　5／32　　　ウ　1／169,911　　　エ　1／20,389,320

解説

　1から31までの数の中に，「当たり番号」に該当する五つの数字があり，この当たりの五つ全ての番号を選ぶ確率を求めることになります。

　まず，31個の中から5個の当たり番号の中のどれかを選べばよいので，その確率は5／31です。次に，30個の中から残りの4個の当たり番号のどれかを選べばよく（4／30），さらに29個の中から3個の当たり番号（3／29），28個の中から2個の当たり番号（2／28），最後に27個の中の残った1個の当たり番号を選ぶ（1／27）と当たりです。したがって，求める確率は，

　　　(5／31)×(4／30)×(3／29)×(2／28)×(1／27) ＝ 1／169,911

となり，正解は（ウ）です。

　なお，組合せの考え方で，31個の番号から5個の番号を選ぶ組合せの数は$_{31}C_5＝(31×30×29×28×27)÷5！＝169,911$（通り）あり，この中の一通りが当たりなので，当たる確率を1／169,911と求めることもできます。

解答　ウ

問2　ある工場では，同じ製品を独立した二つのラインA, Bで製造している。ラインAでは製品全体の60％を製造し，ラインBでは40％を製造している。ラインAで製造された製品の2％が不良品であり，ラインBで製造された製品の1％が不良品であることが分かっている。いま，この工場で製造された製品の一つを無作為に抽出して調べたところ，それは不良品であった。その製品がラインAで製造された確率は何％か。

(H28秋-FE 問2)

　　ア　40　　　　イ　50　　　　ウ　60　　　　エ　75

解説

抽出した不良品がラインAで製造された確率（原因の確率）を求めます。

ラインAとBで合計1,000個の製品を製造した場合を考えると，製造割合からラインAが600個，ラインBが400個となります。不良品はラインAで製造した製品が2%，ラインBで製造した製品が1%あるので，

ラインAで製造される不良品の数は，600×0.02＝12個

ラインBで製造される不良品の数は，400×0.01＝4個　となります。

不良品を抽出するのはこれら二つのどちらかであるので，次の式で「不良品がラインAで製造された確率」を求めることができます。

この確率の計算では，1,000個の製品から抽出するとき，ラインAで製造した製品を抽出する確率が600／1000，ラインBで製造した製品を抽出する確率が400／1000であることを使います。

（抽出した不良品がラインAで製造した確率）

$$=\frac{\text{ラインAの製品から不良品を抽出する確率}}{\text{ラインAの製品から不良品を抽出する確率＋ラインBの製品から不良品を抽出する確率}}$$

$$=\frac{\frac{600}{1000}\times\frac{12}{600}}{\frac{600}{1000}\times\frac{12}{600}+\frac{400}{1000}\times\frac{4}{400}}=\frac{12}{12+4}=\frac{12}{16}=0.75=75\%$$

したがって，（エ）が正解です。

解答 エ

問3　表は，ある地方の天気の移り変わりを示したものである。例えば，晴れの翌日の天気は，40%の確率で晴れ，40%の確率で曇り，20%の確率で雨であることを表している。天気の移り変わりが単純マルコフ過程であると考えたとき，雨の2日後が晴れである確率は何%か。

(H22 秋·FE 問3)

単位　%

	翌日晴れ	翌日曇り	翌日雨
晴れ	40	40	20
曇り	30	40	30
雨	30	50	20

ア　15　　　　イ　27　　　　ウ　30　　　　エ　33

解説

　関連する事象は，ある事象が発生するかどうかで，次の状態が変わります。**マルコフ過程は，未来の事象の発生確率を考えるときに，現在の状態だけから考えることができる過程**のことで，単純マルコフ過程は，一つの事象だけで考えます。つまり，次の日の天気の確率を考えるときに，今日の天気だけを考えればよいことになります。

　"単純マルコフ過程"という難しい言葉を知らなくても，この前提で考えていきます。**「雨の2日後が晴れである」**のは，次の三つのパターンがあり，それぞれの確率を求めると，次のようになります。

　　（ある日の天気）→（翌日の天気）→（2日後の天気）
① （雨）　→　（晴れ）　→　（晴れ）
　　$0.3×0.4＝0.12$
② （雨）　→　（曇り）　→　（晴れ）
　　$0.5×0.3＝0.15$
③ （雨）　→　（雨）　→　（晴れ）
　　$0.2×0.3＝0.06$

　これらの確率の和が，求める確率となるので，$0.12＋0.15＋0.06＝0.33$ となり，（エ）の33％が正解です。

解答　エ

問4　次の7個のデータの平均，メジアン，モードの大小関係を正しく表しているものはどれか。

(H15春·SW 問5改)

〔データ〕
　　50，50，50，55，70，75，75

　ア　平均 ＜ メジアン ＜ モード
　イ　メジアン ＜ モード ＜ 平均
　ウ　モード ＜ 平均 ＜ メジアン
　エ　モード ＜ メジアン ＜ 平均

解説

平均……$(50+50+50+55+70+75+75)÷7=425÷7=60.7…$

メジアン……データを小さい順に並べた場合に中央にくる値で 55

モード……最頻値（最も多いデータ）で 3 回出てくる 50

モード(50) ＜ メジアン(55) ＜ 平均(60.7…) となり，（エ）が正解です。

解答　エ

問 5　ある工場の加工工程で製造した製品の寸法は，平均 200mm，標準偏差 2mm の正規分布をしている。本来の製品の規格が 200±2mm であるとき，製品が不良品となる確率は幾らか。なお，正規分布表の u は平均から標準偏差の何倍離れているかを示す値で，P(u)は製品が平均＋u より大きい（又は平均－u より小さい）確率である。

（H10 秋-2K 問 71 改）

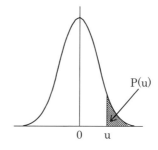

正規分布表

u	P(u)
0.5	0.3085
1.0	0.1587
1.5	0.0668
2.0	0.0228
2.5	0.0062
3.0	0.0013

ア　0.0228　　　イ　0.0456　　　ウ　0.1587　　　エ　0.3174

解説

平均が 200mm，標準偏差が 2mm の正規分布で，合格とする規格が 200mm± 2mm なので，平均×標準偏差の範囲外の部分である 198mm を下回ったり，202mm を上回ったりした製品が規格外のものとして不良品となります。

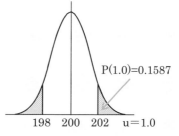

　　合格する範囲は平均±標準偏差（1σ；1シグマ）なので，正規分布表の u＝1.0 を見ると P(u)＝0.1587 とあります。これは，製品が平均＋標準偏差を超える確率で，不良品は正規分布の両端にあるので2倍します。したがって，求める確率は 0.1587×2＝0.3174（約32％）となり，（エ）が正解です。

解答　エ

問6　数列に関する次の記述の空欄に入る適切な数値の組合せはどれか。

(H1 秋-2K 問11 改)

・ある等差数列の第7項が15，第18項が−7であった。

・初校は　　　 a 　　　，公差は　　　 b 　　　である。

・第　　 c 　　項が初めて負となる項である。

	a	b	c
ア	25	−1	14
イ	25	−1	15
ウ	27	−2	14
エ	27	−2	15

解説

　　等差数列の初校を a，公差を b とすると，一般項 $a_n = a + (n-1) \times b$ から，

　　$a_7 = a + (7-1) \times b = 15$　　　$a + 6b = 15$　　……①

　　$a_{18} = a + (18-1) \times b = -7$　　$a + 17b = -7$　　……②

　　②−①を計算すると，$11b = -22$　よって，$b = -2$

　　これを①に代入すると，$a + 6 \times (-2) = 15$　よって，$a = 15 + 12 = 27$

　　これらの値から，一般項 $a_n = 27 + (n-1) \times (-2) < 0$ となる n を求めると，

　　　　$27 - 2n + 2 < 0$ から，$2n > 29$　　よって，$n > 14.5$

　　n は整数なので 15 となり，第15項が初めて負となる項です。 以上から，c＝5となり，（エ）が正解です。確認しておくと，次のようになります。

　　　　$a_{14} = 27 + (14-1) \times (-2) = 27 - 26 = 1$

　　　　$a_{15} = 27 + (15-1) \times (-2) = 27 - 28 = -1$

解答　エ

問7 ノードとノードの間のエッジの有無を，隣接行列を用いて表す。ある無
　　向グラフの隣接行列が次の場合，グラフで表現したものはどれか。ここで，
　　ノードを隣接行列の行と列に対応させて，ノード間にエッジが存在する場合
　　は1で，エッジが存在しない場合は0で示す。

(R1 秋·FE 問3)

$$
\begin{array}{c}
 & \begin{array}{cccccc} a & b & c & d & e & f \end{array} \\
\begin{array}{c} a \\ b \\ c \\ d \\ e \\ f \end{array} &
\left[\begin{array}{cccccc}
0 & 1 & 0 & 0 & 0 & 0 \\
1 & 0 & 1 & 1 & 0 & 0 \\
0 & 1 & 0 & 1 & 1 & 0 \\
0 & 1 & 1 & 0 & 0 & 0 \\
0 & 0 & 1 & 0 & 0 & 1 \\
0 & 0 & 0 & 0 & 1 & 0
\end{array}\right]
\end{array}
$$

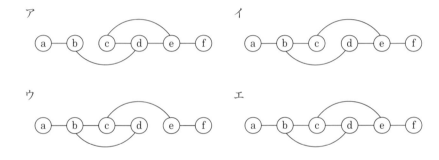

解説

　グラフのデータを表す正方行列を隣接行列といいます。問題の説明から
「ノード間にエッジが存在する場合は1で，エッジが存在しない場合は0」
となっていることから，例えば，ノードaとノードbの間にエッジが存在す
る場合は，ノードa（1行2列）とノードb（2行1列）の両方が1となりま
す。このように，**無向グラフの隣接行列は，i行j列の成分とj行i列の成分
が等しい対称行列になります**。なお，左上から右下に向かう対角成分が全て
0なので，自己ループ（自身へのエッジ）は存在しないことになります。

　ここで隣接行列の要素が1になっているノードの組合せを調べると，a−b，
b−c，b−d，c−d，c−e，e−fの6通りあり，このつながりを表しているグ
ラフは（ウ）になります。

解答　ウ

1.4 情報に関する理論

▶▶▶ Explanation

ポイントの解説

　情報に関する理論には，符号理論，形式言語，オートマトン，計算量，AI，コンパイラ，プログラミング言語論などが含まれます。これらはコンピュータで様々な処理を正しく行えることの数学的な根拠となるもので，コンピュータサイエンスで学習する内容ですが，試験では，用語の意味や簡単な例で概要を理解しているかを問う問題が出題されます。

　ここでは，これまで比較的よく出題されていた符号理論（符号化）と形式言語，AI（機械学習，ディープラーニング）を学習します。なお，計算量はこの章の「1.6 アルゴリズム」で学習し，コンパイラについては4章「4.3 開発ツールとプログラムの形態」で学習します。

(1) 符号化

　符号化は，データをどういうビット列で表現するか，逆に，ビット列をどういうデータとして解釈するかを示す規則のことです。データの種類に応じて様々な符号化の方法があります。

　また，データは，意味が同じであれば，少しでもデータ量を小さくした方が，格納領域や通信時間を節約することができます。これらのデータを圧縮する方法や，圧縮されたデータを元に戻す方法も，符号化方式として重要な学習内容になります。

① ランレングス符号

　ランレングス（run length）は「連続する長さ」のことで，ランレングス符号は，同じビットパターンが連続するデータをできるだけ短いビット列で表現する方式です。画像など同じようなデータが連続することが多い場合に使われます。

　例えば，次のような画像データを表現する場合，単純に黒と白のデータを並べると，"黒黒黒黒白白黒黒黒黒黒黒"となりますが，色の次に出現回数を示す値を組み合わせて，"黒4白2黒6"のように表現すれば，データを短く表現することができます。

黒	黒	黒	黒	白	白	黒	黒	黒	黒	黒	黒

② ハフマン符号

　ハフマン符号は，扱うデータのそれぞれの出現頻度を考慮して，出現頻度が高いものほど短いビット列で表現する規則に基づく符号化方式です。

　例えば，4文字のa，b，c，dの符号をそれぞれ2ビットで00，01，10，11と表現すると，"aaaaaaabcd"という10文字のデータを表現するために，2×10＝20ビット必要です（"00000000000000011011"）。

　これに対して，最も出現回数の多いaを1ビットの0，その他のbを2ビットの10，cを3ビットの110，dも3ビットの111と表現すると，これらが混在してもそれぞれの文字を区別でき，この例の"aaaaaaabcd"では，"000000010110111"と15ビットで表現することができます。

(2)　形式言語

　形式言語は複雑な決まりをもつ式や文の表記を簡潔に表現するための方法で，文法を表現するBNF（Backus-Naur Form；バッカス・ナウア記法）や計算式を表現する逆ポーランド表記法，文字列を簡潔に表記する正規表現などが出題されます。

　BNFでは構文規則に当てはまる文字列・数字列を解答したり，文字列・数字列のBNF表現を解答したりする問題が多いです。

　逆ポーランド表記法では通常の式をこの表記法に変換したり，逆ポーランド表記法で表現された式の計算結果を求めたりする問題が出題されます。

　正規表現では規則に従った具体的な表現を解答する問題が出題されます。

① BNF

　BNFはプログラムの構文記述に用いられます。

・基本的なBNFの記号

　例えば，「数字は0～9までのいずれか一つから構成される」という規則をBNFで記述すると次のようになります。

　　　　＜数字＞::＝0｜1｜2｜3｜4｜5｜6｜7｜8｜9

　"::＝"は「左辺を右辺のように定義する」，"｜"は「又は（OR）」の意味を表します。

・BNFの記述法

　BNFでは，定義された要素（例えば，上で挙げた＜数字＞など）を複数併記したり，同じ要素を繰り返したりして，複雑な構文記述を行うことができます。式の中でその式の表現を利用する再帰的な定義ができる点も特徴です。

例として，＜数字＞と＜英字＞が BNF によって

＜数字＞::= 0｜1｜2｜3｜4｜5｜6｜7｜8｜9
＜英字＞::= A｜B｜C

と定義されているものとして，次の(a)，(b)の BNF を考えてみましょう。

(a) 1 文字の＜英字＞又は＜数字＞から構成される＜英数字＞の BNF
＜英数字＞::= ＜英字＞｜＜数字＞　　　　(例) A，5

(b) 1 文字以上の＜英数字＞から構成される＜英数字の並び＞の BNF
＜英数字＞は 1 文字なので，それを単独か，又は繰り返して＜英数字の並び＞を表現します。

＜英数字の並び＞::= ＜英数字＞｜＜英数字＞＜英数字の並び＞
　　　　　　　　　　　↓　　　　　　　　　　↓
　　　　　　　　　1 文字の場合　　　2 文字以上の場合

＜英数字の並び＞は，自分自身の＜英数字の並び＞を用いて再帰的に定義されています。実際に，＜英数字の並び＞の中に＜英数字の並び＞が含まれていることを例で確認してみましょう。この場合，先頭の 1 文字は＜英数字＞で，続く文字が＜英数字の並び＞の部分です。

なお，英字の定義が "A｜B｜C" なので，これ以外の文字が使えないことに注意してください。

(例) B，0，AA，256，A7C5，8B7C23，など

② ポーランド表記法と逆ポーランド表記法

ポーランド表記法と逆ポーランド表記法は，数式の表現に用いられますが，演算子を記述する位置が異なります。

・数式の表現

数式を表現するに当たって，演算子を演算対象の前，間，後ろに記述する方法が考えられます。

表記法	演算子の配置	特徴	例
ポーランド表記法	前置記法	演算子を演算対象の前に置く	＋ab
通常の表記法	中置記法	演算子を演算対象の間に置く	a＋b
逆ポーランド表記法	後置記法	演算子を演算対象の後ろに置く	ab＋

・逆ポーランド表記法の利用

　逆ポーランド表記法は，コンパイラで構文解析の結果を表現する表記法として使われることがあります。逆ポーランド表記法で表現された数式は，演算対象が二つ並んだ後に必ず演算子がきます。この規則性に従って，数式を左から順に調べていき，演算子が出てきたら，その前にある二つの演算対象に対して演算を行っていきます。

[逆ポーランド表記法による表現]

y＝a×k＋b　（通常の表記法）

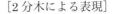 y a×k+b ＝

y a×k b ＋＝

y a k ×b＋＝

yak×b＋＝　（逆ポーランド表記法）

（注）□ の部分は演算対象です

[2分木による表現]

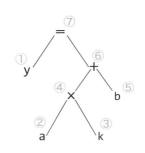

深さ優先の後行順で巡回します

[逆ポーランド表記法　他の例]　　（注）□ の部分は演算対象です

a＋b×k → a＋bk× → abk×＋

(a＋b)×k → ab＋×k → ab＋k×

((a＋b)×k)÷c → (ab＋×k)÷c → ab＋k××÷c → ab＋k×c÷

（3）　正規表現

　正規表現とは，一定の規則をもった文字列の集合を表す方法で，メタキャラクタという特別な文字を使って文字列のパターンを表します。実際に用いられている正規表現は複雑な指定もできますが，試験で出題されるものは基本的な規則に限られています。表現形式の例を示します。

・［ ］　（大カッコで括った部分）

　　大カッコ内の文字のどれかに一致する1文字を表す。A－Zなど"－"（ハイフン）で範囲を指定した場合は，その間にある1文字が該当します。例えば，[A－Z]は英字1文字を表し，[0－9]は数字1文字を表します。

・＋（プラス記号）

　　直前に指定した正規表現の1回以上の繰返しを表します。例えば，[0－9]

＋という表現で，1，0123，543，77777，……などを表します。

- ＊（アスタリスク）

    直前に指定した正規表現の0回以上の繰返しを表します。[A-Z]＊という表現で，文字なしの状態を含めて，B，AA，ZYX，ABCDE，……などを表します。

(4)　オートマトン

　入力した値だけでなく，それ以前の状態にも影響されて動作する自動機械をオートマトンといいます。有限の状態をもち，現在の状態と入力値から出力値と次の状態を決めて動作するオートマトンを特に有限オートマトンといいます。有限オートマトンは自動販売機やロボット，人間の言語処理などのモデルといえるものです。

　オートマトンの動作表現には次のような状態遷移図が使われ，初期状態と動作の完了を示す受理状態が示されます。

（例）

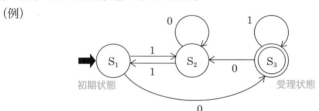

〔例のオートマトンの動作（一部）〕
- 初期状態は S_1，動作が完了する受理状態は S_3
- S_1 の状態で，"1" を入力すると S_2 の状態に移り，"0" を入力すると S_3 の受理状態に移る。
- S_2 の状態で，"1" を入力すると S_1 の状態に移り，"0" を入力すると S_2 の状態のまま変化しない。

(5)　AI（人工知能）

　AI（Artificial Intelligence；人工知能）は，人間の推論や学習，自己改善，言語理解の能力などの知的な作業を，コンピュータで実現するための技術としてかなり以前から研究されてきました。

　コンピュータの高性能化と処理技術の高度化によって，様々な応用事例が開発され，AIは急激に発展しています。関連する用語が試験でも出題されていますので基本事項を理解しておきましょう。

　①　ニューラルネットワーク

　　ニューラルネットワーク（neural network）は，人間などの生物の脳の仕

組みを表す用語で，これを模したコンピュータシステムを指す場合にも使われます。

② 機械学習

　コンピュータが既存の知識や技能を自ら再構成することによって，さらに新しい知識や技能を獲得したり，コンピュータ自身の性能を向上させたりする過程を機械学習といいます。

　機械学習の方法として，次のものがあります。

・教師あり学習……入力と正しい出力をセットにした多数の訓練データをあらかじめ準備し，未知の入力が与えられたときに分類や回帰などの手法で正しい出力が得られるように学習します。多量の手書き文字の画像を入力して一つずつ正解を与え，新しい画像を入力して文字を判断させるなどの例があります。

・教師なし学習……正解のデータを提示せずに，多量の入力データだけを与え，データ中にある一定のパターンやルールを抽出したり，似ているデータを集めたり（クラスタリング）します。例えば，インターネット上の猫の動画を多量に入力データとして学習させると，自ら特徴を抽出して画像を分類し，猫の画像を認識できるようになる事例があります。

・強化学習……正解を与えず，試行錯誤を繰り返して，得点（報酬）を得ることで行動パターンを学習し，将来得られる予想得点（報酬）が最大となる行動を学習します。プロ囲碁棋士に勝利した囲碁 AI の AlphaGo（アルファ碁）に用いられました。

・過学習……学習に使った訓練データだけに適応した学習が進んでしまうことで，訓練データに対しては高精度な結果となりますが，未知のデータに対しては精度が下がり予測ができなくなります。

③ ディープラーニング

　ディープラーニング（deep learning；深層学習）は，システムがデータの特徴を学習して事象の認識や分類を行う機械学習の手法の一つです。

　十分なデータ量があれば，人間の脳神経回路（ニューラルネットワーク）をモデルとしたアルゴリズムを何重にも適用した学習によって，データの特徴をコンピュータが自動的に抽出することができます。音声や物や人の認識を行う様々なシステムで利用されています。

▶▶▶ Check

理解度チェック ▶ 1.4 情報に関する理論

---

(1) データの出現頻度に大きな偏りがある場合に，出現頻度の高いデータを短いビット数で表現して全体を圧縮する方法が，_____ です。

(2) ＜数字＞が次の BNF によって定義されているとします。

　　　＜数字＞ :: = 0 | 1 | 2 | 3 | 4 | 5 | 6 | 7 | 8 | 9

この数字を複数並べた＜数字の並び＞を再帰的に定義するとき，

　　　＜数字の並び＞ :: = ＜数字＞ | ＜数字＞＜ _____ ＞

(3) (2)に次の定義を加えたとき，＜英数字＞の定義に合致する文字列は？

　　　＜英字＞ :: = a | b | c | d | e

　　　＜英数字＞ :: = ＜英字＞＜数字＞ | ＜英数字＞＜英字＞

　　　ア　5b　　　イ　a3　　　ウ　b48　　　エ　c4d　　　オ　d2ee

(4) 数式(A−B)×(C+D)を逆ポーランド表記法で表現してください。

(5) 逆ポーランド表記法の式 AB+C−D× で，A=4，B=1，C=2，D=3 を代入した結果は幾つですか。

(6) AI に関して，正解のデータを提示せず，多量の入力データだけを与えて，データ中にあるパターンやルールを抽出するのは ［ア］ 学習です。また人間の脳神経回路をモデルとしたアルゴリズムを何重も適用した学習によって，データの特徴をコンピュータが自動的に抽出する手法が ［イ］ です。

解答

(1) ハフマン符号

(2) BNF では，＜数字の並び＞ :: = ＜数字＞ | ＜数字＞＜数字の並び＞のように，式の中に自分自身を含めた再帰的な表現をすることができます。

(3) （イ），（エ），（オ）
　　＜英数字＞の定義＜英字＞＜数字＞は 1 文字の英字と 1 文字の数字なので（イ）a3 が該当します。定義の＜英数字＞＜英字＞から，英数字の後ろに 1 文字以上の英字が来てもよいので（エ）c4d（オ）d2ee も該当します。

(4) 逆ポーランド表記法で(A−B)×(C+D)を表現すると AB−CD+× となります。

(5) 逆ポーランド表記の式 AB+C−D× を通常の表現にすると，((A+B)−C)×D となり，この式に各値を代入すると，((4+1)−2)×3=9 となります。

(6) ア：教師なし　　イ：ディープラーニング

▶▶▶ **Question**

問題で学ぼう

問1　2 種類の文字"A", "B"を 1 個以上, 最大 *n* 個並べた符号を作る。60 通りの符号を作るときの *n* の最小値は幾らか。

(H16 春·FE 問 10)

ア　4　　　　イ　5　　　　　ウ　6　　　　　エ　7

解説

　文字 A, B を 1 個以上, 最大 *n* 個まで使って合計 60 通りの符号を作ります。例えば, 1 個使うと A と B の 2 通りの符号ができ, 2 個使うと AA, AB, BA, BB の 4 通りの符号ができます。**最大 2 個使う場合, これらを合わせて 2+4＝6 通りの符号ができる**ことに注意してください。同様に 3 個以上使う場合を考えると, 2+4+8+16+32＝62 で初めて 60 通り以上になります。よって, 32＝2^5 の 5 個まで使えばよいので（イ）が正解です。

解答　イ

問2　表は, 文字 A〜E を符号化したときのビット表記と, それぞれの文字の出現確率を表したものである。1 文字当たりの平均ビット数は幾らになるか。

(H23 春·FE 問 3)

文字	ビット表記	出現確率（％）
A	0	50
B	10	30
C	110	10
D	1110	5
E	1111	5

ア　1.6　　　　　イ　1.8　　　　　ウ　2.5　　　　　エ　2.8

解説

　出現頻度が高いデータ要素ほど, 短いビット列で表現し, データ全体のビット数を節約する符号化方式はハフマン符号です。

　この問題では, 出現確率が大きい順に, 文字 A を 1 ビットの 0, 文字 B を

2ビットの10，文字Cを3ビットの110，残る文字DとEをそれぞれ4ビットの1110と1111で表現しています。

なお，これらのビット列が混在しても文字を識別できるのは，ビット1の個数が全て違うからです。

期待値の計算方法を使って，各文字を符号化したときのビット数と出現確率を，それぞれ掛け合わせて合計したものが平均ビット数になります。

$$1×0.5+2×0.3+3×0.1+4×0.05+4×0.05$$
$$=0.5+0.6+0.3+0.2+0.2=1.8（ビット）\quad……（イ）$$

解答　イ

問3　出現頻度の異なるA, B, C, D, Eの5文字で構成される通信データを，ハフマン符号化を使って圧縮するために，符号表を作成した。aに入る符号として，適切なものはどれか。

（H30秋・FE問4）

文字	出現頻度（％）	符号
A	26	00
B	25	01
C	24	10
D	13	a
E	12	111

　　ア　001　　　　　イ　010　　　　　　ウ　101　　　　　エ　110

解説

　ハフマン符号で，1文字の符号（ビット列）を受け取って対応する文字に復号できるようにするためには，**その文字のビット列が，他の文字の先頭からのビット列と一致しないことが条件**になります。

　これを念頭に選択肢の文字Dの符号を見ていきます。
ア：文字Dが001だと，先頭2ビットの00が文字Aと区別できません。
イ：文字Dが010だと，先頭2ビットの01が文字Bと区別できません。
ウ：文字Dが101だと，先頭2ビットの10が文字Cと区別できません。
エ：文字Dが110のときは，先頭2ビットが11の文字はA, B, Cになく，
　　文字Eとは，ビット11の次が0か1かで区別でき，適切な符号です。

参考として，ハフマン符号は必ず元のデータに戻せる可逆圧縮の方式で，JPEG や ZIP で使われています。

解答　エ

問4　次の BNF で定義される＜変数名＞に合致するものはどれか。

(R1 秋-FE 問7)

```
＜数字＞ :: = 0｜1｜2｜3｜4｜5｜6｜7｜8｜9
＜英字＞ :: = A｜B｜C｜D｜E｜F
＜英数字＞ :: = ＜英字＞｜＜数字＞｜_
＜変数名＞ :: = ＜英字＞｜＜変数名＞＜英数字＞
```

　ア　_B39　　　　イ　246　　　　ウ　3E5　　　　エ　F5_1

解説

　BNF で用いる基本的な記号の“:: =”は「左辺を右辺のように定義する」を表し，“｜”は「又は（OR）」を表します。

　要素は要素名を＜＞で囲んで表しますが，この問題の＜英数字＞の定義を見ると，＜英字＞，＜数字＞の次に，**1 文字の“_”も含んでいることに注意が必要です。**

　選択肢から＜変数名＞に合致するものを考えますが，その定義を見ると，
　　＜変数名＞ :: = ＜英字＞｜＜変数名＞＜英数字＞
となっていて，＜変数名＞ :: = ＜英字＞ の部分から，変数名はまず英字の 1 文字で始まることが分かり，この＜変数名＞の後ろに＜英数字＞が続くものも＜変数名＞になります。

　このことから，変数名の先頭は，この問題の＜英字＞（A，B，C，D，E，F のどれか）に限られるので，（エ）の“F5_1”が合致するものになります。

　念のため確認すると，まず，先頭が＜英字＞の“F”になっていて，その次に＜英数字＞としての＜数字＞“5”，＜英数字＞としての“_”，＜英数字＞としての＜数字＞“1”と続いき，定義と合っていることが分かります。

ア：先頭の文字が＜英字＞でなく，＜英数字＞になっています。

イ，ウ：先頭の文字が＜英字＞でなく，＜数字＞になっています。

解答　エ

問5 式A+B×Cの逆ポーランド表記法による表現として，適切なものはどれか。

(H23 秋-AP 問2)

ア ＋×CBA イ ×＋ABC ウ ABC×＋ エ CBA＋×

解説

　掛け算は足し算よりも優先順位が高いので，B×C の部分を最初に行い，Aにその結果を加える計算順序になります。まず，最初に計算する B×C の部分を BC×と書き換えて A+(BC×)とし，次に＋の演算子を後ろに置いて A(BC×)＋となり，括弧を取ると（ウ）の ABC×＋という表現になります。
ア，イ：演算子が演算対象の前にあるのでポーランド表記法の表現です。
エ：CBA＋×は，C×(B+A)の逆ポーランド表記法による表現です。

解答　ウ

問6 次に示す計算式と逆ポーランド表記法の組合せのうち，適切なものはどれか。

(H26 秋-FE 問4)

	計算式	逆ポーランド表記法
ア	((a＋b)＊c)－d	abc＊＋d－
イ	(a＋(b＊c))－d	ab＋c＊d－
ウ	(a＋b)＊(c－d)	abc＊d－＋
エ	a＋(b＊(c－d))	abcd－＊＋

解説

　計算式のどの部分を最初に計算するかに着目して調べていきます。例えば，（ア）の計算式は(a+b)の部分を最初に計算しますが，逆ポーランド表記法に ab＋が出てきません。同じように（イ）は(b＊c)を最初に計算しますが bc＊が出てきませんし，（ウ）は(a+b)か(c-d)を最初に計算するので，ab＋か cd－が出てくるはずですが両方ありません。
　残る（エ）ですが，式 a+(b＊(c-d))で最初に計算するのが(c-d)で，次に b＊(c-d)，最後に a+(b＊(c-d))の計算をします。この順に逆ポーランド表記法の式に変えていくと次のようになり，（エ）が正解と分かります。
　　a＋(b＊(c－d)) → a＋(b＊(cd－)) → a＋(bcd－＊) → abcd－＊＋

解答　エ

問7　図は，逆ポーランド表記法で書かれた式 abcd＋＋＋をスタックで処理するときのスタックの変化の一部を表している。この場合，スタックの深さは最大で4となる。最大のスタックの深さが最も少ない逆ポーランド表記法の式はどれか。

（H25 春·FE 問6）

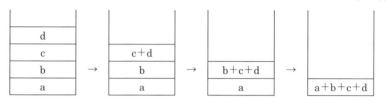

ア　ab＋c＋d＋　　　　　　イ　ab＋cd＋＋
ウ　abc＋＋d＋　　　　　　エ　abc＋d＋＋

解説

　逆ポーランド表記法で表現された式は，**優先順位も考慮して演算対象と演算子が並ぶので，数式を左から単純に参照していくだけで計算できるのが特徴**です。式を左から見ていき，演算対象ならデータを退避し（スタックが使われます），演算子なら直前に退避した二つの演算対象（スタック上部の二つのデータ）に対してその演算をする手順で計算を進めていきます。

　例えば，AB×なら，この式のデータを左から順に見ていき，次のように処理が進められます。

・Aはデータなので，スタックにAを格納する（push）。
・Bもデータなので，スタックにBを格納する（Aの上にpush）。
・"×" は演算子なので，スタック上部の二つのデータ "B" と "A" を取り出し（pop），A×Bを計算してスタックに格納する（push）。

　選択肢の計算が進む様子を調べるのに，問題にならって図を書いていく方法でもいいのですが時間が掛かります。ここでは「演算対象ならスタックに積み，演算子なら直前に積まれた二つの演算対象を取り出して計算し，結果をスタックに積む」ことに注意して，スタックの深さを調べて行く方法で考えてみます。下の数値がスタックの深さを表します。

ア：a　b　＋　c　＋　d　＋　→　(a+b)，(a+b)+c，((a+b)+c)+dの順
　　1　2　1　2　1　2　1　（深さの最大は2）
イ：a　b　＋　c　d　＋　＋　→　(a+b)，(c+d)，(a+b)+(c+d)の順
　　1　2　1　2　3　2　1　（深さの最大は3）

ウ：a b c ＋ ＋ d ＋ → (b+c), a+(b+c), (a+(b+c))+d)の順
    1 2 3 2 1 2 1 （深さの最大は 3）

エ：a b c ＋ d ＋ ＋ → (b+c), (b+c)+d, a+((b+c)+d)の順
    1 2 3 2 3 2 1 （深さの最大は 3）

以上から，最大のスタックの深さが最も少ない逆ポーランド表記法は（ア）と分かります。

解答　ア

問 8　UNIX における正規表現 [A−Z] ＋ [0−9] ＊が表現する文字列の集合の要素となるものはどれか。ここで，正規表現は次の規則に従う。

(H28 春·FE 問 3)

[A−Z] は，大文字の英字 1 文字を表す。

[0−9] は，数字 1 文字を表す。

＋は，直前の正規表現の 1 回以上の繰返しであることを表す。

＊は，直前の正規表現の 0 回以上の繰返しであることを表す。

ア　456789　　イ　ABC＋99　　ウ　ABC99＊　　エ　ABCDEF

解説

正規表現 [A−Z] ＋ [0−9] ＊が表現している内容を左から調べていきましょう。

[A−Z] ＋　……（大文字の英字 1 文字）の 1 回以上の繰返し

[0−9] ＊　……（数字 1 文字）の 0 回以上の繰返し

これらの意味から，英字が 1 文字以上でその後ろに数字が 0 文字以上続く文字列が該当し，（エ）の ABCDEF が正解となります。

なお，**正規表現で使う "＋" や "＊" の記号は繰返しを示す記号なので，文字列の中に出てくることはありません**。このことから，（イ）と（ウ）は始めから除外できます。（ア）の 456789 は，左側に英字が出てこないので，指定された正規表現に該当しません。

解答　エ

問9　300円の商品を販売する自動販売機の状態遷移図はどれか。ここで，入力と出力の関係を "入力／出力" で表し，入力の "a" は "100円硬貨" を，"b" は "100円硬貨以外" を示し，S_0〜S_2 は状態を表す。入力が "b" の場合はすぐにその硬貨を返却する。また，終了状態に遷移する際，出力の "1" は商品の販売を，"0" は何もしないことを示す。

(H28 秋·FE 問3)

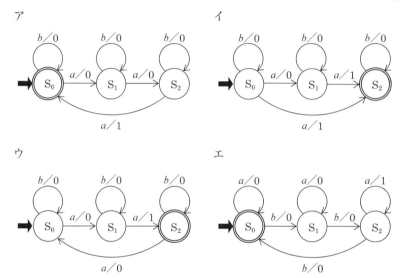

解説

　オートマトン（自動販売機）の状態遷移図です。**左端の ➡ が示す S_0 が初期状態，二重丸で示された状態が受理状態になります。**入力の "a" が 100円硬貨，"b" が 100円硬貨以外で，"b" を入力した場合はすぐにその硬貨を返却することから，この自動販売機は100円硬貨だけ使えることになります。

　したがって，300円の商品を買うには100円硬貨の "a" を3回入力しますが，2回目の入力までは何もしない "a／0" で遷移し，3回目の入力で商品を販売する "a／1" として受理状態に遷移する図を探します。

　選択肢の状態遷移図を確認すると，"a" の入力によって初期状態の S_0 から S_1，S_2 に "a／0" として遷移し，3回目の入力で "a／1" として受理状態の S_0 に遷移しているのは（ア）なので，これが正解です。

解答　ア

問 10　表は，入力記号の集合が {0, 1}，状態集合が {a, b, c, d} である
有限オートマトンの状態遷移表である。長さ 3 以上の任意のビット列を左（上
位ビット）から順に読み込んで最後が 110 で終わっているものを受理するに
は，どの状態を受理状態とすればよいか。

(H28 秋·AP 問 4)

	0	1
a	a	b
b	c	d
c	a	b
d	c	d

　　　ア　a　　　　イ　b　　　　ウ　c　　　　エ　d

解説

　オートマトンの問題は，状態遷移図が与えられ，初期状態と受理状態が示
してありますが，この問題ではその指定がありません。ここでは，**始めの状
態が a, b, c, d の場合ごとに，110 と入力して最後にどの状態になるか調
べていきます。**

ア：状態 a……1→状態 b →1→状態 d →0→状態 c 遷移します。

イ：状態 b……1→状態 d →1→状態 d →0→状態 c 遷移します。

ウ：状態 c……1→状態 b →1→状態 d →0→状態 c 遷移します。

エ：状態 d……1→状態 d →1→状態 d →0→状態 c 遷移します。

　以上から，どの場合も状態 c に遷移することから，（ウ）の c を受理状態と
すればよいことが分かります。参考までに状態遷移表の部分を状態遷移図で
表すと次のようになります。

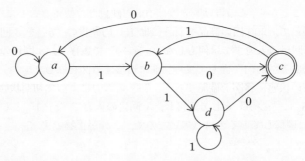

解答　ウ

問 11　機械学習における教師あり学習の説明として，最も適切なものはどれか。

(H31 春・FE 問 4)

　　ア　個々の行動に対しての善しあしを得点として与えることによって，得点が最も多く得られるような方策を学習する。

　　イ　コンピュータ利用者の挙動データを蓄積し，挙動データの出現頻度に従って次の挙動を推論する。

　　ウ　正解のデータを提示したり，データが誤りであることを指摘したりすることによって，未知のデータに対して正誤を得ることを助ける。

　　エ　正解のデータを提示せずに，統計的性質や，ある種の条件によって入力パターンを判定したり，クラスタリングしたりする。

解説

　AI における機械学習の**「教師あり学習」**は，**入力と正しい出力（ラベル）をセットにした大量の訓練データをあらかじめ準備し**，未知の入力が与えられたとき，正しい出力が得られるように学習させる方法で，（ウ）が正解です。

ア：機械学習における強化学習の説明です。試行錯誤で得点によって行動パターンを学習し，将来得られる予想得点が最大となる行動を学習します。

イ：EC サイトのレコメンデーション（お勧め）で用いられている手法です。正解を提示できないので，教師あり学習ではありません。

エ：機械学習における**「教師なし学習」**の説明です。

解答　ウ

問 12　AI の機械学習における教師なし学習で用いられる手法として，最も適切なものはどれか。

(R1 秋・AP 問 4)

　　ア　幾つかのグループに分かれている既存データ間に分離境界を定め，新たなデータがどのグループに属するかはその分離境界によって判別するパターン認識手法

　　イ　数式で解を求めることが難しい場合に，乱数を使って疑似データを作り，数値計算をすることによって解を推定するモンテカルロ法

　　ウ　データ同士の類似度を定義し，その定義した類似度に従って似たもの同士は同じグループに入るようにデータをグループ化するクラスタリング

　　エ　プロットされた時系列データに対して，曲線の当てはめを行い，得られた近似曲線によってデータの補完や未来予測を行う回帰分析

解説

　クラスタリングは，定義した類似度に従って似たもの同士をグループ化することで，「教師なし学習」で用いられる手法なので，（ウ）が正解です。
ア：パターン認識手法は，「教師あり学習」の手法の一つです。
イ：モンテカルロ法は，「強化学習」で用いられる手法です。
エ：回帰分析は，「教師あり学習」の手法の一つです。

解答　ウ

問13　AIにおけるディープラーニングの特徴はどれか。

(H30 春・FE 問3)

　　ア　"AならばBである"というルールを人間があらかじめ設定して，新しい知識を論理式で表現したルールに基づく推論の結果として，解を求めるものである。
　　イ　厳密な解でなくてもなるべく正解に近い解を得るようにする方法であり，特定分野に特化せずに，広範囲で汎用的な問題解決ができるようにするものである。
　　ウ　人間の脳神経回路を模倣して，認識などの知能を実現する方法であり，ニューラルネットワークを用いて，人間と同じような認識ができるようにするものである。
　　エ　判断ルールを作成できる医療診断などの分野に限定されるが，症状から特定の病気に絞り込むといった，確率的に高い判断ができる。

解説

　AIのディープラーニングはコンピュータが自ら物事を認識するための機械学習の一つの方法です。人の脳の神経構造（ニューロン）をモデルとしたニューラルネットワークを多層的に用いて行われるので，（ウ）が正解です。
ア：ルールベースの考え方で，エキスパートシステムで用いられます。
イ：メタヒューリスティックの説明です。ヒューリスティックは完全に正しい保証はないが，対象とする問題の大部分で有用な情報を導く方法です。
エ：エキスパートシステムの説明で，専門知識を多数登録した知識ベースと推論エンジンから構成され，医療において症状から病気を絞り込みます。

解答　ウ

1.5 データ構造

▶▶▶ Explanation

ポイントの解説

　データ構造で最も基本的なものは，連続した領域に同じデータ型が続く配列です。この他に，リスト，スタック，キュー，木に関する出題が予想されます。また，科目B試験の問題を解く上で必須となる前提知識ですので，各データ構造の特徴をしっかり理解してください。なお，科目A試験になる前の午前試験では，知識だけでなく考える問題も出題されていて，同じような問題も出題されると思われますので，解答を出すまでの考え方をしっかり理解しましょう。

(1) 配列 (array)

　同じ型のデータを一定の個数だけ並べたデータ構造が配列で，先頭からの位置を( )や[ ]の中の要素番号（添字ともいう）で指定し参照します。要素番号の初期値は0の場合と1の場合があり，問題で指定されます。データが連続しているため，配列へのデータ挿入やデータ削除には次の処理が必要になります。

・データの挿入……挿入する位置以降にある全ての要素を，後ろのデータから順に一つ後ろに移動する必要があります。

・データの削除……削除する要素より後ろにある全ての要素を一つ前に移動する必要があります。

　2次元配列は表のイメージで行と列の番号を指定し，データを参照します。

3行4列の2次元配列Aの例

2行3列のデータ A(2,3)

3行1列のデータ A(3,1)

(2) リスト (list)

　リストは並び順が決まっているデータの集まりのことです。単純に配列にデータを格納する方法もありますが，多くの場合は前後につながるデータの格納場所を示すポインタを使って，順序を指定します。

　試験の出題内容としては，ポインタの付替え問題が最も多いといえますが，データの参照・追加・削除を行うときの処理効率の問題も出題されます。

① リストの構造

リストの要素はデータ部とデータが格納されている場所を示すポインタで構成され，ポインタでデータ同士のつながりを示します。このため，要素の順番は格納場所と関係なく，ポインタでつながっている順になります。

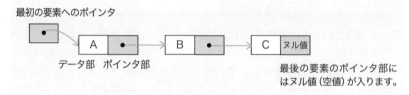

図　リスト

② リストの種類

次のように単方向リスト（線形リスト），双方向リスト（双リスト），環状リストがあり，それぞれ要素内のポインタ部の数や内容が異なります。この違いによって，次のデータをたどっていく方向が異なります。

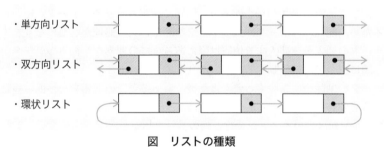

図　リストの種類

③ リストへの要素の追加・削除

追加・削除の処理を行うときのポインタの変更内容が重要です。

［追加の例］リストに新しい要素Aを追加します（例では先頭に追加）。

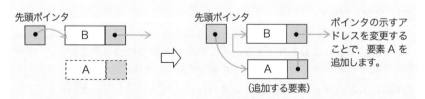

図　リストへの要素追加の例

[削除の例] リストの要素を削除します。

削除された要素はリストのつながりを切られただけで，データはそのまま残ります。

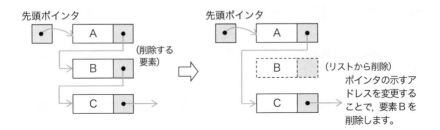

図　リストからの要素削除の例

(3)　スタック（stack）

スタックとキューに関しては利用したデータの管理や，このデータ構造を適用する事例に関するものが出題されます。スタックとキューの特徴を対比させて学習するとよいでしょう。

スタックは LIFO（Last-In First-Out；後入れ先出し）のデータ構造で，配列やリストで実現されます。スタックに対する操作は，プッシュ（push；要素の格納）とポップ（pop；要素の参照・取出し）で行います。

スタックは，最後に格納したデータ（スタックの最上段）が先に取り出されるので，サブルーチンの戻り番地の格納や，再帰的呼出しを行うときの局所データの退避などに用いられます。

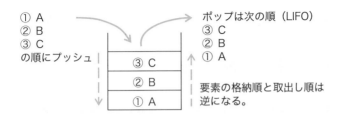

図　スタック

(4) キュー（queue）

　キューは FIFO（First-In First-Out；先入れ先出し）のデータ構造で，配列やリストで実現されます。待ち行列ともいいます。

　キューでは，新しい要素は末尾の要素の後ろに挿入され，先頭の要素から取り出されます。キューに対する操作は，エンキュー（enqueue；要素の挿入）とデキュー（dequeue；要素の参照・削除）で行います。

　キューは，オペレーティングシステムで順番に処理を待つデータを管理する待ち行列などに用いられます。

図　キュー

(5) 木（tree）

　階層関係にあるデータに対して，上から下に節点をたどることによって，データを取り出すことができるデータ構造が木です。木の中では，2 分木が最もよく出題されます。特に，2 分探索木については，データの配置の順序や幾つかの探索法（走査法，巡回法）の違いを理解しておく必要があります。その他，ヒープなども出題される可能性があります。

　木はその一部分（部分木）も同じ特徴をもつ木になっていることが重要なポイントです。出題頻度の高い 2 分木やヒープについて整理しましょう。

①　2 分木（binary tree）

　2 分木は，どの節も子の数が 2 以下であるような木です。そのうち，木の深さが全て等しいもの（又は木の深さの差が 1 以下のもの）を完全 2 分木といいます。

(a) 木の探索法

　木の要素を全て漏れなくたどっていく木の探索法には，次のような方法があります。

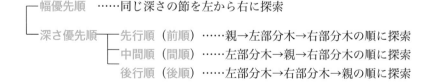

（幅優先順）

（深さ優先順）

先行順

中間順

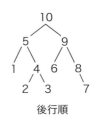
後行順

図　探索法（番号順に探索する）

(b)　2分探索木（binary search tree）

　2分木のうち，要素間に次の特徴があるものを2分探索木といいます。

　　　　左の子の要素の値＜ある節の要素の値＜右の子の要素の値

　2分探索木にデータを追加したり，削除したりした場合には，要素間の大小関係を保つように再構成されます。

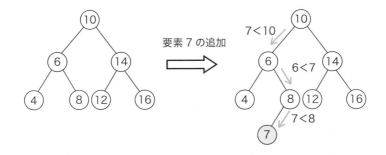

図　2分探索木へのデータの追加例

2分探索木を中間順で探索すると，整列されたデータが得られます。

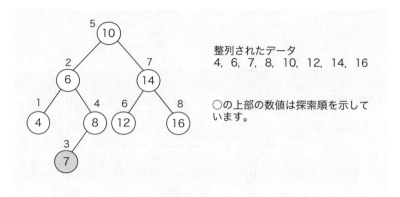

整列されたデータ
4，6，7，8，10，12，14，16

○の上部の数値は探索順を示しています。

図　中間順による探索例

② ヒープ（heap）

ヒープは，どの親子を見ても，必ずその節の値が「親＜子」（又は「親＞子」）という関係を保っている完全2分木です。このため，根の節の値は最小値（又は最大値）となります。

ヒープの場合も，データを挿入したり，データを削除したりした場合には，親子の大小関係を保つように木が再構成されます。

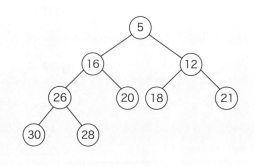

図　ヒープ（親＜子）の例

▶▶▶ **Check**

理解度チェック ▶ **1.5 データ構造**

(1) 同じ型のデータを一定の個数だけ並べたデータ構造を何といいますか。

(2) 2 次元配列 T の 5 行 8 列の要素はどのように表しますか。

(3) データを一方向にしかたどれないリストを何といいますか。

(4) 最後に格納したデータを最初に取り出す LIFO の処理に適したデータ構造は何ですか。

(5) 最初に格納したデータを最初に取り出す FIFO の処理に適したデータ構造は何ですか。

(6) スタックにデータ A，B，C をこの順に格納した。このとき最初に取り出せるデータは何ですか。

(7) キューにデータ A，B，C をこの順に格納した。このとき最後に取り出されるデータは何ですか。

(8) 再帰的な手続を実行するとき，必要なデータを記憶しておくのに最も適したデータ構造は何ですか。

(9) どの節も深さが全て等しい木（又は深さの差が 1 以下）を何といいますか。

(10) 各節に 1 から 5 までの整数が対応する右の 2 分探索木において，根に当たる節 a の値は何ですか。

(11) どの節をとっても，「親＜子」（又は「親＞子」）という関係がある完全 2 分木を何といいますか。

解　答

(1) 配列　　　　(2) T(5，8)又は T[5，8]

(3) 単方向リスト

(4) スタック　　(5) キュー　　　(6) C　　　(7) C

(8) 戻り番地を LIFO 方式で処理するので，スタックが最も適しています。

(9) 完全 2 分木

(10) 各節に 1 から 5 までの整数を対応させると右のようになり，根に当たる節 a の値は 4 になります。

(11) ヒープ

▶▶▶ **Question**

問題で学ぼう

問1　2次元の整数型配列 a の各要素 a(i, j)の値は，2i＋j である。このとき，a(a(1, 1)×2, a(2, 2)＋1) の値は幾つか。

(H28 春·FE 問 6)

　　ア　12　　　　イ　13　　　　ウ　18　　　　エ　19

解説

　2次元の整数型配列 a の各要素 a(i, j)の値が 2i＋j から，例えば，a(1, 1)＝2×1＋1＝3，a(2, 1)＝2×2＋1＝5 となります。

　同じように考えて，

　　　a(a(1, 1)×2, a(2, 2)＋1)

　　＝a((2×1＋1)×2, (2×2＋2)＋1)

　　＝a(6, 7)＝2×6＋7＝19

となり，（エ）が正解です。

解答　エ

問2　2次元配列 A[i, j]（i, j はいずれも 0〜99 の値をとる）の i＞j である要素 A[i, j]は全部で幾つか。

(H30 秋·AP 問 7)

　　ア　4,851　　　イ　4,950　　　ウ　4,999　　　エ　5,050

解説

　2次元配列 A[i, j]の要素について，i, j がいずれも 0〜99 の値をとる場合には，要素 A[i, j]の総数は 100×100＝10,000 個です。添字の i, j の大小関係で分類すると，i＞j，i＝j，i＜j の3通りありますが，この中の i＝j である A[i, j]の要素は A[0,0]，A[1,1]，……，A[99,99]の 100 個です。

　残りの 9,900 個が i＞j か i＜j の要素になりますが，それぞれ同じ個数あるので 4,950（＝9,900÷2）個ずつになります。したがって，（イ）が正解です。

解答　イ

問3　リストを二つの1次元配列で実現する。配列要素box[i]とnext[i]の対がリストの一つの要素に対応し，box[i]に要素の値が入り，next[i]に次の要素の番号が入る。配列が図の状態の場合，リストの3番目と4番目との間に値がHである要素を挿入したときのnext[8]の値はどれか。ここで，next[0]がリストの先頭（1番目）の要素を指し，next[i]の値が0である要素はリストの最後を示し，next[i]の値が空白である要素はリストに連結されていない。

(H30 春·FE 問6)

box	0	1	2	3	4	5	6	7	8	9
		A	B	C	D	E	F	G	H	I

next	0	1	2	3	4	5	6	7	8	9
	1	5	0	7		3		2		

ア　3　　　　イ　5　　　　ウ　7　　　　エ　8

解説

このリストはbox[i]に要素の値，next[i]に次の要素の番号を格納しています。next[0]がリストの先頭要素（box[1]のA）で，値が0であるnext[2]の（box[2]のB）がリストの最後を示すことから，要素を順番にたどっていくと，

　1　5　3　7　2　（数字は配列の添字）
　A→E→C→G→B となります。

次に，3番目のCと4番目のGの間に，値がHの要素を挿入すると，

　1　5　3　8　7　2
　A→E→C→H→G→B となり，

3番目のCの次の4番目がbox[8]のH，その次の5番目がbox[7]のGを示すように配列nextの値を変更する必要があります。

したがって4番目の要素Hの番号を示す8をnext[3]に格納し，要素Hの次の5番目の要素Gを示す7をnext[8]に格納すればよいことになります。したがって，正解は（ウ）の7です。

解答　ウ

問4　データ構造の一つであるリストは，配列を用いて実現する場合と，ポインタを用いて実現する場合とがある。配列を用いて実現する場合の特徴はどれか。ここで，配列を用いたリストは，配列に要素を連続して格納することによって構成し，ポインタを用いたリストは，要素から次の要素へポインタで連結することによって構成するものとする。

(H29 春·FE 問4)

　　ア　位置を指定して，任意のデータに直接アクセスすることができる。
　　イ　並んでいるデータの先頭に任意のデータを効率的に挿入することができる。
　　ウ　任意のデータの参照は効率的ではないが，削除や挿入の操作を効率的に行える。
　　エ　任意のデータを別の位置に移動する場合，隣接するデータを移動せずにできる。

解説

　配列を用いたリストはデータの格納順序でデータの順番を表すことになります。このため，配列の中の位置を指定すれば直接データにアクセスすることができるので，（ア）が正解です。

　配列は同じデータ型の値が連続して格納されるため，途中にデータを追加する場合は後ろのデータを移動して空き場所を作る必要があり，途中のデータを削除した場合は後ろのデータを前に詰めて空き場所を埋める必要があります。（イ），（ウ），（エ）はいずれもポインタを用いたリストの特徴になります。これらの特徴も理解しておきましょう。

解答　ア

問5　四つのデータ A，B，C，D がこの順に入っているキューと空のスタックがある。手続 pop_enq, deq_push を使ってキューの中のデータを D, C, B, A の順に並べ替えるとき，deq_push の実行回数は最小で何回か。ここで，pop_enq はスタックから取り出したデータをキューに入れる操作であり，deq_push はキューから取り出したデータをスタックに入れる操作である。

(H24 秋·FE 問5)

　　ア　2　　　　イ　3　　　　ウ　4　　　　エ　5

解説

キューは FIFO（先入れ先出し），スタックは LIFO（後入れ先出し）でデータを扱うことに注意して操作を考える必要があります。

キューには始め A, B, C, D の順にデータが入っています。このデータを，スタックを使って D，C，B，A の順に並べ替えることから，まず，キューの中のデータが D だけになるように，A〜C を順にキューから取り出してスタックに入れる必要があります。これは，deq_push を最低でも 3 回行う必要があります。

	はじめ	deq_push	deq_push	deq_push
キュー	A←B←C←D	B←C←D	C←D	D
スタック		A	B A	C B A

これで，キューの中が D だけになりますが，**スタックのデータを見ると，上から C，B，A になっており，この順にデータをキューに入れる操作（pop_enq）を 3 回行えば，そのまま，並べ替えたいデータの並びになります。** したがって，（イ）の 3 回が正解です。

	pop_enq	pop_enq	pop_enq
キュー	D←C	D←C←B	D←C←B←A
スタック	C B A	B A	A

この問題では，deq_push と pop_enq をそれぞれ 3 回連続して行えば目的とするデータの並びになりますが，違うデータの並びにする場合には，スタックの途中にあるデータだけを取り出すためのスタック操作（プッシュ，ポップ）が必要になります。

解答　イ

問6　A，B，C の順序で入力されるデータがある。各データについてスタックへの挿入と取出しを1回ずつ行うことができる場合，データの出力順序は何通りあるか。

(R3 春-AP 問5)

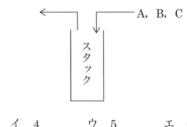

A，B，C

スタック

ア　3　　　　イ　4　　　　ウ　5　　　　エ　6

解説

　スタックは，後入れ先出しのデータ構造なので，最後に挿入したデータが最初に取り出されます。A，B，C の順序でデータを挿入（push）しますが，取り出す（pop）タイミングで出力順序が変わります。A をスタックへの挿入，（A）をスタックからの取出しとすると，次のパターンがあります。

　　　A→(A)→B→(B)→C→(C)　……　データ出力順序は(A)→(B)→(C)
　　　A→(A)→B→C→(C)→(B)　……　データ出力順序は(A)→(C)→(B)
　　　A→B→(B)→(A)→C→(C)　……　データ出力順序は(B)→(A)→(C)
　　　A→B→(B)→C→(C)→(A)　……　データ出力順序は(B)→(C)→(A)
　　　A→B→C→(C)→(B)→(A)　……　データ出力順序は(C)→(B)→(A)

　以上，データの出力順序は 5 通りあるので（ウ）が正解です。なお，(C)→(A)→(B)がないのは，スタックに A→B→C と挿入して，C を取り出すと，次に取り出せるデータは2番目に挿入した B に決まってしまうからです。

解答　ウ

問7　節点 1, 2, …, n をもつ木を表現するために，大きさ n の整数型配列 A[1], A[2], …, A[n]を用意して，節点 i の親の番号を A[i]に格納する。節点 k が根の場合は A[k]＝0 とする。表に示す配列が表す木の葉の数は，幾つか。

(H22 秋-FE 問6)

i	1	2	3	4	5	6	7	8
A[i]	0	1	1	3	3	5	5	5

ア　1　　　　イ　3　　　　ウ　5　　　　エ　7

解説

　木の葉は子をもたない節点で，この葉の数を求めます。8 個の要素をもつ整数型配列 A（A[1]，A[2]，…，A[8]）は，節点 i の親の番号を格納していて，例えば $i=3$ のとき A[3]＝1 なので，節点 3 の親の番号は 1（節点 1）となります。なお，節点 k が根の場合は A[k]＝0 としています。

　表の内容から各節点の親の番号を確認して木を図で表すと，A[1]＝0 から節点 1 が根で，葉は網掛け部分の 2，4，6，7，8 になります。したがって，葉の数は（ウ）の 5 であることが分かります。

節点 2 と 3 の親は，節点 1

節点 4 と 5 の親は，節点 3

節点 6，7，8 の親は，節点 5

　なお，**配列要素 A[i] の内容は親となる節点を表している**ことから，根を表す 0 を除いた節点 1，3，5 の三つは，他の節点の親となっていることが分かります。このことから，節点の総数 8 から親となっている節点の個数 3 を引いて，木の葉の個数 5 を求めることもできます。

解答　ウ

問8　2分探索木として適切なものはどれか。ここで，数字 1〜9 は，各ノード（節）の値を表す。

(H31 春・FE 問 5)

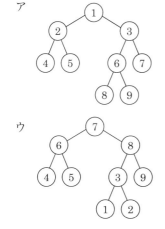

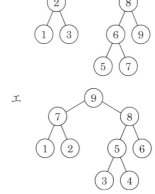

解説

　2分探索木は,「任意の節の値は, その左部分木のどの節の値よりも大きく, その右部分木のどの節の値よりも小さい」という条件を満たす木です。

　この規則を前提として各2分木を見ていくと, 次のように (イ) が全ての節で「左の子＜親＜右の子」が満たされていて, 2分探索木になっています。

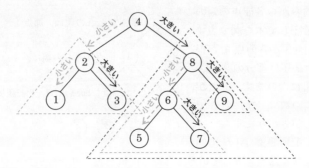

　2分探索木を使ったデータの探索手順は次のようになります。

(1)　ルート (例では④) から探索を開始する。

(2)　現在の節の値と探索する値を比較する。節の値が探索する値と等しいか, 比較する節そのものが存在しなければ終了する。

(3)　「探索する値＜現在の節の値」(探索する値の方が小さい) なら左部分木に移り,

　　「探索する値＞現在の節の値」(探索する値の方が大きい) なら右部分木に移って(2)を繰り返す。

ア：根である1の左部分木である2, 4, 5を見てみると, 2の左の子である4が親の2より大きい値になっているので, 2分探索木ではありません。

ウ：根である7の左部分木である6, 4, 5を見てみると, 6の右の子である5が親の6より小さい値になっているので, 2分探索木ではありません。

エ：根である9の左部分木である7, 1, 2を見てみると, 7の右の子である2が親の7より小さい値になっているので, 2分探索木ではありません。

解答　イ

1.6 アルゴリズム

▶▶▶ **Explanation**

ポイントの解説

　アルゴリズムに関しては，科目B試験の前提知識ともいえる整列と探索，再帰処理などの基本アルゴリズムが出題されるので，確実に理解してください。これらのアルゴリズムを考える場合は，実際にデータを当てはめてみて，処理が進む過程を自分の頭で考える（トレースする）ことが大切です。

(1) 整列

　整列アルゴリズムの中で，よく出題されたものとして，①交換法（バブルソート），②選択法，③挿入法，④クイックソート／ヒープソート／シェルソート／マージソートがあります。

　①〜③は整列の基本三法といわれる最も基本的なアルゴリズムで，試験では処理内容まで出題されます。昇順に整列する例を用いて手順を確認し，n個のデータを整列するときの比較回数の考え方を理解しましょう。その他の整列法については，その特徴を理解してください。

① 交換法（バブルソート）

　互いに隣り合うデータを比較し，大小関係が逆なら交換します。この結果，左端に最小のデータが来ます。次に，左端のデータを除くデータ列に対して同じ操作を繰り返し，データが残り一つになったら処理を終了します。

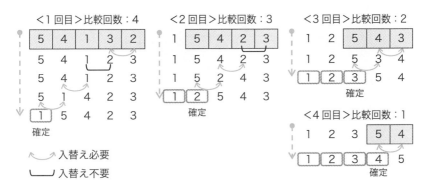

図　交換法による整列

[データの比較回数]　　$(n-1)+(n-2)+\cdots+1 = \sum_{k=1}^{n-1} k = \dfrac{n(n-1)}{2}$

　　　　　　　　　　1回目　　2回目　　　　n−1回目

　n を非常に大きくすれば，$\dfrac{n(n-1)}{2}=\dfrac{1}{2}(n^2-n)$ の n^2 の大きさに比べてそれ以外の項は無視できるくらい小さくなるので，比較回数は n^2 に比例すると考えることができます。これを計算量（オーダ；Order）の表記法で $O(n^2)$ と表します（計算量は n^2 に比例する）。

Σの公式を知らなくても，$(n-1)+(n-2)+\cdots+1$ は計算できます。

$S=(n-1)+(n-2)+\cdots+1$ と置き，右辺の数字の順番を反対にして，
$S=1+2+\cdots+(n-2)+(n-1)$ とし，二つの式を上下に並べて順番に足します。

$$
\begin{array}{l}
S = (n-1)+(n-2)+\cdots+2+1 \\
\underline{S = 1+2+\cdots+(n-2)+(n-1)} \\
2\times S = n+n+\cdots+n+n \\
\quad\quad = n\times(n-1) \quad\quad \text{(注) n が n−1 個あるため}
\end{array}
$$

よって，$S=n\times(n-1)/2$

---

② 選択法

　整列対象データ列中の最小のデータを選択し，左端のデータと交換します。次に，左端（最小のデータ）を除くデータ列に対して同じ操作を繰り返し，データが残り一つになったら処理を終了します。

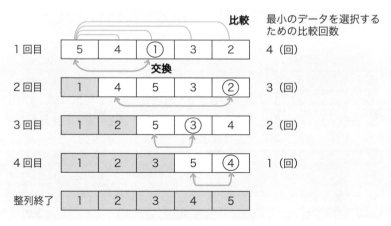

図　選択法による整列

［データの比較回数］　求め方は交換法と全く同じです。したがって，データの比較回数は $\dfrac{n(n-1)}{2}$，計算量は $O(n^2)$ となります。

③　挿入法

　整列対象データ列の2番目のデータから順次取り出し，それより左側のデータ列が整列された状態になるように適切な位置に挿入します。この操作を n 番目のデータまで行います。

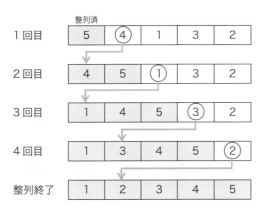

図　挿入法による整列

［データの比較回数］　選択法と交換法は常に同じ回数の比較を行いますが，挿入法は挿入位置が決まった時点で比較を終了します。k 番目のデータの挿入位置を探すとき，最大 k−1 回，最小 1 回の比較が行われます。

④　その他の整列法

（a）クイックソート（交換法を改良した方法）

　整列対象データ列から比較するデータを一つ取り出し（例えば中央に位置するデータ），そのデータ値以下のデータのグループと以上のデータのグループに分けていくことによって整列を進めていきます。このアルゴリズムは，再帰的に定義されます。

（b）ヒープソート（選択法を改良した方法）

　整列の前に，データ列からヒープを構成します。ヒープはどの部分木も親のデータ値が子より大きい（小さい）完全2分木でした。ヒープから根（最大のデータ又は最小のデータ）を取り出した後に，ヒープの再構成を行うことを繰り返すと，降順（又は昇順）の整列結果を得られます。

(c) シェルソート（挿入法を改良した方法）

　整列対象データ列から，一定間隔ごとに取り出したデータ列に対して，挿入法を行います。次に間隔を狭めて取り出したデータ列に対して同様に処理を行います。最後に間隔を 0（全てのデータが対象となる）にして，挿入法を行うことで整列が終了します。最初は，大ざっぱに整列を行い，徐々に精度を高めていく方法です。最初のデータの移動距離が大きくなるため，挿入法より効率が良くなります。

(d) マージソート

　整列対象データ列を 2 分割していって，データの個数が 2 個以下の部分データ列を作り，それを整列します。整列済みの部分データ列をマージ（併合）して整列を進めていきます。

(2) 探索

　探索アルゴリズムで出題されるものは，①線形探索，②2 分探索，③ハッシュ法による探索です。アルゴリズムそのものが出題される場合もあれば，その理解を前提として効率や計算量に関する問題もよく出題されます。

　ハッシュ法に関しては，シノニム（データの衝突）を扱ったものが重要テーマです。また，2 分探索木も探索アルゴリズムの一つとして出題されます。

① 線形探索（逐次探索）

　探索対象データ列の先頭から順に探索キーに等しいかどうかを調べていく方法です。探索対象のデータ数を n とすると，最大比較回数は n 回（探索キーが存在しないとき），最小比較回数は 1 回（先頭データが探索キーに等しいとき）となります。

　n を非常に大きくすれば，次の式から平均比較回数は $\frac{n}{2}$ に近似するため，計算量としては係数を除いた $O(n)$ となります。

$$\text{平均比較回数} \quad \frac{n+1}{2} \fallingdotseq \frac{n}{2}$$

オーダの表記では，係数や加減算される定数なしで考えます

　計算量を表すための**オーダ記法**では，計算量に最も影響を与える要素以外は無視して考えます。例えば，データ数が n のとき，計算回数が n でも n+2 でも n×5 でも $O(n)$ と表記し，どの場合も「計算量は n に 1 次比例する」ことを示します。同様に計算回数が n^2 でも n^2+n でも $n^2×8$ でも $O(n^2)$ と表記し，「計算量は n の 2 乗に比例する」ことを示します。n の 2 乗や 3 乗などに比例する計算量が必要なアルゴリズムだと，n の数が少し大きくなるだけで計算回数が急激に増えます。

② 2分探索（バイナリサーチ）

探索対象データ列をあらかじめ整列しておきます。探索キーと探索範囲の中央位置にあるデータと比較し，比較後に探索対象範囲を前後どちらかに狭めて探索を続けます。

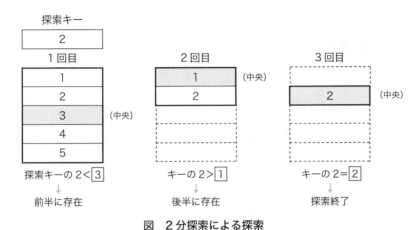

図　2分探索による探索

探索対象のデータ数を n とすると，平均比較回数は次の(*)式を満たす整数値 k で，最大比較回数は k+1 となり，計算量は $O(\log_2 n)$ となります。

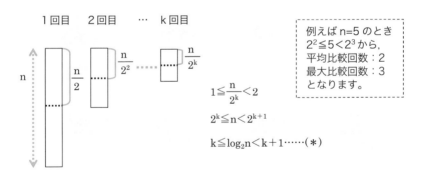

例えば n=5 のとき
$2^2 \leqq 5 < 2^3$ から，
平均比較回数：2
最大比較回数：3
となります。

$$1 \leqq \frac{n}{2^k} < 2$$

$$2^k \leqq n < 2^{k+1}$$

$$k \leqq \log_2 n < k+1 \cdots\cdots(*)$$

図　2分探索による平均比較回数

探索対象範囲を2分割していき，探索キーの存在の有無に関わらず最後にデータが1個になったときに探索が終了します。1／2する際に切捨てを行っているので，実際には残りのデータが1以上2未満になったときということになります。

③ ハッシュ法による探索

キーとなるデータ値に，決められた計算（ハッシュ関数）を適用して数値（ハッシュ値）を求め，それを格納位置とします。データを探索するときは，同じハッシュ関数で格納位置を計算して，目的のデータを探します。

探索対象となるデータの数に比例せず一定回数で探索できる方法なので，計算量は $O(1)$ となります（この場合の"1"は定数を表す記号と考えます）。

データの格納位置を調べてからアクセスするので効率的ですが，異なるデータに対してハッシュ関数で得られた数値が同じ値になることがあります。このような状態をシノニム（衝突ともいいます）といいます。

(3) 再帰呼出し

プログラムの中で，自分自身を呼び出す処理を再帰処理といい，そのために自分自身のプログラムを呼び出すことを再帰呼出しといいます。よく挙げられる例として，階乗の計算，ハノイの塔，クイックソートなどがあります。

（例）n の階乗計算（擬似言語による表現，n は正の整数とする）

（再帰呼出しを使わないプログラム）	（再帰呼出しを使うプログラム）

i ← 1
S ← 1
if (i ≦ n)
　S ← S × i
　i ← i + 1
endif
 	
（S の値が n の階乗）
	if (n ＞ 0)
	　return n × F(n−1)
	else
	　return 1
	endif
	
	（F(n)の値が n の階乗）

再帰呼出しを使って，n の階乗計算の結果が出るまでの流れ（n＝3 とする）

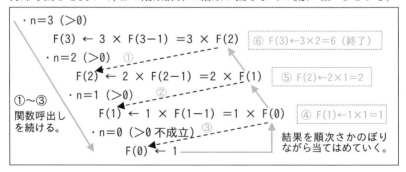

（4）　流れ図（フローチャート）

　流れ図はアルゴリズムを表現するための図で，科目 A 試験のアルゴリズム問題でも流れ図を使った問題が出題されると思われます。また，構造化プログラミングは，処理構造を分かりやすく階層的に表現するための方法で，次のように，順次，選択，繰返しの三つの基本構造を使ってアルゴリズムを示します。

① 　順次

② 　選択

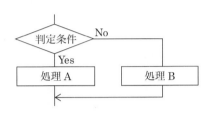

③ 　繰返し（前判定）

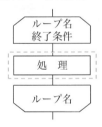

終了条件を満たすまで
繰り返す。

※繰返し（制御変数を使った記述）

制御変数を初期値から終値まで
増分ずつ変化させて繰り返す。

▶▶▶**Check**

理解度チェック ▶ **1.6 アルゴリズム**

(1) 隣り合うデータを比較して, 大小関係が逆であれば要素を交換するという操作を繰り返して行う整列方法を何といいますか。

(2) 10 個のデータを(1)の整列方法で整列するとき, データの比較回数は何回になりますか。また, データが 100 個のとき, 1,000 個のときの比較回数はそれぞれ何回になりますか。

(3) 対象データから比較の基準となるデータを一つ取り出し, そのデータ値以下のデータのグループと以上のデータのグループに分けていくことによって整列を進める方法を何といいますか。

(4) 昇順に整列された n 個のデータが格納されている配列を, 2 分探索法で探索する場合の平均比較回数は何回になりますか。

(5) 4,999 で割った余りを用いるハッシュ関数を考えます。キー値が 12,500 のレコードに対するハッシュ関数の値を求めてください。

(6) 再帰的に定義される次の関数 F(n)で, F(5)の値を求めてください。
F(n)：if n≦1 then return 1 else return n×F(n-1)

――― 解 答 ―――

(1) 交換法（バブルソート）

(2) データが 10 個のときの交換法の比較回数は, n(n-1)／2 に n=10 を代入して, 10×9／2=45 回になります。同様にデータが 100 個のときの比較回数は 100×99／2=4,950 回, 1,000 個のときの比較回数は 1,000×999／2=499,500 回になります（データ数の 2 乗に比例して増える）。

(3) クイックソート

(4) 2 分探索法では k≦$\log_2 n$<k+1 を満たす k が平均比較回数, k+1 が最大比較回数になります。よって, $\log_2 n$（小数点以下切捨て）回になります。

(5) キー値 12,500 を 4,999 で割った余りを求めると, 12,500=4,999×2+2,502 から, ハッシュ関数の値は余りの 2,502 です。

(6) n=1 になるまで, F(5), F(4), F(3), F(2)を順番に呼び出し, n×F(n-1)の値を戻します（return）が, F(1)のときは値 1 を戻します。このことから, F(5)=5×F(4)=5×4×F(3)=5×4×3×F(2)=5×4×3×2×F(1)=5×4×3×2×1=120 となります。

▶▶▶ Question

問題で学ぼう

問1　未整列の配列 $a[i]$ $(i=1, 2, ..., n)$ を，流れ図で示すアルゴリズムによって昇順に整列する。$n=6$ で $a[1]$～$a[6]$ の値がそれぞれ，21，5，53，71，3，17 の場合，流れ図において，$a[j-1]$ と $a[j]$ の値の入替えは何回行われるか。

（H25 秋·AP 問 9）

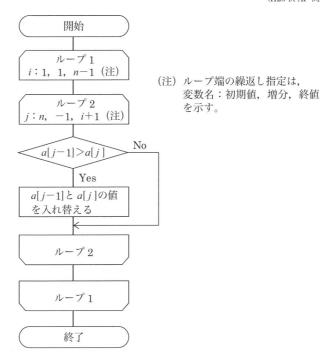

（注）ループ端の繰返し指定は，
　　　変数名：初期値，増分，終値
　　　を示す。

ア　3	イ　6	ウ　8	エ　15

解説

配列の要素を値の昇順に整列する流れ図です。

ループ1で $i=1$ のとき，j は6から2（$=i+1$）まで変化しながら，$a[5]$ と $a[6]$，$a[4]$ と $a[5]$，…，$a[1]$ と $a[2]$ と右側から比較を行い，左側の要素が大きければ入れ替えます。この結果，$a[1]$ に最小値が入ることになります。

続いて，ループ1で $i=2$ のとき，j は6から3（$=i+1$）まで変化しながら，$a[5]$ と $a[6]$，$a[4]$ と $a[5]$，…，$a[2]$ と $a[3]$ の比較と入替えを行った結果，$a[2]$ に2番目に小さい値が入ります。

この処理を続けていき，$i=5$（$=n-1$）で最後のループ1の処理を行うことになります。j は6（$=i+1$）だけで実行され，$a[5]$ と $a[6]$ の比較と入替えを行い，$a[5]$ に5番目（$=n-1$番目）に小さい値が入ります。このとき，残った $a[6]$ には配列中の最大値が入っていることになります。

処理概要を理解したら，入替え回数を実際の値で調べます。

　　　　が入替えあり。　　　　は入替えなし。　　　は確定。

$i=1$	（$j=6$ から2まで変化）	$i=4$	（$j=6$ から5まで変化）
	21　5　53　71　3　17		3　5　17　21　53　71
	21　5　53　71　3　17		3　5　17　21　53　71
	21　5　53　3　71　17		3　5　17　21　53　71
	21　5　3　53　71　17		
	21　3　5　53　71　17		
	3　21　5　53　71　17		
$i=2$	（$j=6$ から3まで変化）	$i=5$	（$j=6$）
	3　21　5　53　71　17		3　5　17　21　53　71
	3　21　5　53　17　71		3　5　17　21　53　71
	3　21　5　17　53　71		↑ 残り1個は最大値
	3　21　5　17　53　71		
	3　5　21　17　53　71		
$i=3$	（$j=6$ から4まで変化）	$i=6$	（終了）
	3　5　21　17　53　71		
	3　5　21　17　53　71		
	3　5　21　17　53　71		
	3　5　17　21　53　71		

処理が終わるまでに入替えを8回行ったので，正解は（ウ）です。

解答　ウ

問2　クイックソートの処理方法を説明したものはどれか。

(H30 秋·FE 問6)

ア　既に整列済みのデータ列の正しい位置に，データを追加する操作を繰り返していく方法である。

イ　データ中の最小値を求め，次にそれを除いた部分の中から最小値を求める。この操作を繰り返していく方法である。

ウ　適当な基準値を選び，それよりも小さな値のグループと大きな値のグループにデータを分割する。同様にして，グループの中で基準値を選び，それぞれのグループを分割する。この操作を繰り返していく方法である。

エ　隣り合ったデータの比較と入替えを繰り返すことによって，小さな値のデータを次第に端の方に移していく方法である。

解説

　クイックソートは，**基準となる要素（ピボット）を決めて，その要素よりも小さい値を基準値の左側に，大きい値を基準値の右側に来るように要素を交換**して配列を二つに分けます。そして，分けた各配列で，同じように基準値を決めて要素を交換し二つに分けていき，配列が分けられなくなるまで繰り返すと整列が完了します。したがって，（ウ）が適切な説明です。

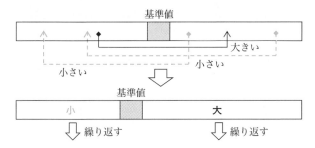

ア：既に整列済みのデータ列にデータを追加するということから，挿入法に関する説明です。

イ：データ中の最小値を求めていくことから，選択法（最小値選択法）に関する説明です。最大値を求めていく方法は最大値選択法と呼ばれます。

エ：隣り合ったデータの比較を繰り返し，小さな値のデータを端の方に移していくのは交換法です。バブルソートともいいます。

解答　ウ

問3　昇順に整列済の配列要素 A(1)，A(2)，…，A(n)から，A(m)=k となる配列要素 A(m)の添字 m を 2 分探索法によって見つける処理を図に示す。終了時点で m＝0 の場合は，A(m)=k となる要素は存在しない。図中の a に入る式はどれか。ここで，／は，小数点以下を切り捨てる除算を表す。

(H24 秋·FE 問6)

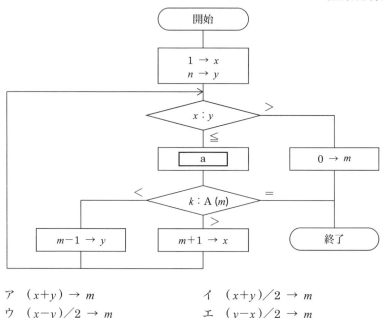

ア　(x+y) → m　　　　　　イ　(x+y)／2 → m
ウ　(x－y)／2 → m　　　　　エ　(y－x)／2 → m

解説

　2 分探索法の処理概要は次のとおりです（要素は昇順にソート済）。

(1)　配列全体が探索範囲となるように，探索範囲の左端（L）を先頭の要素番号（＝1），右端（R）を最後の要素番号（＝n）とする。

(2)　探索範囲の中央の要素番号（M）を求める。　M＝(L＋R)÷2

(3)　この M の位置にある要素（中央値という）と探索データを比較する。

　①探索データ＝中央値の場合

　　探索データが見つかったので探索を終了する。

　②探索データ＜中央値の場合

　　探索データは探索範囲の後半には存在しないので，中央値の一つ前の要素番号（＝M－1）を新たな探索範囲の右端（R）として，(2)に戻る。

③探索データ＞中央値の場合

　　探索データは探索範囲の前半には存在しないので，中央値の一つ後の要素番号（＝M＋1）を新たな探索範囲の左端（L）として，(2)に戻る。

(4)　探索データと中央値が一致せず，探索範囲がなくなった場合（L＞R になったとき）は，探索を終了する。

　問題の流れ図でこの考え方を当てはめると，探索範囲の左端Lが x，Rが y，Mが m になっています。空欄aは，探索範囲の中央の要素番号を求める処理（手順(2)）になるので，探索範囲の左端と右端の要素番号を足して2で割る（イ）の $(x+y)／2 \rightarrow m$ になります。

解答　イ

問4　顧客番号をキーとして顧客データを検索する場合，2分探索を使用するのが適しているものはどれか。

（H29 春·FE 問 7）

　　ア　顧客番号から求めたハッシュ値が指し示す位置に配置されているデータ構造
　　イ　顧客番号に関係なく，ランダムに配置されているデータ構造
　　ウ　顧客番号の昇順に配置されているデータ構造
　　エ　顧客番号をセルに格納し，セルのアドレス順に配置されているデータ構造

解説

　2分探索は探索範囲の中央のデータと探索キーを比較して，データが存在する可能性がある探索範囲を2分の1ずつ絞っていく方法です。このとき，**データが昇順又は降順に整列されている必要がある**ので，（ウ）が正解です。

ア：顧客番号から求めたハッシュ値の位置にあるデータを探索する場合は，ハッシュ法が使われます。

イ：キーの順に配置されていないデータ構造では，2分探索法は使えません。

エ：セルとはリスト構造における次のデータを示すポインタとデータを格納する記憶単位のことです。キー項目順にデータが配置されているとは限らないので，2分探索法は使えません。

解答　ウ

問5　整列された n 個のデータの中から，求める要素を 2 分探索法で探索する。この処理の計算量のオーダを表す式はどれか。

(H27 春・FE 問6)

　　ア　$\log n$　　　　　イ　n　　　　　ウ　n^2　　　　　エ　$n \log n$

解説

　2 分探索は，ソートされたデータの中央の値と探索する値を比較し，探索範囲を半分に狭めながら目的の値を探索する方法です。**2 分探索では，1 回の比較でデータ数は半分になるので，データ数が 8 個の場合は，3 回の比較でデータを 1 個に絞り込むことができます。**8 は 2 の 3 乗（$8=2^3$）なので，この関係を，データ数を n，比較回数を x として表すと，$n=2^x$ となります。ここで，べき乗の基になる数を底といいます。

　これを対数で表す場合，$x=\log_2 n$ となるので，2 分探索の計算量のオーダは $\log_2 n$ と表します。なお，計算量をオーダで表す場合は，選択肢のように底の 2 を省略する場合があります。したがって，（ア）が正解です。

　対数の値は，例えば $n=100$ のとき $\log_2 100 ≒ 6.64\cdots$ となるので，比較回数として使う場合は，約 7 回ということが多いです。

解答　ア

問6　次の規則に従って配列の要素 $A[0]$，$A[1]$，...，$A[9]$ に正の整数 k を格納する。k として 16，43，73，24，85 を順に格納したとき，85 が格納される場所はどこか。ここで，$x \bmod y$ は，x を y で割った剰余を返す。また，配列の要素は全て 0 に初期化されている。

(H25 秋・FE 問7)

〔規則〕

(1)　$A[k \bmod 10]=0$ ならば，k を $A[k \bmod 10]$ に格納する。

(2)　(1)で格納できないとき，$A[(k+1) \bmod 10]=0$ ならば，k を $A[(k+1) \bmod 10]$ に格納する。

(3)　(2)で格納できないとき，$A[(k+4) \bmod 10]=0$ ならば，k を $A[(k+4) \bmod 10]$ に格納する。

　　ア　$A[3]$　　　　イ　$A[5]$　　　　ウ　$A[6]$　　　　エ　$A[9]$

解説

規則に従って，k の値 16，43，73，24，85 を順に格納していきます。

① $k=16$　$A[k \bmod 10]=A[16 \bmod 10]=A[6]=0$　→$A[6]$に格納

② $k=43$　$A[k \bmod 10]=A[43 \bmod 10]=A[3]=0$　→$A[3]$に格納

③ $k=73$　$A[k \bmod 10]=A[73 \bmod 10]=A[3]=43 \neq 0$

　　規則(2)から，$A[(k+1) \bmod 10]=A[74 \bmod 10]=A[4]=0$　→$A[4]$に格納

④ $k=24$　$A[k \bmod 10]=A[24 \bmod 10]=A[4]=73 \neq 0$

　　規則(2)から，$A[(k+1) \bmod 10]=A[25 \bmod 10]=A[5]=0$　→$A[5]$に格納

⑤ $k=85$　$A[k \bmod 10]=A[85 \bmod 10]=A[5]=24 \neq 0$

　　規則(2)から，$A[(k+1) \bmod 10]=A[86 \bmod 10]=A[6]=16 \neq 0$

　　規則(3)から，$A[(k+4) \bmod 10]=A[89 \bmod 10]=A[9]=0$　→$A[9]$に格納

以上から，**85 は規則(3)まで適用して $A[9]$ に格納される**ので（エ）が正解です。

解答　エ

問7　表探索におけるハッシュ法の特徴はどれか。

（H30 春·FE 問 7）

　ア　2分木を用いる方法の一種である。

　イ　格納場所の衝突が発生しない方法である。

　ウ　キーの関数値によって格納場所を決める。

　エ　探索に要する時間は表全体の大きさにほぼ比例する。

解説

　探索法の一つであるハッシュ法は，データ中の**キーの値にハッシュ関数を使って変換した値（ハッシュ値）を求め，それを表中のデータ格納位置にする方法**です。したがって，（ウ）が正解です。

　ハッシュ法では，異なるデータでも同じハッシュ値（同じ格納場所）になる衝突が発生することがあり，この場合は別の対処法でデータを格納します。

ア：2分木の性質を使った探索方法は，2分探索法です。

イ：ハッシュ値が同じになる衝突が発生する場合があります。

エ：表全体の大きさに比例するのは，逐次探索法（線形探索法）の特徴です。

　ハッシュ法では，表全体の大きさには関係せず，ほぼ一定です。

解答　ウ

問8　0000〜4999のアドレスをもつハッシュ表があり，レコードのキー値から
　アドレスに変換するアルゴリズムとして基数変換法を用いる。キー値が
　55550のときのアドレスはどれか。ここでの基数変換法は，キー値を11進数
　とみなし，10進数に変換した後，下4桁に対して0.5を乗じた結果（小数点
　以下は切捨て）をレコードのアドレスとする。

(H26秋・FE 問2)

　　ア　0260　　　　イ　2525　　　　ウ　2775　　　　エ　4405

解説

　基数変換法はハッシュ法の一つですが，11進数が分からない人が多いと思
います。**11進数は基数を11として，各桁に11のべき乗を掛けた数の和で
表現します。**例えば，各桁は0，1，2，3，…，9，Aの11種類の記号で表
現したとすると，11進数のA25は，次のように10進数の1237になります。

　　　　$(A25)_{11}=10×11^2+2×11^1+5×11^0=1210+22+5=(1237)_{10}$

　この表記法が分かれば，基数変換法の計算手順は示されているので，その
方法に従って計算していきます。

① キー値55550を11進数とみなして10進数に変換する。
　　1桁目が基数11の0乗で11^0の個数を表すことに注意します。
　　$(55550)_{11}=5×11^4+5×11^3+5×11^2+5×11^1+0×11^0=(80520)_{10}$
② 下4桁に対して0.5を乗じる。
　　　80520の下4桁は0520で，選択肢は全て4桁なので，このまま計算
　　すれば，0520×0.5＝0260となり，（ア）が正解です。

解答　ア

問9　与えられた正の整数x_0，x_1（$x_0 > x_1$）の最大公約数を，次の手順で求め
　る。$x_0=175$，$x_1=77$の場合，手順(2)は何回実行するか。ここで，"$A→B$"
　は，AをBに代入することを表す。

(H24秋・FE 問2)

〔手順〕
　(1)　$2→i$
　(2)　x_{i-2}をx_{i-1}で割った剰余$→x_i$
　(3)　$x_i=0$ならばx_{i-1}を最大公約数として終了する。
　(4)　$i+1→i$として(2)に戻る。

　　ア　3　　　　　　イ　4　　　　　　ウ　6　　　　　　エ　7

解説

最大公約数を求める手順をトレースすると次のようになります。i の初期値は2なので，手順(2)の x_{i-2}, x_{i-1}, x_i はそれぞれ x_0, x_1, x_2 から始まります。また，手順(4)の処理を実行するたびに i が1ずつ増えるため，次に(2)を実行する際は，x_0 は x_1，x_1 は x_2，x_2 は x_3 というように1ずつ変化します。

$i=2$　$x_0=175$, $x_1=77$, $x_2=21$
$i=3$　$x_1=77$, $x_2=21$, $x_3=14$
$i=4$　$x_2=21$, $x_3=14$, $x_4=7$
$i=5$　$x_3=14$, $x_4=7$, $x_5=0$

$i=5$ の場合に，剰余を表す x_i が 0 となり処理を終了するので，手順(2)を実行する回数は4回となります。したがって，（イ）が正解です。

なお，剰余が0になったときの除数である7が最大公約数になります。このように，除数と剰余を，次の処理の被除数と除数にして処理を繰り返し，最大公約数を求めるアルゴリズムを**ユークリッドの互除法**といいます。

解答　イ

問10　自然数 n に対して，次のとおり再帰的に定義される関数 f(n) を考える。f(5)の値はどれか。

(R1 秋·FE 問 11)

```
f(n): if  n≦1  then  return 1  else  return n + f(n－1)
```

ア　6　　　　イ　9　　　　ウ　15　　　　エ　25

解説

再帰関数 f(n) は n≦1 のときは1を返し，そうでない場合は n+f(n−1) を返すので，f(n)で n=5 のときの f(5) は次のように計算が進みます。

n=5のとき　f(5)=5+f(4)=5+10=15　　**(f(4)が返ってから計算される)**
n=4のとき　f(4)=4+f(3)=4+6=10　　**(f(3)が返ってから計算される)**
n=3のとき　f(3)=3+f(2)=3+3=6　　**(f(2)が返ってから計算される)**
n=2のとき　f(2)=2+f(1)=2+1=3　　**(f(1)が返ってから計算される)**
n=1のとき　f(1)=1

したがって，f(5)の結果は15となるので，（ウ）が正解です。

解答　ウ

問11 x と y を自然数とするとき，流れ図で表される手続を実行した結果として，適切なものはどれか。

(H28 春·FE 問8)

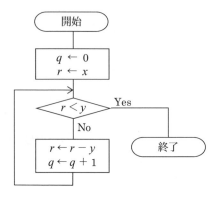

	q の値	r の値
ア	$x \div y$ の余り	$x \div y$ の商
イ	$x \div y$ の商	$x \div y$ の余り
ウ	$y \div x$ の余り	$y \div x$ の商
エ	$y \div x$ の商	$y \div x$ の余り

解説

　流れ図で示されたアルゴリズムの処理内容を調べるには選択肢の内容がヒントになります。この問題では"商"と"余り"という言葉がヒントです。

　実際のデータ $x=25$，$y=6$ を例として流れ図をトレースすると，q の初期値は 0，r の初期値は x が代入され 25 となり，その後の処理で値は次のように変わります。

q	0	1	2	3	4
r	25	19	13	7	1
$r<y$	No	No	No	No	Yes

　選択肢の内容は除算に関するもので，流れ図は引き算によって除算処理を行っていることが分かります。このことを考慮して q，r の値について考えると，q は x を y で割った商（$25 \div 6 = 4$），r は x を y で割った余り（$=1$）となります。したがって，（イ）が正解です。

解答　イ

問12 方程式 $f(x)=0$ の解の近似値を求めるアルゴリズムとして知られている ニュートン法に関する記述として，適切なものはどれか。

(H20 春・FE 問6)

ア　$y=f(x)$ の接線を利用して解の近似値を求めるものである。

イ　関数 $f(x)$ が解の付近で微分不可能であっても，解の近似値を求めることができる。

ウ　異なる初期値を二つ与える必要がある。

エ　どのような初期値を与えても，必ず解の近似値が得られる。

解説

　数学関連の出題が強化されたため，この問題も収録しました。**ニュートン法は，$f(x)=0$ の接線を利用して方程式の解の近似値を求める方法**なので，（ア）が適切です。参考として求める手順を説明すると，$f(x)=0$ の近似解を求めるのに，初期値 $x=x_0$ から始めて，次の値を計算します。

$$x_{k+1}=x_k-f(x_k)/f'(x_k) \qquad (k=0, 1, 2, \cdots)$$

$$|x_{k+1}-x_k| \leqq s \qquad (s は収束判定値)$$

　これは，次の図1のように $y=f(x)$ のグラフ上の点 $x=x_k$ における接線を利用して，解にさらに近い次の x_{k+1} を求め，解の差が収束判定値の s 以内になったら，求めた x_{k+1} を近似解とします。

イ：接線の傾きは $f(x)$ を微分して求めるので，関数 $f(x)$ は解の付近で微分可能でなくてはいけません。

ウ：ニュートン法とは別の解法である二分法に関する記述です。ニュートン法では初期値は一つです。

エ：設定した初期値によって近似解が求められないことがあります（図2参照）。

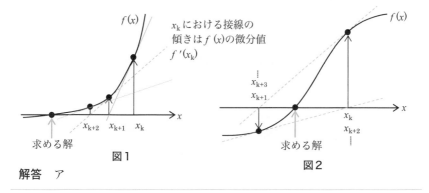

図1

図2

解答　ア

1.7 プログラム言語

▶▶▶ **Explanation**

ポイントの解説

　プログラム言語に関しては，主なプログラム言語の特徴と Java サーブレットや JavaBeans などのキーワードを理解しておきましょう。問われる内容は基本的なことが多いのでポイントを理解してください。

(1) オブジェクト指向言語
　現在使われているプログラム言語で試験に出題されたものとしては，次のものがあります。

① Java

　代表的なオブジェクト指向言語です。Java ではメモリの利用状況を監視し，空き領域をまとめるガーベジコレクションの機能があります。

② Python

　汎用的なインタプリタ型のオブジェクト指向言語で，最近では AI 関連のプログラミングで利用されることが多くなり注目されています。

(2) スクリプト言語
① JavaScript

　Web ブラウザ上で動作するオブジェクト指向のスクリプト言語で，動きのある Web ページが作成できます。ECMAScript という名称で標準化されています。なお，JSON（JavaScript Object Notation）は，JavaScript のオブジェクトの表記法に基づいてデータを記述する仕様のことです。

② Perl

　テキストやファイルを扱う処理に適したフリーソフトのプログラム言語で，CGI（Common Gateway Interface）を実現するプログラム言語です。

③ PHP

　Web アプリケーション開発用のスクリプト言語（簡易言語）です。

④ Ruby

　日本で開発されたオブジェクト指向のスクリプト言語です。

（3） マークアップ言語

① SGML（Standard Generalized Markup Language）

　ISO 標準の文書構造定義言語で，タグを用いて文書の構造を記述します。

② HTML（HyperText Markup Language）

　Web ページ作成用に使われる言語で，＜＞で囲んだタグで表現します。

　CSS（Cascading Style Sheets；段階スタイルシート）は，フォント，配置，色などのデザインを指定する仕様で，文書を HTML で，デザイン部分を CSS で記述します。

③ XML（eXtensible Markup Language）

　インターネットなどで交換される文書やデータの記述形式を規定する標準規格で，SGML（Standard Generalized Markup Language）に準拠しています。独自のタグが設定できることが特徴です。

　また，DTD（Document Type Definition；文書型定義）機能によって，ユーザ独自のタグや，文書の属性情報や論理構造を定義できます。

（4） Java を基にした技術

① Javaサーブレット（Servlet）

　Web サーバ上で実行される Java で開発されたプログラムです。必要に応じて動的に Web ページを作成したり，クライアントから送られたデータを処理して結果を返したりします。

② Javaアプレット（Applet）

　クライアントの Web ブラウザ上で実行される Java のプログラムで，動きを伴う内容を表示したり，利用者の操作に対応した処理を実行したりします。

③ JavaBeans

　よく使われる機能を再利用できるように部品化（コンポーネント化）した仕様のことです。豆（Beans）からコーヒーができるように，再利用できる部品（JavaBeans）で Java プログラムを作る考え方から来ています。

④ JDBC（Java DataBase Connectivity）

　Java のプログラムが，データベースにアクセスするために使う標準的なAPI です。JDBC によって利用するデータベース管理システムに依存せずに，簡単にプログラムを作成できます。

⑤ Ajax（Asynchronous JavaScript + XML）

　ブラウザと Web サーバが JavaScript を介して，XML 形式のデータを非同期に通信する仕組みです。Ajax では Web ページの一部を動的に再描画することができ，代表例として，地図をスクロールするサービスがあります。

▶▶▶ Check

理解度チェック ▶ 1.7 プログラム言語

(1) Web サーバ上で実行される Java で開発されたプログラムは何ですか。
(2) Web サーバからダウンロードして，クライアント上で実行される Java で開発されたプログラムは何ですか。
(3) Java のプログラムで機能を部品化する規約は何ですか。
(4) 次の文中の ［　　］ に適切な用語を入れてください
　　Ajax では，ブラウザと Web サーバが ［ ア ］ を介して，［ イ ］ 形式のデータを非同期に通信します。

解 答

(1) Java サーブレット（Java Servlet）　　(2) Java アプレット（Java Applet）
(3) JavaBeans　　(4) ア：JavaScript　　イ：XML

▶▶▶ Question

問題で学ぼう

問1 Java の特徴はどれか。

(H30 秋・FE 問8)

ア オブジェクト指向言語であり，複数のスーパクラスを指定する多重継承が可能である。
イ 整数や文字は常にクラスとして扱われる。
ウ ポインタ型があるので，メモリ上のアドレスを直接参照できる。
エ メモリ管理のためのガーベジコレクションの機能がある。

解説

Java にはメモリの状況を監視し，空いたメモリ領域をまとめるガーベジコレクションの機能があるので，（エ）が適切です。C や C++ などの言語は確保したメモリ領域の解放をそのプログラム自身で行う必要があります。
ア：Java はオブジェクト指向言語ですが多重継承の機能はありません。
イ：整数や文字は Java の基本データ型で，クラスではありません。

ウ：Java にはアドレスを直接参照するポインタ型データはありません。

解答　エ

問 2　Web 環境での動的処理を実現するプログラムであって，Web サーバ上だけで動作するものはどれか。

(H28 秋·FE 問 8)

　　ア　JavaScript　　　　　　　　イ　Java アプレット
　　ウ　Java サーブレット　　　　　エ　VBScript

解説

　Web 環境で動的に動くプログラムで，Web サーバ上だけで動作するものということから，（ウ）の Java サーブレットが正解です。**プログラムはクライアント側にダウンロードせず，サーバ上で実行されます。**

　（エ）の VBScript は JavaScript と同じスクリプト言語で，Microsoft 社のプログラム言語 Visual Basic をベースに開発されています。

解答　ウ

問3　Java において，よく使われる機能などを再利用できるようにコンポーネント化するための仕様はどれか。

(H27 春·FE 問 8)

　　ア　JavaBeans　　　　　　　　イ　JavaScript
　　ウ　Java アプリケーション　　　エ　Java アプレット

解説

　JavaBeans は，Java プログラムから利用できるコンポーネント（ソフトウェア部品）の仕様のことで，再利用できる部品（JavaBeans）を使って Java プログラムを作ろうという考え方に端を発しています。（ア）が正解です。

イ：JavaScript は，Java をベースに作られたスクリプト言語のことで，Java とは別の言語です。

ウ：Java アプリケーションは，Java で作成されたプログラムのことです。

エ：Java アプレットは，サーバからダウンロードされてクライアント側で動作する Java プログラムのことです。

解答　ア

問4　XML 文書の DTD に記述するものはどれか。

(H30 春·FE 問 8)

　　ア　使用する文字コード　　　イ　データ
　　ウ　バージョン情報　　　　　エ　文書型の定義

解説

　DTD（文書型定義）には要素名や属性の種類，並びや登場回数など文書型の定義をするので，（エ）が正解です。DTD は XML 文書の一部としての記述や，別ファイルとして複数の文書から参照することもできます。
ア：使用する文字コードは，XML 宣言中の「encoding=」で宣言します。
イ：データは DTD で定義された要素名のタグで囲んで表します。
　　<color> 緑色 </color>
　この例では<color>要素のデータが"緑色"であることを示します。
ウ：バージョン情報は XML 宣言中の「version=」で指定します。

解答　エ

問5　プログラム言語のうち，ブロックの範囲を指定する方法として特定の記号や予約語を用いず，等しい文字数の字下げを用いるという特徴をもつものはどれか。

(R4 春·AP 問 7)

　　ア　C　　　イ　Java　　　ウ　PHP　　　エ　Python

解説

　プログラム言語のブロックは記述する処理のまとまりを示すものです。ブロックの範囲指定を，同じ文字数の字下げ（インデントという）で行うのはPython なので，（エ）が正解です。字下げする文字数を揃えて複数の処理をグループ化しているので，ブロック内で字下げの文字数が揃っていない場合は，正しく認識できないためにエラーになります。
　他のプログラム言語の（ア）C，（イ）Java，（ウ）PHP は，ブロックの範囲を { と } で囲んで示します。

解答　エ

問6　Perl の実行に関する記述のうち，適切なものはどれか。

(H29 秋・FE 問8)

　ア　UNIX 用として開発されており，Windows 用の言語処理系はない。
　イ　実行に Web サーバを必要とする言語であり，CGI の開発に適している。
　ウ　動的デバッグは，言語処理系から独立したプログラムを実行して行う。
　エ　プログラムをコンパイルしたファイルを事前に用意する必要はない。

解説

　Perl（パール）はテキストやファイルを扱う処理に適したスクリプト言語で，CGI（Common Gateway Interface）を実現するプログラム言語の一つです。CGI は動的な Web ページを作成する仕組みで，ブラウザから Web サーバに渡された情報を指定された CGI プログラムに渡し，プログラム実行後に結果を受け取りブラウザに送り返します。

　Perl は 1 行ずつ機械語に翻訳するインタプリタ方式の言語で，プログラム全体を一括して機械語に変換し実行するコンパイル方式ではありません。したがって，（エ）が適切です。

ア：当初は UNIX 上で利用できるプログラミング言語として開発されましたが，Windows や Mac OS などの OS にも移植されました。

イ：CGI プログラムの実行には Web サーバが必要ですが，Perl プログラムの実行は，Web サーバがなくても可能です。

ウ：Perl にはデバッグ作業を支援するデバッガというソフトウェアが付属していて，1 行ごとの実行中断や，変数値の表示，プログラム内で指定した位置（ブレイクポイント）での実行中断などを行うことができます。

解答　エ

第2章 part 2

コンピュータ構成要素

▶▶▶ **Point**

学習のポイント

この分野に含まれる知識項目は多いですが，基本情報技術者試験の出題内容としては，コンピュータの種類に関係なく採用されているアーキテクチャに関する出題になっています。

出題のポイントとしては，CPU アーキテクチャ，メモリアーキテクチャ，バスと入出力インタフェース，入出力装置の機能と特徴を挙げることができます。特に CPU アーキテクチャとメモリアーキテクチャは頻出テーマです。

なお，試験の出題範囲で別の分野になっている「ハードウェア」は電気・電子回路や機械制御，論理設計など，組込み技術関連の内容になっており，全ての IT 技術者に共通するハードウェア関連事項が，この「コンピュータ構成要素」分野からの出題になります。

出題されるレベルとして難易度の高い問題は出題されませんが，用語の意味など基本的な問題が多く出題されるので，逆に落とせない分野といえます。

（1） プロセッサ

まずは，CPU の命令実行過程，レジスタの役割，命令のアドレス指定方式，クロック周波数など，CPU に関する最も基本的な知識を理解しましょう。次に，パイプライン制御や並列処理などの CPU の高速化技法や，MIPS や CPI 値を含む CPU の処理能力の計算方法は確実に理解してください。

この他，最近では一般的になったマルチコアプロセッサの特徴やグラフィック処理を専用に行う GPU についても理解しておきましょう。

（2） メモリ

最もよく出題されるテーマが，キャッシュメモリに関する問題です。キャッシュメモリの使用目的といった基本的な内容の理解はもちろんですが，主記憶からの読出しも含めた平均アクセス時間の計算方法は確実に理解しておきまし

ょう。また，少し難しい内容ですが，キャッシュメモリから主記憶への書込み方式に関して，ライトバック，ライトスルーについて出題されたこともありますので，それぞれの方式の違いについては理解しておく必要があります。

この他，主記憶への見かけ上のアクセス時間を短縮させるメモリインタリーブ方式も従来よく出題されていたので，理解しておきましょう。

（3） バスと入出力デバイス

PCを中心とした出題がほとんどです。以前よく出題された RS-232C や SCSI，セントロニクスなどに代わって，最近は USB 3.0, IEEE 1394, IrDA, Bluetooth などが出題されています。なお，Thunderbolt（サンダーボルト），DisplayPort，NFC や BLE, ZigBee などの新しい無線通信の規格が他の情報処理技術者試験で出題されていて，基本情報技術者試験でも出題される可能性がありますので，基本事項を理解しておきましょう。

出題されるポイントは，各入出力インタフェースの主な用途と転送速度やコネクタの特徴，制限事項などになります。

（4） 入出力装置

入出力装置について，各装置の基本的な機能を理解しておきましょう。以前は，液晶ディスプレイ，有機 EL ディスプレイの特徴などが出題されてきましたが，最近ではタッチパネルの特徴，3D プリンタなども出題されています。

記憶媒体の特徴を問う問題として，CD，DVD などが以前は出題されましたが，最近は SD カード（SDXC）などの新しい記憶媒体が出題されています。

ハードディスクの記憶原理や記憶容量の概算値，磁気ディスクの回転待ち時間やデータ転送速度の計算問題もときどき出題される可能性がありますので，基本的な知識を理解しておきましょう。

この他，ディスクの高性能・高信頼性を追求する RAID（Redundant Array of Independent Disks；レイド）の特徴についても出題されます。基本的な RAID0，RAID1，RAID5 の違いと，ストライピングやミラーリングなどの用語を理解してください。

2.1 プロセッサ

▶▶▶**Explanation**

ポイントの解説

(1) CPUの動作原理と命令実行過程

CPU（Central Processing Unit；中央処理装置）の動作は，制御装置の指令によって，プログラムレジスタ（プログラムカウンタ）で示されたアドレスに格納されている命令を主記憶から命令レジスタに読み出し，命令解読器（デコーダ）で処理内容を決めます。次にオペランド（処理対象となるデータ）を主記憶から読み出し，演算装置での演算や演算結果の格納などの処理を行います。アキュムレータは演算結果が一時的に記憶されるレジスタです。

このように，主記憶に格納された命令を一つずつ順番に実行していく処理方式をプログラム格納方式（プログラム内蔵方式）と呼び，コンピュータ創成期に活躍した科学者ノイマンの名前を採ってノイマン型コンピュータともいいます。この方式では，CPUと主記憶間の命令／データの転送速度が処理速度の限界を決めてしまいます。

CPUの命令実行過程をまとめると，次のようになります。それぞれの実行過程はステージ（stage）と呼ばれます。5ステージで1命令の実行をする場合の例を図「命令実行過程」に示します。

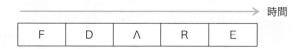

① F（命令フェッチ）……命令読出しのことで，プログラムカウンタで示される主記憶上のアドレスにある命令を，命令レジスタに格納します。
② D（命令の解読）……命令レジスタ内の命令コードを解読し，他装置に出す制御信号を生成します。デコードともいいます。
③ A（オペランドアドレスの計算）……命令レジスタ内の命令のアドレス部から，操作対象のデータの場所を示す主記憶上のアドレス（実効アドレス又は有効アドレス）を求めます。
④ R（オペランド読出し）……③で求められたアドレスにあるデータをレジスタ（メモリレジスタ）に格納します。オペランドフェッチともいいます。
⑤ E（命令の実行）……デコーダからの制御信号に従って，命令を実行します。

図　命令実行過程

図「命令実行過程」中の③オペランドアドレスの計算方法は，命令のアドレス指定方式によって異なります。例えば，直接アドレス指定方式，指標アドレス指定方式，間接アドレス指定方式などあります。これらの内容は，CPU の高速化技法を理解するために必要な知識なので，よく理解できていなければ，コンピュータに関する基礎テキストなどで学習してください。

(2) CPU の高速化技法

プログラム内蔵方式は，CPU と主記憶間の転送速度というボトルネックを抱えていますが，命令実行を少しでも速く行うために，様々なアーキテクチャが考え出されてきました。その中で，基本情報技術者試験ではパイプライン制御やスーパスカラ方式について問われたことがあります。VLIW やスーパパイプライン制御なども合わせて理解しておきましょう。

① パイプライン制御

プログラムにある複数の命令を実行する際，個々の命令ごとに命令実行過程のステージを順次実行していく命令実行制御を，逐次制御方式といいます。

これに対して，各ステージは独立して動作させることが可能であるという考えに基づいて，複数の命令の異なるステージを同時に並行処理することによって，命令実行時間に短縮化を図る方式をパイプライン制御といいます。

パイプライン制御では，命令の実行ステージを並行して処理できない要因（hazard；ハザード）が発生する場合があり，パイプラインハザードといわれます。分岐命令が終了せず，先取りする命令が決定できない場合などが，ハザードの例です。

F：命令フェッチ
D：命令の解読
A：オペランドアドレスの計算
R：オペランド読出し
E：命令の実行

図　パイプライン制御

　なお，パイプライン制御の高速化のため，分岐命令の分岐先が決まる前に，予測した分岐先の命令実行を開始することを命令の投機実行といいます。

② スーパスカラ方式

　複数の命令を並行処理可能な命令ごとにまとめ，同じステージで実行していく方式です。パイプライン制御では，同じステージを同時に実行することがないのに対して，スーパスカラ方式では，同じステージを同時に複数実行する点が違います。

命令1	F	D	A	R	E	S	
命令2	F	D	A	R	E	S	

	命令3	F	D	A	R	E	S
	命令4	F	D	A	R	E	S

F ：命令フェッチ
D ：デコード（命令の解読）
A ：オペランドアドレスの計算
R ：オペランドフェッチ（オペランド読出し）
E ：命令の実行
S ：演算結果の格納

図　スーパスカラ方式

③ VLIW

　同時に実行可能な複数の動作をまとめ，これらの動作を同時に実行することで実行効率を上げる方式です。一つの命令が非常に長くなることから，VLIW（Very Long Instruction Word）という名称になっています。

(3) マルチコアプロセッサ

　一つの CPU パッケージの中に複数のプロセッサ（コア）をもつものがマルチコアプロセッサ（multi-core processor）です。各コアが独立して異なる処理を実行して処理能力を高めることができます。なお，バスやメモリなど共有資源の競合などがあるため，コアの個数が2個，4個と増えても，それに比例してプロセッサ全体の処理性能が上がるわけではありません。

(4) GPU

　GPU（Graphics Processing Unit）は，グラフィックス処理専用のプロセッサです。3次元グラフィックスの画像処理を CPU に代わって行い，行列演算

のように特定の演算処理を複数のデータに対して同時に実行します。この GPU を技術計算や一般の並列演算処理など，他の用途に利用する GPGPU（General Purpose computing on GPU）という手法も普及しています。

（5）　プロセッサの性能計算

性能計算問題は重要なテーマで，「第 3 章 システム構成要素」のシステム全体の性能問題として出題されることもあります。

ここでは CPU 単体の性能指標，クロックについて学習します。

① 　MIPS（Million Instructions Per Second；ミップス）

単位時間当たりの代表的な命令実行回数を表す性能指標です。1MIPS は，1 秒間に 100 万回命令実行ができることを示します。

② 　FLOPS（FLoating-point Operations Per Second；フロップス）

1 秒間に実行可能な浮動小数点演算命令の回数を表す性能指標です。FLOPS では単位が小さすぎるので，1 秒間に何百万回の浮動小数点数演算が実行できるかを表す MFLOPS が使われます。

③ 　クロック

CPU 動作の同期を取る信号のことです。単位は MHz 又は GHz で表され，例えば，クロック周波数 800MHz のプロセッサは，1 秒間に 800×10^6 回のクロック信号に同期して動作します。

④ 　CPI（Cycles Per Instruction）

1 命令の実行に必要なクロック数（クロックサイクル数）を表す単位です。

最も基本的な計算問題のパターンは，プロセッサの MIPS 値から平均命令実行時間を求める問題で，次のように MIPS 値の逆数で求められます。

$$\text{平均命令実行時間} = \frac{1}{\text{プロセッサの MIPS 値}}$$

この他，最近では命令の CPI 値と 1 クロックサイクル時間を与え，命令実行時間を計算させる問題も出題されます。この場合，

$$\text{命令実行時間} = \text{CPI 値} \times \text{1 クロックサイクル時間}$$

で求められます。

計算問題では，時間の単位（秒，ミリ秒，マイクロ秒，ナノ秒）や，単位の接頭語（k，M，G，T など）を合わせることに注意が必要です。

▶▶▶ **Check**

理解度チェック ▶ 2.1 プロセッサ

(1) 主記憶に格納されたプログラムの命令を，CPU が一つずつ順番に読み出しながら実行する方式を何といいますか。

(2) 命令フェッチ（命令読出し）の際，次に実行する命令の主記憶上のアドレスを格納するレジスタを何といいますか。

(3) 命令レジスタ内の命令コードを解読し，他の装置に出す制御信号を生成することを何といいますか。

(4) 命令の読出しから実行までを複数のステージに分け，各ステージを並行して実行することによって，処理効率を向上させる方式は何ですか。

(5) パイプライン制御において，命令の実行ステージを並行して処理できない要因を何といいますか。

(6) 一つの CPU パッケージに複数のコアをもち，並列処理を行うプロセッサを何といいますか。

(7) ┃ a ┃はグラフィックス処理専用のプロセッサで，3 次元グラフィックスの画像処理を CPU に代わって行います。┃ a ┃を技術計算や一般の並列演算処理など，他の用途に利用する手法を┃ b ┃といいます。

(8) 100MIPS のプロセッサの平均命令実行時間は何ナノ秒（ns）ですか。

(9) ある命令の CPI 値が 5 で，1 クロックサイクル時間が 10 ナノ秒のとき，この命令を 1 回実行するのに要する時間は何ナノ秒ですか。

解 答

(1) プログラム格納方式（又は，プログラム内蔵方式）

(2) プログラムレジスタ（又は，プログラムカウンタ，命令アドレスレジスタ）

(3) 命令の解読（又は，デコード，命令デコード）

(4) パイプライン制御　　　　(5) ハザード（又は，パイプラインハザード）

(6) マルチコアプロセッサ

(7) a：GPU　　b：GPGPU

(8) 100MIPS→1 秒間に 100×100 万命令＝$100×10^6$命令の実行が可能なので，1 命令当たり $1÷(100×10^6)＝10^{-8}$秒＝10（ナノ秒）かかります。

(9) CPI 値が 5 なので，1 命令実行するのに 5 クロックサイクルの時間がかかります。よって，1 命令実行するのに 5×10＝50（ナノ秒）要します。

▶▶▶ **Question**

問題で学ぼう

問1　図はプロセッサによってフェッチされた命令の格納順序を表している。
　a に当てはまるものはどれか。

（H30 春·FE 問 9）

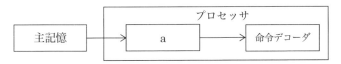

ア　アキュムレータ
イ　データキャッシュ
ウ　プログラムレジスタ（プログラムカウンタ）
エ　命令レジスタ

解説

　a の右側にある**命令デコーダは，命令レジスタに読み込まれた命令の内容
を解読して実行準備をする**ので，a は（エ）の命令レジスタです。

ア：アキュムレータ（加算器）は，演算装置内で演算結果を一時的に格納す
　　るレジスタです。

イ：データキャッシュは，命令のオペランド部で指定されたデータを一時的
　　に記憶する領域です。なお，命令部は命令キャッシュに記憶されます。

ウ：プログラムレジスタ（プログラムカウンタ）は，主記憶に格納されてい
　　る機械語のプログラムおいて，次に取り出す（フェッチ）命令のアドレス
　　（番地）を格納したレジスタです。

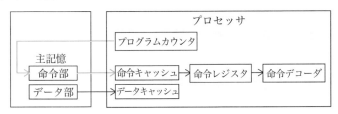

解答　エ

問2　主記憶のデータを図のように参照するアドレス指定方式はどれか。

(H28 秋·FE 問9)

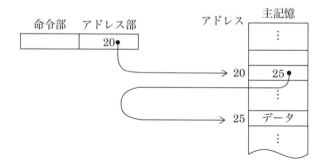

ア　間接アドレス指定　　　　　　イ　指標アドレス指定
ウ　相対アドレス指定　　　　　　エ　直接アドレス指定

解説

　機械語命令は，命令コードが入った命令部と，命令が対象とするデータの
アドレス計算に使われる情報の入ったアドレス部（オペランド部）に分けら
れます。

　アドレス部の役割はアドレス指定方式によって変わり，問題の方式では，
命令のアドレス部に指定されている値をデータのアドレス（実効アドレス）
として，そのアドレスが示す場所に格納されている値を対象データとしてい
ます。このように**主記憶に格納された値をデータのアドレスとして，間接的
にデータを参照する方式を間接アドレス方式**といいます。したがって，（ア）
が正解です。

イ：指標アドレス指定方式……アドレス部の内容に指標レジスタ（インデッ
　　クスレジスタ）の内容を加えて実効アドレスとする方式です。

ウ：相対アドレス指定方式……命令のアドレス部に命令アドレスレジスタ
　　（その命令又は次に実行する命令が格納されているアドレス値が入って
　　いる）の値からの相対値をもつ方式です。実効アドレスは，命令アドレス
　　レジスタの値とアドレス部の内容を加えた値になります。

エ：直接アドレス指定方式……アドレス部の値が，そのまま目的のデータの
　　格納されている実効アドレスになっている方式です。

解答　ア

問3　PC のクロック周波数に関する記述のうち，適切なものはどれか。

(H28 春·FE 問 9)

ア　CPU のクロック周波数と，主記憶を接続するシステムバスのクロック
周波数は同一でなくてもよい。

イ　CPU のクロック周波数の逆数が，1 秒間に実行できる命令数を表す。

ウ　CPU のクロック周波数を 2 倍にすると，システム全体としての実行
性能も 2 倍になる。

エ　使用している CPU の種類とクロック周波数が等しければ，2 種類の
PC のプログラム実行性能は同等になる。

解説

　CPU のクロック周波数は CPU が 1 秒間に発生するクロック信号数のこと
で，内部クロックともいいます。主記憶と接続してデータの通り道となる**シ
ステムバスのクロック周波数（外部クロック）は，通常，CPU のクロック
周波数より遅く**，CPU が処理するときに一定の倍率で高速化します。した
がって，（ア）が正解です。

イ：クロック周波数の逆数は，発生するクロックの時間間隔で 1 クロックサ
イクル時間になります。例えば，クロック周波数が 1GHz なら，1 クロッ
クサイクル時間は 1 秒 $\div 10^9 = 10^{-9}$ 秒 = 1 ナノ秒となります。

ウ：CPU のクロック周波数が高いほど高速に命令を実行できますが，シス
テム全体の性能は CPU だけで決まらないので，クロック周波数を 2 倍に
しても，システム全体としての実行性能は 2 倍になりません。

エ：CPU の種類とクロック周波数が同じでも，システムバスなどの性能に
影響されるので，プログラム実行性能が同等になるとはいえません。

解答　ア

問4　CPU のプログラムレジスタ（プログラムカウンタ）の役割はどれか。

(R1 秋·AP 問 9)

ア　演算を行うために，メモリから読み出したデータを保持する。

イ　条件付き分岐命令を実行するために，演算結果の状態を保持する。

ウ　命令のデコードを行うために，メモリから読み出した命令を保持する。

エ　命令を読み出すために，次の命令が格納されたアドレスを保持する。

解説

　プログラムレジスタ（プログラムカウンタ）は，次に実行する命令が格納されているメモリ上のアドレスを保持するものなので，（エ）が正解です。プログラムレジスタは命令アドレスレジスタともいいます。

ア：演算を行うために，メモリから読み出したデータを保持するのはアキュムレータ（累算器）又は汎用レジスタです。

イ：演算結果の状態保持はフラグレジスタ（ステータスレジスタ）です。

ウ：メモリから読み出した命令を保持するのは命令レジスタです。

解答　エ

問5　パイプライン制御の特徴はどれか。

(H26 春·ES 問 1)

　　ア　複数の命令を同時に実行するために，コンパイラが目的プログラムを生成する段階で，それぞれの命令がどの演算器を使うかをあらかじめ割り振る。

　　イ　命令が実行される段階で，どの演算器を使うかを動的に決めながら，複数の命令を同時に実行する。

　　ウ　命令の処理をプロセッサ内で複数のステージに細分化し，複数の命令を並列に実行する。

　　エ　命令を更に細かなマイクロ命令の組合せで実行する。

解説

　命令実行を命令フェッチ，命令デコード，オペランドアドレスの計算，オペランド読出しなど**複数のステージに細分化し，複数の命令を並列に実行するのがパイプライン制御**です。したがって，（ウ）が正解です。

ア：並列化コンパイラの機能に近い説明ですが，パイプライン制御の特徴ではありません。

イ：マルチプロセッサを実現する方式の説明です。パイプライン制御では使う演算器は決まっています。

エ：機械語命令を実行するためのマイクロプログラム制御方式の説明です。

解答　ウ

問6　CPU における投機実行の説明はどれか。

(H28 秋·FE 問 10)

　　ア　依存関係にない複数の命令を，プログラム中での出現順序に関係なく
　　　　実行する。
　　イ　パイプラインの空き時間を利用して二つのスレッドを実行し，あたか
　　　　も二つのプロセッサであるかのように見せる。
　　ウ　二つ以上の CPU コアによって複数のスレッドを同時実行する。
　　エ　分岐命令の分岐先が決まる前に，予測した分岐先の命令の実行を開始
　　　　する。

解説

　CPU の命令実行で分岐命令の分岐先が決まる前に，**あらかじめ予測した
分岐先の命令の実行を開始する方式は，投機実行と呼ばれる**ので，（エ）が
正解です。投機実行はパイプライン処理を高速化するための方式です。

　分岐命令の実行結果によって命令 1 又は命令 2 に分岐する場合を考える
と，通常は，分岐命令の実行後に命令 1 又は命令 2 が実行されます。

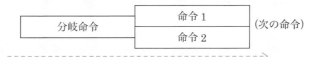

　一方，命令の投機実行では分岐命令の終了を待たずに，予測に基づいて続
く命令の実行を開始します。予測が合っていれば命令を先行して実行できる
ため高速化できます。

　予測は過去の分岐命令の実行履歴に基づいて行われますが，**予測が外れる
と実行した命令の処理が無駄になることから，"投機実行" と呼ばれます。**
ア：アウトオブオーダ実行と呼ばれる方式の説明です。
イ：シングルコア CPU によるマルチスレッド処理の説明です。
ウ：マルチコア CPU によるマルチスレッド処理の説明です。

解答　エ

問7 ディープラーニングの学習に GPU を用いる利点として，適切なものはどれか。

(R4 秋·AP 問8)

ア　各プロセッサコアが独立して異なるプログラムを実行し，異なるデータを処理できる。

イ　汎用の行列演算ユニットを用いて，行列演算を高速に実行できる。

ウ　浮動小数点演算ユニットをコプロセッサとして用い，浮動小数点演算ができる。

エ　分岐予測を行い，パイプラインの利用効率を高めた処理を実行できる。

解説

　GPU は**複数の要素を並列演算できる行列演算ユニットをもち**，ディープラーニングの学習で行う行列演算を**高速に実行できる**ので，（イ）が正解です。

ア：マルチコアプロセッサの説明です。

ウ：FPU（Floating Point Unit；浮動小数点演算装置）の説明です。

エ：パイプラインの分岐予測は，現在の CPU では一般的に行われています。

解答　イ

問8 1GHz のクロックで動作する CPU がある。この CPU は，機械語の1命令を平均 0.8 クロックで実行できることが分かっている。この CPU は1秒間に平均何万命令を実行できるか。

(R1 秋·FE 問12)

ア　125　　　　　イ　250　　　　　ウ　80,000　　　　エ　125,000

解説

　1GHz（ギガヘルツ）の CPU は，1秒間に 1G クロックの信号を発生させるので，1クロックは 1（秒）÷1G＝10^{-9}（秒）ごとに発生します。

　次に，機械語の1命令を平均 0.8 クロックで実行できることから，1命令の平均実行時間は 0.8×10^{-9} 秒となります。

　これより，1秒間に実行できる命令数は次のようになり，（エ）が正解です。

　　1（秒）÷（0.8×10^{-9}）（秒／命令）

　＝10^9÷0.8＝1,000,000,000÷0.8＝1,250,000,000（命令）＝125,000（万命令）

解答　エ

問9 動作クロック周波数が 700MHz の CPU で，命令実行に必要なクロック数及びその命令の出現率が表に示す値である場合，この CPU の性能は約何MIPS か。

(H30 秋-FE 問9)

命令の種別	命令実行に必要なクロック数	出現率（％）
レジスタ間演算	4	30
メモリ・レジスタ間演算	8	60
無条件分岐	10	10

ア　10　　　　　イ　50　　　　　ウ　70　　　　　エ　100

解説

　命令の実行時間は命令の種類によって異なります。問題では，命令の種別ごとに実行に必要なクロック数と出現率が示されているので，それを**掛け合わせて合計することで，実行に必要な平均クロック数を求めます**。

　　平均命令クロックサイクル数
　$=4\times0.3+8\times0.6+10\times0.1=1.2+4.8+1=7$（クロック／命令）

　700MHz の CPU は 1 秒間に 700×100 万クロック発生し，1 命令に 7 クロック必要とすると，1 秒間に実行できる命令は次のようになります。

　　$700\times1,000,000$（クロック／秒）$\div7$（クロック／命令）
　$=100\times1,000,000$（命令／秒）$=100$MIPS
　よって，（エ）が正解です。

解答　エ

2.2 メモリ

▶▶▶ **Explanation**

ポイントの解説

(1) メモリの種類と特徴

メモリには，データの読出しと書込みの両方可能な RAM（Random Access Memory）と，読出しだけ可能な ROM（Read Only Memory）があります。RAM は電源を切ると記憶内容が消える揮発性の性質をもち，ROM は電源を切っても記憶内容が消えない不揮発性の性質をもちます。RAM の記憶素子には，SRAM と DRAM があります。

① SRAM（Static Random Access Memory）

SRAM は構造が複雑で高価ですが，アクセスの高速性から，キャッシュメモリに使われます。

② DRAM（Dynamic Random Access Memory）

DRAM は時間が経つと蓄えた電荷が薄れるので，一定時間内に再書込み（リフレッシュ）を行います。そのため，SRAM よりもアクセス速度は遅いものの，構造が簡単なため集積度が高く，主記憶に多く使われます。

③ ROM（Read Only Memory）

文字パターンなど変更することがないプログラムやデータを記憶して，通常，読み出すだけに利用します。メーカの工場などでしか記憶内容を設定できない ROM をマスク ROM といいます。

④ フラッシュメモリ

データをページ単位で電気的に読出しや書込みを行い，複数ページのブロック単位で消去を行う不揮発性のメモリです。USB メモリや SD カード，SSD（ソリッドステートドライブ）などで使われています。

(2) ECC メモリ

メモリ上のデータに誤りが発生したとき，検出して正しい値に訂正できる機能をもつメモリが ECC（Error Check and Correct）メモリです。誤り訂正用のビット（冗長ビット）を付加するため，メモリの記憶効率は下がりますが，高い信頼性が要求されるサーバなどで採用されています。誤り検出訂正方式としては，2 ビットの誤り検出と 1 ビットの訂正機能があるハミング符号が使われます。他に次のような誤り検出方式がありますが，訂正機能はありません。

① パリティチェック方式（奇偶検査）……データに検出用のパリティビット（冗長ビット）を付け，ビットの“1”の個数が奇数（又は偶数）になるように値を決めます。チェック時も同じ方法で行い，ビットの“1”が奇数個（又は偶数個）あるかどうかをチェックして誤り判定を行います。
② チェックサム……ブロックに分けたデータを数値として合計し，その合計（チェックサム）をブロックに付加します。チェック時は，同じ方法で計算した合計が付加されたチェックサムと一致するかどうかを調べます。
③ CRC（Cyclic Redundancy Check；巡回冗長検査）……伝送データの誤り検出を行う方式で，生成多項式による演算を使った誤り検出方式です。

（3） キャッシュメモリ

　プログラム内蔵方式のコンピュータでは，処理装置（プロセッサ）と主記憶装置の間の命令やデータのやり取りがボトルネックになるのが問題で，これを少しでも改善しようと，キャッシュメモリ（cache memory）をプロセッサ内部に置く方式が考え出されました。キャッシュメモリの記憶素子には，アクセス速度が速い SRAM が使われています。これによって，処理装置の処理速度と主記憶へのデータ読み書き速度の差を短縮することができます。

　キャッシュメモリは，アクセスする確率の高いメモリ内容を記憶するように制御します。これは，プログラムが一度アクセスしたメモリ内容は，再びアクセスされる可能性が高いという「参照の局所性」を考慮に入れた制御です。

　キャッシュメモリは記憶容量が限られているので，必要に応じてプロセッサ外部にさらにキャッシュメモリを置くことがあり，プロセッサ内部のキャッシュメモリを一次キャッシュ，外部のキャッシュメモリを二次キャッシュといいます。なお，主記憶装置と磁気ディスク装置のアクセス時間の差を補うディスクキャッシュを経由して，主記憶と磁気ディスクなどの外部記憶に接続する場合もあります。

　キャッシュメモリの出題で多いのが，キャッシュメモリの目的と，キャッシュメモリを採用したときの見かけ上のアクセス時間（実効アクセス時間）の計算です。

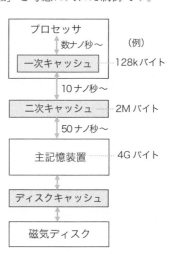

図　キャッシュの構成例

① キャッシュメモリ採用時の実効アクセス時間の計算

　プロセッサ内にキャッシュメモリ（以下，キャッシュという）があるとして，読み取るデータがキャッシュ内にある場合とない場合で，実効アクセス時間（平均読取り時間）が変わります。このアクセス時間の平均値を求める問題がよく出題されます。

> **例題**　キャッシュからの読取り時間が10ナノ秒，主記憶からの読取り時間が80ナノ秒として，ヒット率（キャッシュからデータを読み取ることができる確率）が0.9のとき，平均読取り時間は何ナノ秒か。

　この問題は，確率・統計で期待値（平均値）を求める考え方と同じです。**主記憶から読み取る確率が1－ヒット率になる**ことを把握してください。
・キャッシュから読み取る場合……読取り時間10ナノ秒　確率0.9
・主記憶から読み取る場合…………読取り時間80ナノ秒　確率1－0.9＝0.1

　平均読取り時間はそれぞれの読取り時間と確率を掛けて加えます。
　　平均読取り時間＝10×0.9＋80×0.1＝9＋8＝17（ナノ秒）

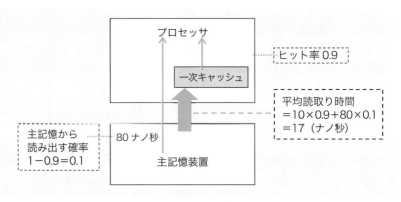

図　平均読取り時間

② キャッシュメモリのブロック置換え方式

　キャッシュがメモリブロックでいっぱいになったとき，一部のブロックを主記憶に書き出す必要がありますが，書き出すブロックを選ぶアルゴリズムには次のようなものがあります。これは，仮想記憶におけるページングアルゴリズムでも適用されています。

・FIFO（First-In First-Out）……キャッシュメモリに最初に読み込まれた ブロック（最も古いもの）を選択する方式

・LRU（Least Recently Used）……最後に参照してから最も時間の経過し たブロックを選択する方式

・LFU（Least Frequently Used）……参照回数（参照頻度）が最も少ない ブロックを選択する方式

③　キャッシュメモリの書込み方式

　プロセッサからのデータ書込み要求のたびに，毎回，主記憶に書き込むと アクセス回数が増え効率が悪いため，一時的にキャッシュの内容だけを書き 換え，キャッシュに記憶されているメモリブロックを置き換えるときに，主 記憶の内容も書き換える方式があります。この方式をライトバック（write back）といいます。一方，データを書き込むたびに主記憶の内容も同時に書 き換える方式をライトスルー（write through）といい，データを常に主記憶 にも書き出すため，高速化されるのは読取りのときだけになります。

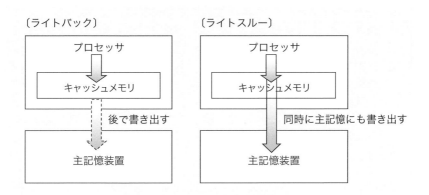

図　ライトバックとライトスルー

（4）　メモリインタリーブ

　主記憶を同時にアクセス可能な複数のバンク（ブロック）に分割し，各バン クに並行してアクセスすることによって，主記憶のアクセスを高速化する方法 がメモリインタリーブです。隣り合うアドレスが別のバンクに配置されるよう にして，連続したアドレスに対して同時並列的にアクセスします。

　キャッシュメモリと並んで主記憶からのデータ読取り速度を向上させる方法 として，試験にもよく出題されます。

▶▶▶ **Check**

理解度チェック ▶ 2.2 メモリ

(1) メモリの種類と特徴について,
　① データを保持するリフレッシュ動作が必要なメモリは何ですか。
　② USB メモリなどに使われるメモリで,電気的にページ単位で読出し・書込みを行い,ブロック単位で消去を行うものは何ですか。
　③ メーカの工場などでプログラムやデータを記憶させ,読み出すためだけに利用するメモリは何ですか。
　④ アクセス速度の高速性からキャッシュメモリで使われている記憶素子は何ですか。
　⑤ メモリ上のデータ誤りを検出して,正しい値に訂正できる機能をもつメモリは何ですか。
(2) メモリの誤り制御方式で,2 ビットの誤り検出機能と,1 ビットの誤り訂正機能をもつものは何ですか。
(3) キャッシュメモリをプロセッサ内に置く目的は何ですか。
(4) キャッシュメモリのヒット率が 0.85 のとき,主記憶からデータを読み取る確率は幾らですか。
(5) キャッシュメモリのアクセス時間が 10 ナノ秒,主記憶のアクセス時間が 50 ナノ秒,キャッシュメモリのヒット率が 90%のとき,実効アクセス時間は何ナノ秒ですか。
(6) キャッシュメモリにデータを書き込むたびに主記憶の内容も同時に書き換える方式を何といいますか。
(7) 主記憶を同時にアクセス可能なバンクに分割し,各バンクに並行してアクセスすることで,主記憶のアクセスを高速化する方法は何ですか。

解 答

(1) ① DRAM ② フラッシュメモリ ③ マスク ROM
　　④ SRAM ⑤ ECC メモリ
(2) ハミング符号
(3) プロセッサの処理速度と主記憶へのデータ読み書き速度の差を短縮するため。
(4) 主記憶からデータを読み取る確率＝1－ヒット率＝1－0.85＝0.15
(5) $10 \times 0.9 + 50 \times (1-0.9) = 9 + 5 = 14$ (ナノ秒)
(6) ライトスルー 　　　(7) メモリインタリーブ

▶▶▶ **Question**

問題で学ぼう

問1 コンピュータの電源投入時に最初に実行されるプログラムの格納に適しているものはどれか。ここで, 主記憶のバッテリバックアップはしないものとする。

(H26 秋·FE 問 12)

　ア　DRAM　　イ　HDD　　ウ　ROM　　エ　SRAM

解説

　コンピュータは, 最初に BIOS (Basic Input Output System) というプログラムを実行することによって, ハードディスクなどに格納されている OS (オペレーティングシステム) を実行し, 利用できるようになります。この **BIOS はシステム固有のもので頻繁に変更することがないため, 格納するメモリは不揮発性の ROM や PROM** (書換え可能な ROM) が適しています。したがって, (ウ) が正解です。なお, バッテリバックアップは, PC のバッテリで主記憶の内容を保持しておくことです。

ア：DRAM……主記憶に使用される揮発性のメモリで, SRAM よりも低消費電力で低速です。一定時間ごとにリフレッシュ動作が必要です。

イ：HDD (Hard Disk Drive) ……OS を格納できますが, HDD 自体にアクセスするための BIOS を格納できません。

エ：SRAM……キャッシュメモリに使用される揮発性のメモリで, DRAM よりも高速ですが, 消費電力も多いです。

解答　ウ

問2 SRAM と比較した場合の DRAM の特徴はどれか。

(H29 秋·AP 問 20)

　　ア　主にキャッシュメモリとして使用される。
　　イ　データを保持するためのリフレッシュ又はアクセス動作が不要である。
　　ウ　メモリセル構成が単純なので, ビット当たりの単価が安くなる。
　　エ　メモリセルにフリップフロップを用いてデータを保存する。

解説

　DRAM は，コンデンサに電荷を蓄えてデータを保持する揮発性のメモリ
で，**メモリセルが1個のコンデンサとトランジスタからなる単純な構造で**，
ビット当たりの単価が安くなります。したがって，（ウ）が正解です。なお，
同じ揮発性メモリの SRAM は複数のトランジスタからなる複雑な構造です。

ア：主にキャッシュメモリとして使用されるのは，DRAM よりもアクセス速
　　度の速い SRAM です。

イ：データを保持するためのリフレッシュ又はアクセス動作が不要なのは，
　　SRAM です。DRAM は一定時間ごとにアクセスして電荷を維持するリフ
　　レッシュが必要です。

エ：フリップフロップを用いてデータを保存するのは SRAM です。

解答　ウ

問3　メモリモジュールのパリティチェックの目的として，適切なものはどれか。

(H26 春·FE 問 11)

　　ア　メモリモジュールに電源が供給されているかどうかを判定する。
　　イ　読出し時に，エラーが発生したかどうかを検出する。
　　ウ　読出し時に，エラーを検出して自動的に訂正する。
　　エ　読み出したデータを暗号化する。

解説

　パリティチェックは，データの誤り検出をする方式の一つです。データに
含まれるビット列の中で，値が1になっているビットの数が偶数個又は奇数
個になるように，パリティビットと呼ばれる1ビットをデータに加えます。
パリティチェックでは，1ビットの誤りを検出することはできますが，誤り
の訂正はできません。したがって，（イ）が適切です。

解答　イ

問4　メモリのエラー検出及び訂正に ECC を利用している。データバス幅 2^n
　　ビットに対して冗長ビットが $n+2$ ビット必要なとき，128 ビットのデータバ
　　ス幅に必要な冗長ビットは何ビットか。

(H30 秋·FE 問 11)

　　ア　7　　　　　イ　8　　　　　ウ　9　　　　　エ　10

解説

　ECC（Error Check and Correct 又は Error Correcting Code）とは，**エ
ラー検出と訂正を行うための仕組み**です。データバス幅 2^n ビットに対して $n+2$ ビットの冗長ビットが必要なので，まず 128 ビットを 2^n ビットの形式に変換すると，$128＝2^7$，n は 7 となります。よって，必要な冗長ビットの数は，$7＋2＝9$ ビットで，（ウ）が正解です。

解答　ウ

問5　キャッシュメモリに関する記述のうち，適切なものはどれか。

(H30 春·FE 問 11)

　　ア　キャッシュメモリにヒットしない場合に割込みが生じ，プログラムに
　　　　よって主記憶からキャッシュメモリにデータが転送される。
　　イ　キャッシュメモリは，実記憶と仮想記憶とのメモリ容量の差を埋める
　　　　ために採用される。
　　ウ　データ書込み命令を実行したときに，キャッシュメモリと主記憶の両
　　　　方を書き換える方式と，キャッシュメモリだけを書き換えておき，主記
　　　　憶の書換えはキャッシュメモリから当該データが追い出されるときに
　　　　行う方式とがある。
　　エ　半導体メモリのアクセス速度の向上が著しいので，キャッシュメモリ
　　　　の必要性は減っている。

解説

　キャッシュメモリは，主記憶の一部の内容を記憶しておき，主記憶へのアクセス回数を減らして高速化を図ります。書込み命令を実行したときには，**キャッシュメモリと主記憶の両方を書き換えるライトスルー方式**と，**キャッシュメモリだけを書き換え，そのデータがキャッシュから追い出されるときに主記憶を書き換えるライトバック方式**があるので，（ウ）が適切です。
ア：ヒットしないときは，一般に命令実行サイクルの中でハードウェアによって処理され，割込みは生じません。
イ：キャッシュメモリは，**主記憶と CPU の速度差を埋めるのが目的**です。
エ：半導体メモリのアクセス速度向上と同時に，CPU の動作速度も向上していて速度差が埋まったわけではなく，必要性は変わっていません。

解答　ウ

問6　A～Dを，主記憶の実効アクセス時間が短い順に並べたものはどれか。

(H31 春·FE 問 10)

	キャッシュメモリ			主記憶
	有無	アクセス時間 (ナノ秒)	ヒット率 (%)	アクセス時間 (ナノ秒)
A	なし	—	—	15
B	なし	—	—	30
C	あり	20	60	70
D	あり	10	90	80

ア　A, B, C, D 　　　　　　イ　A, D, B, C
ウ　C, D, A, B 　　　　　　エ　D, C, A, B

解説

> **主記憶の実効アクセス時間**
> **＝キャッシュメモリのアクセス時間×ヒット率＋主記憶のアクセス時間×(1－ヒット率)**

A～Dの各場合の実効アクセス時間は，次のようになります。

・Aの場合：キャッシュメモリがないので 15 ナノ秒
・Bの場合：キャッシュメモリがないので 30 ナノ秒
・Cの場合：$20×0.6＋70×(1－0.6)＝12＋28＝40$ ナノ秒
・Dの場合：$10×0.9＋80×(1－0.9)＝9＋8＝17$ ナノ秒

実効アクセス時間が短い順に並べると，（イ）のA, D, B, Cとなります。

解答　イ

問7　キャッシュの書込み方式には，ライトスルー方式とライトバック方式がある。ライトバック方式を使用する目的として，適切なものはどれか。

(H29 春·FE 問 9)

ア　キャッシュと主記憶の一貫性（コヒーレンシ）を保ちながら，書込みを行う。
イ　キャッシュミスが発生したときに，キャッシュの内容の主記憶への書き戻しを不要にする。
ウ　個々のプロセッサがそれぞれのキャッシュをもつマルチプロセッサシステムにおいて，キャッシュ管理をライトスルー方式よりも簡単な回路構成で実現する。
エ　プロセッサから主記憶への書込み頻度を減らす。

解説

　ライトスルー方式は，キャッシュの内容が更新されたときに，そのまま主記憶にも書き込む方式です。

　ライトバック方式では，通常はキャッシュだけを更新し，該当ブロックがキャッシュから削除されるときに，主記憶にブロックを書き戻します。**複数回の更新がキャッシュに対して行われても，削除時の一度だけ主記憶に書き戻せばよい**ので，書込み頻度を減らせます。（エ）が適切な目的です。

ア：キャッシュと主記憶との値が一致している状態を一貫性（コヒーレンシ）が保たれた状態といい，これを保つのはライトスルー方式です。

イ：キャッシュに目的のブロックが存在しないキャッシュミスが発生した場合，ライトバック方式では，キャッシュの内容を主記憶に書き戻す必要があります。

ウ：ライトバック方式もライトスルー方式も，マルチプロセッサにおけるキャッシュ管理とは関係ありません。

解答　エ

問8　フラッシュメモリに関する記述として，適切なものはどれか。

(H30 春·FE 問 22)

　ア　高速に書換えができ，CPU のキャッシュメモリに用いられる。
　イ　紫外線で全データを一括消去できる。
　ウ　周期的にデータの再書込みが必要である。
　エ　ブロック単位で電気的にデータの消去ができる。

解説

　フラッシュメモリは，USB メモリや SD カードなどで使われている不揮発性メモリです。**ブロック単位でまとめてデータの消去ができる**ので，（エ）が適切です。

　その他の選択肢について，（ア）は SRAM，（イ）は EPROM（Erasable Programmable ROM），（ウ）は DRAM の記述です。

解答　エ

問9 メモリインタリーブの説明はどれか。

(R2-AP 問9)

ア CPU と磁気ディスク装置との間に半導体メモリによるデータバッファを設けて，磁気ディスクアクセスの高速化を図る。

イ 主記憶のデータの一部をキャッシュメモリにコピーすることによって，CPU と主記憶とのアクセス速度のギャップを埋め，メモリアクセスの高速化を図る。

ウ 主記憶へのアクセスを高速化するため，アクセス要求，データの読み書き及び後処理が終わってから，次のメモリアクセスの処理に移る。

エ 主記憶を複数の独立したグループに分けて，各グループに交互にアクセスすることによって，主記憶へのアクセスの高速化を図る。

解説

メモリインタリーブは，**主記憶を独立して動作する複数のバンクに分割**し，連続するアドレスのデータを隣り合うバンクに配置して，並列アクセスによる高速化を実現しています。（エ）が正解です。

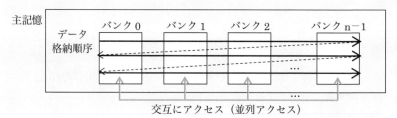

交互にアクセス（並列アクセス）

（ア）はディスクキャッシュ，（イ）はキャッシュメモリの説明です。

（ウ）メモリインタリーブでは，データの読み書きや後処理の終了を待たずに次のメモリアクセスを行うので適切ではありません。

解答 エ

2.3 バスと入出力デバイス

▶▶▶ **Explanation**

ポイントの解説

(1) バス

　コンピュータ内のデータ伝送路であるバスについては，あまり出題されませんが，現在最も使われている PCI Express について理解しておきましょう。

・PCI Express……インテル社が中心となって開発した高速バスでシリアルインタフェースです。パラレルインタフェースだった PCI の後継規格で，PCIe とも表記されます。

(2) 入出力インタフェース

　入出力インタフェースはハードウェア分野の中では比較的よく出題される内容です。1 ビットずつ転送するシリアルインタフェース（シリアル転送）と，複数のビットを並列に転送するパラレルインタフェース（パラレル転送）の違いを理解しておきましょう。以前はパラレル転送の方が高速でしたが，制御が複雑なため，最近は単純なシリアル転送の方が高速になっています。

　各インタフェースの転送速度と用途を理解してください。

① RS-232C（Recommended Standard 232C）

　コンピュータとモデムを接続するシリアルインタフェースとして，規格化され，パソコン同士や各種入出力装置の接続として今も使われています。

② SCSI（Small Computer System Interface；スカジー）

　ANSI（米国規格協会）によって規格化されたパラレルインタフェースで，磁気ディスク装置，CD-ROM，スキャナなどとの接続に使われます。7 台までの周辺装置（コンピュータ本体を含め 8 台）を，デイジーチェーン（いもづる式，数珠つなぎ）で接続できます。

図　デイジーチェーン

③　USB（Universal Serial Bus）

　最も普及しているシリアルインタフェースの規格です。ハブ（USB ハブ）を使ってツリー状に最大 127 台までの機器を接続できます。転送速度はハイスピードモードの 480M ビット／秒（USB 2.0），スーパースピードモードの 5G ビット／秒（USB 3.0）などがあります。

　コネクタには複数の種類があり，誤挿入防止のため両端のコネクタ形状は異なります。新しい USB 3.1 では上下左右の区別がなく，PC 側と接続機器側が同じ形状になっている Type-C というコネクタが使えます。

　USB ケーブルには電力線があり，電源をパソコン本体から取ることが可能です。また，パソコンの電源を入れたままで，プラグの抜き差しができます（ホットプラグ又はホットスワップといいます）。

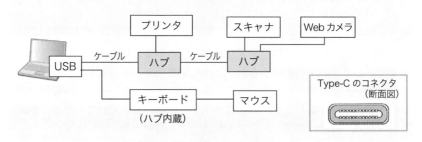

図　USB のツリー状接続と Type-C のコネクタ

④　IEEE 1394

　動画取込みのビデオ接続に使われたシリアルインタフェースの規格で，転送速度は最大 3.2G ビット／秒です。現在は，ハードディスクやプリンタ，スキャナなど，このインタフェースに対応した製品が市販されていて，デイジーチェーンやツリー接続が可能です。FireWire とも呼ばれ，USB と同じく，ホットプラグに対応しています。

⑤　Thunderbolt（サンダーボルト）

　インテル社とアップル社が共同開発したシリアルインタフェースで，デイジーチェーン接続が可能です。USB Type-C コネクタを利用する Thunderbolt 3 規格では転送速度 40 G ビット／秒を実現しています。

⑥　シリアル ATA

　ATA はハードディスクなどを接続するパラレルインタフェースで，この ATA を単純なシリアル転送方式にして高速化した規格がシリアル ATA です（SATA）。ホットプラグに対応しています。

⑦　HDMI（High-Definition Multimedia Interface）

　デジタル家電向けのインタフェースで，HDMI ケーブル 1 本で，音声と映像，制御信号を送受信できます。転送速度は約 10G ビット／秒です（最新の HDMI 2.1 で 48G ビット／秒）。

⑧　DisplayPort

　DisplayPort は標準化団体 VESA が策定したデジタル方式の映像用インタフェースで，映像・音声をパケットに分割してシリアル伝送します。複数のディスプレイをデイジーチェーン接続でき，認証した出力機器だけに映像を表示する著作権保護の仕組みがあるのが特徴です。

⑨　IrDA（Infrared Data Association）

　IrDA は赤外線を使ってデータ転送をするための規格です。PDA（Personal Digital Assistants；携帯型情報機器）同士やパソコンとデジタルカメラの間のデータ転送を，ケーブルを使わずに行うことができます。最大データ転送速度は 16M ビット／秒です。

⑩　Bluetooth

　Bluetooth は免許が不要な 2.4GHz 帯を利用した無線伝送技術の規格で，IEEE 802.15.1 として標準化されています。最大伝送速度は 24M ビット／秒で，10〜100m の範囲で通信が可能です（10m 以内は障害物があっても通信可）。この規格の一部で低消費電力の通信を可能にした新しい規格が BLE（Bluetooth Low Energy）です。

⑪　ZigBee（ジグビー）

　近距離で通信を行うセンサネットワークなどに用いられる無線通信規格です。低速ですが低消費電力のため，小さな機器に組み込んで長時間の動作が可能です。名称は飛び回って情報を伝達するミツバチにちなんだものです。

⑫　NFC（Near Field Communication；近距離無線通信）

　NFC は 10cm 程度の近距離無線通信技術で，電波や電磁波を使った RFID（Radio Frequency IDentification）を発展させた国際規格です。機器を近づけるという分かりやすい動作で通信できます。なお，"おサイフケイタイ"で使われている Felica（フェリカ）は NFC の一種です。

（3）　デバイスドライバ

　PC に接続した周辺機器を利用するために必要なソフトウェアがデバイスドライバ（device driver）です。通常，OS や周辺機器を製造した会社の Web サイトからのダウンロードや，機器に付属している CD-ROM などからインストールして利用します。

▶▶▶ **Check**

理解度チェック ▶ **2.3 バスと入出力デバイス**

(1)　インテル社が中心となって開発した現在主流の高速バスを何といいますか。

(2)　RS-232C はシリアルインタフェースですか，パラレルインタフェースですか。

(3)　いもづる式（数珠つなぎ）に装置を接続することを何といいますか。

(4)　USB はシリアルインタフェースですか，パラレルインタフェースですか。

(5)　USB で機器をツリー状に接続するときに使うものを何といいますか。

(6)　USB や IEEE 1394 はパソコンの電源を入れたままで，プラグの抜き差しができます。このことを何といいますか。

(7)　インテル社とアップル社が共同開発した新しいシリアルインタフェースで，デイジーチェーン接続が可能なものは何ですか。

(8)　複数のディスプレイをデイジーチェーン接続でき，認証した機器だけに映像を表示する著作権保護の仕組みがあるインタフェースは何ですか。

(9)　赤外線を使って，携帯端末間やパソコンとデジタルカメラの間のデータ転送を行う入出力インタフェースは何ですか。

(10)　2.4GHz 帯の無指向性の電波を使った無線通信の規格で，障害物があっても通信が可能な入出力インタフェースは何ですか。

(11) 10cm 程度の近距離無線通信技術で，RFID を発展させた国際規格は何ですか。

(12) 周辺機器を利用するために必要なソフトウェアを何といいますか。

解　答

(1)　PCI Express（PCIe）　(2)　シリアルインタフェース

(3)　デイジーチェーン　(4)　シリアルインタフェース

(5)　ハブ　(6)　ホットプラグ（ホットスワップ）

(7)　Thunderbolt　(8)　DisplayPort

(9)　IrDA　(10) Bluetooth

(11) NFC　(12) デバイスドライバ

▶▶▶ **Question**

問題で学ぼう

問1　USB 3.0 の説明として，適切なものはどれか。

（H30 秋·FE 問 12）

ア　1 クロックで 2 ビットの情報を伝送する 4 対の信号線を使用し，最大
　　1G ビット／秒のスループットをもつインタフェースである。
イ　PC と周辺機器とを接続する ATA 仕様をシリアル化したものである。
ウ　音声，映像などに適したアイソクロナス転送を採用しており，ブロー
　　ドキャスト転送モードをもつシリアルインタフェースである。
エ　スーパースピードと呼ばれる 5G ビット／秒のデータ転送モードをも
　　つシリアルインタフェースである。

解説

　USB 3.0 は，**スーパースピードと呼ばれる 5G ビット／秒のデータ転送を
実現したシリアルインタフェース**なので，（エ）が正解です。USB 2.0 の最
大転送速度は 480M ビット／秒でした。

　その他，（ア）は 1000BASE-T の説明，（イ）はパラレルインタフェース
の ATA をシリアル化して，高速転送を可能にしたシリアル ATA（SATA）の
説明，（ウ）は IEEE 1394 の説明です。

解答　エ

問2　次に示す接続のうち，デイジーチェーンと呼ばれる接続方法はどれか。

（R1 秋·FE 問 14）

ア　PC と計測機器とを RS-232C で接続し，PC とプリンタとを USB を用い
　　て接続する。
イ　Thunderbolt 接続ポートが 2 口ある 4K ディスプレイ 2 台を，PC の
　　Thunderbolt 接続ポートから 1 台目のディスプレイにケーブルで接続し，さらに，
　　1 台目のディスプレイと 2 台目のディスプレイとの間をケーブルで接続する。
ウ　キーボード，マウス及びプリンタを USB ハブにつなぎ，USB ハブと PC
　　とを接続する。
エ　数台のネットワークカメラ及び PC をネットワークハブに接続する。

解説

　デイジーチェーン接続とは，PC から複数の周辺機器が数珠つなぎにする方法で，IEEE 1394 や SCSI で可能です。

　シリアルインタフェースの Thunderbolt 接続ポートが 2 口ある **4K ディスプレイ 2 台を，PC の Thunderbolt 接続ポートから順番に接続するのは，デイジーチェーン接続なので**，（イ）が正解です。

ア：計測機器とプリンタは，それぞれ個別に PC に接続されており，デイジーチェーン接続ではありません。

ウ：USB ハブでつなぐのはデイジーチェーン接続ではありません。USB ではハブを用いて，下位に複数の機器又はハブを最大で 127 台まで接続できます。

エ：複数の機器がネットワークハブを中心に接続されている形態をスター型といい，LAN で一般的になっている形態です。

解答　イ

問3　PC とディスプレイの接続に用いられるインタフェースの一つである DisplayPort の説明として，適切なものはどれか。

(R1 秋-AP 問 11)

　　ア　DVI と同じサイズのコネクタで接続する。
　　イ　アナログ映像信号も伝送できる。
　　ウ　映像と音声をパケット化して，シリアル伝送できる。
　　エ　著作権保護の機能をもたない。

解説

　DisplayPort はデジタル方式の映像用インタフェースです。1 本のケーブルで，映像・音声を Transfer Unit というパケットに分割してシリアル伝送できるので，（ウ）が正解です。

ア：DVI（Digital Visual Interface）はコネクタの両端をねじで固定するタイプのインタフェースです。

イ：DisplayPort はデジタル伝送用です。デジタル／アナログの両方に対応するインタフェースには DVI-I（DVI-Integrated）があります。

エ：DisplayPort には，認証された機器だけ映像表示できる著作権保護機能があります。

解答　ウ

問4 デバイスドライバの説明として，適切なものはどれか。

(H31 春·FE 問 17)

ア　PC に接続された周辺機器を制御するソフトウェア

イ　アプリケーションプログラムを PC に導入するソフトウェア

ウ　キーボードなどの操作手順を登録して，その操作を自動化するソフト
ウェア

エ　他の PC に入り込んで不利益をもたらすソフトウェア

解説

　デバイスドライバは，PC に接続されている周辺装置を制御，操作するソフトウェアです。周辺装置はメーカが異なると制御方法や操作内容が変わるため，**周辺装置ごとの違いを OS との間で吸収するためにデバイスドライバが必要になります**。したがって，（ア）が適切です。

イ：インストーラの説明です。

ウ：キーボード操作を登録して自動化するマクロツールなどの説明です。この発展形として，AI を活用して業務を自動化する RPA（Robotic Process Automation）につながっていきます。

エ：マルウェアの説明です。

解答　ア

問5 USB Type-C のプラグ側コネクタの断面図はどれか。ここで，図の縮尺は同一ではない

(R3 秋·AP 問 10)

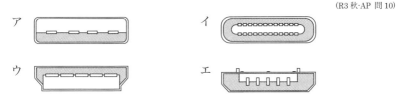

解説

　USB Type-C は上下左右の区別がないのが特徴で，（イ）が正解です。

（ア）は Type-A，（ウ）は Mini-B，（エ）は Micro-B の断面図です。

解答　イ

2.4 入出力装置

▶▶▶ **Explanation**

ポイントの解説

(1) ディスプレイの種類と特徴

① 有機 EL ディスプレイ

電圧を加えると自ら発光する有機化合物を使っています。液晶ディスプレイと違い，バックライトを必要としません。なお，EL は（Electro Luminescence；電子発光）の略です。

② タッチパネル

指などで画面に直接触れることで，コンピュータの操作を行います。

・静電容量方式……指がタッチパネルに触れたときの放電現象を利用して，タッチパネルの表面電荷の変化で位置を検出

・赤外線方式……触れたときに赤外線ビームが遮られて起こる赤外線反射の変化を捉えて位置を検出

・マトリックススイッチ方式……マトリックス状に並んだ電極スイッチの中で，タッチによって導通した電極で位置を検出

(2) プリンタ

① サーマルプリンタ

通電で発熱するサーマルヘッドと熱で発色する感熱紙による感熱式，サーマルヘッドとフィルムリボンによる熱転写式があります。印字音が静かで軽量化が可能，維持費が安い特徴から，レシート印刷などで利用されています。

② 3D プリンタ（3D printer）

3 次元の立体物をそのままの形で作り出す装置で，樹脂を熱で溶かして重ねていく熱溶解積層方式や，特別な樹脂に紫外線のレーザ光を当てて成形していく光造形法などがあります。

(3) 磁気ディスク装置のアクセス時間

磁気ディスク装置（HDD；ハードディスクドライブ）のアクセス時間は，目的のシリンダにヘッドが移動するのに要するシーク時間（位置決め時間）とトラック内の目的のセクタがヘッドに到達するまでの回転待ち時間に実際のデータ転送時間を合計したものです。

アクセス時間＝シーク（位置決め）時間＋回転待ち時間＋データ転送時間

回転待ち時間は，最小 0 回転に要する時間と最大 1 回転に要する時間の間になりますから，平均回転待ち時間は，1 回転に要する時間の 1／2 です。

データ転送時間は，ディスクの回転時間と 1 トラック当たりの記憶容量で決まるデータ転送速度から計算します。

なお，シーク時間と回転待ち時間の合計を，待ち時間といいます。

（4） その他の補助記憶装置（SD メモリカードなど）

① SD メモリカード

様々な機器で利用されている補助記憶装置で，SD（2G バイト），SDHC（32G バイト），SDXC（最大 2T バイト）などの規格があります。

② SSD（Solid State Drive；ソリッドステートドライブ）

不揮発性のフラッシュメモリを使った HDD の代わりとなる補助記憶装置。メモリの特性から書込み回数に上限があり，ハードディスクに比べて記憶容量が少ない特徴がありますが，低価格化が進んで普及しています。

（5） RAID

RAID（Redundant Array of Independent Disks；レイド）は，複数のハードディスクをまとめて 1 台のハードディスクとして管理する技術です。信頼性の向上と読取り時の高速化を図ることができます。代表的な RAID0，RAID1，RAID5 の特徴を理解しておきましょう。なお，RAID2〜4 は，専用のディスクにエラー訂正符号を格納する方式ですが，普及していません。

① RAID0

別名ストライピングです。複数のディスクにブロック単位でデータを分散して書き込みます。並列アクセスが可能でアクセス性能の向上が期待できますが，信頼性には関係しません。

② RAID1

別名ミラーリングで，同じデータを同時に 2 台のディスクに書き込みます。信頼性は向上しますが性能向上はなく，ディスクは 2 倍の容量が必要です。

③ RAID5

分散したディスクにストライピングでブロック単位のデータとエラーチェック用のパリティを書き込みます。RAID0 同様，読込み時の性能向上が期待できます。また，RAID5 では，1 台のディスクが故障しても，残りのデータとパリティから内容を復元でき，信頼性も向上します。

第2章

▶▶▶ Check

理解度チェック ▶ 2.4 入出力装置

(1) 電圧を加えると自ら発光する有機化合物を使ったディスプレイを何といいますか。

(2) 指などで画面に直接触れて操作を行う機器を何といいますか。

(3) 回転数が 3,000 回／分の磁気ディスクの平均回転待ち時間は，何ミリ秒ですか。

(4) 回転数が 12,000 回／分で，平均シーク（位置決め）時間が 5 ミリ秒の場合，平均待ち時間は何ミリ秒ですか。

(5) 不揮発性のフラッシュメモリを使った補助記憶装置で，HDD の代わりとして普及しているものは何ですか。

(6) ミラーリングを実現するのは RAID の幾つですか。

(7) データを分散して複数の磁気ディスクに書き込むことによって，データ入出力の高速化を図る方式を何といいますか。

(8) 同じデータを 2 台のディスクに書き込んで，信頼性を向上させる方式を何といいますか。

解 答

(1) 有機 EL ディスプレイ

(2) タッチパネル

(3) 10 ミリ秒

平均回転待ち時間＝ディスクの半回転時間です。1 回転する時間は，

60（秒）÷3,000（回転）＝20（ミリ秒）なので，半分の 10 ミリ秒となります。

(4) 7.5 ミリ秒

平均待ち時間＝平均回転待ち時間＋平均シーク時間です。

平均回転待ち時間＝（60÷12,000）÷2＝0.0025（秒）＝2.5（ミリ秒）

平均待ち時間＝2.5＋5＝7.5（ミリ秒）

(5) SSD（ソリッドステートドライブ）

(6) RAID1

(7) ストライピング

(8) ミラーリング

▶▶▶**Question**

問題で学ぼう

問1 有機 EL ディスプレイの説明として，適切なものはどれか。

(H27 秋-AP 問 11)

- ア　電圧をかけて発光素子を発光させて表示する。
- イ　電子ビームが発光体に衝突して生じる発光で表示する。
- ウ　透過する光の量を制御することで表示する。
- エ　放電によって発生した紫外線で，蛍光体を発光させて表示する。

解説

　有機 EL ディスプレイは，電圧を加えると自ら発光する有機化合物の発光素子をガラス基板に挟んだ構造の表示装置なので，（ア）が正解です。**液晶ディスプレイと違い，バックライトが不要**です。

イ：CRT（Cathode Ray Tube；ブラウン管）ディスプレイの説明です。

ウ：液晶自体が発光しない液晶ディスプレイに関する説明です。液晶ディスプレイでは，外光やフロントライトを使うものもありますが，バックライトを用いるものが主流です。

エ：プラズマディスプレイに関する説明です。

解答　ア

問2　静電容量方式タッチパネルの説明として，適切なものはどれか。

(H25 秋-FE 問 12)

- ア　タッチすることによって赤外線ビームが遮られて起こる赤外線反射の変化を捉えて位置を検出する。
- イ　タッチパネルの表面に電界が形成され，タッチした部分の表面電荷の変化を捉えて位置を検出する。
- ウ　抵抗膜に電圧を加え，タッチした部分の抵抗値の変化を捉えて位置を検出する。
- エ　マトリックス状に電極スイッチが並んでおり，タッチによって導通した電極で位置を検出する。

解説

　タッチパネルは画面に触れた位置を検出する入力デバイスです。その一つの静電容量方式では，**指がタッチパネルに近づいたときに起こる放電現象による表面電荷の変化で位置を検出**します。したがって，（イ）が適切です。

　静電容量方式では，衣服など電気が通りにくい素材が触れただけでは反応しないことが特長です。

ア：赤外線方式の説明です。

ウ：抵抗膜方式の説明です。画面をある程度，強い力で押す必要があります。

エ：マトリックススイッチ方式です。

解答　イ

問3　表示解像度が 1,000×800 ドットで，色数が 65,536 色（2^{16} 色）の画像を表示するのに最低限必要なビデオメモリ容量は何 M バイトか。ここで，1M バイト＝1,000 k バイト，1k バイト＝1,000 バイトとする。

(H28 春·FE 問12)

　　ア　1.6　　　　　イ　3.2　　　　　ウ　6.4　　　　　エ　12.8

解説

　色数が 65,536 色（2^{16} 色）なので，画像表示単位である **1 ドット当たりに 16 ビット＝2 バイト必要**となります。

　表示解像度が 1,000×800 ドットなので，画像を記憶するのに必要なビデオメモリの容量は 1,000×800×2 バイト＝1,600,000 バイト＝1.6 M バイトとなり，（ア）が正解です。

解答　ア

問4　96dpi のディスプレイに 12 ポイントの文字をビットマップで表示したい。正方フォントの縦は何ドットになるか。ここで，1 ポイントは 1／72 インチとする。

(H31 春·FE 問11)

　　ア　8　　　　　イ　9　　　　　ウ　12　　　　　エ　16

解説

　dpi（dots per inch）は**解像度を表す単位**で，**1 インチ（約 2.54cm）当たりのドット数（画素数）を表します**。1 ポイントを 1／72 インチとするので，12 ポイントの文字は，12×1／72＝1／6 インチとなります。

　ディスプレイの解像度が 96dpi なので，1 インチ当たり 96 ドットあることになります。したがって，縦と横が同じ 1／6 インチの正方フォントのドット数は，96×1／6＝16 ドットとなり，（エ）が正解です。

解答　エ

問5　SD メモリカードの上位規格の一つである SDXC の特徴として，適切なものはどれか。

(H30 春·FE 問 12)

　　ア　GPS，カメラ，無線 LAN アダプタなどの周辺機能をハードウェアとしてカードに搭載している。
　　イ　SD メモリカードの 4 分の 1 以下の小型サイズで，最大 32G バイトの容量をもつ。
　　ウ　著作権保護技術として AACS を採用し，従来の SD メモリカードよりもセキュリティが強化された。
　　エ　ファイルシステムに exFAT を採用し，最大 2T バイトの容量に対応できる。

解説

　SD カードは，スマートフォンやデジタルカメラなどの補助記憶装置として用いられる半導体メモリ（フラッシュメモリ）です。**SDXC は最大 2T バイトの容量**に対応する規格で，ファイルシステムとして 1 ファイルの容量制限がない exFAT を採用しています。したがって，（エ）が正解です。

ア：GPS やカメラ機能をハードウェアとして搭載したカードはありません。
イ：microSDHC の説明です。
ウ：SD カードの著作権保護は，CPRM（Content Protection for Recordable Media）で行われています。AACS（Advanced Access Content System；著作権保護システム）を用いるのは，ブルーレイディスクです。

解答　エ

問6 表に示す仕様の磁気ディスク装置において，1,000 バイトのデータの読取りに要する平均時間は何ミリ秒か。ここで，コントローラの処理時間は平均シーク時間に含まれるものとする。

(R3 秋·AP 問 11)

回転数	6,000 回転／分
平均シーク時間	10 ミリ秒
転送速度	10M バイト／秒

ア 15.1   イ 16.0   ウ 20.1   エ 21.0

解説

磁気ディスク装置のデータ読取りに要する平均時間は，

| 平均データ読取り時間＝平均シーク時間＋平均回転待ち時間＋データ転送時間 |

で計算できます。

・平均シーク時間：10 ミリ秒
・平均回転待ち時間：平均として 1／2 回転分の時間で考えます。
　　1 回転時間＝1(分)÷6,000＝1×60×1,000（ミリ秒）÷6,000＝10（ミリ秒）
　　1／2 回転時間＝10÷2＝5（ミリ秒）
・データ転送時間：データ量÷転送速度で求められます（10M＝10,000,000）。
　　1,000 バイト÷10M バイト／秒＝1／10000（秒）＝0.1（ミリ秒）
　以上から，1,000 バイトのデータ読取りに要する平均時間は，
　　10＋5＋0.1＝15.1（ミリ秒）となり，（ア）が正解です。

解答　ア

問7 RAID の分類において，ミラーリングを用いることで信頼性を高め，障害発生時には冗長ディスクを用いてデータ復元を行う方式はどれか。

(R1 秋·FE 問 15)

ア RAID1   イ RAID2   ウ RAID3   エ RAID4

解説

RAID はディスクアレイとも呼ばれ，データを複数のディスクに分割して記録することで，アクセス時間の短縮，信頼性とコストパフォーマンスの向上を図る仕組みです。標準的な RAID の構成方法には，RAID0〜RAID6 の七つのレベルがありますが，ミラーリングによって信頼性を向上させる構成方法は RAID1 なので，（ア）が正解です。

イ：RAID2……データをビットごとに別々のディスクに分散して記録し，別の 1 台のディスクにハミング符号によるエラー訂正符号を記録します。

ウ：RAID3……RAID2 のエラー訂正符号をハミング符号ではなく，パリティビットにした方式です。

エ：RAID4……データをビットごとではなく，入出力単位のブロックで分割して複数のディスクに分散させて記録する方式です。

解答　ア

問8　4T バイトのデータを格納できるように RAID1 の外部記憶装置を構成するとき，フォーマット後の記憶容量が 1T バイトの磁気記憶装置は少なくとも何台必要か。

(H29 春·FE 問 11)

　　ア　4　　　　　イ　5　　　　　ウ　6　　　　　エ　8

解説

RAID1 は同じデータを複数の磁気記憶装置に書き込みます。1 台の装置が故障してもデータは失われませんが，装置の利用効率は下がります。**2 台の装置に同じデータを記録するミラーリング構成が通常用いられます。**

問題の記憶装置はデータ容量が 4T バイトなので，1 台 1T バイトの磁気記憶装置は 4 台必要ですが，RAID1 で少なくとも 2 台に同じデータを記録するためには 2 倍の 8 台が必要となります。

したがって，（エ）が正解です。

解答　エ

問9 RAID5 の記録方式に関する記述のうち，適切なものはどれか。

(H29 秋·FE 問 12)

ア 複数の磁気ディスクに分散してバイト単位でデータを書き込み，さらに，1 台の磁気ディスクにパリティを書き込む。

イ 複数の磁気ディスクに分散してビット単位でデータを書き込み，さらに，複数の磁気ディスクにエラー訂正符号（ECC）を書き込む。

ウ 複数の磁気ディスクに分散してブロック単位でデータを書き込み，さらに，複数の磁気ディスクに分散してパリティを書き込む。

エ ミラーディスクを構成するために，磁気ディスク 2 台に同じ内容を書き込む。

解説

　RAID5 は，データとチェック用のパリティを複数のディスクに分散して書き込むので，（ウ）が適切です。専用のディスクにエラー訂正符号を格納する方式（RAID2〜4）で起こりやすいアクセス集中を解消できます。

　他の選択肢は，それぞれ（ア）は RAID3，（イ）は RAID4（実用化されていません），（エ）は RAID1 の説明です。

解答　ウ

問10 3D プリンタの機能の説明として，適切なものはどれか。

(H31 春·FE 問 12)

ア 高温の印字ヘッドのピンを感熱紙に押し付けることによって印刷を行う。

イ コンピュータグラフィックスを建物，家具など凹凸のある立体物に投影する。

ウ 熱溶解積層方式などによって，立体物を造形する。

エ 立体物の形状を感知して，3D データとして出力する。

解説

　3D プリンタの方式には，温度を高くすると柔らかくなる熱可塑性樹脂を細いノズルの先端から押し出して積み重ねる熱溶解積層方式があり，（ウ）が適切です。（ア）感熱式プリンタ，（イ）プロジェクションマッピングに用いられるプロジェクタ，（エ）3D スキャナの説明です。

解答　ウ

第3章 part 2 システム構成要素

▶▶▶ Point

学習のポイント

　この章では，これまでの試験の出題傾向や技術内容を分析し，必要性と学習効果の高い「システムの構成」，「システムの性能」，「システムの信頼性」の三つのテーマを扱います。

　この分野は計算問題も多いのですが，公式を暗記しただけでは解くのが難しい複雑な問題もあるため，「システムの性能」と「システムの信頼性」については，計算問題をどのように解いていくかも含めて解説しています。問題の解答が出る過程を実際に計算して確かめるなど，必ず自分で考えて問題を解き，解説を理解するようにしてください。

（1）　システムの構成

　このテーマに関しては，クライアントサーバシステムの構成方法，デュアルシステム，デュプレックスシステムなどのシステム構成やホットスタンバイなどの障害対策，信頼性設計の考え方などが出題されています。

　学習のポイントは次のとおりです。

- ・デュアルシステム，デュプレックスシステムなどのシステム構成について，それぞれの特徴を説明できる。
- ・障害に備えたホットスタンバイ，コールドスタンバイのシステム構成について特徴を説明できる。
- ・マルチプロセッサ，グリッドコンピューティング，エッジコンピューティングについて説明できる。
- ・仮想化を実現している VM（仮想マシン），VDI（デスクトップ仮想化），マイグレーションについて説明できる。
- ・クラウドコンピューティングの利点，SaaS，PaaS，IaaS などの提供形態を説明できる。

- 2層，3層クライアントサーバシステムの構成とそれぞれの特徴を説明できる。
- ストアドプロシージャ，リモートプロシージャコール（遠隔手続呼出し）について説明できる。
- フォールトトレラント，フェールセーフ，フェールソフトなどの信頼性を向上させる設計の考え方（信頼性設計）について説明できる。

（2）　システムの性能

　システムの性能に関しては，性能指標の意味，システム性能の計算，ベンチマークテストなどに関する問題がよく出題されます。

　学習のポイントは次のようになります。

- トランザクション処理の実行ステップ数と CPU 性能（MIPS；Million Instructions Per Second）から，処理時間や単位時間当たりの処理可能件数を求めることができる（トランザクションとは個々の処理要求のこと）。
- スループットの意味，ターンアラウンドタイムとレスポンスタイム（応答時間）の違いを説明できる。
- ベンチマークテストの目的とテストの内容を説明できる。
- システム資源のモニタリング結果から，システムのボトルネックを指摘できる。

（3）　システムの信頼性

　信頼性に関しては，稼働率の計算が頻出事項です。計算問題では，システムの直列接続や並列接続の場合の違いを理解する必要がありますが，これらを組み合わせた複雑なシステム構成の稼働率を求める問題も出題されています。

　公式だけでは，解答するのが難しい問題もあるので，稼働率の意味や，その考え方についてしっかり理解してください。また，問題に示された複雑なシステム構成を，単純な要素の組合せで考えられるようにすることが重要です。

　学習のポイントは次のようになります。

- 信頼性に関する指標について，RAS（信頼性，可用性，保守性）について説明できる。
- MTBF（Mean Time Between Failures），MTTR（Mean Time To Repair）の意味と稼働率（アベイラビリティ）の計算方法を理解する。
- 並列接続システム，直列接続システムや，それらを組み合わせたシステムの稼働率が計算できる。

3.1 システムの構成

▶▶▶ **Explanation**

ポイントの解説

システム構成で出題される問題は，システム構成の種類と特徴，仮想化，信頼性設計に関する問題が中心となっています。システム構成方式，2層と3層クライアントサーバシステムの特徴，クラウドコンピューティング，信頼性設計の考え方は重要な内容なので，しっかりと理解してください。

(1) システム構成方式
代表的な次のシステム構成方式の特徴について理解しておきましょう。

① デュアルシステム

同じ構成の2組のコンピュータシステムで，同じデータを処理して，結果を照合しながら運転する構成です。障害発生時は片方で処理を継続します。航空機など高い信頼性が要求されるシステムで採用されています。

② デュプレックスシステム

予備系のコンピュータを用意しておき，本番系のコンピュータに障害が発生した場合には，予備系にディスクやネットワークなどを切り替えて運転を継続する方式です。ホットスタンバイはこの方式の一つで，予備系に本番系と同じ OS やアプリケーションプログラムをあらかじめ起動しておくことで，切替えを速やかに行うことができます。なお，通常は予備系でバッチ処理などを行い，本番系に障害が発生した場合に処理を中断して，再び OS の起動などを行う時間のかかる方式をコールドスタンバイといいます。

③ ロードシェアシステム

複数のコンピュータによって，負荷を分散するシステムのことです。

④ シンプレックスシステム

単一のコンピュータで構成されるシステムで，障害発生時はシステムが復旧するまでダウンした状態になります。

(2) バックアップシステム構成
大地震や火災などの災害でシステムが使えなくなったときに備えて，重要なシステムについては，バックアップサイト（代替用の設備・施設）を作って，非常時に稼働させる準備をしておきます。本来の処理を引き継ぐのに必要とな

第3章

る資源には，建物（建屋），ハードウェア，ソフトウェア，データがあります。

① コールドサイト

　予備のサイトをあらかじめ確保しておき，障害発生時に必要なハードウェア，データやプログラムをもち込み，業務を再開する形態です。

② ウォームサイト

　共同利用型のサイトを用意しておき，障害発生時にバックアップしておいたデータやプログラムによってシステムを生成し，業務を再開する形態です。

③ ホットサイト

　待機系サイトに同じシステムを稼働させ，ネットワーク経由で常にデータやプログラムを更新して，障害発生時に速やかに業務を再開する形態です。

(3) マルチプロセッサ

　マルチプロセッサは，複数のプロセッサ（CPU）をもつコンピュータのことで，CPU の間で処理結果などのやり取りをする通信手段をもつ必要があります。

① 密結合マルチプロセッサ

　CPU 間の通信手段を密にするため，主記憶を共用することで結び付いているマルチプロセッサの方式です。各プロセッサは一つの OS で制御されます。共用する主記憶のアクセスが競合したときには排他制御による待ちが発生するため，CPU の数に比例して性能が向上するわけではありません。

② 疎結合マルチプロセッサ

　主記憶を共用せず，LAN などの高速な通信回線やディスクの共用などで結び付いているマルチプロセッサの方式です。それぞれの CPU ごとに主記憶をもち，OS の処理も CPU ごとに異なります。これが "疎な結び付き" ということです。

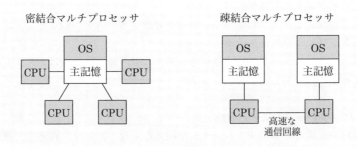

図　マルチプロセッサ

③ クラスタリング（クラスタ構成）

　処理性能や可用性を上げるため，複数のコンピュータをネットワークで接続し，外部から1台のコンピュータに見せる方式で，疎結合マルチプロセッサに分類されます。クラスタ（cluster）は"まとまり"という意味です。

・負荷分散クラスタ構成……ロードバランサ（負荷分散装置）で複数のコンピュータに処理を振り分け，負荷を分散させる構成です。

・HA クラスタ構成……HA（High Availability）は"高い可用性"という意味で，サーバを冗長化して現用系と待機系に分け，現用系サーバに障害が発生したら待機系サーバに処理を引き継ぎ，可用性を高める構成です。

④ グリッドコンピューティング

　ネットワークで結んだ大量のプロセッサに並列処理を行わせ，一つの高性能なコンピュータとして利用できる構成方法です。これも，疎結合マルチプロセッサと同じ考え方です。グリッド（grid）は"格子"という意味です。

⑤ エッジコンピューティング

　端末の近くに処理装置を置くことで，通信で生じる遅延時間を短縮する構成方法です。IoT で配置したセンサのある場所でデータ処理を行い，サーバには必要な結果だけを送るなどして，遅延やネットワーク負荷を低減します。

（4）　仮想化

　仮想化とは，1台のコンピュータ上で複数台のコンピュータを仮想的に稼働させる技術です。個々の仮想化されたコンピュータを仮想マシン（VM；Virtual Machine）といいます。最近ではサーバや PC 上で仮想化技術を利用することが一般化しており，複数のサーバを1台のサーバ機上に統合して利用することが多くなっていて，これを実現する制御機能をハイパバイザといいます。

① ライブマイグレーション

　マイグレーションはシステム環境を移行することです。1台の物理サーバ上で複数のサーバが独立して動作できる仮想サーバ環境において，仮想サーバの OS やソフトウェアを，稼働させたまま他の物理サーバに移し替える技術がライブマイグレーション（live migration）です。

② シンプロビジョニング

　仮想の補助記憶装置（仮想ストレージ）を割り当て，実際の物理ディスクよりも大容量の記憶装置として利用する技術をシンプロビジョニング（thin provisioning）といいます。この技術によって，始めは少ない容量の物理ディスクで運用を開始し，後で必要なだけ物理ディスクを追加することができるため，資源の有効活用ができます。

③　VDI（Virtual Desktop Infrastructure；仮想デスクトップ基盤）

サーバ側にクライアントの数だけ仮想マシン環境（仮想デスクトップ）をもち，サーバ側で処理を行う仕組みです。クライアントがVDIサーバにログインし，仮想デスクトップを使うことをデスクトップ仮想化といいます。クライアントPCで処理しないため，セキュリティを高める効果もあります。

(5)　クラウドコンピューティング

インターネット上に存在するハードウェアやソフトウェア，データなどのコンピュータ資源をユーザが内部構造を意識せずに利用できる仕組みやサービスのことで，クラウドサービスともいわれます。

インターネット経由のサービスとして利用することによって，導入や運用の負担を少なくすることができ，スケーラビリティ（システムの拡張性）やアベイラビリティ（可用性）の高いサービスが受けられます。

NIST（米国国立標準技術研究所）によるクラウドコンピューティングの定義は次のようになっています。

①　SaaS（Software as a Service）

サービスの形で提供されるソフトウェア

②　PaaS（Platform as a Service）

サービスの形で提供されるハードウェアや OS，仮想化環境，ネットワーク，ミドルウェアなどのインフラ一式のプラットフォーム

③　IaaS（Infrastructure as a Service）

サービスの形で提供される，演算機能，ストレージ，ネットワーク，その他の基礎的なコンピューティング資源などのインフラ

クラウドサービスは，サーバや利用するソフトウェアの環境が利用者の管理外に置かれる形態になりますが，利用者の管理内に必要なハードウェアやソフトウェアを含むシステムを置いて運用する形態をオンプレミス（on-premises）といいます。実現するためのコストは高くなりますが，利用者がシステムを最適な状態にすること（カスタマイズ）が自由にできるといった特長があります。

(6)　クライアントサーバシステム

①　2層クライアントサーバシステムと3層クライアントサーバシステム

クライアントサーバ処理では，クライアントとデータベースサーバの構成によって，データベース処理だけをサーバ側に集中する方式が主流でした。このような処理形態を，2層クライアントサーバシステムといいます。

一方，実行されるアプリケーションプログラムの機能を，

・画面制御などのユーザ入出力部分……………プレゼンテーション層
・データ計算など業務処理を行う部分…………ファンクション層
・データベースの読込みや更新などの部分……データベースアクセス層
に分けて構成するのが 3 層クライアントサーバシステムです。プレゼンテーション層をクライアントに，ファンクション層をアプリケーションサーバに，データベースアクセス層をデータベースサーバに配置します。

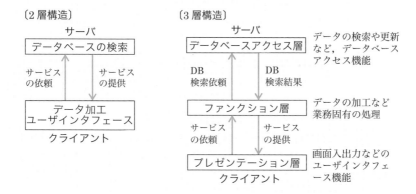

図　2 層と 3 層のクライアントサーバシステム

② ストアドプロシージャと RPC

　3 層クライアントサーバシステムが一般化する以前にも，クライアントとサーバ間で処理のやり取りを行うストアドプロシージャや RPC（Remote Procedure Call；遠隔手続呼出し）があり，どちらもサーバ上の手続をクライアントから呼び出して利用する技術です。

　ストアドプロシージャは，よく使われる SQL（Structured Query Language）文をサーバ上に配置しておき，クライアントからはその SQL 文の名前（プロシージャ名）だけを指定してデータベースへのアクセスを依頼する方法です。一方，RPC は，DB アクセスに限定せず，各種の処理をサーバや別のコンピュータのプログラムによって実行してもらう方式です。

③ シンクライアントシステム

　シンクライアント（thin client）とは，表示や通信という必要最低限の機能だけをもたせたクライアント PC（端末）のことで，ハードディスクをもたないクライアントを指します。コストを抑えることができ，サーバでデータ管理を一元化してセキュリティを強化できることがあり，最近のテレワーク環境で仕事をするための技術としても注目されています。

(7) 信頼性設計

　信頼性の高いコンピュータシステムを実現するための指針となる考え方で，障害発生後にシステムをどのように稼働させるかも考慮します。

　① フェールセーフ

　　原子力発電所の制御システム，電車や車の信号制御システムなど，システムの誤動作が人命の危機につながるようなシステムに求められる考え方で，システムの一部に障害などが発生した場合に，その影響によって誤動作につながらないように，安全な状態を確保して停止するというものです。

　② フェールソフト

　　障害の影響範囲を限定し，システム全体のダウンにつながらないようにするという考え方です。例えば，データベースを格納するディスクを業務ごとに分けておけば，あるディスクが故障しても，そのディスクに格納されているデータベースに関連しない業務は継続できます。

　　また，一部の故障によってシステムの機能を縮小して運転している状態のことを，フォールバック運転（縮退運転）といいます。この考え方は，銀行のオンラインシステムなどのように，システムダウンが社会的に大きな影響を与えるシステムに用いられています。

　③ フォールトトレラント

　　全ての構成機器を冗長構成（二重化など）にして，一部の機器に障害（フォールト；fault）が発生しても影響を受けないようなシステム構成のことをいいます。運転を継続したまま機器の修理や交換ができるようになっていることが多いです（ホットスワップ）。名詞のフォールトトレランスも同じ意味です。

　　なお，耐故障性という広い意味では，フェールソフト，フェールセーフもフォールトトレラントの一部といえます。

　④ フールプルーフ

　　フール（不慣れな利用者による誤操作）を考慮したシステム設計のことで，利用者がシステムの操作を誤っても，安全性と信頼性を維持するという考え方です。想定外の操作が行われることを前提としていて，操作方法の案内や操作した内容の再確認，入力データの形式チェックなどを行います。

　⑤ フォールトアボイダンス

　　障害発生を未然に防ぐために危険を排除する考え方です。消耗部品を早期に交換する，バスの運転手を交代制で勤務させる，などが該当します。アボイダンス（avoidance）は回避の意味です。

▶▶▶ **Check**

理解度チェック ▶ **3.1 システムの構成**

次の文中の □□□ に適切な用語を入れてください。

(1) 3層クライアントサーバシステムで，クライアントの画面制御などの入出力を行う層を何といいますか。

(2) 表示や通信など最低限の機能だけもたせた端末を何といいますか。

(3) システム構成の代表的な方式として，2台のコンピュータが同じデータを処理して結果を照合しながら処理を進める ア と，1台のコンピュータがオンライン処理を行い，もう1台のコンピュータを障害時の予備とする イ があります。

(4) 予備のコンピュータにあらかじめ必要なプログラムをロードしておき，障害発生時，速やかに処理を継続できるようにした方式を何といいますか。

(5) 複数のCPUから構成されるマルチプロセッサシステムのうち，主記憶を共用する方式を ウ ，それ以外の高速伝送路などで接続される方式を エ といいます。

(6) ログインして自分用の仮想デスクトップを使うことができる仮想化技術を何といいますか。

(7) 信頼性設計の基本的な考え方として，次のものがあります。
　　・障害が発生した場合に安全性の確保を最優先する オ
　　・障害の影響範囲を最小限にとどめて運転を継続する カ
　　・利用者の想定外の操作に対する考慮を十分に行う キ
　　また，広い意味で耐障害設計の全てを含み，構成部品などを多重化して信頼性を高める設計を ク といいます。

　解 答

(1) プレゼンテーション層
(2) シンクライアント
(3) ア：デュアルシステム　　イ：デュプレックスシステム
(4) ホットスタンバイ
(5) ウ：密結合マルチプロセッサ　　エ：疎結合マルチプロセッサ
(6) VDI（仮想デスクトップ基盤）
(7) オ：フェールセーフ　　カ：フェールソフト　　キ：フールプルーフ
　　ク：フォールトトレラント

▶▶▶ **Question**

問題で学ぼう

問1 冗長構成におけるデュアルシステムの説明として，適切なものはどれか。

(H31春・FE 問13)

　ア　2系統のシステムで並列処理をすることによって性能を上げる方式である。

　イ　2系統のシステムの負荷が均等になるように，処理を分散する方式である。

　ウ　現用系と待機系の2系統のシステムで構成され，現用系に障害が生じたときに，待機系が処理を受け継ぐ方式である。

　エ　一つの処理を2系統のシステムで独立に行い，結果を照合する方式である。

解説

　デュアルシステム（dual system）は，二つのコンピュータシステムで同一の処理を行い，一定間隔で二つの処理結果を照合し合う方式なので（エ）が適切です。**一方がダウンしても，もう一方で処理を続行します。**航空機や列車運行管理システムなどで採用されています。

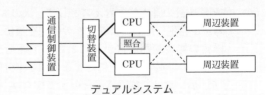

デュアルシステム

ア：処理を分割し並列で処理して性能を上げる分散並列処理の説明です。

イ：負荷分散システムの説明です。

ウ：デュプレックスシステム（duplex system）の説明です。金融機関の勘定系システム，列車予約システムなどで採用されています。

デュプレックスシステム

解答　エ

問2　コンピュータを2台用意しておき，現用系が故障したときは，現用系と
同一のオンライン処理プログラムをあらかじめ起動して待機している待機
系のコンピュータに速やかに切り替えて，処理を続行するシステムはどれか。

(H30 春·FE 問 14)

ア　コールドスタンバイシステム　　イ　ホットスタンバイシステム
ウ　マルチプロセッサシステム　　　エ　マルチユーザシステム

解説

　2台のコンピュータを用意し，現用系と待機系に分けて可用性を高めたシ
ステム構成はデュプレックスシステムで，**待機系でオンライン処理プログラ
ムをあらかじめ起動しておき，故障時に速やかに切り替えて続行できるシス
テムをホットスタンバイシステムといいます。**（イ）が正解です。

ア：コールドスタンバイシステムは，デュプレックスシステムで待機系の電
　　源を落としておいたり，別のバッチ処理などを実行させておいたりする形
　　態です。故障時は電源投入やOSの起動など続行に時間がかかります。

ウ：マルチプロセッサシステムは，複数のプロセッサがそれぞれ異なる命令
　　で複数のデータを並行して処理する方式です。

エ：マルチユーザシステムとは，多くのユーザが一つのシステムを使えるよ
　　うにしたシステムのことです。

解答　イ

問3　グリッドコンピューティングの説明はどれか。

(R3 春·AP 問 11)

ア　OSを実行するプロセッサ，アプリケーションソフトウェアを実行す
　　るプロセッサというように，それぞれの役割が決定されている複数のプ
　　ロセッサによって処理を分散する方式である。

イ　PCから大型コンピュータまで，ネットワーク上にある複数のプロセ
　　ッサに処理を分散して，大規模な一つの処理を行う方式である。

ウ　カーネルプロセスとユーザプロセスを区別せずに，同等な複数のプロ
　　セッサに処理を分散する方式である。

エ　プロセッサ上でスレッド（プログラムの実行単位）レベルの並列化を
　　実現し，プロセッサの利用効率を高める方式である。

解説

　グリッドコンピューティングは，ネットワークで種類を問わない大量のプロセッサを結び，仮想的な高性能コンピュータを作ります。各プロセッサに処理を分散して大規模な一つの処理を行えるので，（イ）が正解です。

ア：処理内容で処理装置を決める非対称型マルチプロセッサの説明です。

ウ：CPU が同等な立場で処理を分担する対称型マルチプロセッサの説明です。なお，カーネル（核）は OS の中核機能のことで，カーネルプロセスは OS の機能を実行するプロセスのことです。

エ：マルチスレッドの説明です。

解答　イ

問4　IoT の技術として注目されている，エッジコンピューティングの説明として，適切なものはどれか。

(R3 秋-AP 問 73)

　　ア　演算処理のリソースを端末の近傍に置くことによって，アプリケーション処理の低遅延化や通信トラフィックの最適化を行う。

　　イ　人体に装着して脈拍センサなどで人体の状態を計測して解析を行う。

　　ウ　ネットワークを介して複数のコンピュータを結ぶことによって，全体として処理能力が高いコンピュータシステムを作る。

　　エ　周りの環境から微小なエネルギーを収穫して，電力に変換する。

解説

　エッジコンピューティングは，端末の近くに処理機能を配置することによってネットワークの距離に応じた遅延を短縮する技術です。IoT 機器が増えるに従って，端末とサーバ間の距離による遅延やサーバ側の負荷が増大する問題が生じたため，端末側でデータを処理して必要な情報だけサーバに送るなどの工夫をして，遅延や負荷を低減します。よって，（ア）が適切です。

イ：装置を体に付けて使用するウェアラブルコンピューティングの説明です。

ウ：この記述からは，クラスタリングの説明と考えられます。

エ：エネルギーハーベスティングの説明です。光や温度差，振動などの周囲の環境に存在するエネルギーを電力に変換する技術です。

解答　ア

問5　社内業務システムをクラウドサービスへ移行することによって得られる
　　メリットはどれか。

(H29 秋·FE 問 14)

　　ア　PaaS を利用すると，プラットフォームの管理や OS のアップデート
　　　　は，サービスを提供するプロバイダが行うので，導入や運用の負担を軽
　　　　減することができる。
　　イ　オンプレミスで運用していた社内固有の機能を有する社内業務シス
　　　　テムを SaaS で提供されるシステムへ移行する場合，社内固有の機能の
　　　　移行も容易である。
　　ウ　社内業務システムの開発や評価で一時的に使う場合，SaaS を利用す
　　　　ることによって自由度の高い開発環境が整えられる。
　　エ　非常に高い可用性が求められる社内業務システムを IaaS に移行する場
　　　　合，いずれのプロバイダも高可用性を保証しているので移行が容易である。

解説

　PaaS（Platform as a Service）は，OS や仮想環境，ミドルウェアなどを
実行環境とともにプラットフォームとして提供するクラウドサービスです。
　**サービス提供側のプロバイダがプラットフォームを管理するため，利用者
はアプリケーションソフトウェアの管理に集中することができ，導入や運用
の負荷を軽減する**ことができます。したがって，（ア）が正解です。

イ：SaaS（Software as a Service）の機能は標準的なものが多く，「社内固
　　有の機能」は，別途ソフトウェアを作成するなどして対応する必要がある
　　ため，容易に移行できるとはいえません。
ウ：SaaS はアプリケーションソフトウェアの利用に限られ，自由度の高い
　　開発環境を整えることはできません。開発環境を提供するクラウドサービ
　　スは PaaS です。
エ：IaaS（Infrastructure as a Service）は，サーバなどのハードウェア資
　　源を提供するクラウドサービスです。可用性はプロバイダが提供するサー
　　ビスの種類や価格で異なり，どのプロバイダも高可用性を保証しているわ
　　けではありません。

解答　ア

問6 3層クライアントサーバシステム構成で実現したWebシステムの特徴として，適切なものはどれか。

(H28秋·FE 問13)

　ア　HTMLで記述されたプログラムをサーバ側で動作させ，クライアントソフトはその結果を画面に表示する。

　イ　業務処理の変更のたびに，Webシステムを動作させるための業務処理用アプリケーションをクライアント端末に送付し，インストールする必要がある。

　ウ　業務処理はサーバ側で実行し，クライアントソフトはHTMLの記述に従って，その結果を画面に表示する。

　エ　クライアント端末には，サーバ側からのHTTP要求を待ち受けるサービスを常駐させておく必要がある。

解説

　3層クライアントサーバシステムは，**画面入出力，データ加工，データベースアクセスに機能を分け，独立して動作できる**構成になっています。Webシステムでは，画面入出力を行うユーザインタフェース部分をHTMLのWebページで表現し，業務処理はサーバ側で実行するので（ウ）が適切です。

ア：サーバ側で動作させるのはJavaなどで記述されたプログラムで，クライアントソフトはHTMLで書かれたその結果を画面に表示します。

イ：業務処理用アプリケーションはサーバ側で動作させるため，クライアント端末にインストールする必要はありません。

エ：HTTP要求を待ち受けるサービスはクライアント端末ではなく，サーバ側に常駐させて，いつでも動作できる状態にしておきます。

解答　ウ

問7 クライアントサーバシステムにおいて，クライアント側からストアドプロシージャを利用したときの利点として，適切なものはどれか。

(H27春·FE 問27)

　ア　クライアントとサーバの間の通信量を削減できる。

　イ　サーバ内でのデータベースファイルへのアクセス量を削減できる。

　ウ　サーバのメモリ使用量を削減できる。

　エ　データベースファイルの格納領域を削減できる。

解説

　ストアドプロシージャを利用する場合，クライアントからサーバに登録された**プロシージャ名だけ指定すれば，サーバ上で登録されている SQL 文が実行され，最終的な結果だけを受け取ることができます。このため，**通信量が削減できるという効果があるので，（ア）が適切な記述です。他の記述はストアドプロシージャを利用しても変わらないので利点とはいえません。

解答　ア

問8　仮想サーバの運用サービスで使用するライブマイグレーションの概念を説明したものはどれか。

(H30 秋-AP 問 12)

　　ア　仮想サーバで稼働している OS やソフトウェアを停止することなく，他の物理サーバに移し替える技術である。

　　イ　データの利用目的や頻度などに応じて，データを格納するのに適したストレージへ自動的に配置することによって，情報活用とストレージ活用を高める技術である。

　　ウ　複数の利用者でサーバやデータベースを共有しながら，利用者ごとにデータベースの内容を明確に分離する技術である。

　　エ　利用者の要求に応じてリソースを動的に割り当てたり，不要になったリソースを回収して別の利用者のために移し替えたりする技術である。

解説

　ライブマイグレーションとは，仮想サーバ環境において，仮想サーバで稼働している OS やソフトウェアを停止することなく，他の物理サーバへ移し替える技術ですから，（ア）が正解です。

　物理サーバに障害が発生した際には，仮想サーバのメモリ内容や CPU 内の記憶情報を複製したファイルが移動先の物理サーバに転送され，仮想サーバの環境を復元して動作を継続します。

イ：データ再配置によるストレージの自動階層化に関する説明です。

ウ：マルチテナントアーキテクチャによるデータベース利用の説明です。

エ：クラウドコンピューティングにおけるサービスの説明です。

解答　ア

問9 フォールトトレラントシステムを実現する上で不可欠なものはどれか。

(H30 春·FE 問 13)

ア システム構成に冗長性をもたせ，部品が故障してもその影響を最小限に抑えることによって，システム全体には影響を与えずに処理が続けられるようにする。

イ システムに障害が発生したときの原因究明や復旧のために，システム稼働中のデータベースの変更情報などの履歴を自動的に記録する。

ウ 障害が発生した場合，速やかに予備の環境に障害前の状態を復旧できるように，定期的にデータをバックアップする。

エ 操作ミスが発生しにくい容易な操作にするか，操作ミスが発生しても致命的な誤りにならないように設計する。

解説

　フォールトトレラントシステムとは，**システムが部分的に故障しても，システム全体には影響を与えずに処理を続けられるシステム**のことです。一般的には，構成する機器を冗長化（二重化など）して，故障が発生してもその影響を最小限に抑えるようにします。したがって，（ア）が正解です。

イ：データベースのログデータなど，各種システムの動作や処理結果をログとして残す機能の説明です。

ウ：フォールトトレラントは，障害が発生しても継続できる考え方のことで，バックアップは必須ではありません。

エ：操作ミスを起こさないためのフールプルーフや，致命的な誤りとさせないためのフェールソフトの説明です。

解答　ア

問10 フェールセーフの考え方として，適切なものはどれか。

(H28 春·AP 問 16)

ア システムに障害が発生したときでも，常に安全側にシステムを制御する。

イ システムの機能に異常が発生したときに，すぐにシステムを停止しないで機能を縮退させて運用を継続する。

ウ システムを構成する要素のうち，信頼性に大きく影響するものを複数備えることによって，システムの信頼性を高める。

エ 不特定多数の人が操作しても，誤動作が起こりにくいように設計する。

解説

　フェールセーフは，障害が発生したときシステムを停止させてでも危険な状態を避け安全（セーフ）を確保する考え方なので，（ア）が適切です。

　（イ）は縮退（フォールバック）運転，（ウ）はフォールトトレラントの基本的な考え方の冗長構成の説明，（エ）はフールプルーフ設計の説明です。

解答　ア

問 11　システムの信頼性設計に関する記述のうち，適切なものはどれか。

(R4 秋-AP 問 13)

　ア　フェールセーフとは，利用者の誤操作によってシステムが異常終了してしまうことのないように，単純なミスを発生させないようにする設計方法である。

　イ　フェールソフトとは，故障が発生した場合でも機能を縮退させることなく稼働を継続する概念である。

　ウ　フォールトアボイダンスとは，システム構成要素の個々の品質を高めて故障が発生しないようにする概念である。

　エ　フォールトトレランスとは，故障が生じてもシステムに重大な影響が出ないように，あらかじめ定められた安全状態にシステムを固定し，全体として安全が維持されるような設計方法である。

解説

　フォールトアボイダンスは，障害発生を未然に防ぐ考え方です。システム構成要素の個々の品質を高めて故障が発生しないようにするのは障害の未然防止になり，フォールトアボイダンスに該当するので（ウ）が適切です。

ア：「単純なミスを発生させないようにする設計方法」から，フールプルーフの説明です。

イ：フェールソフトは，故障が発生した場合でも機能を縮退させて稼働を継続するという考え方です。

エ：「全体として安全が維持されるような設計方法」から，フェールセーフの説明といえます。フォールトトレランスは，構成要素に故障が発生してもシステム全体として故障の影響を受けないように備える考え方です。

解答　ウ

3.2 システムの性能

▶▶▶ **Explanation**

ポイントの解説

この分野で出題される性能計算の問題は，CPU 処理だけではなく，通信回線による伝送時間や，ディスクアクセス時間などを含めた計算問題となっていることが多いといえます。なお，通信回線に関する単独の性能計算の問題については，「第7章　ネットワーク」で学習します。

(1) 処理時間（件数）の計算

1 トランザクション（1 件の処理要求）の処理に必要なステップ数と MIPS 値から，処理時間＝ステップ数÷MIPS 値 で求めることができます。

ただし，MIPS 値は 10^6＝1,000,000 命令が単位となるので，これは覚えておいてください（M は million＝百万）。また，処理時間にディスクのアクセス時間などを含める場合がありますので，必要な時間を忘れずに加算するように注意してください。

(2) 性能を評価する指標

① スループット

システムが単位時間当たりに処理できる仕事量で，この値が大きいほど性能が良いといえます。

② ターンアラウンドタイムと応答時間（レスポンスタイム）

システムに対して処理要求を出してから，それに対する結果が得られるまでの時間です。この値が小さいほど性能が良いといえます。ターンアラウンドタイムはバッチ処理で全ての結果が得られるまでの時間，応答時間はオンライン処理で結果が出始めるまでの時間を示します。

(3) ベンチマークテスト

ベンチマークテストとは，性能評価用のプログラムを実行して，CPU やコンピュータシステムの性能を評価することです。事務処理用の TPC（Transaction Processing Performance Council）や科学技術計算用の SPEC（Standard Performance Evaluation Corporation）など，システムの特性ごとに異なるベンチマークプログラムを用います。

(4) モニタリングとボトルネック

システムの性能を維持していくためには，システムを構成する CPU やメモリ，ディスクなどの資源について，その使用率を測定監視（モニタリング）してボトルネックとなりそうな資源を見つけ，早めに増設やレベルアップなどの対策をしていく必要があります。

なお，使用率だけで判断せず，異常値を示している場合には，他の原因も調べて根本原因を取り除くようにします。

(5) キャパシティプランニング

キャパシティプランニングは，システムを新規開発する場合などで，ユーザの業務要件や業務処理量などから，必要な CPU の性能，メモリやディスク容量などを求め，経済性や拡張性を考慮したシステム構成を計画することです。

クラウドコンピューティングでは，処理内容に応じて必要なシステム性能が変わるため，最適な性能を維持して無駄なコストをなくす対応を行います。

① スケールアウト

サーバの台数を増やして，システム全体の処理能力を向上させることです。

② スケールイン

サーバの台数を減らして，システムのリソースを最適化し，無駄なコストを削減することです。

③ スケールアップ

CPU を高性能にしたり，メモリを追加したりして，システムの処理能力を向上させることです。

④ スケールダウン

CPU を低い処理能力のものにしたり，メモリを削減したりすることによって，システムのリソースを最適化しコストを削減することです。

似たような用語で，"アウト"と"イン"はイメージしにくいですが，意味として，台数の増減をアウト（増やす）とイン（減らす），性能の高低をアップ（上げる）とダウン（下げる）で理解するとよいでしょう。

第3章

▶▶▶ **Check**

理解度チェック ▶ **3.2 システムの性能**

次の文中の ☐ に適切な用語を入れてください。

(1) CPU が 1 秒間に実行できる命令の数を表す単位に ☐ ア ☐ があり，CPU が 1 秒間に 100 万命令を実行できることを示します。例えば，50MIPS のコンピュータで 100 万命令を実行すると， ☐ イ ☐ ミリ秒の時間がかかります。

(2) システムの性能を評価する指標には次のようなものがあります。
- ☐ ウ ☐ ……単位時間内にジョブ（仕事）を処理する能力
- ☐ エ ☐ ……処理要求を出してから，全ての結果が得られるまでの時間
- ☐ オ ☐ ……処理要求を出してから結果が出始めるまでの時間

(3) 性能評価用のプログラムを実行し，その結果を計測することによって CPU やシステムの性能評価を行うことを ☐ カ ☐ といいます。

(4) システムを構成する各機器の使用状況などのデータを測定監視することを ☐ キ ☐ といいます。 ☐ キ ☐ の結果は，システム資源上のボトルネックの検出や，今後の装置の増設やリプレースなどの計画立案に利用されます。ボトルネックが検出された場合には，表面的な事象だけ見るのではなく，その事象の発生する ☐ ク ☐ を追究し，取り除きます。

(5) ユーザの業務要件や業務処理量などからシステムに必要な性能を求め，システム構成を計画することを何といいますか。

(6) サーバの台数を増やして，システム全体の処理能力を向上させることを何といいますか。

解 答

(1) ア：MIPS
イ：20 ……100 万命令÷(50×10^6 命令／秒)＝1／50 秒＝20 ミリ秒
(2) ウ：スループット　　エ：ターンアラウンドタイム
オ：応答時間（レスポンスタイム）
(3) カ：ベンチマークテスト
(4) キ：モニタリング　　ク：根本原因
(5) キャパシティプランニング　　(6) スケールアウト

▶▶▶ **Question**

問題で学ぼう

問1　スループットに関する記述のうち，適切なものはどれか。

(H26 春·FE 問 14)

　ア　ジョブの終了と次のジョブの開始との間にオペレータが介入することによってシステムに遊休時間が生じても，スループットには影響を及ぼさない。

　イ　スループットは CPU 性能の指標であり，入出力の速度，オーバヘッド時間などによって影響を受けない。

　ウ　多重プログラミングはターンアラウンドタイムの短縮に貢献するが，スループットの向上には役立たない。

　エ　プリンタへの出力を一時的に磁気ディスク装置に保存するスプーリングは，スループットの向上に役立つ。

解説

　スループット（単位時間当たりに処理できる仕事量） を増やすためには，CPU の待ち時間を減らし，待ち時間を利用して別の処理を行うなど，**CPU の遊休（遊び）時間を少なくする** 必要があります。

　スプーリングは，低速装置のプリンタが出力している間の CPU の遊休時間を少なくできるので，スループットの向上に役立ちます。したがって，（エ）が適切です。

ア：遊休時間が生じると，単位時間当たりの仕事量が減ってしまい，スループットは低下します。

イ：入出力の速度の低下やオーバヘッド時間の増加は，単位時間当たりに処理できる仕事量を減らすため，スループット低下の原因になります。

ウ：多重プログラミングは，入出力による CPU の待ちがあるとき，別の処理を並行して進められるので，スループットの向上に役立ちます。

解答　エ

問2　オンラインシステムにおいて，1トランザクションの処理に平均60万命令を実行し，平均2回のファイルアクセスが必要であるとき，CPU性能が30MIPSであるコンピュータの1トランザクションの平均処理時間は何ミリ秒か。ここで，ファイルの平均アクセス時間は30ミリ秒とし，当該トランザクション以外の処理は発生しないものとする。

(H21秋-FE問17)

　　ア　8　　　　　　イ　40　　　　　　ウ　62　　　　　　エ　80

解説

　1トランザクションの処理時間は，60万命令を実行するためのCPU処理時間と，平均2回のファイルアクセスに必要な時間の合計です。

　平均アクセス時間が30ミリ秒なので，2回では30×2＝60ミリ秒です。

　次にCPU性能の30MIPSとは，1秒間に30百万命令（＝3,000万命令）実行できるということなので，60万命令の実行に必要な時間は，60万÷3,000万＝0.02秒＝20ミリ秒となります。

（1トランザクションの処理）

| CPU処理
（60万命令）
30MIPS | ←アクセス
30ミリ秒
×2回 | ファイル |

　二つの時間を合計すると60＋20＝80ミリ秒となり，（エ）が正解です。

解答　エ

問3　ジョブの多重度が1で，到着順にジョブが実行されるシステムにおいて，表に示す状態のジョブA～Cを処理するとき，ジョブCが到着してから実行が終了するまでのターンアラウンドタイムは何秒か。ここで，OSのオーバヘッドは考慮しない。

(R3春-AP問16)

単位　秒

ジョブ	到着時刻	処理時間 （単独実行時）
A	0	5
B	2	6
C	3	3

　　ア　11　　　　　　イ　12　　　　　　ウ　13　　　　　　エ　14

解説

　ジョブの多重度が1で，到着順にジョブが実行されるので，ジョブは一つずつ，A実行（5秒）→B実行（6秒）→C実行（3秒）の順に処理が進みます。**表の到着時刻から，各ジョブは実行開始できるとき，既に到着しているので待ち時間はありません。**

　Aが到着した時間を起点（0秒）とすると，Cが到着するのは3（秒）で，Cが終了するのは5+6+3＝14（秒）となります。

　これより，Cのターンアラウンドタイムは，終了時間から到着時間を引いて14−3＝11（秒）となり，（ア）が正解です。

解答　ア

問4　オンライントランザクション処理システムにおいて，1分当たりの平均トランザクション数が1,200件であり，1件のトランザクション処理で100万命令を実行する場合，CPU性能が100MIPSのコンピュータを使用したときのCPUの平均利用率は何%か。

(H28秋・AP 問15)

　　ア　5　　　　　　イ　10　　　　　　ウ　15　　　　　　エ　20

解説

　このオンライントランザクション処理システムにおける1秒当たりの平均トランザクション数は次のようになります。

　　1,200（件／分）÷60（秒／分）＝20（件／秒）

　したがって，1秒当たりの平均命令実行数は，

　　20（件／秒）×100（万命令／件）＝$20×10^6$（命令／秒）

　このとき，**100MIPS（＝$100×10^6$（命令／秒））** のコンピュータを使用したときのCPUの平均利用率は，平均命令実行数をCPU性能の100MIPSで割って，

　　$\{20×10^6$（命令／秒）$\}÷\{100×10^6$（命令／秒）$\}$

　　$＝20÷100＝20\%$

となり，（エ）が正解です。

解答　エ

問5　アプリケーションの変更をしていないにもかかわらず，サーバのデータベース応答性能が悪化してきたので，表のような想定原因と，特定するための調査項目を検討した。調査項目 c として，適切なものはどれか。

(H31 春·FE 問 15)

想定原因	調査項目
・同一マシンに他のシステムを共存させたことによる負荷の増加 ・接続クライアント数の増加による通信量の増加	a
・非定型検索による膨大な処理時間を要する SQL 文の発行	b
・フラグメンテーションによるディスク I/O の増加	c
・データベースバッファの容量の不足	d

　ア　遅い処理の特定
　イ　外的要因の変化の確認
　ウ　キャッシュメモリのヒット率の調査
　エ　データの格納状況の確認

解説

　アプリケーションの変更をしていないのに，サーバのデータベース応答性能が悪化してきたときには，様々な原因が考えられます。調査項目 c は，「フラグメンテーションによるディスク I/O の増加」が想定原因のときに調査する内容です。

　フラグメンテーションは，データの追加・削除の繰返しによってデータが分割され，ディスク上で不連続に記録されることで，ディスク I/O が増加し応答性能が悪化する原因になります。この場合には，データの格納状況の確認をする必要があるので，（エ）が該当します。

ア：遅い処理の特定……「非定型検索による膨大な処理時間を要する SQL 文の発行」が想定原因のとき調査する内容なので，調査項目 b に該当します。

イ：外的要因の変化の確認……「同一マシンに他のシステムを共存させたことによる負荷の増加」や「接続クライアント数の増加による通信量の増加」が想定原因のときに調査する内容なので，調査項目 a に該当します。

ウ：キャッシュメモリのヒット率の調査……「データベースバッファの容量の不足」が想定原因のとき調査する内容なので，調査項目 d に該当します。

解答　エ

問6 仮想化マシン環境を物理マシン 20 台で運用しているシステムがある。次の運用条件のとき，物理マシンが最低何台停止すると縮退運転になるか。

(H27 春·FE 問13)

〔運用条件〕

(1) 物理マシンが停止すると，そこで稼働していた仮想マシンは他の全ての物理マシンで均等に稼働させ，使用していた資源も同様に配分する。

(2) 物理マシンが 20 台のときに使用する資源は，全ての物理マシンにおいて 70％である。

(3) 1 台の物理マシンで使用している資源が 90％を超えた場合，システム全体が縮退運転となる。

(4) (1)〜(3)以外の条件は考慮しなくてよい。

ア 2   イ 3   ウ 4   エ 5

解説

　この問題はサーバ 20 台でデスクトップ仮想化を実現しているイメージをもつと分かりやすいと思います。

　条件(1)から，**使用する資源は各物理マシンに均等に配分するので，停止している物理マシンを除いた残りのマシン台数で資源の使用率を計算して**いきます。

　まず，1 台のマシンの資源を 1 とすると，20 台の資源は 20 で，70％使用している状態では $20 \times 0.7 = 14$ の資源を使っていることになります。

ア：2 台停止……14 の資源を 18 台に配分するので，$14 \div 18 = 0.7\cdots$
イ：3 台停止……14 の資源を 17 台に配分するので，$14 \div 17 = 0.8\cdots$
ウ：4 台停止……14 の資源を 16 台に配分するので，$14 \div 16 = 0.8\cdots$
エ：5 台停止……14 の資源を 15 台に配分するので，$14 \div 15 = 0.9\cdots$

　この結果，(エ)の物理マシンが 5 台停止すると，1 台の物理マシンで使用している資源が 90％を超えるので，縮退運転になります。

解答 エ

問7 システムのスケールアウトに関する記述として，適切なものはどれか。

(H30 春·FE 問15)

ア 既存のシステムにサーバを追加導入することによって，システム全体の処理能力を向上させる。

イ 既存のシステムのサーバの一部又は全部を，クラウドサービスなどに再配置することによって，システム運用コストを下げる。

ウ 既存のシステムのサーバを，より高性能なものと入れ替えることによって，個々のサーバの処理能力を向上させる。

エ 一つのサーバをあたかも複数のサーバであるかのように見せることによって，システム運用コストを下げる。

解説

システムの処理能力を上げる方法には，スケールアップとスケールアウトがあります。**スケールアウトは必要な処理能力に応じて同性能のサーバを追加導入する方法**なので，（ア）の記述が適切です。スケールアウトが適している処理は，個々の処理が単純で並行処理が可能な参照中心の処理です。

もう一つのスケールアップは高性能・大容量の高機能サーバに入れ替える方法です。

イ：クラウドコンピューティングの IaaS の特徴です。IaaS はサーバ購入や設定の手間がなく，自ら構築するよりもコストを下げることができます。また，運用をサービス提供業者に任せられる利点があります。

ウ：スケールアップの説明です。装置を入れ替えるので，スケールアップする際には，対象サーバを停止する必要があり，システムを中断させることになります。

エ：サーバの仮想化の説明です。1 台のサーバに一つの処理を割り当てると，サーバの能力を十分に活用できない場合があります。仮想化を行うとサーバのリソースを複数の処理で有効に活用することができ，システム運用コストの削減が期待できます。

解答 ア

問8　システムが使用する物理サーバの処理能力を，負荷状況に応じて調整する方法としてのスケールインの説明はどれか。

(R3 秋·AP 問 12)

　ア　システムを構成する物理サーバの台数を増やすことによって，システムとしての処理能力を向上する。
　イ　システムを構成する物理サーバの台数を減らすことによって，システムとしてのリソースを最適化し，無駄なコストを削減する。
　ウ　高い処理能力の CPU への交換やメモリの追加などによって，システムとしての処理能力を向上する。
　エ　低い処理能力の CPU への交換やメモリの削減などによって，システムとしてのリソースを最適化し，無駄なコストを削減する。

解説

　システムの処理能力を，負荷状況に応じて調整する方法に関する問題です。**システムを構成する物理サーバの台数を減らすことによって，システムのリソースを最適化し無駄なコストを削減する方法はスケールイン**なので，（イ）が正解です。
ア：サーバの台数を増やすことから，スケールアウトの説明です。
ウ：CPU を高性能にすることから，スケールアップの説明です。
エ：CPU の処理の応力を低くすることから，スケールダウンの説明です。

解答　イ

問9　ベンチマークテストの説明として，適切なものはどれか。

(H29 春·FE 問 13)

　ア　監視・計測用のプログラムによってシステムの稼働状態や資源の状況を測定し，システム構成や応答性能のデータを得る。
　イ　使用目的に合わせて選定した標準的なプログラムを実行させ，システムの処理性能を測定する。
　ウ　将来の予測を含めて評価する場合などに，モデルを作成して模擬的に実験するプログラムでシステムの性能を評価する。
　エ　プログラムを実際には実行せずに，机上でシステムの処理を解析して，個々の命令の出現回数や実行回数の予測値から処理時間を推定し，性能を評価する。

解説

　ベンチマークテストは，使用目的に合った性能測定プログラムを実行させてシステムの処理性能を測定することなので，（イ）が正解です。（ア）はモニタリング，（ウ）はシミュレーションテスト，（エ）は性能見積りの説明です。

解答　イ

問 10　稼働状況が継続的に監視されているシステムがある。稼働して数年後に新規業務をシステムに適用する場合に実施する，キャパシティプランニングの作業項目の順序として，適切なものはどれか。

（H30 秋·FE 問 14）

〔キャパシティプランニングの作業項目〕
① システム構成の案について，適正なものかどうかを評価し，必要があれば見直しを行う。
② システム特性に合わせて，サーバの台数，並列分散処理の実施の有無など，必要なシステム構成の案を検討する。
③ システムの稼働状況から，ハードウェアの性能情報やシステム固有の環境を把握する。
④ 利用者などに新規業務をヒアリングし，想定される処理件数や処理に要する時間といったシステムに求められる要件を把握する。

ア　③，②，④，①　　　　　　イ　③，④，②，①
ウ　④，②，①，③　　　　　　エ　④，③，①，②

解説

　キャパシティプランニングでは，必要となる資源の数や能力を見積もりますが，この問題では，稼働しているシステムに新規業務を適用する場合の作業項目の順序が問われていて，「**システムの現状把握→要件の把握→システム構成案の検討→構成案の評価・見直し**」の順に進めます。

　作業項目をこれに対応させると，システムの現状把握は「性能情報やシステム固有の環境を把握する」から③，要件の把握は④，システム構成案の検討は②，構成案の評価・見直しは①になるので，キャパシティプランニングの作業項目の順序は，③，④，②，①の（イ）が適切です。

解答　イ

3.3 システムの信頼性

▶ ▶ ▶ **Explanation**

ポイントの解説

　信頼性の計算では，直列システム，並列システムなど基本的な構成について公式があります。多くの人から，条件が少し違ってくると，公式の適用が上手にできないというような意見を聞きます。

　そこで，公式にあまり頼らず，どうしてその計算式で，信頼度が求められるのかという点に注意しながら，説明を進めていきたいと思います。解説を読むだけでなく，実際に計算をしながら学習してください。

（1） MTBF と MTTR 及び稼働率の関係について

　システムの稼働率（アベイラビリティ）とは，そのシステムが正常に稼働している割合のことで，システムの正常稼働時間を全運転時間で割ることによって求められます。稼働率の計算では，システムの全運転時間を，正常に稼働している時間＋故障や修理をしている時間，と考えるので，運転時間中のシステムの状態として，正常に稼働している状態と，故障やその修理のために稼働できない状態の二つの場合を考えるのがポイントになります。

　システムの故障に関しては，一定期間（1 年間など）の故障間隔と修理時間の平均値を用いて評価します。

・故障間隔の平均……前回の故障修理終了から次の故障発生までの平均時間

　　　MTBF（Mean Time Between Failures ；平均故障間隔）

・修理時間の平均……故障してから修理が完了するまでの平均時間

　　　MTTR（Mean Time To Repair ；平均修理時間）

　システムの稼働率は，全運転時間に対する正常稼働時間の割合なので，

　　　稼働率＝ 期間中で正常に稼働した時間の合計 ÷ 全運転時間

で求められます。また，MTBF と MTTR は次の式で求められ，それぞれ時間を故障回数で割った平均値になります。

　　　MTBF＝期間中の正常稼働時間の合計÷故障回数

　　　MTTR＝期間中で正常に稼働できなかった時間の合計÷故障回数

　この式から，MTBF に故障回数を掛けると正常稼働時間の合計になり，MTTR に故障回数を掛けると正常に稼働できなかった時間の合計になります。

第3章

これらのことを適用して,次のように稼働率の計算式を導くことができます。

$$稼働率 = \frac{正常稼働時間の合計}{正常稼働時間の合計 + 故障・修理時間の合計}$$

$$= \frac{平均故障間隔(MTBF) \times 故障回数}{平均故障間隔(MTBF) \times 故障回数 + 平均修理時間(MTTR) \times 故障回数}$$

$$= \frac{MTBF \times 故障回数}{(MTBF + MTTR) \times 故障回数} = \frac{MTBF}{MTBF + MTTR}$$

MTBF と MTTR を間違えやすいので,考え方が分からなくなってしまう人も多いようです。このような考え方で理解しておくと混乱せずに済みます。

(2) 信頼性指標(RAS;ラス)

システムの信頼性を表す指標の代表的なものとして,RAS(信頼性,可用性,保守性)があります。

- Reliability(信頼性)
  故障の起こりにくさを表し,平均故障間隔(MTBF)を用いて表します。
- Availability(可用性,アベイラビリティ)
  必要なときに利用できるかどうかを表し,右の稼働率を用いて表します。

$$稼働率 = \frac{MTBF}{MTBF + MTTR}$$

- Serviceability(保守性)
  修理のしやすさを表し,平均修理時間(MTTR)を用いて表します。

この RAS に完全性(Integrity)と安全性(Security)を加えて,システムの信頼性の指標を RASIS(ラシス)とする場合もあります。

(3) 直列システム,並列システムと複合システムの稼働率の計算

直列システムは,システムを構成する要素全てが正常に稼働しているときだけ,システム全体として正常に稼働できるシステムです。

並列システムは,システムを構成する要素のうち,いずれか一つでも正常に稼働していれば,システム全体として正常に稼働できるシステムです。また,複合システムは,直列と並列に接続した部分を含んだシステムです。

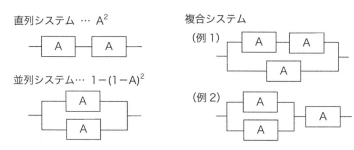

図　システムの例

まず，基本となる直列システム，並列システムの稼働率を考えます。

あるシステムが稼働率 A の二つの構成要素から構成されているとします。このとき，直列システムであればシステム全体の稼働率は A^2，並列システムであれば $1-(1-A)^2$ となります。

この二つの公式がいま一つ理解できていない人は，次のように考えましょう。

稼働率を考えるとき，システムの状態は，正常に稼働している状態と故障や修理をしている状態の 2 通りで考えるということを説明しました。この考え方に基づいて，二つの構成要素①，②の状態の組合せを整理すると，次の 4 通りとなります（○：正常稼働，×：故障・修理）。ここで，稼働率は，正常に稼働している割合（確率）なので，○の確率は A，×の確率は $1-A$ となります。

	①	②	確率
ケース 1	○	○	$A \times A = A^2$
ケース 2	○	×	$A \times (1-A) = A(1-A)$
ケース 3	×	○	$(1-A) \times A = (1-A)A$
ケース 4	×	×	$(1-A) \times (1-A) = (1-A)^2$

図　二つの構成要素からなるシステムの稼働率

直列システムの場合，正常稼働とみなせるのは構成要素①と②の両方が○であるケース 1 のときだけで，その確率（稼働率）は A^2 となります。

並列システムの場合，①，②の少なくともどちらか一つが○であればよく，ケース 1〜3 の全てが正常稼働とみなせるので，稼働率は三つの確率を足した $A^2 + A(1-A) + (1-A)A = A^2 + 2A(1-A)$ となります。

ここで，ケース 1〜3 の合計を「ケース 4 ではない場合」と考えて，ケース 1〜4 を合計した値の 1 からケース 4 の $(1-A)^2$ を引いて，$1-(1-A)^2$ と求めることもできます。

　なお，三つの確率を足した稼働率は $A^2+2A(1-A)=A^2+2A-2A^2=2A-A^2$ と計算できます。また，1からケース4の $(1-A)^2$ を引いて考えた稼働率の方は，$1-(1-A)^2=1-(1-2A+A^2)=1-1+2A-A^2=2A-A^2$ となり，ケース 1〜3 の合計と，1からケース4を引いた値が同じことが確認できます。

　次に，複合システムの簡単な例として，前ページ「図　システムの例」の右の例で考えてみましょう。ここで，各構成要素の稼働率は全て A であるとします。例1，例2ともに直列と並列の組合せなので，単純には稼働率を計算できません。このような場合，部分的な稼働率を求め，その部分を一つの構成要素として考えてから，直列・並列システムの基本構成に当てはめていきます。

　例1の場合は，次の図の破線で囲んだ部分を一つの構成要素とみなせば，単純な並列システムとなります。破線部分の稼働率は A^2 なので，稼働率 A^2 の要素と，稼働率 A の要素の並列構成と見ればよいのです。

　したがって，稼働率は，$1-(1-A^2)\times(1-A)$ となります。

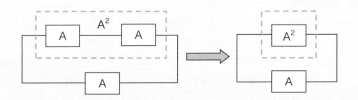

図　例1の単純化

　例2の場合にも，次の図の破線で囲んだ部分を一つの構成要素とみなせば，単純な直列システムとなります。この破線部分の稼働率は $1-(1-A)^2$ なので，稼働率 $1-(1-A)^2$ と，稼働率 A の要素の直列システムと見ればよいのです。

　したがって，稼働率は，$\{1-(1-A)^2\}\times A$ となります。

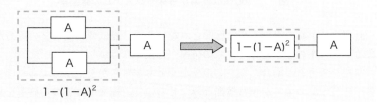

図　例2の単純化

　実際の試験ではもう少し複雑な構成が出題されることもありますが，この考え方に基づいて解答すれば必ず計算できるので，しっかり理解してください。

▶▶▶ **Check**

理解度チェック ▶ **3.3 システムの信頼性**

次の文中の ▢ に適切な用語を入れてください。

(1) 稼働率（アベイラビリティ）は，システムの ▢ア▢ を ▢イ▢ で割って求めます。ここで，▢イ▢ は，▢ア▢ と故障や修理をしている時間の合計です。

(2) ▢ウ▢ は平均故障間隔のことで，正常稼働時間の合計を ▢エ▢ で割って求めます。また，▢オ▢ は平均修理時間のことで，故障や修理に要した時間の合計を ▢エ▢ で割って求めます。▢ウ▢ と ▢オ▢ を使って，稼働率を表すと次のようになります。

$$\text{稼働率} = \frac{\boxed{カ}}{\boxed{カ} + \boxed{キ}}$$

(3) 信頼性指標 RAS の "R" は ▢ク▢ のことで ▢ウ▢ を用いて表します。"A" は ▢ケ▢ のことで稼働率を用いて表します。
また，"S" は ▢コ▢ のことで ▢オ▢ を用いて表します。

(4) A，B，C の 3 台のコンピュータで構成されるシステムで，各コンピュータの状態を○(正常)，×(修理中)で考えると，状態の組合せは 8 通りです。
全てのコンピュータが正しく稼働する必要がある場合に正常といえるのは①のときだけです。3 台中 2 台以上が正しく稼働する必要がある場合に正常といえるのは ▢サ▢ のとき，3 台中 1 台でも正しく稼働できればよい場合に正常といえるのは ▢シ▢ のときになります。

状態	A	B	C
①	○	○	○
②	○	○	×
③	○	×	○
④	○	×	×
⑤	×	○	○
⑥	×	○	×
⑦	×	×	○
⑧	×	×	×

解 答

(1) ア：正常稼働時間　イ：全運転時間
(2) ウ：MTBF　エ：故障回数　　オ：MTTR　　カ：MTBF　　キ：MTTR
(3) ク：信頼性　ケ：可用性　　コ：保守性
(4) サ：①，②，③，⑤　　シ：①，②，③，④，⑤，⑥，⑦　（⑧以外）

第3章

▶▶▶ Question

問題で学ぼう

問1 MTBF が 45 時間で MTTR が 5 時間の装置がある。この装置を二つ直列に接続したシステムの稼働率は幾らか。

(H29 秋-FE 問 15)

ア 0.81 イ 0.90 ウ 0.95 エ 0.99

解説

MTBF (Mean Time Between Failures) は平均故障間隔, MTTR (Mean Time To Repair) は平均修理時間です。

稼働率＝MTBF÷(MTBF＋MTTR) で計算できるので, この装置単体の稼働率は, 45÷(45+5)＝45÷50＝0.9 となります。

この装置を二つ直列に接続したシステムの稼働率は, それぞれの稼働率を掛けて求められ, 0.9×0.9＝0.81
となり, (ア) が正解です。

$$稼働率 = \frac{MTBF}{MTBF + MTTR}$$

解答 ア

問2 2 台のプリンタがあり, それぞれの稼働率が 0.7 と 0.6 である。この 2 台のいずれか一方が稼働していて, 他方が故障している確率は幾らか。ここで, 2 台のプリンタの稼働状態は独立であり, プリンタ以外の要因は考慮しないものとする。

(R4 春-AP 問 15)

ア 0.18 イ 0.28 ウ 0.42 エ 0.46

解説

2 台のプリンタの稼働状態は, 稼働を○, 故障を×で表現すると次のように 4 通りあります。
① 稼働率 0.7 のプリンタ ○ 稼働率 0.6 のプリンタ ○
② 稼働率 0.7 のプリンタ ○ 稼働率 0.6 のプリンタ ×
③ 稼働率 0.7 のプリンタ × 稼働率 0.6 のプリンタ ○
④ 稼働率 0.7 のプリンタ × 稼働率 0.6 のプリンタ ×

2台のいずれか一方が稼働していて，他方が故障しているのは②か③の場合です。故障している確率は（1－稼働率）なので，それぞれの確率を計算すると次のようになります。
② 0.7×(1－0.6)＝0.7×0.4＝0.28
③ (1－0.7)×0.6＝0.3×0.6＝0.18
②又は③になる確率は，それぞれの確率を加算することで求められるので，0.28＋0.18＝0.46 となり，（エ）が正解です。

参考までに，その他の場合の稼働率を示すと，次のようになります。
・2台両方が稼働している確率……①で 0.7×0.6＝0.42
・2台両方が故障している確率……④で(1－0.7)×(1－0.6)＝0.3×0.4＝0.12
全ての場合（①，②か③，④）の確率を加えると，0.42＋0.46＋0.12＝1 となり，計算が合っていることが分かります。

解答　エ

問3 あるシステムにおいて，MTBF と MTTR がともに 1.5 倍になったとき，アベイラビリティ（稼働率）は何倍になるか。

(R4 秋-AP 問 14)

ア　$\dfrac{2}{3}$　　　イ　1.5　　　ウ　2.25　　　エ　変わらない

解説

MTBF を x，MTTR を y とすると，稼働率は x÷(x＋y) となります。
MTBF と MTTR がともに 1.5 倍になったとすると，MTBF，MTTR は，それぞれ 1.5x，1.5y と表すことができ，稼働率は次のようになります。
稼働率＝1.5x÷(1.5x＋1.5y)＝1.5x÷1.5(x＋y)＝x÷(x＋y)
この結果から，稼働率は変わらないことが分かり，（エ）が正解です。

解答　エ

問4 システムの稼働率に関する記述のうち，適切なものはどれか。

(H28 春-FE 問 15)

ア　MTBF が異なっても MTTR が等しければ，システムの稼働率は等しい。
イ　MTBF と MTTR の和が等しければ，システムの稼働率は等しい。
ウ　MTBF を変えずに MTTR を短くできれば，システムの稼働率は向上する。
エ　MTTR が変わらず MTBF が長くなれば，システムの稼働率は低下する。

解説

　稼働率を求める MTBF÷(MTBF＋MTTR)の式から，**稼働率は MTBF が同じで MTTR を短くするか，MTTR が同じで MTBF を長くすれば向上するので，（ウ）が適切です。**実際の値で計算し確認してみましょう。

ア：MTTR が等しい場合，MTBF を長くすると稼働率は向上します。

イ：MTBF と MTTR の和が等しくても，それぞれの値が異なれば稼働率は変わります。

エ：MTTR が変わらず MTBF が長くなれば，稼働率は向上します。

解答　ウ

問5　MTBF を長くするよりも，MTTR を短くするのに役立つものはどれか。

(R4 春-AP 問 14)

　　ア　エラーログ取得機能　　　　イ　記憶装置のビット誤り訂正機能
　　ウ　命令再試行機能　　　　　　エ　予防保守

解説

　エラーログは起こったエラーに関する日時・箇所・内容などを記録した履歴で，これが**取得できれば故障箇所や原因を特定する時間を短縮できます。**この時間はエラー発生後の修理時間に含まれるので，MTTR（平均修理時間）を短くするのに役立ちます。したがって，（ア）が正解です。

イ，ウ，エ：「記憶装置のビット誤り訂正機能」，「命令再試行機能」，「予防保守」は障害の発生を防止する機能や手段なので，MTBF（平均故障間隔）を長くするために役立つものです。

解答　ア

問6　稼働率が最も高いシステム構成はどれか。ここで，並列に接続したシステムは，少なくともそのうちのどれか一つが稼働していればよいものとする。

(H27 春-FE 問 15)

　　ア　稼働率 70％の同一システムを四つ並列に接続
　　イ　稼働率 80％の同一システムを三つ並列に接続
　　ウ　稼働率 90％の同一システムを二つ並列に接続
　　エ　稼働率 99％の単一システム

解説

このシステムは，**少なくともどれか一つが稼働していればよいという条件**なので，**システムの稼働率＝1－(全て故障している確率)で計算できます。**

各選択肢の条件で接続したシステムの稼働率は，次のようになります。

ア：$1-\{(1-0.7)\times(1-0.7)\times(1-0.7)\times(1-0.7)\}=1-(0.3)^4$
    $=1-0.0081=0.9919$

イ：$1-\{(1-0.8)\times(1-0.8)\times(1-0.8)\}=1-(0.2)^3=1-0.008=0.992$

ウ：$1-\{(1-0.9)\times(1-0.9)\}=1-(0.1)^2=1-0.01=0.99$

エ：0.99

これらを比べると，（イ）の0.992が最も高い稼働率になります。

解答　イ

問7　稼働率 R の装置を図のように接続したシステムがある。このシステム全体の稼働率を表す式はどれか。ここで，並列に接続されている部分はどちらかの装置が稼働していればよく，直列に接続されている部分は両方の装置が稼働していなければならない。

(H29 春·FE 問14)

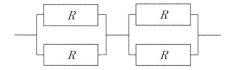

ア　$(1-(1-R^2))^2$ 　　　　　　イ　$1-(1-R^2)^2$
ウ　$(1-(1-R)^2)^2$ 　　　　　　エ　$1-(1-R)^4$

解説

稼働率 R の装置2台を並列に接続したものを直列に接続したシステムです。

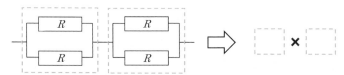

まず，並列部分の稼働率を求めると，1から両方とも稼働していない確率を求めればよいので，$\underline{1-(1-R)\times(1-R)=1-(1-R)^2}$　となります。

システム全体は点線枠内の部分を直列接続した構成になるので，稼働率は，

$(1-(1-R)^2) \times (1-(1-R)^2) = (1-(1-R)^2)^2$　となります。

解答　ウ

問8　2台の処理装置から成るシステムがある。少なくともいずれか一方が正常に動作すればよいときの稼働率と，2台とも正常に動作しなければならないときの稼働率の差は幾らか。ここで，処理装置の稼働率はいずれも 0.9 とし，処理装置以外の要因は考慮しないものとする。

(R1 秋·FE 問 16)

　　ア　0.09　　　　イ　0.10　　　　ウ　0.18　　　　エ　0.19

解説

　「少なくともいずれか一方が正常に動作すればよいときの稼働率」は，二つの装置を並列に接続した場合で，「2台とも正常に動作しなければならないときの稼働率」は，二つの装置を直列に接続した場合のことです。
・二つの装置を並列にした場合の稼働率＝1−(1−各装置の稼働率)^2
　各装置の稼働率は 0.9 なので，$1-(1-0.9)^2 = 1-(0.1)^2 = 1-0.01 = 0.99$
・二つの装置を直列にした場合の稼働率＝(各装置の稼働率)^2＝$(0.9)^2$＝0.81
　これらの差を求めると，0.99−0.81＝0.18 となるので，（ウ）が正解です。

解答　ウ

問9　東京と福岡を結ぶ実線の回線がある。東京と福岡の間の信頼性を向上させるために，大阪を経由する破線の迂回回線を追加した。迂回回線追加後における，東京と福岡の間の稼働率は幾らか。ここで，回線の稼働率は，東京と福岡，東京と大阪，大阪と福岡の全てが 0.9 とする。

(H30 秋·FE 問 15)

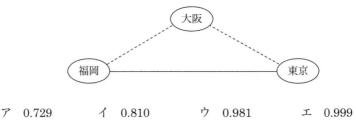

　　ア　0.729　　　　イ　0.810　　　　ウ　0.981　　　　エ　0.999

解説

東京〜大阪〜福岡の迂回回線は，東京〜大阪と，大阪〜福岡の直列型と考えることができ，その稼働率を A_1 とすると，各回線の稼働率を掛けて求めることができ，$A_1 = 0.9 \times 0.9 = 0.81$ となります。

次に，東京〜福岡の稼働率を A_2 とすると，$A_2 = 0.9$ です。

東京〜福岡の全体の稼働率を A とすると，回線 A_1 と A_2 の並列接続と考えればよく，両方が利用できない確率を1から引いて求めることができます。

$A = 1 - (1 - A_1) \times (1 - A_2) = 1 - (1 - 0.81) \times (1 - 0.9) = 1 - 0.019 = 0.981$

したがって，（ウ）が正解です。

解答　ウ

問10　MTBF が21万時間の磁気ディスク装置がある。この装置100台から成る磁気ディスクシステムを1週間に140時間運転したとすると，平均何週間に1回の割合で故障を起こすか。ここで，磁気ディスクシステムは，信頼性を上げるための冗長構成は採っていないものとする。

(H25 秋·FE 問14)

ア　13　　　　イ　15　　　　ウ　105　　　　エ　300

解説

"MTBF（平均故障間隔）＝正常稼働時間の合計÷故障回数"の両辺の分母と分子を入れ替えた値（逆数）**1／MTBF を故障率といいます（JIS の定義）**。

故障率＝1／MTBF＝故障回数÷正常稼働時間の合計

MTBF の21万時間を週で表すと，1週間に140時間運転するので，

MTBF＝21万時間÷140時間／週＝1,500週となります。

この逆数を求めて，磁気ディスク装置の故障率は1／1,500週（1,500週に1回故障）となります。

次に，磁気ディスク装置は100台あるので，**システム全体の故障率は単純にこの値を100倍して，1／1,500×100＝1／15となります**。これは，15週に1回の割合で故障を起こすことを表しているので，（イ）が正解です。

解答　イ

ソフトウェアと ハードウェア

▶▶▶ Point

学習のポイント

　ソフトウェア分野に含まれるテーマは，オペレーティングシステム，ミドルウェアとファイルシステム，開発ツールとプログラムの形態，OSS（オープンソースソフトウェア）です。

　ハードウェア分野に含まれるテーマは，電気・電子回路，システム LSI や SoC（System on a Chip）など，組込みシステム技術者向けの知識が多くなっています。出題ポイントになっている内容をしっかり学習して，確実に得点できるようにしましょう。

(1)　オペレーティングシステム

　①　タスク制御とリアルタイムシステム

　　複数のプログラムを同時実行することを，マルチプログラミングと呼びます。CPU が処理する対象であるプログラムの実体であるタスクのスケジューリングと，割込み制御を学習してください。特に，プロセスの三つの状態（実行，実行可能，待機）とラウンドロビンなどのスケジューリングアルゴリズムが重要です。

　②　仮想記憶方式

　　仮想記憶方式に関しては，ページング方式に関する基本事項をしっかり学習してください。スラッシング，ページイン，ページアウトといった用語の意味，そして LRU（Least Recently Used）などのページ置換えアルゴリズムに基づく処理の内容を理解しましょう。

　③　プログラムの性質

　　プログラムの性質では，リエントラント（再入可能）の出題頻度が高いでしょう。リエントラントとシリアリリユーザブル（逐次再使用可能）との違い，リエントラントとリカーシブとの違いを説明できるようにしましょう。

　④　スプーリング

　　スプーリングに関しては，プリンタに出力する場合について出題されます。

プリンタに出力する際のスプーリングの仕組みを理解しましょう。

(2) ミドルウェアとファイルシステム

ミドルウェアについては, DLL(Dynamic Link Library) と API(Application Program Interface) について学習してください。どちらも基本的な内容が出題されます。( ) 内に示した英語の意味も覚えましょう。ファイルシステムについては, 出題頻度が高いディレクトリ管理について理解しましょう。特に, ファイルの所在を指定する表記方法の絶対パスと相対パスが重要です。

(3) 開発ツールとプログラムの形態

① 言語処理ツールとプログラム作成・実行手順

はじめに, プログラムの作成・実行手順について理解しましょう。次のような流れになります。

原始プログラムをコンパイル	→	目的プログラムをリンク	→	ロードモジュールをロードして実行

次に, 言語処理ツールの種類を覚えましょう。低水準言語のアセンブラ, 高水準言語のコンパイラ, インタプリタ, ジェネレータについて, それぞれの特徴をしっかり把握しましょう。

② IDE (統合開発環境)

ソフトウェア開発に必要なツールが一つのアプリケーションとして統合されたソフトウェアです。その役割を把握しましょう。

③ 静的解析ツール

対象となるプログラムを動作させることなく解析を行う, 静的解析ツールの役割を把握しましょう。

(4) OSS (オープンソースソフトウェア)

OSS (Open Source Software；オープンソースソフトウェア) は, 重要な技術分野に位置付けられ, 出題範囲にもなっています。OSS の基本的な特徴と種類について理解しておきましょう。

(5) ハードウェア

コンピュータの最も根幹にある論理演算回路や, 半加算器, 全加算器の仕組み, そして半導体の種類としてのフラッシュメモリ, SoC などの用語を理解しておきましょう。

4.1 オペレーティングシステム

▶▶▶ **Explanation**

ポイントの解説

(1) タスク制御

① タスクの状態遷移

CPU の割当て単位をタスク（プロセス）といいます。タスクは，OS の内部から見た仕事あるいは実行の単位です。このタスクの状態には，CPU を割り当てられた実行状態（Running），入出力動作の完了を待つ待ち状態（Waiting），自分よりも優先度（プライオリティ）の高いタスクの実行終了を待っている実行可能状態（Ready）があります。CPU が一つのシングルプロセッサでは実行状態のタスクは一つです。実行中のタスクより優先度が高いタスクが実行可能状態になった場合や，実行中のタスクが一定時間 CPU を利用すると，実行中のタスクは，実行状態から実行可能状態に移ります。

このように複数のタスクを切り替えることをプリエンプションといいます。

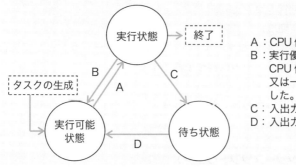

A：CPU 使用権が与えられた。
B：実行優先度の高いタスクに CPU 使用権が移された。又は一定時間 CPU を利用した。
C：入出力動作を開始した。
D：入出力動作が完了した。

図　タスクの状態遷移

このタスク切替をもつスケジューリング方式をプリエンプティブなスケジューリング方式と呼び，このタスク切替を実行状態のタスク自身に委ねるオペレーティングシステムをノンプリエンプティブなスケジューリング方式と呼びます。ノンプリエンプティブなスケジューリング方式において，実行中のプログラムが無限ループに陥ってしまうと，コンピュータ全体がハングアップしてしまいます。

　プリエンプティブなスケジューリング方式はさらに，次の方式に分類されます。

ラウンドロビン：各タスクに公平な処理時間を割り当てる方式です。

優先度順：より高い優先度をもつタスクに優先的に処理時間を割り当てる方式です。

処理時間順：短い時間で処理が完了するタスクに優先的に処理時間を割り当てる方式です。

② 　ラウンドロビン

　ラウンドロビンでは，実行可能なタスクに一定の CPU 時間（タイムクゥォンタム）を順番に割り当て，タイムクゥォンタムを使い切ると，実行可能待ち行列の最後に回されます。タイムクゥォンタムの大きさを調整することによって，スケジューリングの性質を調整することが可能です。例えば，タイムクゥォンタムを小さくすれば，実行時間が短いタスクのサービスが向上します。逆に，タイムクゥォンタムを長くすれば FCFS（First Come First Served；到着順サービス）に近くなります。

③ 　デッドロック

　複数のタスクが同じリソース（資源）の確保を要求して，お互いに待ち状態になることをデッドロックといいます。デッドロックを避けるためには，複数リソースの確保の順番をどのタスクでも一定にする，複数のリソースを代表する一つのリソースにするなどの対策が考えられます。

④ 　割込み

　コンピュータ上で動くプログラムは，基本的には複数の命令文を順に実行していくのですが，中にはキーボードからの入力を待ったり，通信先のコンピュータからのデータ受信を待ったり，送信の完了を待ったりというように，イベントの発生を待つものがあります。複数のタスク制御のところで見てきたように，複数のタスクが CPU を代わる代わる使用する仕組みにおいて，待ちに入っているタスクは，タスク状態としての「待ち状態」になります。すると，例えば，キーボードからの入力があったときや，通信先のコンピュータからのデータ受信があったときには，割込みという仕組みを通じて，タスク状態を「待ち状態」から「実行可能状態」に遷移させます。

　割込みは大きく分けると，外部割込みと内部割込みに分かれます。

（a）　外部割込み

　実行中のプログラムの命令とは関係なく発生します。

　　・マシンチェック割込み：ハードウェアの誤動作などを知らせる割込み

　　・入出力割込み：入出力動作の完了を知らせる割込み

第4章

(b)　内部割込み

　プログラムの命令を実行した結果として発生します。
- プログラム割込み：ゼロによる除算など，プログラム実行中に起こるエラーを知らせる割込み
- SVC（supervisor call；スーパバイザコール）割込み：SVC命令（入出力要求など）を実行したことを知らせる割込み

　様々な割込みがありますが，割込みに共通するのは，現在実行中の命令の並びに割り込んで行うべき処理ということです。例えば，次のような命令群がある場合，命令の並びは，①→②→③→④→⑤→⑥ですが，実際は，④の実行後，割込みの発生によって⑦と⑧が実行され，⑤と⑥は実行されません。

①　「ゼロによる除算を理由とする割込みが発生した際には⑦を実行する」と登録
②　変数Aに10を代入
③　変数Bに0を代入
④　変数CにAをBで割った数を代入
⑤　変数Cの値を画面に出力
⑥　プログラム終了
⑦　ゼロによる除算が行われた旨を画面にエラー出力
⑧　プログラム終了

⑤　バッファ

　バッファというのは，コンピュータの中でソフトウェアの面でも登場し，ハードウェアの面でも登場する用語ですが，データを一時的に溜めておく領域のことを指します。ハードウェアとしては制御装置や通信装置上に記憶素子として搭載されていることもありますし，ソフトウェアの面ではプログラムとしてバッファ用の領域をメモリ上に確保することが一般的ですので，その際のバッファというのはプログラムが確保した論理的な領域を指します。

(2)　リアルタイムシステムとリアルタイムOS

　コンピュータシステムの中でも，自動車や鉄道車両の走行制御システムなどでは，あらかじめ定められた時間内に処理を行う必要があります。このようなシステムをリアルタイムシステムと呼び，そのためのオペレーティングシステムをリアルタイムOSと呼びます。リアルタイムOSには，タスクの処理時間を厳格に管理する機能があります。例えば，タスクに優先順位を付与し，優先順位の高いタスクが，低いタスクよりも優先して処理を進められる機能もリアルタイムOSの特徴です。

（3）　仮想記憶方式

　仮想記憶方式では，実行するプログラム全体を磁気ディスク（仮想記憶）に置き，処理に必要な部分だけを主記憶に入れることで，大きなプログラムを少ない主記憶で実行します。プログラムを一定の固定長に分割して管理するページング方式が中心です。

①　ページングアルゴリズム

　実ページの割当てが必要になったときに，空いている実ページがない場合，どのページをページアウトするか決める必要があります。このときに使用されるのが，ページングアルゴリズムです。

　最もよく使用されるのが，LRU（Least Recently Used）アルゴリズムです。これは，最後に使われてから最も長い時間経過したページをページアウトしようとするものです。LRU以外のアルゴリズムとしては，FIFO（First-In First-Out）などがあります。

②　スラッシング

　必要とするページ数に対して，十分な実メモリが割り当てられないときに，ページフォールト（ページ不在割込み）とページアウト処理が多発し，プログラムの実行が進まなくなる状況をスラッシングといいます。

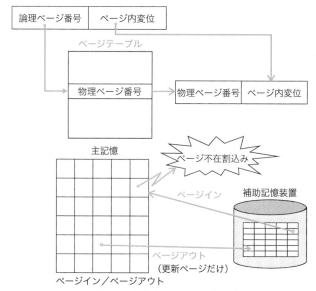

図　仮想記憶方式の機能　（ページング方式）

③　フラグメンテーション

　主記憶領域の割当てと解放を繰り返していくと，未使用領域が小さな領域に分かれてしまいます。これをフラグメンテーションといいます。これを解消するために未使用領域を詰めていく処理をコンパクション（メモリコンパクション）と呼びます。

④　ガーベジコレクション

　記憶領域の動的な割当てと解放を繰り返すことによって，どこからも利用できない記憶領域が複数発生することがあります。こうした領域を解放し，再び利用可能にする機能をガーベジコレクションといいます。ガーベジは「ゴミ」，コレクションは「集めること」を指します。

(4)　プログラムの性質

①　リエントラント

　リエントラント（reentrant；再入可能）プログラムとは，複数のタスクで同時に利用可能なプログラムです。複数のタスクが同時に利用するため，プログラムを手続部分とデータ部分に分割します。そして，手続部分は複数のタスクで共用しますが，データ部分はタスクごとに別々にもちます。

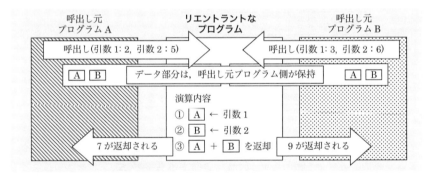

②　リユーザブル

　リユーザブル（reusable；再使用可能）は，プログラムを何度もロードしなくても複数のタスクで使用できることをいいます。リエントラントであれば，リユーザブルです。さらに，タスクが同時に使用可能ではなくて順番に再使用可能なことをシリアリリユーザブル（逐次再使用可能）といいます。

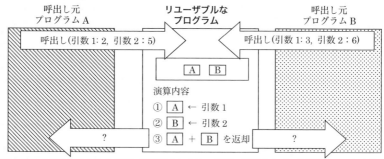

※二つ以上のプログラムから同時に呼び出されると，演算に使用するデータ部分が一つしかないので，不正なデータ上書きによって，正しい結果が得られないことがある。

③ リカーシブ

リカーシブ（recursive；再帰的）プログラムは，それが実行されているときに自分自身を呼び出すことで，自分自身が繰り返し使用されるプログラムを指します。実行途中の状態を保存するため，LIFO（後入れ先出し）方式のスタックを使います。

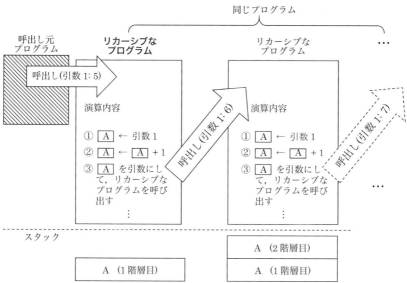

※同じ A でも呼出しの深さによって，実体が別になるため，実際のデータ部分はスタックに積み上げながら格納されます。

④ リロケータブル

　リロケータブル（relocatable；再配置可能）プログラムは，メモリ（仮想記憶）上のどのアドレスに移動しても実行可能なプログラムです。リロケータブルには，二つの方法があります。実行前に一度だけ再配置される静的再配置と実行時に動的にアドレスが決められる動的再配置です。ベースレジスタ方式であれば，自然にリロケータブルになります。

(5)　スプーリング

　スプーリングとは，プリンタなど低速な出力装置へのデータ転送を，高速な補助記憶装置を介して行うことです。主記憶装置から出力装置へ直接データ転送しないで，いったん補助記憶装置へ書き出します。そして，出力装置が空いているときに，補助記憶装置から出力装置へデータ転送します。これによって，CPU処理と出力処理を並行して行い，スループットが向上します。

▶▶▶ **Check**

理解度チェック ▶ **4.1 オペレーティングシステム**

第4章

(1) タスクが初めて生成されたとき，タスクはどの状態になりますか。

(2) 実行状態のタスクを実行可能状態にし，他のタスクを実行状態に切り替える機能をもつスケジューリング方式を何といいますか。

(3) プログラムが，ゼロによる除算を実行したときに発生する割込みは，何割込みといいますか。

(4) 次の文中の □ に適切な用語を入れてください。
   マルチプログラミングの基本的な考え方は， ア 完了待ちなどになったプログラムの イ の空き時間を有効に使用するという点が挙げられます。

(5) フラグメンテーションが発生したときに，それを除去することを何といいますか。

(6) 次の文中の □ に適切な用語を入れてください。
   ウ 方式は，固定サイズ（例えば 4k バイト）のページ単位でアドレスを管理して実メモリを割り当てます。仮想記憶のページを主記憶に入れることを エ ，主記憶から出すことを オ といいます。

(7) あるプログラムの中から自分自身のプログラムを呼び出すことができる性質を何といいますか。

(8) 複数のタスク（プロセス）から同時に呼び出されても正しく処理できる性質を何といいますか。

(9) 補助記憶装置を介して出力装置へデータ転送する方式を何といいますか。

解 答

(1) 実行可能状態（Ready）
(2) プリエンプティブ（なスケジューリング方式）
(3) プログラム割込み
(4) ア：入出力　イ：CPU
(5) コンパクション（又はメモリコンパクション）
(6) ウ：ページング　　エ：ページイン　　オ：ページアウト
(7) リカーシブ（又は再帰的）
(8) リエントラント（又は再入可能）
(9) スプーリング

▶▶▶ Question

問題で学ぼう

問1　優先度に基づくプリエンプティブなスケジューリングを行うリアルタイム
OS で，二つのタスク A，B をスケジューリングする。A の方が B よりも優先
度が高い場合にリアルタイム OS が行う動作のうち，適切なものはどれか。

(H29 秋-FE 問18)

ア　A の実行中に B に起動がかかると，A を実行可能状態にして B を実行する。
イ　A の実行中に B に起動がかかると，A を待ち状態にして B を実行する。
ウ　B の実行中に A に起動がかかると，B を実行可能状態にして A を実行する。
エ　B の実行中に A に起動がかかると，B を待ち状態にして A を実行する。

解説

　マルチタスクに対応した OS で，タスクは**「実行状態」，「実行可能状態」，
「待ち状態」の三つの状態**間で遷移します。実行されている状態が「実行状
態」，いつでも実行できるが実行を待たされている状態が「実行可能状態」，
入出力処理などの最中で入出力割込みなどを待っている状態が「待ち状態」
です。タスクには用途に応じて実行の優先度（プライオリティ）が与えられ
ており，割込み処理が終了するたびに，**「実行可能状態」のタスクのうち，
最も優先順位が高いタスクを実行状態**とします。

　プリエンプティブなスケジューリングを行うリアルタイム OS では，優先
度の低いタスクが「実行状態」である時点で，**優先度の高いタスクが「実行
可能状態」に移行すると，「実行状態」のタスクが即座に「実行可能状態」
に戻され，優先度の高いタスクが「実行状態」になります。**

　ここでは，タスク A の方がタスク B よりも優先度が高いため，「B の実行
中に A に起動がかかると，B を実行可能状態にして A を実行する」が適切な
動作となります。したがって，（ウ）が適切です。

ア，イ：優先度の高いタスク A の実行中に，優先度の低いタスク B に起動が
　　かかっても，B は通常どおり「実行可能状態」として待機させられ，A が**「実
　　行可能状態」，又は「待ち状態」となり CPU を明け渡す**まで待ちます。
エ：優先度の低いタスク B の実行中に，優先度の高いタスク A に起動がか
　　かると，B を「実行可能状態」にして A を実行します。

解答　ウ

問2　三つのタスクA〜Cの優先度と，各タスクを単独で実行した場合のCPU
と入出力（I/O）装置の動作順序と処理時間は，表のとおりである。A〜Cが
同時に実行可能状態になって3ミリ秒経過後から7ミリ秒間のスケジューリ
ングの状況を表したものはどれか。ここで，I/Oは競合せず，OSのオーバヘッ
ドは考慮しないものとする。また，表中の（　）内の数字は処理時間を表
すものとし，解答群の中の"待ち"は，タスクが実行可能状態にあり，CPU
の割当て待ちであることを示す。

（H30 春·FE 問 16）

タスク	優先度	単独実行時の動作順序と処理時間（ミリ秒）
A	高	CPU(2) → I/O(2) → CPU(2)
B	中	CPU(3) → I/O(5) → CPU(2)
C	低	CPU(2) → I/O(2) → CPU(3)

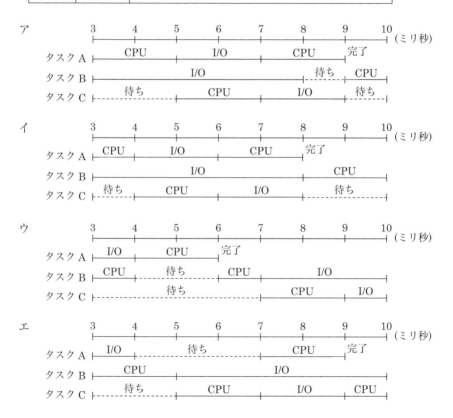

解説

　タスク A～C が同時に実行されると，まず優先度が高い A の CPU 処理が 2 ミリ秒行われます。タスク A は 1 回目の CPU 処理が終わると I/O 動作を行うので，この間タスク A は CPU を使いません。このため，優先度が中のタスク B が CPU 処理を行うことができます。しかし，タスク A の I/O は，2 ミリ秒で終了するので，開始から 4 ミリ秒後には，B の CPU 処理が中断され，再びタスク A の CPU 処理が 2 ミリ秒間行われます。こうした状況を図示すると，次のようになります。

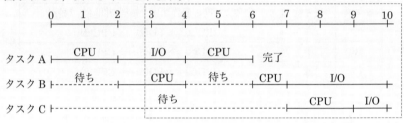

　この図から，（ウ）が正しいことが分かります。

解答　ウ

問3　図のメモリマップで，セグメント 2 が解放されたとき，セグメントを移動（動的再配置）し，分散する空き領域を集めて一つの連続領域にしたい。1 回のメモリアクセスは 4 バイト単位で行い，読取り，書込みがそれぞれ 30 ナノ秒とすると，動的再配置をするために必要なメモリアクセス時間は合計何ミリ秒か。ここで，1k バイトは 1,000 バイトとし，動的再配置に要する時間以外のオーバヘッドは考慮しないものとする。

(H29 秋·FE 問 19)

セグメント 1	セグメント 2	セグメント 3	空き
500k バイト	100k バイト	800k バイト	800k バイト

　　ア　1.5　　　　　イ　6.0　　　　　ウ　7.5　　　　　エ　12.0

解説

　図のメモリマップにおいて，**セグメント 2 が解放されてできる空き領域から始まる領域にセグメント 3 を移動する**ことになります。1 回のメモリアクセスは 4 バイト単位で行うので，800k（＝800,000）バイトのセグメントを移動させる場合のメモリへのアクセス回数は，読取り，書込みを合わせると，800,000 バイト÷4 バイト／回×2＝400,000 回になります。1 回当たりのアクセス時間は，読取り，書込みがそれぞれ 30 ナノ秒なので，動的再配置を行うのに必要なメモリアクセス時間は，**400,000 回×30 ナノ秒＝12,000,000 ナノ秒＝12.0 ミリ秒**になります。したがって，（エ）が正解です。

セグメント 1	セグメント 2	セグメント 3	空き
500k バイト	100k バイト	800k バイト	800k バイト

↓

セグメント 1	セグメント 3	空き
500k バイト	800k バイト	900k バイト

解答　エ

問 4　仮想記憶方式のコンピュータにおいて，実記憶に割り当てられるページ数は 3 とし，追い出すページを選ぶアルゴリズムは，FIFO と LRU の二つを考える。あるタスクのページのアクセス順序が

　　1, 3, 2, 1, 4, 5, 2, 3, 4, 5

のとき，ページを置き換える回数の組合せとして，適切なものはどれか。

(H29 春-FE 問 19)

	FIFO	LRU
ア	3	2
イ	3	6
ウ	4	3
エ	5	4

解説

　この問題は，実際にページイン（実記憶への読込み），ページアウト（実記憶からの追出し）の様子を問題冊子の余白などに書きながら解いていくしかありません。実記憶に割り当てられた三つのページの状態をトレースすると，FIFO と LRU の場合には，**参照によって追い出される対象ページの考え方が変わるため，注意が必要です**。次の例では**直近に参照されたページが先頭（左端）に来るように，順番を入換えながらトレース**しています。実記憶に必要なページがないときには，最後（右端）のページが追い出される（置き換えられる）ことになりますが，図の丸付き数字はそのページ番号を表しています。この書き方は一例ですので，自分なりの書き方ができるように慣れておきましょう。

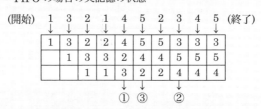

ページ追出しの回数は 3 回

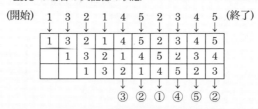

ページ追出しの回数は 6 回

　FIFO ではページの置換えが 3 回，LRU では 6 回なので，（イ）が適切な組合せです。

解答　イ

問5　記憶領域の動的な割当て及び解放を繰り返すことによって，どこからも利用できない記憶領域が発生することがある。このような記憶領域を再び利用可能にする機能はどれか。

(R2・AP 問16)

　　ア　ガーベジコレクション　　　イ　スタック
　　ウ　ヒープ　　　　　　　　　　エ　フラグメンテーション

解説

　どこからも利用できない記憶領域を解放し，再び利用可能にする機能は，**ガーベジコレクション**です。したがって，正解は（ア）です。

イ：スタック……プログラムの実行中に必要な記憶領域を確保するために利用されるデータ構造の一つで，データを後入れ先出し（LIFO；Last In First Out）方式で格納します。

ウ：ヒープ……スタックと同様に記憶領域を確保するために利用されるデータ構造の一つで，データを記憶した順序に関係なく読み込むのに適したデータ構造です。

エ：フラグメンテーション（断片化）……記憶領域の使用されない区画が，主記憶装置上に細かく分散して発生することをいいます。

解答　ア

問6　複数のプロセスから同時に呼び出されたときに，互いに干渉することなく並行して動作することができるプログラムの性質を表すものはどれか。

(H31 春・FE 問8)

　　ア　リエントラント　　　　　　イ　リカーシブ
　　ウ　リユーザブル　　　　　　　エ　リロケータブル

解説

　共用のプログラムは，**複数のタスクから同時に呼び出された場合，各々の呼出しに対して正しい結果を返さなければなりません。別の言い方をすると，同時に二つ以上のタスクから呼び出されたときに不整合を起こさない性質といえます。この性質をリエントラント（再入可能）と呼びます。**したがって，（ア）が正解です。

イ：リカーシブ（再帰的）とは，プログラム内部から自分自身のプログラムを呼び出しても，正しい結果を返すことができる性質のことです。

ウ：リユーザブル（再使用可能）は，通常，シリアリリユーザブル（逐次再

第4章

使用可能)と同じ意味として用いられます。シリアリリユーザブルは，主記憶にローディングされているプログラムを，再ローディングしないで逐次（順番に）再利用しても，正しい結果を返すことができる性質です。なお，リエントラントのように同時に使用することはできません。

エ：リロケータブル（再配置可能）とは，プログラムがロードされる主記憶上の場所が固定の位置（アドレス）でなくても，プログラムが正しく実行できるという性質のことです。

解答　ア

問7　図の送信タスクから受信タスクに T 秒間連続してデータを送信する。1秒当たりの送信量を S，1秒当たりの受信量を R としたとき，バッファがオーバフローしないバッファサイズ L を表す関係式として適切なものはどれか。ここで，受信タスクよりも送信タスクの方が転送速度は速く，次の転送開始までの時間間隔は十分にあるものとする。

(H29 春・FE 問17)

ア　$L < (R - S) \times T$ 　　　イ　$L < (S - R) \times T$

ウ　$L \geqq (R - S) \times T$ 　　　エ　$L \geqq (S - R) \times T$

解説

1秒当たりの送信量が S，1秒当たりの受信量が R で，T 秒間連続して送信する場合のバッファサイズの問題です。**送信タスクの方が受信タスクよりも転送速度が速い**ため，送受信量間の関係は $S > R$ です。受信タスクが処理できないデータは毎秒 $S - R$ です。送信時間が T 秒なので必要なバッファサイズの大きさは，

$$(S - R) \times T$$

以上必要となります。したがって，

$$L \geqq (S - R) \times T$$

となり，（エ）が正解です。「次の転送開始までの時間間隔は十分にあるものとする」とあるので，次の転送分は考慮しなくてもよいことになります。

解答　エ

4.2 ミドルウェアとファイルシステム

▶▶▶ **Explanation**

ポイントの解説

(1) ミドルウェア

ミドルウェアとは，OS と応用プログラムの中間に位置するソフトウェアです。データベース管理システムやネットワーク管理システムなどが，代表的なミドルウェアです。ここでは，出題ポイントとして，DLL と API について取り上げます。

① DLL（Dynamic Link Library）

プログラム実行中に別のプログラムを呼び出し，その場でリンクして実行することを動的リンキング（ダイナミックリンク）と呼びます。これに対し，事前にリンカで呼び出すプログラムをリンクしておくことを静的リンキング（スタティックリンク）と呼びます。パソコン OS では，ダイナミックリンクするプログラムモジュールをまとめたライブラリのことを DLL といいます。

② オーバレイ

プログラムの実行に際して，プログラムの全てを主記憶にロードせず，必要な部分ごとに分割してロードしながら実行する方式をオーバレイ方式と呼びます。

③ API（Application Program Interface）

応用プログラムから，OS やミドルウェアが用意する各種機能を利用するための仕組みが API です。個々の応用プログラムが，必要とする全ての機能をプログラミングするのは困難です。そこで，OS やミドルウェアがもつ共通機能を API によって呼び出すことで，応用プログラムを作成します。

(2) ファイルシステム

ファイルシステムでは，ファイルを階層化して扱うディレクトリ管理が主流です。

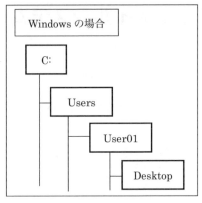
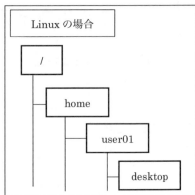

　階層化したディレクトリの中で，最上位のディレクトリをルートディレクトリ，現在作業中のディレクトリをカレントディレクトリといいます。

　この他にも，一般のアカウントをもつ利用者が参照可能なディレクトリの中で最上位となるホームディレクトリや，デスクトップに置いてあるファイルやディレクトリを管理するためのデスクトップディレクトリといったものがあります。

　また，ファイルの所在を指定する表記方法として，絶対パスと相対パスがあります。絶対パスは，最上位のルートディレクトリから下位に向けてパス（道筋）を記述します。相対パスは，カレントディレクトリを基準にしてパスを記述します。

（3）　シェル

　シェルとは，ユーザが入力した指示内容を解釈して OS の中核部分（カーネル）に伝え，その結果をユーザに返す役割を果たすプログラムです。

　プログラムには入力を受け付けるための入口と，文字列を出力するための出口があります。入口は，標準入力と呼ばれキーボード入力やマウス入力などが得られる一方，出口はディスプレイやプリンタにつながっていますが，出口は二つあります。一つは処理結果など正常処理の結果を出力する宛先として利用される標準出力，もう一つはエラー内容を出力する宛先として利用される標準エラーです。

　シェルからプログラムを起動する際に，特に何も指定しない場合，標準入力はキーボードやマウス，標準出力と標準エラーはディスプレイに接続された状態で起動されます。ただし，リダイレクトという機能を用いると，標準入力を

ファイルに接続し，ファイルの内容を入力データとすることや，標準出力，標準エラーをファイルに接続することで，処理結果などの出力内容をファイルに出力することが可能になります。またパイプという機能を用いると，あるプログラムの標準出力や標準エラーを，別のプログラムの標準入力に接続することも可能になります。

（4） ファイル編成
データの格納方式によってファイルは幾つかの方式に分類されます。
① 順編成ファイル
順編成ファイルとは，格納するデータが先頭から順番に格納されているファイルです。
② 索引編成ファイル
索引編成ファイルとは，格納するデータのキー値と，格納位置の対応を索引部としてファイルに保持します。このため，キー値を基にしてデータにアクセスする際，先頭からファイルにアクセスする必要がありません。
③ 直接編成ファイル
直接編成ファイルとは，格納するデータのキー値をハッシュ値に変換し，このハッシュ値に従って，ファイル内での格納位置が決まるファイルです。索引編成ファイルと似ていますが，索引部は不要です。ハッシュ値は，レコードのキー値から計算によって求めるのですが，一般的にキー値よりも短い値をハッシュ値にするため，格納位置が別のデータと衝突することがあります。これをシノニムといいます。シノニムが発生した場合，代替となる位置にデータを格納することになります。シノニムが発生しているファイルは，読み込む際にもキー値のハッシュ値を基に本来の格納位置を確認し，別のデータが格納されている場合は，代替となる位置を探索する必要があるため，アクセス効率としては好ましい状態にあるとはいえません。

ハッシュ値ができるだけ分散している状況ではシノニムが発生しづらく，アクセス効率が良い状況といえます。ハッシュ値が一様に分布しているときと言い換えることができます。

第4章

▶▶▶**Check**

理解度チェック ▶ 4.2 ミドルウェアとファイルシステム

(1) プログラム実行中に別のプログラムをリンクすることを何といいますか。

(2) 応用プログラムが OS の機能を利用する仕組みを何といいますか。

(3) ディレクトリ管理に関する次の文中の _____ に適切な用語を入れてください。

・最上位のディレクトリを ア ，現在作業中のディレクトリを イ といいます。

・ファイルを指定するパスとして ア を基準にした ウ と，イ を基準にした エ があります。

(4) ファイル編成方式に関する次の文中の _____ に適切な用語を入れてください。

・データを先頭からしか読み出すことができないファイル編成方式は オ です。

・格納されたデータのキー値とデータが格納されている位置を対応付ける部分をもつファイル編成方式は カ です。

・格納されたデータのキー値からデータが格納されている位置が計算できるファイル編成方式は キ です。

━━ 解 答 ━━

(1) 動的リンキング（ダイナミックリンク）

(2) API

(3) ア：ルートディレクトリ　　イ：カレントディレクトリ
　　 ウ：絶対パス　　エ：相対パス

(4) オ：順編成ファイル　　カ：索引編成ファイル　　キ：直接編成ファイル

▶▶▶ **Question**

問題で学ぼう

問1　シェルのリダイレクト機能による実現の可否に関する記述のうち，適切
　　なものはどれか。

(H24 春·FE 問 24)

　　ア　標準出力をファイルに切り替えることはできないが，標準入力をファ
　　　　イルに切り替えることはできる。
　　イ　標準出力をファイルに追加することはできないが，標準入力と標準出
　　　　力をファイルに切り替えることはできる。
　　ウ　標準入力と標準出力をファイルに切り替えることができ，標準出力を
　　　　ファイルに追加することもできる。
　　エ　標準入力をファイルに切り替えることはできないが，標準出力をファ
　　　　イルに切り替えることはできる。

解説

　シェルの標準入力先はキーボード，標準出力はディスプレイになっていま
すが，この**標準入出力先を一時的にファイルに切り替える**ことも可能です。
このように標準入出力先を切り替える機能が**リダイレクト機能**です。**リダイ
レクト機能で出力先をファイルに切り替える場合，既に存在するファイルの
末尾に追加して書き込むことも可能です。**したがって，（ウ）が適切です。
ア：標準出力をファイルに切り替えることはできます。
イ：前述のとおり，標準出力をファイルに追加することは可能ですし，標準
　　入力，標準出力ともにファイルに切り替えることもできます。
エ：標準入力，標準出力ともに，ファイルに切り替えることはできます。

解答　ウ

第4章

問2　ファイルシステムの絶対パス名を説明したものはどれか。

（H26 秋·FE 問 19）

ア　あるディレクトリから対象ファイルに至る幾つかのパス名のうち，最短のパス名

イ　カレントディレクトリから対象ファイルに至るパス名

ウ　ホームディレクトリから対象ファイルに至るパス名

エ　ルートディレクトリから対象ファイルに至るパス名

解説

　階層型ファイルシステムでは，ファイルを階層構造にして格納します。ファイルを格納する入れ物を**ディレクトリ**と呼びます。ディレクトリにはファイルだけでなく**別のディレクトリを入れ子で格納する**こともできます。

　階層型ファイルシステムでは，利用者が現在参照しているディレクトリを，**カレントディレクトリ**と呼ばれるパス名で管理しています。**絶対パス名**とは，階層構造のファイルシステム上で，あるディレクトリやファイルのパス名を，最上位のディレクトリから記述したものです。階層型ファイルシステムでの最上位のディレクトリを**ルートディレクトリ**と呼びます。したがって，（エ）が正解です。一方，**相対パス名**とは，階層構造のファイルシステム上で，あるディレクトリやファイルのパス名を，**カレントディレクトリからの相対的な位置関係**で表現したものです。

　なお，ホームディレクトリは，OS の利用者ごとに割り当てられている利用者ごとのディレクトリであり，これもルートディレクトリから始まる階層のいずれかの場所に配置されています。

解答　エ

4.3 開発ツールとプログラムの形態

▶▶▶ **Explanation**

ポイントの解説

　開発ツールの中で，出題頻度が高い項目は，言語処理ツールと IDE です。特に，言語処理ツールのコンパイラに関する問題が多く出題されます。コンパイラについては，プログラムを作成した経験があれば容易に理解できると思います。その他の用語についても，しっかり理解して確実に問題が解けるようにしましょう。

(1) 言語処理ツール

　Java や C，Python などのプログラム言語の文法に従い，プログラムを作成します。この段階のプログラムを原始プログラム（ソースプログラム）といいます。これを機械語に翻訳することで，コンピュータで処理を行うことができるようになります。この翻訳を行うソフトウェアを言語処理ツールといいます。

　言語処理ツールには，機械語に近くハードウェアを意識する必要がある低水準言語と，ハードウェアを意識する必要性の低い高水準言語があります。アセンブラは低水準言語用，コンパイラ，インタプリタ，ジェネレータは高水準言語用です。

① アセンブラ

　原則として，機械語の命令と 1 対 1 に対応しています。

② コンパイラ

　Java や C などの高水準言語で記述された原始プログラムを，目的プログラムに一括翻訳（コンパイル）します。コンパイルの処理過程で，プログラムのサイズを小さくしたり，実行時間を短縮したりする最適化が行われます。

③ インタプリタ

　原始プログラムの命令を，一つずつ翻訳しながら実行します。コンパイルの手間がかからず，デバッグには便利です。しかし，プログラムを実行させたときの処理効率は，コンパイラよりも低くなります。

④ ジェネレータ

　入力データの様式や処理内容などを指示するパラメタを与えて，機械語のプログラムを作り出します。簡易にプログラムを作成できます。

（2） プログラム作成・実行手順

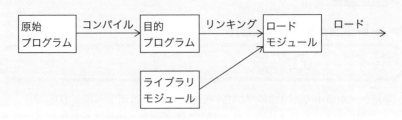

図　プログラム作成・実行手順

① コンパイル

　コンパイラによって原始プログラムを，目的プログラム（オブジェクトモジュール）にコンパイルします。目的プログラムは，機械語に翻訳されていますが，呼ばれるプログラムのアドレスは未決定のままです。

　コンパイラが，人間の記述した原始プログラムを翻訳し，目的プログラムを生成する過程は次のように細分化されます。

　(a) 字句解析……プログラムの文字列から字句を切り分けます。

　(b) 構文解析……切り分けた字句（算術式）の構成を調べます。

　(c) 意味解析……字句の前後関係を調べ，文の意味を解釈します。

　(d) コード最適化……無駄な処理を省いて処理効率を高めたり，目的プログラムのファイルサイズを小さくする変更を施したりします。

　(e) コード生成……目的プログラム（機械語プログラム）を作成します。

② リンキング

　幾つかの目的プログラムやライブラリモジュールなどを連係編集します。その結果，呼ばれるプログラムのアドレスも決定され，実行可能なロードモジュールが生成されます。これを行うのがリンカです。

③ ロード

　ロードモジュールを主記憶にロードして，プログラムを実行します。これを行うのがローダです。

④ 四つ組形式

　コンパイラで構文解析した結果の表現方法の一つに四つ組形式があります。高級言語で記述されたソースプログラムのコンパイル時の構文解釈の際に，演算子の優先順を考慮する必要があるために用いられます。この表記方法では，加減乗除の演算子を先に記述し，演算対象の変数である被演算子1，被演算子2，結果を表す変数の順に記述します。そして，その結果は式ごと

にスタックに収められ，次の式で使用する場合に利用されます。つまり，先にスタックに収められた結果が，演算において先に計算する（　）の中の実行に相当し，これによって複雑な計算式にも対応できます。

　　書式：
　　（演算子，被演算子1，被演算子2，結果）
　　例：
　　（※, A, B, C）　　「C＝A※B」の意

(3) IDE（統合開発環境）

　従来のプログラム開発では，テキストエディタでプログラムを記述し，コンパイラでコンパイルした後に，デバッガでデバッギングを行っていましたが，最近の開発現場では，IDE（Integrated Development Environment；統合開発環境）を利用することが一般的です。IDEは，ソースコードエディタやコンパイラ，デバッガを中心に，DB設計ツールやGUI画面デザインツール，ソースコードバージョン管理ツールなど，ソフトウェア開発に必要なツールが一つのアプリケーションとして統合されたソフトウェアです。

(4) 静的解析ツール

　静的解析ツールとは，プログラムを動かすことなく，解析し，隠れた不具合がないかどうかを確認するソフトウェアです。プログラム構造や変数名，メソッド名などがコーディング規約に違反していないかといった点を中心に確認します。

▶▶▶ **Check**

理解度チェック ▶ 4.3 開発ツールとプログラムの形態

(1)　次の特徴をもつ言語に対応した言語処理ツールを何といいますか。
　　①機械語の命令と1対1に対応した低水準言語
　　②原始プログラムを目的プログラムに一括翻訳する高水準言語
　　③原始プログラムの命令を一つずつ翻訳しながら実行する高水準言語
　　④パラメタを与えて機械語のプログラムを作り出す高水準言語

(2)　プログラムの作成・実行手順に関する次の文中の　　　　に適切な用語を
　　入れてください。
　　・コンパイラは　ア　を翻訳して　イ　を生成します。
　　・リンカは　イ　や　ウ　を連係編集して，実行可能な　エ　を
　　生成します。
　　・ローダは　エ　を主記憶にロードして，プログラムを実行します。

(3)　ソフトウェア開発に必要なツールが一つに集まったソフトウェアを何
　　といいますか。

解　答

(1)　①：アセンブラ　②：コンパイラ　③：インタプリタ　④：ジェネレータ
(2)　ア：原始プログラム　　　　　イ：目的プログラム
　　ウ：ライブラリモジュール　　エ：ロードモジュール
(3)　IDE（統合開発環境）

▶▶▶ **Question**

問題で学ぼう

問1 インタプリタの説明として，適切なものはどれか。

(H31 春·FE 問 19)

ア 原始プログラムを，解釈しながら実行するプログラムである。
イ 原始プログラムを，推論しながら翻訳するプログラムである。
ウ 原始プログラムを，目的プログラムに翻訳するプログラムである。
エ 実行可能なプログラムを，主記憶装置にロードするプログラムである。

解説

　インタプリタは**原始プログラムを 1 文（一命令）ずつ解釈しながら実行す**るプログラムですので，説明として適切なものは（ア）です。
イ：原始プログラムを別の言語に翻訳するものとしては，トランスレータなどがあります。
ウ：コンパイラの説明です。
エ：ローダの説明です。

解答 ア

問2 コンパイラで構文解析した結果の表現方法の一つに四つ組形式がある。
(演算子，被演算子 1，被演算子 2，結果)
　この形式は，被演算子 1 と被演算子 2 に演算子を作用させたものが結果であることを表す。次の一連の四つ組は，どの式を構文解析したものか。ここで，T_1, T_2, T_3 は一時変数を表す。

(H27 秋·FE 問 19)

$$(*, \ B, \ C, \ T_1)$$
$$(/, \ T_1, \ D, \ T_2)$$
$$(+, \ A, \ T_2, \ T_3)$$

ア　$A+B*C/D$　　　　イ　$A+B*C/T_2$
ウ　$B*C+A/D$　　　　エ　$B*C+T_1/D$

解説

コンパイラの構文解析で用いられる**四つ組形式**の問題です。問題文中に「**この形式は，被演算子１と被演算子２に演算子を作用させたものが結果であることを表す**」と説明があるので，一連の四つ組形式を中置記法で表してみます。

$$(*, \ B, \ C, \ T_1) \ \rightarrow \ T_1 = B * C$$
$$(/, \ T_1, \ D, \ T_2) \ \rightarrow \ T_2 = T_1 / D = (B * C) / D$$
$$(+, \ A, \ T_2, \ T_3) \ \rightarrow \ T_3 = A + T_2 = A + (B * C) / D$$

したがって，（ア）が正解です。

解答　ア

問３　手続型言語のコンパイラが行う処理のうち，最初に行う処理はどれか。

(H30 秋·FE 問19)

　ア　意味解析　　イ　構文解析　　ウ　最適化　　エ　字句解析

解説

手続型言語のコンパイラが行う処理は，次のような順番で行われます。

①字句解析 → ②構文解析 → ③意味解析 → ④最適化 → ⑤コード生成

このように，最初に行う処理は，（エ）の字句解析となります。

解答　エ

問4　リンカの機能として，適切なものはどれか。

(H30 秋・FE 問20)

　　ア　作成したプログラムをライブラリに登録する。
　　イ　実行に先立ってロードモジュールを主記憶にロードする。
　　ウ　相互参照の解決などを行い，複数の目的モジュールなどから一つのロードモジュールを生成する。
　　エ　プログラムの実行を監視し，ステップごとに実行結果を記録する。

解説

　リンカは，アセンブラやコンパイラが作成した**目的プログラム（オブジェクトモジュール）を結合して，実行形式プログラム（ロードモジュール）を作る（連係編集する）**プログラムです。したがって，（ウ）が適切です。
ア：ライブラリプログラム（ライブラリアン）の機能です。
イ：ローダの機能です。
エ：トレーサ（追跡プログラム）の機能です。プログラムのデバッグの際に，どこの命令でプログラムの実行がおかしくなったかなどを見つけるのに役立ちます。

解答　ウ

第4章

4.4　OSS（オープンソースソフトウェア）

▶▶▶ **Explanation**

ポイントの解説

　OSS（Open Source Software；オープンソースソフトウェア）は最近急速に利用が広がっているソフトウェアで，国やいろいろな団体が利用の促進を図っています。

　利用したことがない人はピンとこないかもしれませんが，インターネット上で配布先にアクセスして，機能や特徴など確認し，可能であれば実際に利用してみるとよいでしょう。

　ここでは，出題ポイントとして基本事項について説明します。

（1）　OSS の特徴

　OSS の特徴としては次のようなことがあります。

・プログラムのソースコードが入手できる（プログラムにソースコードも含む）。
・プログラムの改変を行うことができる。
・プログラムのコピーや配布を自由に行える。
・利用目的に制限がなく，商用目的の利用や有償販売も可能

　OSS を推進することによって，特定のソフトウェアだけが独占的に利用される弊害をなくす目的もあるといわれています。

　なお，OSS の推進を目的とした NPO である OSI（Open Source Initiative）は，オープンソースの定義（OSD；The Open Source Definition）として 10 個の要件を挙げています。詳しく学習したい方は以下を参考にしてください。

https://opensource.jp/osd/osd-japanese_plain.html

（2）　OSS の種類

　OSS には基本ソフトとして有名な Linux をはじめ，サーバソフト，データベース，デスクトップソフトウェア，スクリプト言語，統合開発環境など，様々なものがあります。代表的なソフトウェアの特徴については，出題される可能性がありますので，理解しておきましょう。

① 基本ソフトウェア（オペレーティングシステム）

Linux

② サーバソフト

Apache HTTP Server（Web サーバソフトウェア）

③ データベース

MySQL（Oracle 社が商用サポート），PostgreSQL（国内で人気）

④ スクリプト言語

Perl（早くから普及），PHP（HTML で埋め込んで記述），Python（オブジェクト指向言語，急速に普及）

⑤ ビッグデータ解析

ビッグデータのような大量のデータを分析するためには，分散処理が必要になります。このための手法の一つに MapReduce というものがあります。MapReduce を実現するための OSS としては，Apache Hadoop が有名です。

⑥ その他

Eclipse（統合開発環境），GNOME（デスクトップ統合環境），Firefox（Web ブラウザ），Thunderbird（メールクライアント），OpenOffice.org（ワープロ，表計算，プレゼンテーションソフトなど），GIMP（グラフィックソフトウェア），など

（3） OSS の主なライセンス形態

オープンソースライセンスは，考え方に基づいて，コピーレフト型，準コピーレフト型，非コピーレフト型の三つの類型に分類されます。三つのライセンス類型の違いをまとめると，次のようになります。

類型	改変部分の ソースコードの開示	他の ソフトウェアコードの開示
コピーレフト型	要	要
準コピーレフト型	要	不要
非コピーレフト型	不要	不要

コピーレフト型では，ソースコードが開示されており，自由に改変・派生してよいですが，その際に著作権は，元のソフトウェアと同一の状態に保つ必要があります。また改変部分のソースコードも開示する必要があります。派生したソフトウェアとしては，オリジナルのソフトウェアを直接改変・複製したものに加え，組み合わせたソフトウェアも含まれますので，制約が厳しいともいわれています。

なお,「コピーレフト（CopyLeft）」は,著作権を表す「コピーライト（CopyRight）」をもじった名称です。

① GPL（GNU General Public License；GNU 一般公衆利用許諾書）

　ソースコードの公開を前提とする,OSS ライセンス形態の一つです。代表的なコピーレフト型ライセンスであり,GPL に基づくソフトウェアであれば,誰でも自由に利用,改変できますが,二次著作物にもソースコードの公開を要求します。ただし,ソフトウェアを他者に配布しない利用形態,例えば自社内での利用であれば,改変して二次著作物を作成したとしても,ソースコードの公開は必要ありません。

② BSD ライセンス（Berkeley Software Distribution License）

　カリフォルニア大学バークレイ校がソフトウェアを配布するために確立した,OSS ライセンス形態の一つです。代表的な非コピーレフト型のライセンスであり,誰でも自由に利用,改変できますが,二次著作物の配布を行う際には現著作権者の表記を必要とし,また,二次著作物のソースコードを公開する必要がない点で,GPL と異なります。

▶▶▶ **Check**

理解度チェック ▶ 4.4 OSS（オープンソースソフトウェア）

(1)　OSS の特徴に関する次の文中の [　　　] に適切な用語を入れてください。
　　・プログラムの [　ア　] が入手できます。
　　・プログラムの [　イ　] を行うことができます。
　　・プログラムの [　ウ　] や [　エ　] を自由に行えます。
　　・利用目的に制限がなく，[　オ　] 目的の利用や [　カ　] も可能です。
(2)　次の説明に該当する代表的な OSS はどれですか。次の選択肢から選ん
　　でください。
　　①Web サーバソフトウェア
　　②データベース
　　③基本ソフトウェア
　　④スクリプト言語
　　　ア　Apache　　　イ　Linux　　　ウ　MySQL　　　エ　PHP

第4章

解　答

(1)　ア：ソースコード　　イ：改変　　ウ：コピー（複製）　　エ：配布
　　オ：商用　　カ：有償販売
(2)　①：ア　　②：ウ　　③：イ　　④：エ

▶▶▶ **Question**

問題で学ぼう

問1　OSI によるオープンソースソフトウェアの定義に従うときのオープンソ
　　ースソフトウェアに対する取扱いとして，適切なものはどれか。

(H31 春·FE 問 20)

　　ア　ある特定の業界向けに作成されたオープンソースソフトウェアは，ソ
　　　　ースコードを公開する範囲をその業界に限定することができる。
　　イ　オープンソースソフトウェアを改変して再配布する場合，元のソフト
　　　　ウェアと同じ配布条件となるように，同じライセンスを適用して配布す
　　　　る必要がある。
　　ウ　オープンソースソフトウェアを第三者が製品として再配布する場合，
　　　　オープンソースソフトウェアの開発者は第三者に対してライセンス費
　　　　を請求することができる。
　　エ　社内での利用などのようにオープンソースソフトウェアを改変して
　　　　も再配布しない場合，改変部分のソースコードを公開しなくてもよい。

解説

　OSI（Open Source Initiative）とは，オープンソースを促進する非営利組
織です。OSI のオープンソースソフトウェアの定義には，プログラムを配布
する際の条件として満たすべき 10 個の基準があります。これによると，**改
変したソフトウェアを再配布する場合には，ソースコードを公開しなければ
ならないが，私的あるいは企業内部での利用や改変では，ソースコードを公
開しなくてもよい**ことになっています。したがって，（エ）が適切です。

ア：ある特定の分野でプログラムを使うことを制限にしてはならないと定義
　　されています。
イ：オープンソースソフトウェアを改変して再配布する場合，元のソフトウ
　　ェアと同じライセンスの下で配布することを許可しなければならないと
　　定義されています。しかし，必ずしも同じライセンスで配布しなければな
　　らないわけではありません。
ウ：ソフトウェアの開発者は，第三者がオープンソースソフトウェアを販売
　　あるいは無料で配布することを制限してはならず，販売に関して，印税や
　　その他の報酬を要求してはならないと定義されています。

解答　エ

問 2　多数のサーバで構成された大規模な分散ファイルシステム機能を提供
し，MapReduce による大規模データの分散処理を実現する OSS はどれか。

（H30 春 FE 問 20）

ア　Apache Hadoop　　　　イ　Apache Kafka
ウ　Apache Spark　　　　　エ　Apache Storm

解説

　Hadoop は大規模データの蓄積や分析を分散処理で行う Java で実装され
たソフトウェアで，分散ファイルシステムである HDFS（Hadoop
Distributed File System）と，分散処理フレームワークである MapReduce
で構成されています。**一括で多量のデータ処理を行うバッチ処理用に設計さ
れています**。したがって，正解は（ア）の Apache Hadoop です。

イ：Apache Kafka は，大容量のデータを高スループット，低レイテンシ（遅
　　延）で収集，配信する OSS の分散メッセージングシステムです。
ウ：Apache Spark は，Hadoop と同じく OSS の分散処理フレームワークで
　　すが，より高速化した仕組みです。メモリ上でデータを扱うため，Hadoop
　　と比較すると高速な代わりに大規模データには適していません。
エ：Apache Storm は，データが無制限に発生し続けて絶えず流れ込むスト
　　リームデータをリアルタイムで扱い高速処理を行うことのできる OSS の
　　分散処理フレームワークです。IoT（Internet of Things）のセンサ類，ア
　　プリケーションや Web からのリアルタイムデータを収集し，イベントを
　　抽出し処理することができます。

解答　ア

第
4
章

問3　OSS（Open Source Software）に関する記述として，適切なものはどれか。

(R2-IP 問96)

ア　製品によっては，企業の社員が業務として開発に参加している。
イ　ソースコードだけが公開されており，実行形式での配布は禁じられている。
ウ　どの製品も，ISO で定められたオープンソースライセンスによって同じ条件で提供されている。
エ　ビジネス用途での利用は禁じられている。

解説

　ソフトウェア自体は OSS として提供していても，実際の業務システムへの組込み開発におけるコンサルテーションを有償で行ったり，保守サービスを有償で行ったりする場合もあります。このため，その土台となる OSS の開発自体も企業が社員に業務として開発させるケースもあります。この代表的な例としては RedHat Enterprise Linux などが挙げられます。したがって，（ア）が正解です。

イ：OSS の多くはその公式サイトで，実行形式の配布自体を行っており，そもそも実行形式での配布を利用者が行う必要がありません。またソースコードとして提供されているプログラムの利用形態に制限を設けていないため，実行形式にビルドしたソフトウェアの配布を制限することができません。

ウ：オープンソースライセンスは，ソフトウェアの著作者がソースコードを公開し，それを再利用する際のライセンス規約の総称であり，ISO（International Organization for Standardization; 国際標準化機構）が標準規格を作っているわけではありません。

エ：イの解説にあるように，OSS は，ソースコードとして提供されているプログラムの利用形態に制限を設けていないため，ビジネス用途での利用も禁じられていません。

解答　ア

4.5 ハードウェア

▶▶▶ **Explanation**

ポイントの解説

　コンピュータの電子回路の基礎となる論理演算回路，記憶素子を構成する回路，表示装置を構成する点灯回路といった出題ポイントを解説します。

（1）　論理演算回路

　論理演算を処理するための電子回路であり，演算装置の中枢です。論理演算回路図の図表記号である MIL 記号（ミル記号）は，問題中に説明がありますが，慣れておくようにしましょう。

　一方で，論理演算の入力値（MIL 記号中の A，B）と結果値（MIL 記号中の X）の関係を表した論理演算の定義は，覚えておく必要があります。

①　MIL 記号

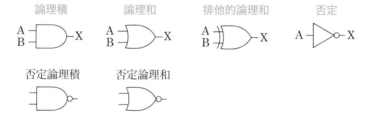

②　論理演算の定義

A	B	論理積 A AND B	論理和 A OR B	排他的論理和 A XOR B	否定論理積 A NAND B	否定論理和 A NOR B
0	0	0	0	0	1	1
0	1	0	1	1	1	0
1	0	0	1	1	1	0
1	1	1	1	0	0	0

A	否定 $\overline{A}$
0	1
1	0

※否定論理積回路は，論理積回路と否定回路の組合せ，否定論理和回路は，論理和回路と否定回路の組合せとしても表現できます。

（2） 半加算器と全加算器
① 半加算器

二つの入力と二つの出力をもちます。1桁のビット同士の加算を行い，その桁の値，及び上位の桁への繰上りを計算するための回路です。下位の桁からの繰上りは，計算できません。

② 全加算器

半加算器が扱うことのできない，下位の桁からの繰上りを処理できるように，三つの入力（このうち一つは下位の桁からの繰上り）と二つの出力をもつ回路です。

（3） 記憶回路と半導体チップ
① フリップフロップ回路

ビットが1か0のどちらかの状態を安定してもち続ける記憶回路です。2章で紹介したSRAMに使用されます。

② フラッシュメモリ

電源を切ってもデータが消えない，不揮発性の記憶素子です。通常，ブロック単位でデータの読み書きを行います。データの上書きを行う際には，対象ブロックのデータを，いったん電気的に消去してから書込みを行います。

③ SoC（System on a Chip）

SoCとは，システムの動作に必要な全ての機能を，一つの半導体チップに集積したものです。プロセッサやメモリなどが統合されています。SoCを使うことで，装置の小型化や製造コストの低減を実現します。

（4） LED点灯回路
・7セグメントLED点灯回路

表示パネル上にセグメント分けされたLED素子をもち，出力ポートのビット値によって点灯状態が変わる回路です。最上位ビット（MSB）と，最下位ビット（LSB）とセグメントの関係は回路によって異なるため，注意が必要です。

（5） アクチュエータ

コンピュータが出力した電気信号を力学的な運動に変える装置をアクチュエータと呼び，伸縮・屈伸するものや回転するものがあります。ロボットのアームの制御など，コンピュータの信号出力を実際の動作にする箇所で使用されます。

(6) A/D変換器，D/A変換器

アナログ信号をデジタル信号に変換する機器を A/D 変換器，その反対にデジタル信号をアナログ信号に変換する機器を D/A 変換器と呼びます。どちらの変換器にも共通する性能値として分解能というものがあります。分解能は通常ビット数で表されますが，対象となるアナログの事象をデジタルの値で表現する際に，何段階で表現するかを示す値です。例えば8ビットの分解能をもつA/D 変換器で，0V から 100V までの電圧を 0 から 255 のデジタルの値で表現するということなので，デジタルの値が 1 変わると，255 分の 100V（約 0.39V）の差異が発生することになります。

(7) センサ

自然界のものごとを，電気信号や電圧，電流量に変換する装置をセンサといいます。センサにはその対象によって様々なものがありますが，代表的なものとして，次のものが挙げられます。

名称	説明
サーミスタ	温度によって抵抗が変わるもの
ジャイロ	軸に対する角度の変化を検知，計測するもの
電子コンパス	方位を検知，計測するもの
ひずみゲージ	部品の伸び縮みなどの変形によって抵抗が変わるもの
ホール素子	磁界の変化を検出するもの
照度センサ	明るさを計測するもの
湿度センサ	湿度を計測するもの

▶▶▶ **Check**

理解度チェック ▶ 4.5 ハードウェア

電子回路に関する次の文中の ☐ に適切な用語を入れてください。

・論理演算回路を図式化した MIL 記号を右図のようにつなげた際の出力値 X は，☐ ア ☐ になります。

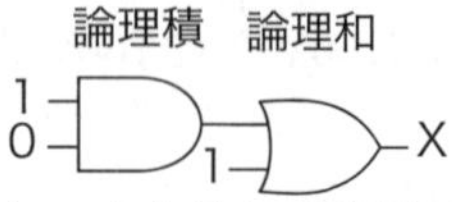

論理積　論理和

・ビットが 1 か 0 のどちらかの状態を安定してもち続ける記憶回路は，☐ イ ☐ です。

・フラッシュメモリは，電気的にデータを ☐ ウ ☐ 単位で消去して上書きします。

・システムの動作に必要な全ての機能を，一つの半導体チップに集積したものは，☐ エ ☐ です。

・コンピュータの出力を力学的な運動に変換するものは，☐ オ ☐ です。

━━━ **解答** ━━━

ア：1　イ：フリップフロップ回路　ウ：ブロック　エ：SoC
オ：アクチュエータ

▶▶▶ **Question**

問題で学ぼう

問1　1桁の2進数A, Bを加算し, Xに桁上がり, Yに桁上げなしの和（和の1桁目）が得られる論理回路はどれか。

（R3秋-AP 問22）

ア
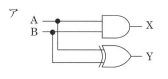

イ
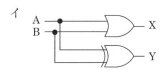

ウ
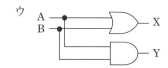

エ
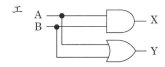

解説

　加算したときの**桁上がりである X** について考えると, A, Bがともに1のときだけ1, その他は0を出力すればよいので, 論理演算は, **論理積（AND）** が必要になります。

　一方, 加算したときの桁上げなしの**和（和の1桁目）であるY** について考えると, A, Bの値のどちらか一方だけが1のときに1を出力し, 両方とも0又は1のときは0を出力する必要があります。これに対応する論理演算は, **排他的論理和（XOR）** です。選択肢の中で, Xが論理積素子の出力, Yが排他的論理和素子の出力になっている論理回路は（ア）なので, これが正解です。

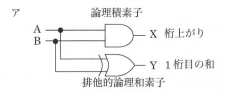

解答　ア

問2 データセンタなどで採用されているサーバ，ネットワーク機器に対する
直流給電の利点として，適切なものはどれか。

(H31春-FE 問23)

ア　交流から直流への変換，直流から交流への変換で生じる電力損失を低
減できる。

イ　受電設備から CPU などの LSI まで，同じ電圧のまま給電できる。

ウ　停電の危険がないので，電源バックアップ用のバッテリを不要にでき
る。

エ　トランスを用いて容易に昇圧，降圧ができる。

解説

　交流給電の場合，データセンタにおいては受電設備で受電した後に，無停
電電源装置（UPS）に給電する際には交流から直流に変換して蓄電池に充電
しています。停電が発生した場合には蓄電池からの直流電流を再び交流に変
換してサーバ，ネットワーク機器に給電することになります。さらに機器の
内部では交流を再び直流に変換して各素子に給電しています。このように，
データセンタ内部では交流と直流の変換が繰り返し行われることになりま
すが，変換の際には電力損失が発生し，損失分は熱エネルギーとして失われ
るため効率がよくありません。直流給電は，このような変換回数を低減でき
るので，変換過程で生じる電力損失を低減することができます。したがって，
適切なものは（ア）です。

イ：受電設備では機器の入力電圧よりも高電圧で受電するので，降圧処理が
　必要となり同じ電圧のまま給電することはできません。

ウ：データセンタへの給電が停止する（停電）可能性はあるので，電源のバッ
　クアップは必要です。

エ：直流電流はトランスを用いて容易に昇圧，降圧することはできません。
　インバータなどを必要とします。

解答　ア

問3　分解能が8ビットのD/A変換器に，ディジタル値0を入力したときの出
　　力電圧が0Vとなり，ディジタル値128を入力したときの出力電圧が2.5V
　　となる場合，最下位の1ビットの変化による当該D/A変換器の出力電圧の変
　　化は何Vか。

(H29 春·FE 問20)

　　ア　2.5／128　　イ　2.5／255　　ウ　2.5／256　　エ　2.5／512

解説

　分解能が8ビットのD/A変換器という場合，電圧を示すディジタル値を8
ビット（0～2^8-1を示す2進数：0000 0000～1111 1111）で表現すること
になります。ディジタル値128（＝2^7）を2進数で表すと，1000 0000にな
りこのときの出力電圧が2.5Vとなることから，ディジタル値と出力電圧の
対応は次のようになります。

ディジタル値 （10進数）	ディジタル値 （2進数）	出力電圧(V)
：	：	：
128	1000 0000	2.5 ＝128×2.5／128
127	0111 1111	127×2.5／128
：	：	：
2	0000 0010	2×2.5／128
1	0000 0001	1×2.5／128
0	0000 0000	0 ＝0×2.5／128

　この表から分かるように**ディジタル値（10進数）が128増えると，出力
電圧が0Vから2.5Vに増えるので，最下位の1ビットの変化によるD/A
変換器の出力電圧の変化は，2.5／128 (V)** となります。したがって，(ア)
が正解です。

解答　ア

問4　8ビットD/A変換器を使って負でない電圧を発生させる。使用するD/A変換器は，最下位の1ビットの変化で出力が10ミリV変化する。データに0を与えたときの出力は0ミリVである。データに16進数で82を与えたときの出力は何ミリVか。

(R2·AP 問24)

　　ア　820　　　　　イ　1,024　　　　ウ　1,300　　　　エ　1,312

解説

　「最下位の1ビットの変化で出力が10ミリV変化する。データに0を与えたときの出力は0ミリVである」とあります。つまり，入力が0のときの出力は0で，入力が1大きくなると，出力は10ミリVずつ大きくなります。そして，入力データが16進数で82，10進数で130（＝8×16+2）なので，出力は**130×10＝1,300（ミリV）**となり，（ウ）が正解です。

解答　ウ

問5　アクチュエータの説明として，適切なものはどれか。

(R4 春·AP 問22)

　　ア　与えられた目標量と，センサから得られた制御量を比較し，制御量を目標量に一致させるように操作量を出力する。
　　イ　位置，角度，速度，加速度，力，温度などを検出し，電気的な情報に変換する。
　　ウ　エネルギー源からのパワーを，回転，直進などの動きに変換する。
　　エ　マイクロフォン，センサなどが出力する微小な電気信号を増幅する。

解説

　アクチュエータ（actuator）は，電気信号などの電気エネルギーや，油圧や空気圧などの流体エネルギーなどを，**力学的あるいは機械的エネルギーに変換する装置**です。したがって，（ウ）が適切です。
　ア：フィードバック制御の説明です。
　イ：センサの説明です。物理量としては，温度，湿度，音，光，磁気，振動，速度，加速度，圧力をはじめとする様々な検出対象があります。
　エ：増幅器の説明です。

解答　ウ

第5章 ヒューマンインタフェース とマルチメディア

part 2

▶▶▶ Point

学習のポイント

　インタフェースという用語はもともと"境界"や"接点"を表す用語ですが，IT 分野では境界をつなぐ技術や仕様を指します。また，機械（コンピュータ）と人間のインタフェースを"マンマシンインタフェース"又は"ヒューマンインタフェース"といいます。基本情報技術者試験では，その基本的な用語の意味などの全般について概要を理解しているかが問われますが，出題ポイントとしては，ヒューマンインタフェース技術の種類，GUI，Web デザイン，ユニバーサルデザインなどが挙げられます。

　次に，マルチメディア分野については，既にテレビや映画，ゲーム，インターネットなどの様々なサービスで広く日常世界に入ってきています。文字，音声，画像（静止画，動画）などのデータをコンピュータで処理して見せる技術が発展してきています。この分野では，静止画や動画の圧縮・伸張方式，CG技術の基礎知識が問われると予想されます。

　これらの分野の技術は，IT をいかに使いやすいものにするか，いかに広い分野で応用できるかの鍵を握っており，現在でも新しい技術の研究が進められています。今後も新しい技術が出てくると思われるので，技術動向に注目しておきましょう。

（1）　ヒューマンインタフェース

　基本情報技術者試験の出題ポイントは，ヒューマンインタフェースを決定する要件やインタフェースを実現する技術の特徴を理解しておきましょう。また，コード設計の方法や，人が入力する際のミスを防止するチェックディジットなども出題される可能性が高いので，基本事項として理解しておきましょう。ユニバーサルデザイン（Universal Design；UD）や情報バリアフリーなどのヒューマンインタフェース関連用語は，この出題分野での基本として必ず理解しておきましょう。

（2） マルチメディア

　マルチメディア分野については，既に日常生活の中で利用されていますが，試験ではその仕組みや規格などの原理に近い部分の内容が出題されると思われます。静止画の JPEG や GIF，動画の MPEG，音声関連の MP3 などの特徴を理解しましょう。また，データを圧縮して小さくする技術に関して，可逆圧縮と非可逆圧縮の違いも理解しておきましょう。

　このほか，マルチメディアの応用については，主に 3DCG（3 次元コンピュータグラフィックス）やレンダリング，VR（仮想現実），AR（拡張現実）について概要を理解し，それらの技術を使用した実例も確認しておきましょう。

　また，現在では映像の世界でおなじみですが，3 次元映像やモーションキャプチャと呼ばれる技術はマルチメディアの基本技術となりつつあることも認識しておきましょう。

　各分野からの出題はそれぞれ 1 問程度と少ないですが，出題内容には新しい内容が含まれる場合もあります。ただし，試験で出題される内容は，専門的な内容までは踏み込まず，用語の意味などを問う問題が多いといえます。ここで説明されている内容を中心に，関連問題を理解して試験に臨んでください。

5.1　ヒューマンインタフェース

▶▶▶ **Explanation**

　基本情報技術者試験で出題される内容は，IT の利用者としての常識に近い内容と，システムを設計・構築する立場の者として一歩踏み込んだ内容の両方が出題されると思われますが，試験対策としては，出題される重要なポイントに絞って理解するようにしましょう。

(1)　ヒューマンインタフェース関連の重要用語

①　インフォメーションアーキテクチャ（情報アーキテクチャ）

　「情報を分かりやすく伝え」，「受け手が情報を探しやすくする」ための表現技術（情報アーキテクチャアソシエーションジャパン；IAAJ のホームページより）のことです。見やすく使いやすい Web ページなどの研究をする Web デザイン，マルチメディアを利用した学習コンテンツ（内容）や広告など，幅広い領域の研究・開発が行われています。

②　ユニバーサルデザイン（Universal Design；UD）

　年齢や能力，文化，国籍にかかわりなく，全ての生活者に対して適合する製品や情報などの設計（デザイン）のことです。ユニバーサルデザインは，はじめから障害がないように設計するという考え方で行われます。

③　情報バリアフリー

　バリアフリーとは，体が不自由な人や高齢の人が生活を営む上で支障（バリア）がないことです。また，そのために商品や製品を作ったり，建物を設計したりします。情報機器において制約のある条件でも入力や操作ができ，誰でも活用できるように設計することを情報バリアフリーと呼びます。

④　ユーザビリティ

　"使いやすさ"を表す言葉ですが，JIS 規格では，「ある製品が，指定されたユーザによって，指定された利用の状況下で，指定された目標を達成するために用いられる際の，有効さ，効率及びユーザの満足度の度合い」（JIS Z 8530）としています。ユーザビリティを表す指標は，使いやすさの考え方によって異なりますが，見やすさ，言葉の分かりやすさ，操作のしやすさ（覚えやすさ），使うまでの（使った後の）手間の少なさなどを挙げることができます。また，ユーザビリティの評価として，専門家の経験則を基にインタフェース

のユーザビリティ（使いやすさ）を検証するヒューリスティック評価があります。ヒューリスティックとは経験則を指し，過去の経験を基にした知見から妥当だと考えられる結論を導く考え方です。

⑤　アクセシビリティ

　年齢や能力に関わらず，誰でも必要とする情報に簡単にたどり着け，利用できることをいいます。音声でコンピュータを操作するインタフェースとして VUI （Voice User Interface）があります。これは，PC を操作するより簡単に情報操作ができるため，アクセシビリティが高いインタフェースといえます。スマートフォンを使用しての音声入力などはアクセシビリティが高いだけでなく，複雑な操作を覚える必要がないため学習コストも低く，製品そのものを自然に使用することができるというメリットもあります。

　アクセシビリティ設計に関する規格である JIS X 8341 では，アクセシビリティ（accessibility）を "様々な能力をもつ最も幅広い層の人々に対する製品，サービス，環境又は施設（のインタラクティブシステム）のユーザビリティ" と定義しています。また，Web 技術・仕様の標準化を推進する W3C が提唱しているガイドラインとしては，WCAG（Web Content Accessibility Guidelines；Web コンテンツアクセシビリティガイドライン）があります。

⑥　UX デザイン（User Experience デザイン）

　UX（ユーザエクスペリエンス）とは，製品やサービスを使用することで得られるユーザ体験を指します。つまり，UX デザインとは，製品やサービスの使い心地，満足感，新規性への感動，製品・サービスの利用場面を想定した充足感の実現を目指したデザインをすることです。

⑦　GUI（Graphical User Interface；ジーユーアイ）

　GUI は，パソコンなどで採用されているヒューマンインタフェースです。画面上のアイコンやメニューをマウスなどのポインティングデバイスで指定することによって，キーボードからコマンド（操作指示の言葉）を入力するのと同じ処理を行うことができます。GUI によって，コマンドを覚えることなく操作ができるようになり，操作性が向上しました。主な GUI の構成部品としては，ラジオボタン（ラジオボックス），チェックボックス，リストボックス，プルダウンメニュー，ポップアップメニュー，テキストボックスなどがあります。

⑧　Web デザイン

　ホームページなどの Web ページのデザインでは，サイト全体の印象を統一するため，色調やデザインの表現にスタイルシートを使ったりします。また，複数の Web ブラウザに対応できるようなデザインを検討します。

Web の閲覧環境として，全てのブラウザで同じ表示や同じ動きをさせるという考え方をクロスブラウザと呼んでいます。この考え方はブラウザの互換性に焦点を当てていますが，一方，プログレッシブエンハンスメントという考え方では，コンテンツ自体の表現・制作に焦点を当てています。

プログレッシブエンハンスメントでは，新しい技術を駆使して Web 画面を制作するため，ブラウザ環境が整っているユーザにはより良い Web 画面デザインの提供が可能になります。（古いブラウザを使用しているユーザにも，情報としては同じものが提供されます。）

Web デザインを実施する上で重要なのは，Web 閲覧者に対して伝えたい内容をいかにして“印象付けるか”という点です。閲覧者が操作しやすく，再訪問につながる Web サイトとしてのデザインを考慮することが大切です。

・CSS…W3C で標準化されているスタイルシートの仕様が CSS です。文書の構造と体裁を分離させる目的があります。

・SEO…利用者がキーワード検索などしたときに，自社の Web ページが少しでも先に出てくるように，検索エンジンの特性を意識して，Web デザインすることです。

・サイトマップ…Web ページを総覧でき，サイトのページ構成が分かります。

・パンくずリスト…パンくずリスト（topic path あるいは breadcrumbs list）は，「>」を用いて，Web サイトの現在のページの位置をトップページからのパスとして階層表現したものです。

（2） 画面設計

画面設計は，出力結果を確認する目的もありますが，基本的にはシステムで処理するデータを入力することを第一の目的として設計します。このために，データの入力が自然に行えるような項目の配置にしたり，色の使い方のルールを決めたり，正しくデータを入力できるように操作のためのガイダンスを表示したりするなどの工夫をします。

① 画面レイアウト設計の主な留意点

・項目の配置：入力項目は原則として左上から右下に並べ，関連する項目を隣接させ，自然な入力ができるようにする。

・色の使い方のルールを決める。

・選択項目の表示：コードなどの入力する値が限定されるような場合，一覧表示させるなどの工夫をする。

・デフォルト値の設定：入力する可能性の高い値をあらかじめ設定しておき，入力効率を高める。

第5章

・操作のためのガイダンスを表示し，操作しやすくする工夫をする。

② 入力データチェック

人間が入力したデータには不備があることが多いため，入力画面ではデータのチェックを行う必要がありますが，これは次のような観点に基づいて行われます。

・シーケンスチェック：データの入力順序として，連番での入力が必要な項目に番号の抜け漏れがないかどうかをチェックします。

・重複チェック：レコードを識別するための識別子などとして入力された値が，既に存在するデータと重複していないかをチェックします。

・フォーマットチェック：入力値の桁数や文字種といった形式（フォーマット）をチェックします。

・リミットチェック：入力値が上限値，下限値の範囲を超えていないかをチェックします。

・論理チェック：生年月日が未来の日付になっているなど，データ単体として論理的にあり得ない状態になっていないか，複数のデータ間で論理的に矛盾したデータが入力されていないかをチェックします。

・バランスチェック：貸借対照表や税務申告書類などのように，複数の項目間で値の相関関係があるときに，項目間の相関関係をチェックします。

（3） 帳票設計

帳票設計では，必要な情報を見やすく伝えるために，「出力する項目は必要なものだけに絞り，関連する項目は近くに並べる」，「文字の大きさやフォント（字形）を適切に選ぶ」といった配慮をして，帳票レイアウトを設計します。また，複数の帳票がある場合は統一したルールで設計することが大切です。また，印刷される内容が画面上で確認できるようにすることを，見た状態がそのまま出力結果として得られるという意味で WYSIWYG（What You See Is What You Get）といいます。

（4） コード設計

コードはデータを識別するために利用するものですが，コード設計した後の変更はシステム設計からやり直しが必要になることもあるため，コードの役割と種類・特徴をよく理解して，設計する必要があります。

① コードの役割

・個々のデータの区別をするため。

・データを体系化して管理しやすくするため。

・データを標準化・単純化するため。

② コードの種類と特徴

・順番コード：一定の順序に並べられた項目に対して，一連の番号を割り振る方法です。項目数が少ない場合に適していますが，途中で追加できないなど，融通がきかないという欠点もあります。

・区分コード：あるデータ項目の中を幾つかの組に分け，各組の順を追って番号を割り振る方法です。少ない桁数で多くの内容を表せますが，追加などに備えた検討が必要です。

・桁別分類コード：データ項目を大・中・小分類などに区別し，コードの各桁に分類を対応させる方法です。

・表意コード（ニモニックコード）：コード化するデータ項目の名称や略称をコードの中に組み込み，コード化したデータから意味を連想しやすくする方法です。桁数が多くなるという欠点があります。

・合成コード：各種コードの組合せによって生成させたコードです。

③ チェックディジット

チェックディジットは，入力したコードの誤りを検出する目的で，データに付加するものです。

コードの各桁の数値にあらかじめ決められた計算（加減乗除や剰余）を行い，求められた数値をチェックディジットとして，コードに付加します。コードを入力したときに誤りがあれば，入力されたコードから求めたチェックディジットと，付加されているチェックディジットが異なるため，入力した値の誤りを検出することができます。

（計算例）各桁の和を9で割った余りをチェックディジットとする。

チェックディジット付きのコードは，入力後に再計算して，付加したチェックディジットと等しければ正しいデータ，等しくなければ誤りデータとする。

▶▶▶**Check**

理解度チェック ▶ 5.1 ヒューマンインタフェース

(1) 年齢や能力，文化，国籍にかかわりなく，全ての生活者に対して適合する製品や情報などの設計を何といいますか。

(2) 情報機器において，制約のある条件でも入力や操作ができ，誰でも活用できるように設計することを何といいますか。

(3) 次の文中の ___ に適切な用語を入れてください。

・Web の閲覧環境として，全てのブラウザで同じ表示や同じ動きをさせるという考え方を ア と呼んでいます。この考え方はブラウザの互換性に焦点を当てていますが，一方，イ という考え方では，コンテンツ自体の表現・制作に焦点を当てています。

・Web デザインでは，ウ を用いてサイト全体の色調やデザインに統一性をもたせたり，複数種類の エ に対応したりするなど，オ （使いやすさ）の観点で設計することが必要になります。

・画面設計では，データの入力が自然に行えるような カ にしたり，色の使い方のルールを決めたり，正しくデータを入力できるように操作のための キ を表示したりするなどの工夫をします。

(4) コード設計に関して，あるデータ項目の中を幾つかの組に分け，各組の順を追って番号を割り振る方法を何といいますか。

解 答

(1) ユニバーサルデザイン

(2) 情報バリアフリー

(3) ア：クロスブラウザ　　イ：プログレッシブエンハンスメント
　　ウ：スタイルシート　　エ：Web ブラウザ　　オ：ユーザビリティ
　　カ：項目の配置　　キ：ガイダンス

(4) 区分コード

▶▶▶ **Question**

問題で学ぼう

問1　列車の予約システムにおいて，人間とコンピュータが音声だけで次のようなやり取りを行う。この場合に用いられるインタフェースの種類はどれか。

〔凡例〕
　P：人間
　C：コンピュータ

P　"5月28日の名古屋駅から東京駅までをお願いします。"
C　"ご乗車人数をどうぞ。"
P　"大人2名でお願いします。"
C　"ご希望の発車時刻をどうぞ。"
P　"午前9時頃を希望します。"
C　"午前9時3分発，午前10時43分着の列車ではいかがでしょうか。"
P　"それでお願いします。"
C　"確認します。大人2名で，5月28日の名古屋駅午前9時3分発，東京駅午前10時43分着の列車でよろしいでしょうか。"
P　"はい。"

(H30秋·FE 問24)

ア　感性インタフェース　　　　　イ　自然言語インタフェース
ウ　ノンバーバルインタフェース　エ　マルチモーダルインタフェース

解説

　人間とコンピュータのやり取りを見ていくと，この問題では，音声だけのインタフェースであるにもかかわらず，あたかも人と人が話しているようにコンピュータが受け答えをしています。これは自然言語インタフェースと呼ばれ，**人間が日常的に使っている自然言語をコンピュータに処理させる方法**です。自然言語処理では統計的手法を使用して，形態素解析→構文解析→文脈解析→意味解析と進み，その逆をたどって返答などを返す方法で進められてきました。また，音声だけでのやり取りとして，この問題のように不特定多数の人が利用する場合には，発音の個人差，単語と単語の間隔が短い際の

単語の結合，意味の複数の解釈，内容自身の曖昧さなど，解決する課題は様々です。AI の技術が進んだ現在では，自然言語の解析や返答に AI を利用し，スマートフォンやスピーカ型の音声だけの自然言語インタフェースなどが実現されています。したがって，（イ）「自然言語インタフェース」が正解です。

ア：**感性インタフェース**は，人とコンピュータが表情や身振りなどを双方でやり取りし，人の意思を的確にくみ取り，使いやすくしたインタフェースです。

ウ：**バーバルコミュニケーション**（verbal communication）は，会話や文字などの言葉を使ったコミュニケーションのことです。対語としての**ノンバーバルコミュニケーション**は，言葉以外の身振り手振り，表情，視線，態度，声のトーンなどの情報でコミュニケーションをとることです。人間とコンピュータとのノンバーバルインタフェースには，会話できない場合の視線による入力や，表情変化の画像解析，センサや映像を使用した身振りの解析などがあります。

エ：**マルチモーダル**（multimodal）とは，視覚・聴覚を含め，複数のコミュニケーションモードを利用し，システムと対話を行うことです。表情，身振り手振り，視線などでのやり取りや，擬人化されたキャラクタとのやり取りで処理を進める方法があります。

解答　イ

問2 Web ページの設計の例のうち，アクセシビリティを高める観点から最も
適切なものはどれか。

(H30 春·AP 問 24)

ア　音声を利用者に確実に聞かせるために，Web ページの表示時に音声を
自動的に再生する。

イ　体裁の良いレイアウトにするために，表組みを用いる。

ウ　入力が必須な項目は，色で強調するだけでなく，項目名の隣に“(必
須)”などと明記する。

エ　ハイパリンク先の内容が推測できるように，ハイパリンク画像の alt
属性にリンク先の URL を付記する。

解説

アクセシビリティとは，**高齢者や障害者などハンディをもつ人も含めた全
ての人が，様々な製品やサービスを支障なく利用できるかどうかの度合い**を
指した言葉です。Web ページについては“**Web アクセシビリティ**”と呼ば
れています。

アクセシビリティを高めるためには，「入力が必須な項目は，色で強調す
るだけでなく，項目名の隣に“(必須)”などと明記する」といった工夫が必
要となります。色で強調するだけでは，受け取る人によって異なる解釈をす
る可能性があるので，“**(必須)”などと明記すること**によって，**明確に意図
を伝える**ことができるようになります。したがって，（ウ）が最も適切です。

ア：音声が聞き取りにくい環境では，「Web ページの表示時に音声を自動的
に再生」してもアクセシビリティを高めることになりません。聴覚を用い
なくても理解できる文字などの代替情報を提供することが望ましいです。

イ：表組みを用いると，音声読上げをする際に順序が崩れてしまうことがあ
るので，使用に当たっては注意が必要です。

エ：Web ページの画像を表示できない環境では，画像の代わりになる説明を
することによってアクセシビリティを高めることができますが，リンク先
の URL を付記しても内容を推測することはできません。

解答　ウ

問3　利用者が現在閲覧している Web ページに表示する，Web サイトのトッ
　プページからそのページまでの経路情報を何と呼ぶか。

(R3 春·AP 問 26)

　　ア　サイトマップ　　　　　　　　イ　スクロールバー
　　ウ　ナビゲーションバー　　　　　エ　パンくずリスト

解説

　一般的な Web サイトには複数の Web ページが存在します。複数の Web
ページが階層構造になっている場合，閲覧者はトップページから現在のペー
ジまでの階層上の位置を知り，上位階層に戻った後，同じ階層の別のページ
に移動することが多くなります。この階層構造の中での位置，言い換えると
トップページからの経路情報を表示する要素をパンくずリストと呼びます。
したがって，（エ）が正解です。パンくずリストの名称は，童話「ヘンゼル
とグレーテル」で，帰り道に森の中で迷わないようにパンくずを道に置きな
がら歩いたという話に由来しています。

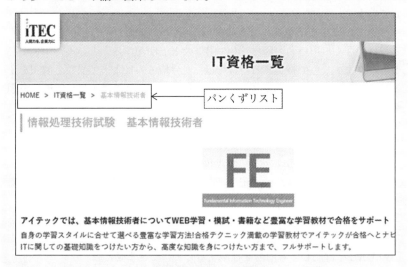

図　パンくずリストの例

ア：サイトマップは，Web サイトに存在する**複数の Web ページを総覧的に
　示したもの**です。
イ：スクロールバーは，縦，あるいは横方向で画面に表示しきれない Web
　ページのコンテンツをスクロールして表示する際に，現在の位置の表示や

移動操作を提供するための GUI コンポーネントです。通常は Web ブラウザがこの機能をもっています。

ウ：ナビゲーションバーは、現在参照している Web ページの URL を表示するための Web ブラウザの表示部品です。

解答　エ

問4　コードから商品の内容が容易に分かるようにしたいとき、どのコード体系を選択するのが適切か。

(R1 秋·FE 問 23)

ア　区分コード　　イ　桁別コード　　ウ　表意コード　　エ　連番コード

解説

コードの値から**内容を推測できるようにしたコード体系**は、（ウ）の「表意コード」です。**コードの値に意味のある文字や略称**などを用います。例えば、記録媒体の商品コードを「SD-32-C10」とし、SD カード、容量 32G バイト、クラス 10 など、コードを確認するだけで商品の内容が分かるようになります。

ア：区分コードは、商品などを**グループ分け**するために設けたコードの一部分のことです。例えば、商品コードの区分コードを 2 桁の数字とした場合、「00」を食料品、「01」を日常品、「02」をアルコール類などと分類するために用います。

イ：桁別コードは、**コードの値の桁ごとに意味をもたせた**コード体系です。例えば、社員番号を次のように決める場合などに使用されます。

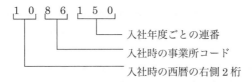

エ：連番コードは、何かを番号付けするときに、**生起順に番号を振ったコード体系**です。前記の桁別コードで示した社員番号の例では、入社年度ごとの連番が相当します。

解答　ウ

5.2 マルチメディア

▶▶▶Explanation

ポイントの解説

マルチメディアについては，データ形式の意味と特徴，ZIP や LZH などの圧縮ファイルの形式，マルチメディアの応用について CG 画像の作成手順とCG 処理の基本事項を理解しましょう。

（1）　マルチメディア関連の重要用語

①　音声のデジタル化

音声のデジタル化は，次のようなフェーズに分けて行われます。

・サンプリング（標本化）……音圧の測定です。ある時点と次の時点の音圧の差が音といえます。

・量子化……音圧を整数値に変換します。

・符号化……量子化で決まった数値をどのようなビット列として並べていくかを決める処理です。フォーマットやデータ圧縮方式によって，この処理の内容が変わってきます。

サンプリングを行う頻度が高ければ高いほど，また，量子化の際のビット量が大きければ大きいほど，よりきめ細かな記録となりますが，保存するデータ量も多くなります。

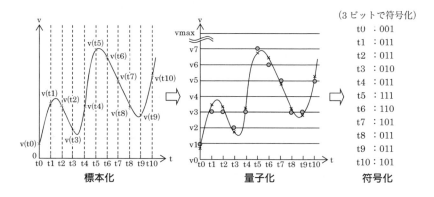

②　ハイパメディア

文字，静止画，動画，音声，音楽などで表現された情報同士をリンクさせ

て，そのリンクをたどって次々と関連情報に到達できるようにしたものをハイパメディアといいます。また，この場合のリンクをハイパリンクといいます。

③　ストリーミング

　ネットワークを通じて動画や音声データのやり取りをするとき，受信側でデータを受け取りながら，データの再生も併せて行う方式のことです。

④　可逆圧縮方式，非可逆圧縮方式

　データの圧縮方式には，可逆圧縮方式と非可逆圧縮方式があります。可逆圧縮方式は，圧縮されたデータを伸張すると元のデータを完全に復元できる方式で，プログラムやデータなどの圧縮に使用されますが，圧縮率はそれほど高くありません。一方，非可逆圧縮方式は，圧縮されたデータを伸張しても元のデータを完全には復元できない方式で，圧縮率が高いという特徴があります。ある程度の誤差が許容できる画像や音声などに使用されます。

（2）　マルチメディアのデータ形式

次の代表的なデータ形式の特徴を理解しておきましょう。

種類	データ形式	特徴
文書データ	HTML形式	タグと呼ばれる記号で区切った形式。Webページを記述するために使用される。文章情報に留まらず，書式やレイアウトの定義も行うことができる。
	XML形式	HTML同様，文書の構造を記述する言語である。HTMLのタグが書式に関するものに特化しているのに対し，XMLでは，タグの意味を作成者が自由に設定することが可能であるため，文書データとしてだけでなく，コンピュータ間でやり取りされるデータ形式としても利用されている。
	PDF形式	Portable Document Format（PDF）は，Adobe Systems社によって開発された電子書類の規格の一種。インターネット上での文書配布の標準形式である。
書式データ	CSS形式	HTMLで記述された文書に対して，書式データ，レイアウトデータを定義することが可能。複数のHTMLファイルから同じCSSファイルを参照させることで，Webサイトのデザインを統一することを容易にしている。
静止画データ	BMP形式	画像データをドットの集まりとして保存する形式
	GIF形式	線画画像などのデータを圧縮して保存するためのデータ形式。256色を扱うことが可能で，インターネット上の画像形式としてよく利用される。

第5章

種類	データ形式	特徴
静止画データ	JPEG形式	写真画像などの画像データを圧縮して保存するための形式。一般的に**非可逆圧縮**だが，可逆圧縮方式もある。フルカラー（1,677万色）を扱うことが可能である。
	PNG形式	Webでビットマップ画像を扱うファイルフォーマットとして開発され，Web制作などの場面で活用されることが多いデータ形式。可逆圧縮方式であり，フルカラーを扱うことも可能。また，透明色をもたせることができる。
動画データ	MPEG形式	デジタル動画データや音声データを圧縮するデータ形式 ・MPEG-1：カラー動画像と音声の標準的な圧縮伸張方式。CD-ROMなどに利用されている。 ・MPEG-2：MPEG-1の画質を高めた方式。DVDビデオやデジタル衛星放送などに利用されている。 ・MPEG-4：携帯電話やアナログ回線など，比較的低速な回線で利用される動画圧縮方式。衛星などを利用した無線通信でも利用されている。
音楽データ	PCM	音声をサンプリングし，量子化，デジタル符号化したデータ形式
	MP3	MPEG-1の音声を圧縮した形式。音声データを少ない容量で高音質に保存可能。音楽配信などに利用されている。

　よく出題されるのは，静止画をフルカラーで圧縮する JPEG（Joint Photographic Experts Group）と，動画の圧縮形式である MPEG（Moving Picture Experts Group）です。

　JPEG は，一般的には非可逆圧縮ですが，可逆圧縮のロスレス JPEG もあります。また，MPEG については，表中の MPEG-1，MPEG-2，MPEG-4 のそれぞれが出題されるので，特徴を理解しておきましょう。

（3）　画像の表現

① 色の表現

　コンピュータで色を表現するとき，画面などでは光の 3 原色 RGB（R；Red，G；Green，B；Blue），カラープリンタでは色の 3 原色 CMY（C；Cyan，M；Magenta，Y；Yellow）を使って表現されます。なお，CMY では黒色がきれいに出ないため，黒を加えて CMYK とする場合が多いです。

② 画像の品質

　画面やプリンタの出力では，画像の最小単位をピクセル又はドット（画素）として，この集まりで表現します。画面の大きさもこれを単位として表現さ

れ，例えば 1,280×1,024 ピクセルの画面は横に 1,280 画素，縦に 1,024 画素備わっていることを示します。

　現在は，この 1 ピクセルごとに色情報をもたせて画面の表示を行う方式が多いです。1 ピクセルごとに 8 ビットの色情報をもたせると $2^8＝256$ 通りの色表現が可能で，16 ビットの色情報をもたせると $2^{16}＝65,536$ 通りの色表現が可能です。なお，1 ピクセルごとに 24 ビットの色情報をもたせると $2^{24}＝16,777,216$ 通り（約 1,677 万色）の色表現が可能で，これをフルカラーといいます。

③　ビットマップ形式とベクトル形式

　2 次元の画像データのデータ表現形式は，ビットマップ形式とベクトル形式に 2 分されます。ビットマップ形式は，ディスプレイやプリンタのピクセル又はドット単位での色情報を保持する形式です。このため，画像を大きく拡大すると，ドットの粗さが目立ったり，斜線部分のギザギザが目立ったりしてしまいます。一方のベクトル形式は，画像を線や面の集まりとして表現する形式です。例えば線の場合には，始点，方向，長さ，色といった情報として表現します。いわば数式として画像を表現している形式です。このため，画像の拡大，縮小をしても画質が劣化しません。

　ビットマップ形式の画像データを編集するためのソフトウェアをペイントソフト，ベクトル形式の画像データを編集するためのソフトウェアをドローソフトと呼びます。

	ビットマップ形式	ベクトル形式
特徴	・ピクセルやドットごとの色情報としてデータを表現 ・主に写真データとして利用される	・線や面の数式情報としてデータを表現 ・主にイラストデータとして利用される
利点	・ディスプレイやプリンタに出力しやすい ・カメラから取り込みやすい	・拡大縮小をしても画質が変わらない
欠点	・拡大をすると画質が劣化する	・写真など現実世界の画像には向いていない
編集するための ソフトウェア	・ペイントソフト	・ドローソフト

(4) マルチメディア応用

　コンピュータを使ったグラフィック処理（コンピュータグラフィックス）では，主に 3 次元コンピュータグラフィックスに関する知識が問われます。

① 　3 次元コンピュータグラフィックス（3DCG）

　　コンピュータを使った画像の描画処理をコンピュータグラフィックス（Computer Graphics；CG）といいます。試験では，主に 3 次元 CG に関する問題が出題されます。3 次元 CG といった場合，3 次元データ自体の定義，格納方法，及び 3 次元データを 2 次元であるディスプレイ装置に描画する処理に関する知識がテーマになります。

　　3 次元データは，主に次の要素で成り立っています。

ポリゴン	物体の面を細分化した多角形。一般的には三角形が利用される。
テクスチャ	ポリゴンの表面に貼り付ける 2 次元画像。物体の質感を表現するために利用される。
メタボール	物体をポリゴンのような面の集合ではなく，球の集合として表現する方式の 3 次元データにおける，一つ一つの球

　ポリゴンとテクスチャを使う方式は，ゲームや映画などで多用されます。一方，メタボールを使う方式は，科学的なシミュレーションなどで利用されます。

図　三角形のポリゴンで表現されたボールの例

　3 次元データの描画処理は，大きく次の三つのフェーズに分かれます。

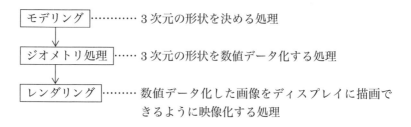

モデリング …………… 3 次元の形状を決める処理

ジオメトリ処理 ……… 3 次元の形状を数値データ化する処理

レンダリング ………… 数値データ化した画像をディスプレイに描画できるように映像化する処理

②　レンダリングの基本処理
- クリッピング（clipping）：画像表示領域にウィンドウを定義し，ウィンドウ内の見える部分だけを取り出す処理
- テクスチャマッピング（texture mapping）：モデリングされた物体の表面に柄や模様などを貼り付ける処理
- シェーディング（shading）：立体感を生じさせるため，物体の表面に陰付けを行う処理
- アンチエイリアシング（anti-aliasing）：周辺の画素との平均化演算などを施し，ギザギザを目立たなくする処理
- ラジオシティ（radiosity）：表現する環境に含まれる各種の光源と，全ての反射光からの直接照明量の計算によって求める処理
- レイトレーシング（ray tracing）：3次元物体をリアルに表現するために輝度，影付け，透明光，反射光など，最終的に視点に入る光源を全て追跡して計算する処理

③　バーチャルリアリティ（Virtual Reality；VR：仮想現実）

　コンピュータによって処理された情報を，視覚や聴覚を中心とした人間の五感に訴えて，現実の世界のような感覚を作り出すことを VR（仮想現実）といいます。CG やセンサなどの技術を用いて，コンピュータで作った世界が，現実の世界であるかのように表現します。教育，訓練，医療，デザイン，ゲームなどに応用されています。

④　オーギュメンテッドリアリティ（Augmented Reality；AR：拡張現実）

　実際には存在しない物をあたかもそこにあるかのように見せることを AR（拡張現実）といいます。CG 技術を用いて，現実の世界とコンピュータで作った世界を組み合わせるなどに使われます。アニメ，ゲーム，デザインなどで応用されています。

⑤　モーションキャプチャ（motion capture）

　3次元空間における人間や動物の自然な動きをセンサやビデオカメラなどを用いてコンピュータに取り込む技法を，モーションキャプチャといいます。モーションキャプチャの技術は，映画やゲーム，スポーツ，医療などの分野で利用されています。

第5章

▶▶▶**Check**

理解度チェック ▶ 5.2 マルチメディア

(1) 文字，静止画，動画，音声，音楽などで表現された情報同士をリンクさせて，そのリンクをたどって次々と関連情報に到達できるようにしたものを何といいますか。

(2) ネットワークを通じて動画や音声データのやり取りをするとき，受信側でデータを受け取りながら，データの再生も合わせて行う方式を何といいますか。

(3) 画像データの圧縮・伸張方式で，一般的に非可逆圧縮，フルカラー（1,677万色）表示が可能という特徴をもったデータ形式は何ですか。

(4) 画像データの圧縮・伸張方式で，一般的に可逆圧縮，フルカラー表示が可能かつ透明色が利用できるという特徴をもったデータ形式は何ですか。

(5) MPEG方式でDVDビデオやデジタル衛星放送などに利用されているものは何ですか。

(6) MPEG方式で携帯電話など，比較的低速な回線で利用されているものは何ですか。

(7) 1ピクセルに16ビットの色情報をもつと何通りの色表現が可能ですか。

(8) CG画像の作成手順として，レンダリング，モデリング，ジオメトリ処理を並べると，どの順になりますか。

(9) CG処理の一つで，立体感を生じさせるため，物体の表面に陰付けを行う処理を何といいますか。

(10) コンピュータによって処理された情報を，視覚や聴覚を中心とした人間の五感に訴えて，現実の世界のような感覚を作り出すことを何といいますか。

解 答

(1) ハイパメディア   (2) ストリーミング

(3) JPEG   (4) PNG

(5) MPEG-2   (6) MPEG-4

(7) 65,536通り   (8) モデリング→ジオメトリ処理→レンダリング

(9) シェーディング   (10) VR（仮想現実）

▶▶▶ Question

> 問題で学ぼう

問1　音声のサンプリングを 1 秒間に 11,000 回行い，サンプリングした値を
それぞれ 8 ビットのデータとして記録する。このとき，$512×10^6$ バイトの容
量をもつフラッシュメモリに記録できる音声の長さは，最大何分か。

(H31 春·FE 問 25)

ア　77　　　　イ　96　　　　ウ　775　　　　エ　969

解説

サンプリングとは，「標本を拾い集めること」です。音声サンプリングは，
音声のようなアナログデータを符号化（デジタル化）する技法で，連続して
いるアナログの波形から，一定間隔で波の大きさ（振幅）を取り出すことで
す。

1 秒間に 11,000 回データを取り出して，その値をそれぞれ 8 ビットで記録
します。8 ビット＝1 バイトであることから，1 秒間に取り出すデータは，

8 ビット／回×11,000 回／秒

＝88,000（ビット／秒）＝11,000（バイト／秒）＝$11×10^3$（バイト／秒）
です。したがって，$512×10^6$ バイトの容量をもつフラッシュメモリには，
$(512×10^6$（バイト））÷$(11×10^3$（バイト／秒））＝$512×10^3$÷11（秒）
＝46545.45…（秒）

46545÷60＝775.75…（分）の音声データが記録できます。最大何分かと
あるので，分以下の値は切り捨てます。したがって，（ウ）の 775（分）が正
解です。

アナログデータか
らデジタルデータへ
の変換は，**標本化，
量子化，符号化**の順
で図のように行われ
ます。

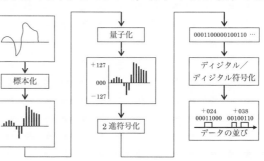

解答　ウ

問2　H.264/MPEG-4 AVC の説明として，適切なものはどれか。

（R01 秋・FE 問24）

ア　5.1 チャンネルサラウンドシステムで使用されている音声圧縮技術
イ　携帯電話で使用されている音声圧縮技術
ウ　ディジタルカメラで使用されている静止画圧縮技術
エ　ワンセグ放送で使用されている動画圧縮技術

解説

　H.264/MPEG-4 AVC は動画の圧縮符号化方式です。MPEG（Moving（Motion）Picture Experts Group）は，ISO（国際標準化機構）と IEC（国際電気標準会議）の動画・音声データの符号化及びその統合に関するワーキンググループ MPEG（Moving Picture Experts Group）によって標準化された規格です。

　MPEG には，アナログテレビ，VHS ビデオ，CD に採用された MPEG-1，DVD やデジタル放送などに採用された MPEG-2 に続き，マルチメディアソフト，移動体通信，インターネットストリーミング向けに MPEG-4 の規格があり，ファイルフォーマット，映像，音声の3要素で構成されています。

　MPEG-4 の映像部分の符号化 MPEG-4 Visual を，更に効率の良い符号化方式で規格化したものが MPEG-4 AVC（Advanced Video Coding）です。ITU-T（国際電気通信連合の電気通信標準化部門）と MPEG の合同映像チームで策定された規格のため，ITU-T 勧告の H.264 と MPEG-4 AVC が併記された形式となっています。ワンセグ放送は，地上デジタル放送で行われる携帯電話に向けたテレビ放送サービスであり，移動体通信用に割り当てられたセグメントを利用しています。デジタル放送 1 チャンネル当たり 13 セグメントに分けられたうちの1セグメントを利用していることから，ワンセグと呼ばれています。したがって，（エ）が適切です。

ア：5.1 チャンネルサラウンドシステムは，ドルビーデジタルと総称される映画，オーディオ機器やゲーム機器などに採用されている音声圧縮技術の一つです。

イ：携帯電話での音声圧縮技術では，個人差のある声をできるだけ忠実に合成するため，データベースとして用意した複数の固定音源と，過去に用いた音源を変化させる適応音源の二つを組み合わせて音源を作成する分析合成方式と呼ばれる方式を用いています。

ウ：H.264/MPEG-4 AVC は，静止画圧縮技術ではありません。

解答　エ

問3　液晶ディスプレイなどの表示装置において，傾いた直線の境界を滑らか
　　に表示する手法はどれか。

(H30 秋·FE 問 25)

　　ア　アンチエイリアシング　　　　　　イ　シェーディング
　　ウ　テクスチャマッピング　　　　　　エ　バンプマッピング

解説

　液晶ディスプレイなどの表示装置を用いたコンピュータグラフィックス
で，例えば，傾いた直線の境界を滑らかに表示するには，**境界に生じるギザ
ギザ（ジャギーという）を目立たなくする**必要があります。この技術をアン
チエイリアシング（anti-aliasing）といいます。

　具体的に説明すると，画像は，画面を構成する画素の色を変えることで表
示されています。このとき，**画素は与えられた数値に相当する色しか表示で
きないため，色の境界は階段状になってしまいます。**それを目立たなくする
ためには色彩の**中間色を割り当てる**必要がでてきます。

　例えば，白地に黒文字を表示する場合には，**中間色の灰色を利用してジャ
ギーを目立たなくします。**したがって，（ア）が正解です。

イ：シェーディング（shading）とは，3 次元コンピュータグラフィックス
　　の 3D モデル表面に明暗のコントラストを付けて立体感を与えることで
　　す。

ウ：テクスチャマッピング（texture mapping）とは，3 次元コンピュータ
　　グラフィックスの 3D モデル表面に 2D の画像を貼り付けることで質感を
　　与えることです。

エ：バンプマッピング（bump mapping）とは，3次元コンピュータグラフ
　　ィックスの 3D モデル表面に凹凸があるかのように見せることです。

解答　ア

第5章

問4 コンピュータグラフィックスに関する記述のうち，適切なものはどれか。

(R3秋-AP 問25)

ア テクスチャマッピングは，全てのピクセルについて，視線と全ての物体との交点を計算し，その中から視点に最も近い交点を選択することによって，隠面消去を行う。

イ メタボールは，反射・透過方向への視線追跡を行わず，与えられた空間中のデータから輝度を計算する。

ウ ラジオシティ法は，拡散反射面間の相互反射による効果を考慮して拡散反射面の輝度を決める。

エ レイトレーシングは，形状が定義された物体の表面に，別に定義された模様を張り付けて画像を作成する。

解説

ラジオシティ法は，3次元の数値情報からグラフィック画像を表示するための計算方法の一つです。ラジオシティ法では，**光の相互反射を利用して物体表面の光のエネルギーを算出する**ことで，物体表面の輝度を決めます。したがって，（ウ）が適切です。

ア：Zバッファ法に関する記述です。**奥行きに関する情報を保持する作業領域をZバッファ**と呼びます。

イ：ボリュームレンダリング法に関する記述です。メタボールは，物体を球や楕円体の集合として擬似的にモデル化することです。

エ：テクスチャマッピングに関する記述です。レイトレーシングは，光源からの光線の経路を計算することで，光の反射や透過などを表現して物体の形状を描画します。

解答 ウ

問5 AR（Augmented Reality）の説明として，最も適切なものはどれか。

(H30 春·FE 問 26)

ア　過去に録画された映像を視聴することによって，その時代のその場所にいたかのような感覚が得られる。

イ　実際に目の前にある現実の映像の一部にコンピュータを使って仮想の情報を付加することによって，拡張された現実の環境が体感できる。

ウ　人にとって自然な3次元の仮想空間を構成し，自分の動作に合わせて仮想空間も変化することによって，その場所にいるかのような感覚が得られる。

エ　ヘッドマウントディスプレイなどの機器を利用し人の五感に働きかけることによって，実際には存在しない場所や世界を，あたかも現実のように体感できる。

解説

　AR（Augmented Reality；拡張現実）は，現実世界にCGで作成された仮想の映像や音声情報を重ね合わせることによって，現実を拡張させる技術です。マークや実画像の特徴点をカメラでとらえて対応した情報を付加する方法や，GPS衛星からの情報を基に現在位置を特定する方法があり，媒体の傾きなども含めて情報が付加される場合もあります。スマートフォンを用いたゲームやカメラアプリ，観光案内，災害時の避難誘導や，製造現場ではARゴーグル付きヘルメットによって作業指示などを表示する利用例など，多分野で活用されています。したがって，正解は（イ）です。

ア：ARは現実と架空を同時に重ね合わせる技術であり，過去の映像を用いるものではありません。

ウ，エ：自分の動作に合わせて仮想空間も変化する技術や，実在しない世界を現実に体感することは，VR（Virtual Reality；仮想現実）と呼ばれる技術です。医療，建設，製造分野での教育や訓練，完成する前の建築物などの内覧や，アミューズメント施設での利用例などが挙げられます。

解答　イ

データベース

▶▶▶ Point

学習のポイント

　基本情報技術者試験では，関係データベースが出題の中心になります。ここでは，データベースを設計する上で必要となるデータベースのモデルや正規化について説明します。さらに，実際のデータベースの操作に必要な SQL と，データベースシステムを運用する上で重要な排他制御や障害からの回復処理を含むトランザクション処理について説明します。過去に出題された内容の類似問題がよく出題されるので，基本事項を理解しておきましょう。

(1)　データベース方式

　ここでは，データモデルの中の関係データモデルとスキーマの意味をしっかり把握しましょう。3 層スキーマモデルの外部スキーマ，概念スキーマ，内部スキーマが，関係データベースでは何に相当するかも理解してください。また，関係データモデルに関して，タプル（行），属性（列）といった用語も覚えておきましょう。

(2)　データベース設計

　データベースの表（テーブル）を設計する上で大切な正規化の手法について，正規化する目的を理解し，第 1 正規化，第 2 正規化，第 3 正規化の順に正規化を進めることを具体的な例で理解しましょう。

　第 1 正規化は，表の繰返し項目をなくすことです。関係データベースの表は，もともと，繰返し項目を認めないので，関係データベースの表であれば第 1 正規形です。第 1 正規形でも，重複するデータが繰り返し現れる冗長な場合があります。この冗長な表を分割するのが第 2 正規化及び第 3 正規化です。

(3) データ操作（SQL）

関係データベースの操作に関して，まず最も基本的な射影，選択，結合の三つの関係演算の意味を理解してください。次に関係演算の考え方を実際に使ってデータベースを操作する SQL 言語を学習します。これまでの基本情報技術者試験で出題された SQL の多くは，SELECT 文での結合，副問合せ，グループ化の問題です。現在の試験制度では，システム利用者の立場の人も受験者に加わったこともあり，SQL に関する問題の難易度はやや低くなりましたが，午後試験でもよく出題される内容なので，基本的な文法は確実に理解しておいてください。

(4) トランザクション処理

実際にデータベースを正しく利用するには，排他制御や障害からの回復処理について理解しておく必要があります。その基になる考え方がトランザクションの ACID 特性で，この略語の四文字の意味は理解しておきましょう。更新処理で異常な処理をしないためのトランザクションの排他制御は，具体的にはロック制御で行われますが，この制御で発生する可能性のあるデッドロックについて，基本事項を理解しましょう。

回復処理については，まず，現在のデータベース管理システムが，バッファ（メモリ）とディスクの2層構造になっていることを，しっかり理解しておく必要があります。これを前提とした上で，システム障害ではバッファ（メモリ）の内容が失われることに対する回復処理であり，媒体障害ではディスクの内容が失われることに対する回復処理であると，認識する必要があります。

(5) データベース応用

データを蓄積・分析して有効活用するための技術の特徴を理解します。データを蓄積したデータウェアハウスと，データを分析する技術のデータマイニングが重要なキーワードになります。この二つのキーワードを中心に，最近話題になっているビッグデータの意味や，NoSQL の具体例についても理解しましょう。

6.1 データベース方式

▶▶▶ **Explanation**

ポイントの解説

(1) データモデル

　データベースを実際にコンピュータ上で実現するためのソフトウェアを，DBMS（DataBase Management System；データベース管理システム）といいます。DBMS が取り扱うデータモデルには，次に示す関係データモデルが主流となっています。この関係データモデルを扱う DBMS を，RDBMS（Relational DBMS；リレーショナル DBMS）と呼びます。

　近年，普及が始まっている NoSQL に属する各種データベース方式も，関係データモデルとは異なるデータモデルではあるものの，後述するトランザクション機能をもたないものも混在しているため，新しい技術要素として「6.5 データベース応用」で取り上げています。

表　RDBMS が取り扱うデータモデル

データモデル名	特徴
関係 データモデル	データを表（タプルと属性）として表現するデータモデルです。関係演算理論に基づいて，表同士は共通の項目をキーとして関連付け，いろいろな条件を付けてデータを得ることが可能です。関連するデータの数を多重度といい，UML のクラス図では「最小数..最大数」の形で記述します。最小数が 0 の場合は，対応するデータが存在しない場合があることを示します。

(2) 3層スキーマモデル

　ANSI/SPARC（米国規格協会の委員会）から報告されたモデルが，データの独立性を高めるための DBMS の 3 層スキーマ構造です。スキーマとは，日本語で"構造を表す図"の意味で，データの性質，形式，他のデータとの関連などのデータ定義の集まりです。

　① 概念スキーマ……データベースの管理対象となる実世界の全てのデータ項目や論理構造を記述（定義）したものです。

　② 内部スキーマ……データベースの物理的な格納方式やアクセス方式を記述（定義）したものです。

③ 外部スキーマ……データベースが，利用者やアプリケーションプログラムに見せるデータの形式を記述（定義）したものです。

関係データモデルを管理する関係データベースでは，ビュー（view）は外部スキーマに，実表は概念スキーマに，インデックスや表領域定義は内部スキーマに対応します。

（3） 関係データベース

関係データベースは，データを行と列の2次元の表形式で表します。表同士の関係は共通の値をもつ列（キー）によって関連付けられます。利用者にも分かりやすく使いやすいので，最も利用されています。

関係をリレーション，行をタプル（又は組），列を属性（又はアトリビュート）といい，属性が取り得る値の集合を定義域（ドメイン）といいます。また，データベースに記録される実際のデータを実現値（インスタンス）といいます。

リレーション： 社員

属性： 社員番号	氏名	所属部署
I0010001	ITEC 花子	技術本部
I0010002	ITEC 太郎	営業本部
I0010003	ITEC 高志	総務部

一つのタプル →（I0010001 の行を指す）

⋮

図　タプルの例

（4） E-R図やUMLのクラス図

関係データベースのリレーション（表）同士の紐づきを示す図としては，E-R図（Entity Relationship Diagram）やUMLのクラス図が用いられます。

E-R図の例　　会社 → 社員

UMLクラス図の例　　会社 1 —— * 社員

この例ではいずれの図も，一つの会社に複数の社員が紐づけられること，及び1人の社員は一つの会社に紐づけられることを表しています。

第6章

(5)　データベース管理システム

　データベース管理システム（DBMS：DataBase Management System）は
データを構造的に蓄積し，効率良く管理し，障害復旧やデータ保護などを行い
ます。主な機能には，データベースの定義やデータの参照・更新などの操作機
能，ユーザのアクセス権設定などによるデータ機密保護機能，同一データに対
して同時に複数の更新処理をさせないようロックをかける同時実行制御（排他
制御），障害発生時にデータの復旧を行う障害回復などがあります。

▶▶▶**Check**

理解度チェック ▶ 6.1 データベース方式

(1)　データモデルにおいて，データの性質，形式，他のデータとの関連など
　　のデータ定義の集まりを何といいますか。
(2)　関係データベースのビューは，3層スキーマの何に対応しますか。
(3)　関係データベースの表同士の関係は何で関連付けられますか。
(4)　関係データベースの表の行と列のことをそれぞれ何といいますか。
(5)　関係データベースの属性が取り得る値の集合を何といいますか。

解　答

(1)　スキーマ　　　　(2)　外部スキーマ　　　　(3)　共通の値をもつ列（キー）
(4)　行：タプル（又は組），列：属性（又はアトリビュート）
(5)　定義域（又はドメイン）

▶▶▶ **Question**

問題で学ぼう

問1 UML を用いて表した図のデータモデルの解釈のうち，適切なものはどれか。

(H29 秋·FE 問 28)

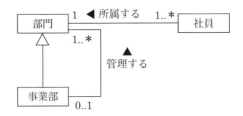

ア 事業部以外の部門が，部門を管理できる。
イ 社員は事業部に所属できる。
ウ 所属する社員がいない部門が存在する。
エ 部門は，いずれかの事業部が管理している。

解説

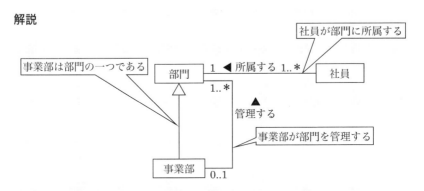

　UML（Unified Modeling Language）は「統一モデリング言語」と言われ，主に各種の図と文字でシステムのモデリングを行い，統一表現を用いることによって関係者間でのコミュニケーションを行うことのできる言語です。UML では一般的な概念はクラスと呼ばれ，概念と概念の関係を示すことができます。概念は長方形で，関係は概念同士を結ぶ線で表現します。
　関係データモデルでは概念は表に対応します。「部門」，「社員」，「事業部」

が概念に，「管理する」，「所属する」が関係の説明に当たります。関係は一般的には上から下へ，左から右への方向で示されますが，それ以外や明示的に示したい場合は黒い三角▲で向きを示します。問題では「社員が部門に所属する」，「事業部が部門を管理する」という関係が示されています。

　関係に示された数字や＊は多重度（カーディナリティ）で，一方の表のデータが，幾つの他方のデータと関係するかを表します。指定する整数の範囲は「下限・・上限」で表し＊は範囲に下限又は上限がないことを示します。

多重度の表記	意味
1	1だけ
1..3	1から3
0..*　や　＊	0以上
0,1　や　0..1	0又は1

部門と社員は次の関係があることが分かります。
　1人の社員は一つの部門に所属する
　一つの部門には1人以上の社員が所属する
部門と事業部は次の関係があります。
　一つの事業部は一つ以上の部門を管理する
　一つの部門は0か又は一つの事業部に管理される（事業部に管理されない
　部門もある）
　白い三角△は△が向いている方向が共通の性質を抽出して，より一般的な概念「汎化」を表します。事業部は部門の中の1種類であることが分かります。社員は一つの部門に所属しますが，部門には事業部もあるので，（イ）「社員は事業部に所属できる」が適切です。
ア：このUMLでは部門を管理できるのは事業部だけです。部門から部門への関係は表記されていません。
ウ：部門から社員へは1..*なので，必ず1人以上の社員が所属します。
エ：部門から事業部へは0..1なので，一つの事業部が管理するか管理する事業部がない場合もあります。

解答　イ

問2　関係データベースのビューに関する記述のうち，適切なものはどれか。

(R3秋-AU 午前Ⅱ問21)

ア　ビューの列は，基の表の列名と異なる名称で定義することができる。

イ　ビューは，基の表から指定した列を抜き出すように定義するものであり，行を抜き出すように定義することはできない。

ウ　二つ以上の表の結合によって定義されたビューは，結合の仕方によらず更新操作ができる。

エ　和両立な二つの表に対し，和集合演算を用いてビューを定義することはできない。

解説

　データベースの物理的な表とは別に，この物理的な表のデータを，特定業務用の論理的な視点などでアクセスできるようにした仮想の表を用いますが，これが外部スキーマであるビューです。

　このビューを定義するSQL文の例を挙げると，次のようになります。

CREATE VIEW ビュー名(列名，列名，…)AS 問合せ指定

　ビューの(列名，列名，…)部分の列名には，必ずしも元の物理表と同じ列名を付ける必要はありません。したがって，（ア）が適切です。

イ：ビューは，基の表から指定した列（射影演算）と行（選択演算）を抜き出すように定義することができます。

ウ：二つ以上の表を結合したビューでは，更新対象の行と結合元の実表の行が1対1に対応できる場合に限り更新可能になります。

エ：和両立な二つの表とは，同じ属性をもつ表という意味で，和集合演算（UNION演算）を用いてビューを定義することができます。

解答　ア

第6章

問3　DBMS が提供する機能のうち，データ機密保護を実現する手段はどれか。

(H30 春·FE 問27)

　　ア　一連の処理を論理的単位としてまとめたトランザクションを管理する。
　　イ　データに対するユーザのアクセス権限を管理する。
　　ウ　データを更新するときに参照制約をチェックする。
　　エ　データを更新する前に専有ロックをかける。

解説

　DBMS が提供する機能には，SQL でのデータベース定義・操作，整合性管理，機密保護管理，トランザクション管理，排他制御機能，障害回復管理，データベース管理があります。

　データ機密保護を実現するには，利用者が表やビューに対するアクセス権限を制御する手段があります。SQL では権限をテーブルやビューの所有者から GRANT 文で付与することができます。また，REVOKE 文で付与した権限を削除（取り消す）ことができます。権限の種類には問合せ，挿入，更新，削除などがあります。したがって，（イ）が正解です。その他の機密保護には，データそのものを暗号化することや利用者の認証などがあります。

ア：一つの論理的作業単位としてまとめたトランザクションの管理はデータベースの一貫性を保つために「コミットメント制御」「排他制御」「障害回復機能」などを行うことで実現されます。

ウ：参照制約は表と表をある列もしくは列の組で結合するときに必ず対応する値が存在することを保証する制約で，参照を許可するものではなく機密保護には当たりません。

エ：データを更新するときに専有ロックをかけると他のトランザクションからのアクセスを制御できデータの一貫性を保つことができますが，機密保護にはなりません。

解答　イ

問4 関係モデルの属性に関する説明のうち，適切なものはどれか。

(H31 春-FE 問 26)

ア 関係内の属性の定義域は重複してはならない。

イ 関係内の属性の並び順に意味はなく，順番を入れ替えても同じ関係である。

ウ 関係内の二つ以上の属性に，同じ名前を付けることができる。

エ 名前をもたない属性を定義することができる。

解説

　関係モデルの**属性**は，関係データベースにおける表の列（カラム）に対応し，**タプル**（又は，組）は関係データベースにおける表の行（レコード）に対応します。SQL を考える場合，列名を指定してデータの抽出を行いますので，列名は必須となりますし，同じ列名を定義すると列を区別することができないので，**名前を重複して付けることはできません**。また，関係データベースでは，便宜的に定義した順番が暗黙的に使用されることがありますが，関係モデルの**属性の並び順に意味はなく**，順番を入れ替えても同じ関係と解釈されます。

　属性の**定義域**とは，その属性が取り得る値の集合のことです。関係データベースにおけるデータ型や値域を指します。例えば，生年月日や入社日などの日付型の属性を考えた場合には，定義域は同じとなりますので，**定義域は重複しても問題ありません**。したがって，（イ）が適切です。

ア：属性の定義域は，その属性が取り得る値の集合なので，重複しても問題ありません。

ウ：関係内の二つ以上の属性に，同じ名前を付けると，属性を区別することができなくなるので，同じ名前を付けることはできません。

エ：属性には必ず名前を付ける必要があります。なお，属性内のデータには主キー制約や非 NULL 制約が指定されていなければ，NULL 値を設定することはできます。

解答　イ

6.2　データベース設計

▶▶▶ Explanation
ポイントの解説

(1)　第1正規化

　関係データベースで扱う表は,「表の一つ一つの欄には一つしか値が入れられない」単純な2次元の表で, このような表を第1正規形といいます。

　例えば, 表に資格の欄があったとします（次ページ表A参照）。一般に, 個人の資格は複数あるので,〔英検2級, 基本情報〕といった集合になり, こういうデータは表の一つの欄には入れられません。このため, 表Bのように, 関係データベースの表から繰返し項目をなくします。この作業を第1正規化といいます。

(2)　第2正規化

　第1正規化で繰返し項目をなくしました。この段階で, 表Bの主キーは〔社員番号, 資格〕の二つの属性から構成されます。主キー又は候補キーは, 表の行を一意（ただ一つ）に識別する属性です。このような複数の属性を主キーとする表に対し, 主キーの一部の属性だけで決まる属性の組合せを別の表に分割してできた表を第2正規形といい, このように分割することを, 第2正規化するといいます。なお, 主キーと候補キーの違いについて, 行を一意に識別する候補キーが複数ある場合, その中からどれか一つを主キーとします。

　項目Xの値が決まれば, 項目Yの値がただ一つに定まるとき（X→Yの関係）, 項目Yは項目Xに関数従属しているといいます。

　この表の場合, 社員番号が決まれば氏名は決まると解釈できるので, 氏名は社員番号だけに関数従属することになります。ここで, 社員番号は主キーである〔社員番号, 資格〕の一部の属性なので, 氏名は主キーに部分関数従属するといいます。また, 所属する部課名と部課場所も明らかに社員番号だけに関数従属します。したがって, 表C, 表Dのように社員番号だけに関数従属する属性を別の表にすることが第2正規化です。

　なお, 主キーや候補キーとなるためには, 表中で値の重複がないということが条件になります。この条件をユニーク制約（一意性制約）といいます。また, 主キーはユニーク制約に加えて, NULL値をもつことができないという非NULL制約と呼ばれる制約も加わります。このように, ユニーク制約と非NULL制約をともに満たす条件を主キー制約といいます。

（3） 第3正規化

第2正規化で分割された二つの表のうち，左側の表Cは主キーが社員番号なので，既に第2正規形です。右側の表Dは主キーの {社員番号，資格} だけでそれ以外に属性がないので第2正規形です。

ここで，表Cは第2正規形ですが，部課名，部課場所で同じ項目が表れていて，もっとすっきりさせられそうです。今の状態では，もし所属する部課場所が変更になったとき，同じ部課に所属する社員が複数存在するので，それら複数のレコードを同時に変更しなければなりません。また，別の見方をすれば，ある社員がどの部課に所属しているかという事実と，部課の所在地がどこかという別の事実が一つの表に混在している状態とも考えることができます。

キーでない属性間の従属関係，すなわち，この例では，所属する部課が決まればその部課場所が決まるという従属関係を別の表にすることを第3正規化といい（表E，表F参照），第3正規化した表を第3正規形といいます。

（表A）正規化されていない表

社員番号	氏名	部課番号	部課名	部課場所	資格
90001	小川花子	100	開発一課	東京	英検2級，基本情報
99010	山田太郎	100	開発一課	東京	情処2種
91002	山口幸男	100	開発一課	東京	情処1種
92003	鈴木一郎	200	開発二課	横浜	上級シスアド，英検1級
82003	太田講治	200	開発二課	横浜	
77008	吉田信二	400	営業課	本社	宅建
92001	川上恵子	400	営業課	本社	基本情報
79004	渡辺良子	500	総務課	本社	

 第1正規化

（表B）第1正規形

社員番号	氏名	部課番号	部課名	部課場所	資格
90001	小川花子	100	開発一課	東京	英検2級
90001	小川花子	100	開発一課	東京	基本情報
99010	山田太郎	100	開発一課	東京	情処2種
91002	山口幸男	100	開発一課	東京	情処1種
92003	鈴木一郎	200	開発二課	横浜	上級シスアド
92003	鈴木一郎	200	開発二課	横浜	英検1級
82003	太田講治	200	開発二課	横浜	
77008	吉田信二	400	営業課	本社	宅建
92001	川上恵子	400	営業課	本社	基本情報
79004	渡辺良子	500	総務課	本社	

 第2正規化

図　正規化（次ページへ続く）

第6章

第2正規化

(表C) 第2正規形

社員番号	氏名	部課番号	部課名	部課場所
90001	小川花子	100	開発一課	東京
99010	山田太郎	100	開発一課	東京
91002	山口幸男	100	開発一課	東京
92003	鈴木一郎	200	開発二課	横浜
82003	太田講治	200	開発二課	横浜
77008	吉田信二	400	営業課	本社
92001	川上恵子	400	営業課	本社
79004	渡辺良子	500	総務課	本社

(表D) 第2正規形

社員番号	資格
90001	英検2級
90001	基本情報
99010	情処2種
91002	情処1種
92003	上級シスアド
92003	英検1級
77008	宅建
92001	基本情報

第3正規化

(表E) 第3正規形

社員番号	氏名	部課番号
90001	小川花子	100
99010	山田太郎	100
91002	山口幸男	100
92003	鈴木一郎	200
82003	太田講治	200
77008	吉田信二	400
92001	川上恵子	400
79004	渡辺良子	500

(表F) 第3正規形

部課番号	部課名	部課場所
100	開発一課	東京
200	開発二課	横浜
400	営業課	本社
500	総務課	本社

図 正規化（続き）

（4） 正規化と参照制約

　参照制約とは，「ある表の項目の値が別の表を参照するとき，参照される表にも必ずその項目の値をもつレコードが存在しなければならない」という制約です。関係データベースでは，外部キー（別の表との関連付けに使用され，別の表の主キーになっている項目）は，別の表の主キーとの間で参照制約を保つ必要があります。

　このため，参照されている項目を含むレコードを削除したり，存在しない項目を参照するレコードを追加したりすることはできません。

（5） インデックス

　関係データベースにおいて，表から対象のタプル（行）を効率良く探索するために利用されるものがインデックスです。

　インデックスは表の主キーをはじめ，任意の属性（列）に対して設定することができ，属性値を B^+ 木構造で保持したり，ハッシュテーブルに保持したりすることで，対象となる属性値を使って，対象タプルを2分探索，ハッシュ探索することを可能にします。

　表にインデックスが設定されている場合，タプルの追加，更新，削除の際にインデックスの再編成を行う必要があるため，インデックスが設定されていない表に比べて処理時間が長くなります。

▶▶▶ Check

理解度チェック ▶ 6.2 データベース設計

(1)　関係データベースの表は，少なくとも第何正規形といえますか。

(2)　主キーが複数項目から構成されていなければ，関係データベースの表は少なくとも第何正規形といえますか。

(3)　主キー制約はどのような条件を満たす必要がありますか。制約名を二つ答えなさい。

(4)　関数従属性とは，例えば，商品番号が決まれば商品名が決まるという関数関係があることですが，その関係を何対何の対応関係があるといいますか。

(5)　次の文中の ［　　　］ に適切な用語を入れてください。

　　第1正規化は，［　ア　］項目をなくすことですが，第2正規化は，［　イ　］関数従属をなくすことです。第3正規化は，キーではない項目間の関数従属をなくすことです。

(6)　「ある表の項目の値が別の表を参照するとき，参照される表にも必ずその項目の値をもつレコードが存在しなければならない」制約を何といいますか。

(7)　次の文中の ［　　　］ に適切な用語を入れてください。

　　表にインデックスを設定すると，データの探索に要する時間は ［　ウ　］ なりますが，タプルの更新・追加に要する時間は ［　エ　］ なります。

解 答

(1)　第 1 正規形

(2)　主キーが複数項目から構成されていなければ，主キーに部分関数従属する項目はないことになるので，少なくとも「第 2 正規形」です。ちなみに，複数項目から構成されるキーのことを複合キーといいます。

(3)　ユニーク制約（一意性制約），非 NULL 制約

(4)　「多対 1」の対応関係があります。「1 対 1」ではないことに注意してください。例えば社員番号が違っても，同姓同名の名前はあり得ます。同じように商品番号が違っても，商品名が同じ場合があり得ます。

(5)　ア：繰返し　　イ：部分

(6)　参照制約

(7)　ウ：短く　　エ：長く

　※表にインデックスを設定すると，データの探索の効率は上がりますが，タプルの追加，更新，削除の際は，インデックスの再編成を行うため，処理時間が長くなります。

▶▶▶ **Question**

問題で学ぼう

問1　関係を第2正規形から第3正規形に変換する手順はどれか。

(H25秋-AP 問29)

ア　候補キー以外の属性から，候補キーの一部の属性に対して関数従属性がある場合，その関係を分解する。

イ　候補キー以外の属性間に関数従属性がある場合，その関係を分解する。

ウ　候補キーの一部の属性から，候補キー以外の属性への関数従属性がある場合，その関係を分解する。

エ　一つの属性に複数の値が入っている場合，単一の値になるように分解する。

第6章

解説

　関係を第2正規形から第3正規形に変換する手順は，**推移関数従属にある関係を分解すること**なので，（イ）が正解です。

ア：部分関数従属にある関係を分解しており，第1正規形から第2正規形に変換する手順です。

ウ：候補キーの一部の属性 X から，候補キー以外の属性 Y への関数従属性があるとすると，X と Y とを入れ替えたものも候補キーになります。したがって，候補キーの一部の属性から，候補キー以外の属性への関数従属性があるとはいえません。

エ：繰返しの属性を分解しており，非正規形から第1正規形に変換する手順です。

解答　イ

問2 関係“注文記録”の属性間に①～⑥の関数従属性があり，それに基づい
て第3正規形まで正規化を行って，“商品”，“顧客”，“注文”，“注文明細”
の各関係に分解した。関係“注文明細”として，適切なものはどれか。ここ
で，{X, Y}は，属性XとYの組みを表し，X→Yは，XがYを関数的
に決定することを表す。また，実線の下線は主キーを表す。

(H27秋·FE 問27)

注文記録（注文番号，注文日，顧客番号，顧客名，商品番号，商品名，
数量，販売単価）

〔関数従属性〕
① 注文番号 → 注文日　　　　　② 注文番号 → 顧客番号
③ 顧客番号 → 顧客名　　　　　④ {注文番号，商品番号} → 数量
⑤ {注文番号，商品番号} → 販売単価 ⑥ 商品番号 → 商品名

ア 注文明細（<u>注文番号</u>，数量，販売単価）
イ 注文明細（<u>注文番号</u>，<u>顧客番号</u>，数量，販売単価）
ウ 注文明細（<u>注文番号</u>，<u>顧客番号</u>，<u>商品番号</u>，顧客名，数量，販売単価）
エ 注文明細（<u>注文番号</u>，<u>商品番号</u>，数量，販売単価）

解説

　正規化とは，**属性の関数従属性に注目して表の冗長性を排し，更新，削除，
追加に対して矛盾がない状態に直すこと**で，第1，第2，第3正規形を順に考
えていきます。関数従属やその記述方法の説明は問題文中に記述されていま
す。例えば，①の「注文日は注文番号に関数従属する」又は「注文番号が注文
日を関数的に決定する」とは，関係“注文記録”の属性の**どの注文番号もそれ
ぞれが一つの注文日に対応する**ことを意味しています。関係“注文記録”の属
性に関数従属性①～⑥を記入すると，次のようになります。関係“注文記録”
は第1正規形です。

“注文記録”

　関係"注文明細"は注文番号と商品番号を主キーとし，数量と販売単価でそれぞれの注文の詳細を示します。したがって，正解は（エ）です。

　第 2 正規化は関係"注文記録"から**主キーの一部に関数従属する属性を分離**します。注文番号には注文日と顧客番号と顧客名，商品番号には商品名です。

| "注文明細" | 注文番号 | 商品番号 | 数量 | 販売単価 |

| "注文" | 注文番号 | 注文日 | 顧客番号 | 顧客名 |

| "商品" | 商品番号 | 商品名 |

　第 3 正規化は，主キー以外の属性に関数従属する属性を分離します。関係"注文"の顧客番号と顧客名が該当します。

| "注文" | 注文番号 | 注文日 | 顧客番号 |

| "注文明細" | 注文番号 | 商品番号 | 数量 | 販売単価 |

| "顧客" | 顧客番号 | 顧客名 |

| "商品" | 商品番号 | 商品名 |

　この手順で，"商品"，"顧客"，"注文"，"注文明細"の四つの関係に分解できます。

解答　エ

6.3　データ操作（SQL）

▶▶▶**Explanation**

ポイントの解説

（1）　テーブル定義

　関係データベースで，新たな表を定義するには，CREATE TABLE文を使用します。例えば，"部課"表を作るには，次のように指定します。

```
CREATE  TABLE  部課
(部課番号  INT  NOT NULL,
 部課名    CHAR(20)  NOT NULL,
 場所      CHAR(20)  NOT NULL,
 PRIMARY  KEY(部課番号))
```

　上の例では，部課番号を主キーとしています。主キーは必ず NOT NULL です。NULL 値（値をもたない空値）は，区別が付かないので主キーにはなり得ません。

　次に，"社員"表を作成してみます。この表は，上の"部課"表と少し違い，参照している表（"部課"表）が存在します。他の表の主キーを参照しているキーを外部キーといいます。

```
CREATE  TABLE  社員
(社員番号  CHAR(10)  NOT NULL,
 氏名      CHAR(20)  NOT NULL,
 生年月日  DATE,
 部課番号  INT  NOT NULL,
 性別      CHAR(4),
 上長      CHAR(10),
 PRIMARY  KEY(社員番号),
 FOREIGN  KEY(部課番号)  REFERENCES  部課(部課番号),
 FOREIGN  KEY(上長)  REFERENCES  社員(社員番号))
 ※部課の長は上長に自身の社員番号を設定する
```

　主キーと外部キーで行われる表間の参照関係を参照制約といいました。この制約から，外部キーの値は，参照している表の主キーのどれかの値か NULL 値でなければいけません。

社員

社員番号	氏名	生年月日	部課番号	性別	上長
90001	小川花子	1968/06/08	100	F	91002
99010	山田太郎	1977/12/25	100	M	91002
91002	山口幸男	1969/07/07	100	M	91002
92003	鈴木一郎	1970/05/05	200	M	82003
82003	太田講治	1960/09/25	200	M	82003
77008	吉田信二	1955/10/10	400	M	77008
92001	川上恵子	1972/11/15	400	F	77008
79004	渡辺良子	1959/08/10	500	F	79004

部課

部課番号	部課名	部課場所
100	開発一課	東京
200	開発二課	横浜
400	営業課	本社
500	総務課	本社

（2） データの検索

　データの抽出とは，表から指定した条件を満たす行の集合列を取り出す操作（演算）です。これには SQL の SELECT 文を利用します。FROM 句で指定した表から WHERE 句で指定した探索条件を満たす行を取り出すことを選択（selection）といいます。また，同じく FROM 句で指定した表から SELECT 句で指定した列名の列だけを取り出すことを射影（projection）といいます。

　① 単純問合せ

　WHERE句で指定する探索条件は，「列名　比較演算子　値」という形式で指定します。さらに，この指定形式をAND又はORで連続して複数の条件を指定できます。

　例えば，(1)に挙げた"社員"表から生年月日が 1960 年以前で女性社員の氏名を探索したい場合，次のように SELECT 文を指定します。

　　　　SELECT　氏名　FROM　社員

　　　　WHERE　生年月日 <= '1960/12/31'　AND　性別 = 'F'

　検索結果は次のようになります。

氏名
渡辺良子

② グループ化と集合関数

例えば，"社員"表の性別ごとの数を知るには，次のような GROUP BY 句と集合関数 COUNT を使用した SELECT 文を指定します。

```
SELECT  性別, COUNT(*) AS  人数  FROM  社員
GROUP BY  性別
```

検索結果は次のようになります。

性別	人数
M	5
F	3

GROUP BY 句を使用すると，SELECT 句で指定できるのはグループを代表する値だけという制限が付きます。したがって，SELECT 句で指定できるのは，GROUP BY 句で指定した列名リスト（の一部）か集合関数だけです。

さらに，GROUP BY 句には HAVING 句によって，グループ選択の条件を付けることができます。例えば，"社員"表から 3 人以上の社員がいる部課の人数を知るには，次のような GROUP BY 句と HAVING 句を用います。なお，HAVING 句で指定できる項目は SELECT 句と同じ制限が付きます。

```
SELECT  部課番号, COUNT(*) AS  人数  FROM  社員
GROUP BY  部課番号
HAVING COUNT(*) >= 3
```

検索結果は次のようになります。

部課番号	人数
100	3

SQL で指定できる集合関数には次のようなものがあり，"関数名(列名)"と指定します。

・SUM……合計値を求める。
・MAX……最大値を求める。
・MIN……最小値を求める。
・AVG……平均値を求める。
・COUNT……行（個）数を求める。

この集合関数ですが，関係データモデルの集合演算理論に基づいています。

③ DISTINCT 句

DISTINCT 句を用いると，内容が同じレコードを 1 レコードに集約して抽出できます。例えば，次図のような表 社員があるとき，DISTINCT 句を用い

た SELECT 文の結果としては，1 レコードだけが返されます。

```
SELECT  DISTINCT  社員番号, 氏名  FROM  社員
```

社員

社員番号	氏名
92003	鈴木一郎
92003	鈴木一郎

抽出結果

社員番号	氏名
92003	鈴木一郎

④ 並べ替え，ソート（ORDER BY）

上から下に並べ替えをするのに ORDER BY 句を使用します。例えば，"社員"表から 2 人以上の社員がいる部課ごとに，社員の人数を知ると同時に人数の多い順に上から並べたい場合には，次の ORDER BY 句を指定します。

```
SELECT  部課番号, COUNT(*) AS  人数  FROM  社員
GROUP BY  部課番号
HAVING COUNT(*) >= 2
ORDER BY  人数  DESC
```

検索結果は次のようになります。

部課番号	人数
100	3
200	2
400	2

ORDER BY 句の中にある DESC（descendant）は，降順の指定です。昇順は，ASC（ascendant）ですが，ASC は既定値なので省略可能です。

⑤ 副問合せ

入れ子になった問合せ部分を副問合せといいます。例えば，"部課"表と"社員"表から開発二課に所属する社員番号と氏名を知りたいとします。まず"部課"表から開発二課の部課番号を知る必要があります。

```
SELECT  部課番号  FROM  部課
WHERE  部課名 = '開発二課'
```

この問合せから得られる結果は，部課番号が 200 です。

200 が分かれば，次の SELECT 文が指定できます。

```
SELECT  社員番号, 氏名  FROM  社員
WHERE  部課番号 = 200
```

この結果は次のようになります。

社員番号	氏名
92003	鈴木一郎
82003	太田講治

　以上の二つの SELECT 文を一度に指定するのが副問合せです。入れ子になる副問合せは何段になってもかまいません。

　　　SELECT　社員番号, 氏名　FROM　社員
　　　WHERE　部課番号　=　(SELECT　部課番号
　　　　　　　　　　　　FROM　部課　WHERE　部課名　=　'開発二課')

　前記の副問合せは, 入れ子の中の問合せ結果の値が一つの場合ですが, 得られる結果の値が複数ある場合には特別の指定をします。すなわち, 入れ子の問合せの中で, 問合せ結果が複数返ってきて, そのどれかと一致すればよい場合には, IN 述語を指定します。

　　　SELECT　社員番号, 氏名　FROM　社員
　　　WHERE　部課番号　IN　(SELECT　部課番号
　　　　　　　　　　　　FROM　部課　WHERE　部課場所　=　'本社')

この場合, 入れ子の中の問合せ結果が, 部課番号 400 と部課番号 500 となります。つまり, SELECT 文は

　　　SELECT　社員番号, 氏名　FROM　社員
　　　WHERE　部課番号　IN　(400, 500)

と同じになります。よって, 結果は次のようになります。

社員番号	氏名
77008	吉田信二
92001	川上恵子
79004	渡辺良子

　また, IN の前に NOT を指定すると複数の値の中に含まれないという条件を指定することができます。

⑥　相関副問合せ

　前記の副問合せは, 副問合せが主問合せ（外側の問合せ）と関係なく独立に処理できるものですが, 主問合せの問合せ結果の行を一つ一つもらいながら, 副問合せの処理を行うのを相関副問合せといいます。主問合せの結果の行をもらうには, 副問合せの探索条件に主問合せの表を指定します。

```
SELECT  社員番号, 氏名  FROM  社員
WHERE  EXISTS (SELECT  *  FROM  部課
            WHERE  部課番号 = 社員.部課番号
            AND  部課名 = '開発二課')
```

これは，前述した開発二課に所属する社員番号と氏名を取得する SQL と同じ結果となります。

相関副問合せでは，EXISTS を多く使います。EXISTS は，副問合せの処理結果が存在するかどうかを判断します。また，存在するかどうか判断するだけで，具体的な列の値は必要ないため，副問合せの SELECT 句は，一般的に"*"を指定します。EXISTS の前に NOT を指定すると，副問合せの中に処理結果が存在しないことを判断します。

なお，副問合せの「部課番号 = 社員.部課番号」は，「部課.部課番号 = 社員.部課番号」を省略したものです。WHERE 句では，列名は同じ名前の場合，表名の後ろにピリオド（.）を付けて列名を修飾します。修飾を省略すると FROM 句の表名を指定したと解釈されます。

⑦　結合

正規化によって列分割した表を一つのイメージにすることを結合（join）といいます。結合条件は，SELECT 文の WHERE 句，又は JOIN 句で指定します。例えば，"部課"表と"社員"表から社員名と部課名の対応表を作りたいとします。

```
SELECT  氏名, 部課名
FROM  部課  X, 社員  Y
WHERE  X.部課番号 = Y.部課番号
```

又は

```
SELECT  氏名, 部課名
FROM  部課  X  INNER  JOIN  社員  Y
        ON  X.部課番号 = Y.部課番号
```

この例では，X と Y はこの SELECT 文の中だけで有効となる相関名です。WHERE 句の中で使用すると簡潔になります。

結合の対象になるのは，一つの同じ表でも可能です。"社員"表で，上司よりも年齢が高い社員名と上司の名前を知りたいとします。

```
SELECT  X.氏名, Y.氏名
FROM  社員  X, 社員  Y
WHERE  X.上長 = Y.社員番号  AND
        X.生年月日  <  Y.生年月日
```

第6章

（3）　ビュー定義

　データベース上に実際にデータが格納されている表を基底表（又は実表）といい，この基底表から必要に応じて特定の部分だけを取り出して名前を付けた表（導出表）のことをビューといいました。データそのものは，元の基底表のデータを参照するため，ビューはデータをもちませんが，通常の表と同じように使うことができます。

　例えば，"社員"表から女性社員の氏名と部課番号を取り出した"女性社員"ビューを定義する場合，次のように指定します。

```
CREATE VIEW  女性社員
  AS  SELECT  氏名, 部課番号  FROM  社員
      WHERE  性別 = 'F'
```

（4）　更新処理のSQL文

　SELECT文は問合せのSQL文ですが，INSERT文（挿入），UPDATE文（更新），DELETE文（削除）は更新処理のSQL文です。

　①　INSERT文（行の挿入）

　　例えば，"社員"表に新しい社員を登録するには，

```
INSERT
INTO  社員(社員番号,氏名,部課番号,生年月日,性別,上長)
VALUES('00001', '益田孝子',  100, '1978/10/30', 'F', '91002')
```
と指定します。ただし，列名が表を生成した順番であれば，表名の後にある列名の指定は省略できます。

　②　UPDATE文（行の更新）

　　例えば，"社員"表のある社員（社員番号91002）の部課番号が変わった（100→200）とします。

```
UPDATE  社員
SET  部課番号 = 200
WHERE  社員番号 = '91002'
```
　UPDATE文のSET句の後ろには，列名をコンマ区切り(,)で複数指定できます。

　③　DELETE文（行の削除）

　　例えば，ある社員（社員番号90001）が退職したとします。

```
DELETE
FROM  社員
WHERE  社員番号 = '90001'
```

（5）　埋込み SQL

　C 言語や Java，Python などのプログラミング言語（ホスト言語）の中に直接 SQL を記述して，ホスト言語上で SQL を使ってデータベースの操作をする方法です。埋込み SQL を使うことで，ホスト言語に実装されていないデータベース操作が実現できるようになります。ホスト言語では複数行を返す SELECT の結果を一括で処理できないため，1 行ずつ処理するカーソル処理機能が提供されています。また，ホスト言語とはホスト変数で容易にデータのやり取りができるようになっています。

第6章

▶▶▶**Check**

理解度チェック ▶ 6.3 データ操作（SQL）

(1) 新たな表を定義する SQL 文は何ですか。

(2) 他の表の主キーを参照しているキーを何キーといいますか。

(3) SQL 文で，FROM 句で指定した表から WHERE 句で指定した探索条件を満たす行を取り出すことを何といいますか。

(4) SQL 文で，FROM 句で指定した表から SELECT 句で指定した列だけを取り出すことを何といいますか。

(5) SQL 文で次の値を求めるときに指定する集合関数は何ですか。

行数，合計，平均，最大値，最小値

(6) 基底表から必要に応じて特定の部分だけを取り出して名前を付けた表（導出表）のことを何といいますか。

(7) SELECT 文，INSERT 文，DELETE 文，UPDATE 文のうち，WHERE 句を記述できないものはどれですか。

(8) WHERE 句は表全体に対する探索条件を与えますが，グループ化したグループごとの探索条件を与える句は何ですか。

(9) 副問合せには，通常の副問合せともう一つ，何という副問合せがありますか。

解 答

(1) CREATE TABLE 文　　　(2) 外部キー

(3) 選択　　　　　　　　　(4) 射影

(5) 行数：COUNT，合計：SUM，平均：AVG，最大値：MAX，最小値：MIN

(6) ビュー

(7) INSERT 文

INSERT 文は WHERE 句を記述できません。他の SELECT 文, DELETE 文, UPDATE 文は WHERE 句を記述でき，WHERE 句を記述しない場合には全てのデータが検索，削除，更新の対象になります。

(8) HAVING 句

GROUP BY, HAVING の順に記述します。HAVING 句で記述できる項目は, GROUP BY 句で記述した項目か集合関数に限られます。

(9) 相関副問合せ

副問合せの WHERE 句で主問合せの表の行を参照する形式になります。

問題で学ぼう

問1　SQL 文において FOREIGN KEY と REFERENCES を用いて指定する
　　制約はどれか。

(H29 秋·FE 問 27)

　ア　キー制約　　イ　検査制約　　ウ　参照制約　　エ　表明

解説

　SQL 文において FOREIGN KEY と REFERENCES を用いて指定する制
約は**参照制約**です。テーブルの定義を行う CREATE　TABLE 文の中で使用す
る場合の例を次に示します。

　"学生"表の FOREIGN KEY（学部番号）で**学部番号が外部キー**であること，
REFERENCES　学部（学部番号）で外部キーが"学部"表の主キーである学
部番号を参照することを示しています。外部キーに入力できる値は参照しに
行く表の参照属性"学部"表の学部番号の値か NULL しか許されません。し
たがって，（ウ）の参照制約が正解です。

```
CREATE  TABLE  学生
 (学生番号  INT,
  学生氏名  CHAR(20)  NOT  NULL,
  性別  CHAR(4),
  学部番号  INT  NOT  NULL,
  PRIMARY  KEY（学生番号），
  FOREIGN KEY（学部番号）　REFERENCES　学部（学部番号），
  CHECK　（性別　IN（'男'，'女'，'その他')))

CREATE  TABLE  学部
 (学部番号  INT,
  学部名  CHAR(20)  NOT  NULL,
  PRIMARY  KEY（学部番号))
```

学生

学生番号	学生氏名	性別	学部番号

学部

学部番号	学部名

————— は主キー　- - - - - - は外部キーを表す

ア：キー制約は主キーや候補キーに対する制約です。主キー制約は"学生"
　　表の学生番号のように PRIMARY　KEY 句で指定し，主キー以外の候補キー
　　に対しては UNIQUE 句で指定します。主キー制約は同じ値が二つ以上存在
　　しない一意性制約と NOT　NULL 制約（非 NULL 制約）が規定されますが，
　　主キー以外の候補キーは一意性制約だけを規定しています。

イ：検査制約は，列の値が満たさなければならない条件を CHECK 句で指定し
　　ます。"学生"表の性別に入力される値が‘男’，‘女’，'その他'のいずれ
　　かでなければならないことを示しています。IN の他に比較演算子や
　　BETWEEN（範囲指定をする演算子，BETWEEN x AND y と記述し，値が x
　　以上 y 以下の範囲にあれば TRUE，x 未満，又は y を超える場合 FALSE と
　　判断します）も指定することもできます。

エ：表明は行の内容や，表の内容，他の表との列間で成り立たなければなら
　　ない条件を指定します。CREATE ASSERTION 文で指定します。

解答　ウ

問 2 　"得点"表から，学生ごとに全科目の点数の平均を算出し，平均が 80
点以上の学生の学生番号とその平均点を求める。a に入れる適切な字句はど
れか。ここで，実線の下線は主キーを表す。

(R01 秋·FE 問 26)

　　得点（<u>学生番号</u>，<u>科目</u>，点数）

〔SQL 文〕
SELECT 学生番号,AVG(点数)
FROM 得点
GROUP BY ［　　　a　　　］

ア　科目 HAVING AVG(点数) >= 80
イ　科目 WHERE 点数 >= 80
ウ　学生番号 HAVING AVG(点数) >= 80
エ　学生番号 WHERE 点数 >= 80

解説

　GROUP BY 句を使った集合関数に関する SQL の問題です。

　GROUP BY 句では，集合関数を使用する際にどの単位（グループ）で集計
するのかを指定します。この問題では「"得点"表から，**学生ごとに全科目
の点数の平均を算出し**」とありますので，学生を示す学生番号の単位で集計
することになります。

　取得するデータの抽出条件の指定には WHERE 句を使用する場合と HAVING
句を使用する場合の 2 通りがあります。WHERE 句では表のデータの条件指定
をすることでデータの抽出を行うのに使用します。HAVING 句は集合関数の
結果に対して条件指定することでデータの抽出を行うのに使用します。

　この問題では，全科目の平均（AVG(点数)）が 80 点以上の学生を抽出する
必要がありますので，**HAVING 句**を使ってデータの抽出を行う必要があり
ます。したがって，（ウ）が正解です。

ア，イ：科目でグループ化すると，科目ごとに点数の平均を算出するという
　　意味となるので誤りです。

イ，エ：WHERE 句で点数が 80 点以上のデータを抽出しています。この場合，
　　点数が 80 点以上のデータの平均を求めることになりますので誤りです。

解答　ウ

問3 関係 R（ID，A，B，C）の A，C への射影の結果と SQL 文で求めた結
果が同じになるように，a に入れるべき字句はどれか。ここで，関係 R を表
T で実現し，表 T に各行を格納したものを次に示す。

(H29 秋-AP 問 28)

T

ID	A	B	C
001	a1	b1	c1
002	a1	b1	c2
003	a1	b2	c1
004	a2	b1	c2
005	a2	b2	c2

〔SQL 文〕
SELECT ［ a ］ A, C FROM T

ア ALL
イ DISTINCT
ウ ORDER BY
エ REFERENCES

解説

　関係 R（ID，A，B，C）の A，C への射影を行うと，列 A，C だけが取り
出されます。内容が同じ行を除去して図の**(b)**のようにしたい場合，DISTINCT
句を空欄 a 部分に入れる必要があります。したがって，（イ）が正解です。

(a) 列 A，C の取出し　　　　(b) 射影の結果

図　関係 R（ID，A，B，C）の A，C への射影

ア：ALL を指定すると，DISTINCT を省略したときと同じで，結果は図の(a)
　のようになります。何も指定されていないときは，規定値として ALL が指
　定されたものとなります。

ウ：ORDER BY 句は順序を指定するためのもので，空欄 a の位置に指定する
　のではなく，次の例のように使用されます。この例では，「表 T から，列
　B の値の昇順（ASC，省略可）に並べて，列 ID と列 B の内容を取り出す」

ことができます。

```
(例) SELECT ID, B FROM T
         ORDER BY B ASC
```

エ：REFERENCES 句はある表から別の表を参照する場合に指定するためのもので，表の定義（CREATE TABLE）で用いられます。

解答　イ

問4　"商品"表のデータが次の状態のとき，〔ビュー定義〕で示すビュー"収益商品"の行数が減少する更新処理はどれか。

(H24 秋・FE 問 29)

商品

商品コード	品名	型式	売値	仕入値
S001	T	T 2003	150,000	100,000
S003	S	S 2003	200,000	170,000
S005	R	R 2003	140,000	80,000

〔ビュー定義〕

```
CREATE VIEW 収益商品
    AS SELECT * FROM 商品
        WHERE 売値 - 仕入値 >= 40000
```

ア　商品コードが S001 の売値を 130,000 に更新する。
イ　商品コードが S003 の仕入値を 150,000 に更新する。
ウ　商品コードが S005 の売値を 130,000 に更新する。
エ　商品コードが S005 の仕入値を 90,000 に更新する。

解説

　問題文中の〔ビュー定義〕では，**売値－仕入値が 40,000 以上の行が"商品"表から取り出され，ビュー"収益商品"になります。**まず，更新処理を行う前の S001，S003，S005 の売値－仕入値は，それぞれ 50,000，30,000，60,000 なので，40,000 以上になるのは S001，S005 の 2 件です。よって，

第6章

ビュー "収益商品" に現れる行数は2行になります。これを基にして，次のように選択肢ごとに更新後の結果を考えると，行数が減少するのは（ア）になります。

ア：商品コード S001 の売値（更新前 150,000 → 更新後 130,000）の更新
　　更新後の売値－仕入値＝130,000－100,000＝30,000＜40,000

　　となり，更新前にあった S001 が更新後になくなり，行数は減少します。

イ：商品コード S003 の仕入値（更新前 170,000 → 更新後 150,000）の更新
　　売値－更新後の仕入値＝200,000－150,000＝50,000≧40,000

　　となり，更新前になかった S003 が更新後に現れ，行数は増加します。

ウ：商品コード S005 の売値（更新前 140,000 → 更新後 130,000）の更新
　　更新後の売値－仕入値＝130,000－80,000＝50,000≧40,000

　　となり，更新後もビューに現れ，行数は変わりません。

エ：商品コード S005 の仕入値（更新前 80,000 → 更新後 90,000）の更新
　　売値－更新後の仕入値＝140,000－90,000＝50,000≧40,000

　　となり，更新後もビューに現れ，行数は変わりません。

解答　ア

6.4 トランザクション処理

▶▶▶ **Explanation**

ポイントの解説

(1) トランザクション管理

多数の利用者が，同時にデータベースにアクセスしても矛盾を発生させない仕組みがトランザクション管理です。データベース更新中には，同一データに対して読取りも書込みもできないようにする仕組みを排他制御，又は同時実行制御といいます。また，関連するデータを連続的に更新しようとする場合，一方のデータだけを更新し，もう一方のデータを更新しようとしてエラーになった場合，両方のデータのつじつまを合わせるためには，最初のデータを更新前の状態に戻す必要があります。このような処理を回復処理といいます。このように，排他制御（同時実行制御）と回復処理を行うための SQL 文を含む処理の最小単位をトランザクションといいます。

① ロック

あるトランザクションが更新中のデータに対し，他のトランザクションが並行して更新処理を行っても更新矛盾が発生しないように排他制御を行いますが，ロックはその方法の一つです。ロックには，データの読取り時に行う共有ロックと，データの変更時に行う専有ロックがあります。

ロックを行うデータの単位をロックの粒度といいます。テーブル，ページ，レコードなどがそれに当たり，粒度が大きいほど並列に実行されるトランザクションは少なくなります。

② デッドロック

ロックを用いるときに発生する可能性があるのがデッドロックです。デッドロックは，複数のトランザクションが共通資源の一部をロックし，互いに他のトランザクションがロック解除を待ち合って，処理が止まっている状態のことです。デッドロックが発生した場合は，優先順位などによって，どれかのトランザクションを終了させロールバックします。

③ コミットとロールバック

トランザクションの中で行った一連の更新処理を確定し，データベースに反映するための処理をコミットといいます。一方，トランザクションの中で行った一連の更新処理を取り消す処理をロールバックといいます。データベースを利用するアプリケーションがトランザクションの中でエラーを検知

した場合などはこのロールバックを行います。

　トランザクションの終了時には，コミットかロールバックのどちらか一方を行う必要があり，これによってトランザクション処理の一貫性が保たれます。

　複数のサイトで一つのトランザクションの処理を分けて行う分散データベースの場合，全てのサイトで処理が正常に完了することが必要となります。そのために 2 相コミット制御を行います。第 1 相では更新指示を受けた各サイトは更新処理がコミットもロールバックも可能な状態に置き，確定可能かどうかを指示サイトへ応答します。第 2 相では全てのサイトからの可能応答があれば実際のコミット指示を出し，処理を確定させます。

（2）　ACID 特性

　分割できない処理単位であるトランザクションは，次の四つの特性を備えていることが必要とされています。これら特性の四つの英語の頭文字を取って ACID 特性といいます。

① Atomicity（原子性）：トランザクションは，全ての処理が完了するか，何も行われないかのどちらか一方の状態で終了することです。オールオアナッシング（all or nothing）の原則といいます。

② Consistency（一貫性）：処理の状態に関わらず，データベースの内容に矛盾がないことです。

③ Isolation（独立性，又は隔離性）：複数のトランザクションを同時実行させた場合と，順番に実行した場合との処理結果が一致することです。二つのトランザクションを X，Y とした場合，X→Y の順番と Y→X で処理結果が異なる場合がありますが，どちらかに一致するという意味です。

④ Durability（耐久性）：トランザクションが実行を終了すれば，更新結果などの処理結果が，ソフトウェアエラー及びハードウェアエラーによって損なわれないことです。

　回復処理は，データベースシステムに障害が発生したときに，元の状態に戻すことでしたが，トランザクションの ACID 特性のうち，A（Atomicity）と D（Durability）を実現します。

（3）　障害の種類

　データベースの障害には大きく分けて，次の三つがあります。

① トランザクション障害

　トランザクションのデータ操作の誤りなどで，トランザクションが異常終了することです。これは，アプリケーションプログラム単位の障害です。

② システム障害

　システム障害は，コンピュータの電源故障やオペレーティングシステムのバグなどでシステム全体が止まることです。ただし，次の③のようにディスク自体が破壊されて読めなくなる場合を除きます。一般に，システム障害ではメモリの記憶内容が失われ，システム障害発生時に処理中だった複数個のトランザクションが障害回復の対象になります。

③ 媒体障害

　データベースファイルのあるディスク自体が破壊され，ディスクの記録内容が失われた状態です。バックアップしたデータベースを基に復元処理をします。電源故障などの場合は，ディスクのヘッドが壊れることによってシステム障害と媒体障害が同時に発生することもあり得ます。

（4） 障害対応の準備

障害に対応するためには，次の事前準備を行います。

① データベースのバックアップ

　媒体障害に備えて，一定期間ごとにデータベースのバックアップを別媒体に取ります。バックアップの内容は，データベースのバックアップとログファイルのバックアップに分かれます。

② ログファイル

　DBMSは，トランザクションの履歴を把握するためにログという記録を取ります。ログレコードを格納する特別なファイルをログファイル（又はジャーナルファイル）といいます。

　ログファイルには，次のような内容が書き込まれます。

・トランザクションID：どのトランザクションの更新データかを示す情報
・ログレコードの種類：ログの内容を示す情報
・更新前ログ：ロールバックのための更新前のデータ情報
・更新後ログ：ロールフォワードのための更新後のデータ情報
・チェックポイントレコード：チェックポイント時に実行中のトランザクションIDを含む情報

③ チェックポイント

　処理性能を向上させるため，データの更新はメモリバッファ上のページに対して行い，後でまとめてディスクに書き出すのが一般的です。しかし，システム障害が発生すると，ログとバッファ上の更新データがディスクに書き込まれる前に失われることがあります。

　更新を行ったメモリバッファ上の内容を，ディスクに書くタイミングをチ

ェックポイントといいます。チェックポイントによって，システム障害時の回復時間を短縮できます。システム障害発生時刻からさかのぼって最新のチェックポイントまで戻れば，そのチェックポイント以前の処理内容は，ディスクに書込みが完了していて，内容が保証されているからです。

チェックポイントはある一定の時間間隔で設けられますが，その時点で行う内容は次のとおりです。

・ログバッファ上のログレコードを，ログファイルに書き込む。
・データベースバッファの更新ブロックを，ディスクに書き込む。
・チェックポイントレコードを，ログファイルに書き込む。

（5） 回復処理

① システム障害からの回復

電源故障などのシステム障害が発生した場合，通常は，障害の原因を取り除いた後にディスクを検査するプログラムを実行します。DBMS は，システム障害が発生すると，次のステップで回復処理を行います。

・ロールフォワード

直前のチェックポイントからシステム障害が発生した時点までに確定している（コミットしている）トランザクションの更新後ログ情報を使って，データベースに反映します。

・ロールバック

システム障害発生時点に実行中のトランザクションの更新前ログがあれば，データベースの内容をトランザクション開始前の状態に戻します。

② 媒体障害からの回復

媒体障害の場合は，バックアップのあることが回復（リカバリ）できる条件です。データベースの直前のフルバックアップを基にデータベースの内容を復元し，次に更新後ログを適用して内容を復元します。

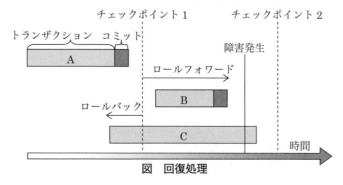

図　回復処理

▶▶▶ **Check**

理解度チェック ▶ **6.4 トランザクション処理**

(1)　データベース更新中に，同一データに対して読取りも書込みもできないようにする仕組みを何といいますか。
(2)　排他制御（同時実行制御）と回復処理を行うための SQL 文を含む処理の最小単位を何といいますか。
(3)　コミット／ロールバックに対応するのは，ACID 特性のどれですか。
(4)　複数のトランザクションが共通資源の一部をロックし，他のトランザクションがその解除待ちで，処理が止まっている状態を何といいますか。
(5)　OS のバグなどで，データベース管理システム（DBMS）がシステムダウンする障害を何といいますか。
(6)　システム障害時に，リカバリ時間を短縮する目的で，一定時間ごとに設けるものを何といいますか。
(7)　システム障害発生時，直前のチェックポイントからトランザクションの更新後ログ情報を使って回復することを何といいますか。
(8)　システム障害発生時，更新前ログを使ってデータベースの内容をトランザクション開始前の状態に戻すことを何といいますか。

解　答

(1)　排他制御（同時実行制御）
(2)　トランザクション
(3)　コミット／ロールバックは，オールオアナッシングの原則ともいい，ACIDの A（Atomicity；原子性）が対応します。
(4)　デッドロック
(5)　システム障害です。システム障害では，メモリの記憶内容が失われます。
(6)　チェックポイント
(7)　ロールフォワード
(8)　ロールバック

▶▶▶**Question**

問題で学ぼう

問1　2 相ロッキングプロトコルに従ってロックを獲得するトランザクション A，B を図のように同時実行した場合に，デッドロックが発生しないデータ処理順序はどれか。ここで，read と update の位置は，アプリケーションプログラムでの命令発行時点を表す。また，データ W への read は共有ロックを要求し，データ X,Y,Z への update は各データへの専有ロックを要求する。

(R01 秋·FE 問 29)

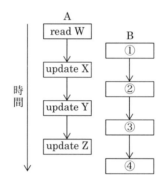

	①	②	③	④
ア	read W	update Y	update X	update Z
イ	read W	update Y	update Z	update X
ウ	update X	read W	update Y	update Z
エ	update Y	update Z	update X	read W

解説

　デッドロックとは，複数のトランザクション処理において，お互いに相手がロックしているデータに対してロックしようとし，お互いがロック解除を待ってしまい，いつまで経っても処理が終わらない状態のことをいいます。トランザクション処理でデータをロックする順序を統一することでデッドロックを回避することが可能です。

　2 相ロッキングプロトコルは，全てのロックが獲得できた後にだけロックの解除を行う方式です。

　共有ロック，専有ロックでは他のトランザクションが獲得可能なロックが異なります。この関係を表にすると次のようになります。

獲得するロック／資源の状態	共有ロック	専有ロック
共有ロックされている	○	×
専有ロックされている	×	×

　この問題では，データ W は共有ロックのため，それぞれのトランザクションでロックを獲得できますが，データ X, Y, Z は専有ロックのため，片方のトランザクションでロックが獲得されている場合，ロックの解除まで待つことになります。

　ア〜エまでの処理に流れに沿って，デッドロックが発生するか確認してみましょう。

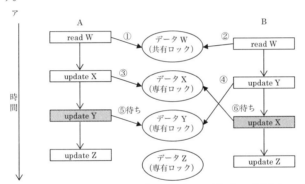

二つのトランザクションでお互いに待ち状態となるためデッドロックとなる。

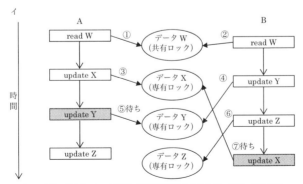

二つのトランザクションでお互いに待ち状態となるためデッドロックとなる。

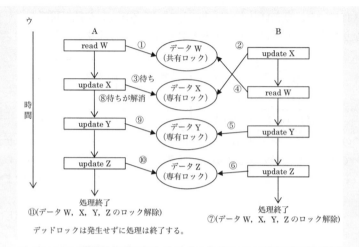

デッドロックは発生せずに処理は終了する。

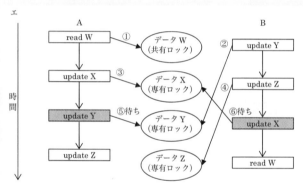

二つのトランザクションでお互いに待ち状態となるためデッドロックとなる。

　したがって，デッドロックが発生しない処理順序は（ウ）となります。

解答　ウ

問2 RDBMS のロックの粒度に関する次の記述において，a，b の組合せとして適切なものはどれか。

(H30 春·FE 問 30)

　並行に処理される二つのトランザクションがそれぞれ一つの表内の複数の行を更新する。行単位のロックを使用する場合と表単位のロックを使用する場合とを比べると，ロックの競合がより起こりやすいのは ┌─ a ─┐ 単位のロックを使用する場合である。また，トランザクション実行中にロックを管理するための RDBMS のメモリ使用領域がより多く必要になるのは ┌─ b ─┐ 単位のロックを使用する場合である。

	a	b
ア	行	行
イ	行	表
ウ	表	行
エ	表	表

解説

　複数のトランザクションがそれぞれ一つの表内の複数の行を更新する場合，**同時に同じ行に更新を実行し，結果に不整合が起こることを避けるためにロックをかけて他のトランザクションからアクセスできなくする排他制御**を行います。

　ロックは表，物理的な入出力単位のページ，行などの単位で行い，**ロックをかける単位をロックの粒度といいます。**処理対象の行だけロックする場合のように粒度が小さいほど他のトランザクションと競合する影響は小さくなり，同じ行を更新する以外のトランザクションは実行できます。表単位でロックするとこの問題のように一つの表内の行を更新する場合は常に一つのトランザクションしか実行できなくなり，**ロックの競合**が起こります。しかし，粒度を小さくして行単位のロックをかけて複数のトランザクションが並行処理を行うと，ロックは並行処理をするトランザクションの数だけ必要となり DBMS のメモリ使用領域は多く必要になります。したがって，（ウ）**「ロックの競合がより起こりやすいのは（表）単位のロックを使用する場合である。」「トランザクション実行中にロックを管理するための RDBMS のメモリ使用領域がより多く必要になるのは（行）単位のロックを使用する場**

合である。」が適切です。

解答 ウ

問3 分散データベースシステムにおいて，一連のトランザクション処理を行う複数サイトに更新処理が確定可能かどうかを問い合わせ，全てのサイトが確定可能である場合，更新処理を確定する方式はどれか。

(H29 春·FE 問28)

 ア　2相コミット   イ　排他制御
 ウ　ロールバック   エ　ロールフォワード

解説

　分散データベースシステムは物理的や論理的に分散している複数のDBMSをネットワークで結び，利用者からは単一の DBMS のように見える形式の DBMS です。一連のトランザクション処理を複数サイトで処理するため，全てのサイトで処理が成功した場合にだけ更新を確定（コミット）することが必要になります。そのために，**まず各サイトに更新が可能な状態かを問い合わせ，全てのサイトから「可能」の応答があった場合はコミットを指示します。一つでも「可能」の応答ではなかった場合は，更新処理を取り消す（ロールバック）指示を全てのサイトに出します。**このように確認と実際の更新という二つの相に分けて更新処理を行います。したがって，正解は**（ア）2相コミット**となります。

（次ページに続く）

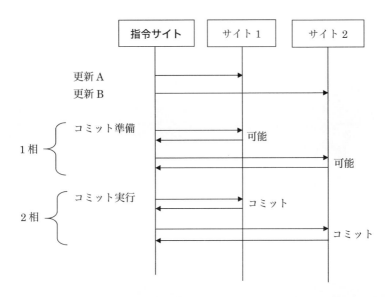

イ：排他制御は，トランザクションが更新中のデータにはロックをかけて，他のトランザクションからの読取りや更新を禁止して，複数の利用者が同じデータベースの情報を同時に更新してもデータベースに矛盾を生じさせないように制御することです。

ウ：ロールバックは，トランザクションがデータベースに行った更新処理を取り消し，変更前（更新の直前）の状態に戻すことです。

エ：ロールフォワードは，障害からの回復処理においてチェックポイント後で障害発生前にコミットしているトランザクションに対して更新後ログを用いてデータベースを回復することです。

解答　ア

問4　データベースの障害回復処理に関する記述として，適切なものはどれか。

(R3 秋·AP 問27)

　ア　異なるトランザクション処理プログラムが，同一データベースを同時
　　　更新することによって生じる論理的な矛盾を防ぐために，データのブロ
　　　ック化が必要となる。
　イ　システムが媒体障害以外のハードウェア障害によって停止した場合，
　　　チェックポイントの取得以前に終了したトランザクションについての
　　　回復作業は不要である。
　ウ　データベースの媒体障害に対して，バックアップファイルをリストア
　　　した後，ログファイルの更新前情報を使用してデータの回復処理を行
　　　う。
　エ　トランザクション処理プログラムがデータベースの更新中に異常終
　　　了した場合には，ログファイルの更新後情報を使用してデータの回復処
　　　理を行う。

解説

　トランザクションによるデータベースの更新頻度が多い場合には，チェッ
クポイントを設定し，定期的に更新バッファの内容をディスクに書き込み，
ログとデータベース内容との同期をとります。こうすることで，チェックポ
イントの取得以前の回復作業が不要になるので，システム障害時の回復時間
を短縮することができます。したがって，（イ）が適切な記述です。
ア：データのブロック化ではなく，ロック処理の説明です。
ウ：データベースの媒体障害に対しては，ログファイルの更新前情報ではな
　　く，更新後情報を用いてバックアップ以降の更新内容を反映することで，
　　データの回復処理を行います。
エ：トランザクションが異常終了した場合には，中途半端な更新結果が残る
　　可能性があるので，ログファイルの更新後情報ではなく，更新前情報によ
　　って更新前の状態に戻すことで，データの回復処理を行います。

解答　イ

6.5 データベース応用

▶▶▶ **Explanation**

ポイントの解説

　企業が意思決定を行うために，データの有効活用は欠かせません。大量のデータを整理・統合して蓄積しておき，経営やマーケティングに必要な分析を行います。データを蓄積したデータウェアハウスと，データを分析する技術のデータマイニング，新しい用語のビッグデータについて理解しておきましょう。

(1) データウェアハウス

　データウェアハウスは，大量のデータの保管庫のことです。企業の様々な活動を介して得られた時系列データを整理・統合して蓄積しておき，意思決定支援に利用します。

① データマート

　データウェアハウスに保存された大量のデータから，特定の部門や使用目的に応じて，特定のデータを抜き出して整理したものです。

② データレイク

　データの発生源（IoT デバイスからのセンサ情報やソーシャルメディアで作られた投稿データなど）の生データをそのままの形で蓄積したもので，蓄積データは機械学習やデータ分析に利用されます。生データを蓄積しているので，分析に必要なデータが不足するという問題がなくなります。

③ データマイニング

　データウェアハウスに蓄積された生データを統計的，数学的手法で分析して，法則や因果関係を見つけ出す技術です。「紙おむつとビールは，同時に購入される傾向がある」という法則を発見し，この二つの商品を近くの棚に配置することで販売を伸ばしたというエピソードがあります。

④ データディクショナリ

　データディクショナリ（データ辞書）は，データ項目の名称や意味などの管理情報を登録した辞書のことです。なお，データそのものではなく，このようなデータを管理するためのデータのことを，メタデータといいます。

第6章

(2) ビッグデータ

　ビッグデータは，関係データベースのように，各項目のデータ形式が明確に定義されたものだけではなく，サーバ機器のシステムログやアクセスログなどのように定型ではあるが行ごとに違う形式の膨大なデータを解析したり，ブログやTwitterの記事のように非定型なデータを文法的に解釈・分析したりして，必要なデータ要素を抽出し，新たな情報を生み出す技術です。

　ビッグデータとして扱うデータには構造から分類すると構造化データ，半構造化データ，非構造化データがあります。

① 構造化データ

　関係データベースで扱うような表ごとに決まった列の属性や制約が定義されたデータ構造です。

② 半構造化データ

　データの構造をあらかじめ定義せず，データを保存するときにデータの中にタグやラベルと値を記述し，タグやラベルで値の意味を表す自己記述的構造をもちます。プログラミング言語間でデータの交換に利用する XML や JSON（JavaScript Object Notation）で表現されたデータ構造は半構造化データです。

③ 非構造化データ

　構造の定義がされていないデータ構造のことで，文書，画像，動画，音声，ソーシャルメディアへの書込み，各種センサからのデータなどがあります。

　また，ストリーミングデータとは各種センサからのデータや監視データ，ソーシャルメディアの書込みなど高い頻度で継続的に発生し続けるデータです。このように，継続的に発生する多種多様で膨大な量のデータであるビッグデータを扱うことは，全てのデータを均一に整えて構造化し SQL で扱う関係データベースには不向きです。NoSQL は関係データベース以外のデータベースの総称であり，ビッグデータを高速に扱う分散型データストアが目的別に数多く開発されています。その一つにキーバリューストア（KVS；Key-Value Store）があります。データをキーとデータ（バリュー）の組の簡単な構造で表し，データには画像などのバイナリ形式のファイルなどももつことができます。

(3) NoSQL

NoSQL は Not only SQL の略とされており，関係データベース管理システム（RDBMS）に属さないタイプの DBMS の総称です。SQL は関係データベース用のデータ定義言語，データ操作言語なので，ここから，関係データベース以外のものという意味で，NoSQL と呼ばれるようになったとされています。

NoSQL の具体的な DB を，次に示します。

① ドキュメント型 DB

データ項目の値として，XML や JSON 形式のデータなど，階層構造をもつデータをドキュメントとしてもつことができる DB です。ドキュメントに対してインデックスを作成することもできます。

② グラフ指向 DB

データをノード，リレーション，プロパティにて表現し，ノード間をリレーションでつないで構造化する DB です。ノード及びリレーションは，プロパティをもつことができます。

③ キーバリュー型 DB （キーバリューストア）

一つのキーに対して一つの値（バリュー）をとる形をしています。値の型は定義されていないので，XML や JSON 形式のデータも含め，様々な型の値を格納することができます。ただし，ドキュメント型 DB と違い，値の中身をDB が理解しないので，「XML のある階層の値が何某」といった絞込みができません。

④ カラム指向型 DB

一つのキーに対して，複数の列をとる形をしている DB です。関係データベースとは異なり，列の型は固定されていません。

第6章

▶▶▶ **Check**

理解度チェック ▶ **6.5 データベース応用**

(1) 大量の時系列データを整理・統合して蓄積し，意思決定支援に利用するものを何といいますか。

(2) データウェアハウスから特定のデータを抜き出して整理したものを何といいますか。

(3) IoT デバイスやソーシャルメディアで発生するデータをそのままの形で蓄積したものを何といいますか。

(4) データを分析して法則や因果関係を見つけ出す技術を何といいますか。

(5) データ項目の名称や意味など，データを管理するためのデータのことを何といいますか。

(6) 定型・非定型に関わらず，膨大なデータを解析し，新たな情報を生み出す技術を何といいますか。

(7) XML や JSON のような前もって構造が定義されておらず，保存するときに定義するデータ構造を何といいますか。

(8) 構造の定義がされていない文書，動画，音声，センサログなどのデータ構造を何といいますか。

(9) NoSQL は何の略ですか。

解　答

(1) データウェアハウス

(2) データマート

(3) データレイク

(4) データマイニング

(5) メタデータ

(6) ビッグデータ

(7) 半構造化データ

(8) 非構造化データ

(9) Not only SQL（ノットオンリーSQL）

▶▶▶ **Question**

問題で学ぼう

問1　ビッグデータの活用例として，大量のデータから統計学的手法などを用いて新たな知識（傾向やパターン）を見つけ出すプロセスはどれか。

(H29 春·FE 問 29)

　ア　データウェアハウス　　　　イ　データディクショナリ
　ウ　データマイニング　　　　　エ　メタデータ

解説

　ビッグデータは，IoT から取得されるデータやインターネット上のつぶやきや日々の企業活動から得られるデータのように，絶えず発生する多様な形式の膨大なデータを指します。このような**「大量のデータから統計学的手法などを用いて新たな知識（傾向やパターン）を見つけ出すプロセス」**は，データマイニングといいます。したがって，（ウ）が正解です。商品購入時にどの商品とどの商品がどのような客層によく買われるかなどの相関関係を導き出したり，データの類似性に着目して分類したりする方法があります。また，AI システムが行う機械学習もデータマイニングです。データマイニングによる代表的なデータ例としては，スーパーマーケットにおいて缶ビールと紙おむつが同時に購入されることが多いという規則性を見いだしたことが有名です。

ア：データウェアハウスは，企業活動によって得られたデータを問題別や時系列に整理・統合し蓄積したもので，蓄積されたものは更新されません。データウェアハウスは，様々な角度から分析し企業の意思決定に利用されます。また，ビッグデータに対応できる大容量をもつものも利用されています。

イ：データディクショナリは，データベースの様々な定義情報を記録したテーブルです。テーブル，ビュー，列，索引などの定義内容や割り当てられた領域の大きさ，ユーザに関する情報など（メタデータ）を含みます。

エ：メタデータは，データディクショナリに格納されるデータベースの「データについてのデータ」です。

解答　ウ

問2　NoSQL の一種である，グラフ指向 DB の特徴として，適切なものはどれか。

(R3 春·AP 問 28)

ア　データ項目の値として階層構造のデータをドキュメントとしてもつことができる。また，ドキュメントに対しインデックスを作成することもできる。

イ　ノード，リレーション，プロパティで構成され，ノード間をリレーションでつないで構造化する。ノード及びリレーションはプロパティをもつことができる。

ウ　一つのキーに対して一つの値をとる形をしている。値の型は定義されていないので，様々な型の値を格納することができる。

エ　一つのキーに対して複数の列をとる形をしている。関係データベースとは異なり，列の型は固定されていない。

解説

　選択肢はいずれも NoSQL と総称される DB です。グラフ指向 DB ではデータを**ノード，リレーション（ノード間の関係を表す），プロパティ（ノードやリレーションの属性を表す）で表します**。したがって，（イ）が正解です。

ア：ドキュメント型 DB の特徴です。

ウ：キーバリュー型 DB の特徴です。

エ：カラム指向型 DB の特徴です。

解答　イ

問3　ビッグデータの処理で使われるキーバリューストアの説明として，適切なものはどれか。

(H31 春·FE 問 30)

ア　"ノード"，"リレーションシップ"，"プロパティ"の3要素によってノード間の関係性を表現する。

イ　1件分のデータを"ドキュメント"と呼び，個々のドキュメントのデータ構造は自由であって，データを追加する都度変えることができる。

ウ　集合論に基づいて，行と列から成る2次元の表で表現する。

エ　任意の保存したいデータと，そのデータを一意に識別できる値を組みとして保存する。

解説

　ビッグデータの処理で使われるキーバリューストア（KVS：Key-Value Store）は，SQLによるデータ操作が可能な関係データベース以外のデータベースの総称であるNoSQLの一つです。**NoSQLは，膨大で多種多様で激しく変化するビッグデータを制限なしに保存しつつ，迅速に処理するために目的別に考え出されたデータベースで，多くの種類があります。キーバリューストアは任意の保存したいデータ（バリュー）と，そのデータを一意に識別できる値（キー）を組みとして保存する構造で，**データには数値や文字だけでなく画像や音声，動画など様々な種類のファイルをバイナリデータ（BLOB：Binary Large Object)として格納できます。**構造が簡単なため，高速処理ができ，処理容量の増加に応じてサーバを追加できるスケールアウトに適しています。**データ項目同士の関連が少なく，キーの値によるアクセスだけで処理が可能な場合に向いています。したがって，（エ）が適切な説明です。

ア：NoSQLの一つであるグラフ型データベースの説明です。データ同士の複雑な関係を表現できる構造で，関係性を保持する主体である"ノード"とノード間の関係の有無や方向を示す"リレーション"，ノードやリレーションの属性を示す"プロパティ"の3要素で構成されます。例えばSNSのデータでノードに人をリレーションに友達関係を当てはめた場合，人と人との結びつきを表現でき，ある人の「友達」や「友達の友達」の検索が容易にできます。

イ：NoSQLの一つである文書データストアの説明です。データを"ドキュメント"と呼ばれる単位で管理します。ドキュメントは様々な言語間でデータの交換に用いられるXMLやJSONで記述されたファイルなどを指します。多様性のあるドキュメントを一元管理でき，新しい構造データも追加できる特徴があります。

ウ：集合論に基づいて，行と表からなる2次元の表で表現するのは，SQLで操作を行う関係データベースの説明です。

解答　エ

第6章

問4　データレイクの特徴はどれか。

(R3 春-AP 問 31)

　ア　大量のデータを分析し，単なる検索だけでは分からない隠れた規則や相関関係を見つけ出す。

　イ　データウェアハウスに格納されたデータから特定の用途に必要なデータだけを取り出し，構築する。

　ウ　データウェアハウスやデータマートからデータを取り出し，多次元分析を行う。

　エ　必要に応じて加工するために，データを発生したままの形で格納する。

解説

　データレイクに貯蔵されるデータには，テキスト，数値，画像など様々な形式のものがありますが，加工せずにそのままの形式や構造で格納し，分析などに利用する段階で，利用目的に合わせて加工されます。したがって，(エ)が正解です。

ア，ウ：データ分析に関する特徴です。

イ：データウェアハウスから，特定の用途に必要なデータだけを取り出したものは，データマートです。

解答　エ

ネットワーク

学習のポイント

　ネットワーク技術の学習は，通信ネットワークの仕組みや TCP/IP とその関連プロトコルが中心になります。現在は IP 技術が主流になっており，音声通信の電話も以前はアナログ通信でしたが，VoIP（Voice over IP）化が進みました。通信プロトコルに関しては，OSI（Open Systems Interconnection）基本参照モデルとして示された通信プロトコルの階層が学習する際の前提になるので，必ず押さえておきましょう。応用として，LTE や IoT 通信なども押さえておく必要があります。

（1）　ネットワーク方式

　現在では，イーサネット LAN は 100BASE-TX や 1000BASE-T などが主流ですが，それらで使用するリピータ，ブリッジ（スイッチングハブ），ルータ，ゲートウェイに関する知識も必要です。スイッチングハブは，送信するデータの宛先 MAC（Media Access Control）アドレスを基に，フレームを送出するポートを選択していますが，こういった知識も必要です。

　また，無線 LAN については，IEEE 802.11b，IEEE 802.11g，IEEE 802.11n などの技術を理解しておきましょう。

（2）　TCP/IP と関連プロトコル

　IP アドレスの割当て，プライベート IP アドレスが必要とされる理由，サブネットマスクの考え方，IPv4 と IPv6 の違いなど，基本事項をしっかり理解しておきましょう。IPアドレスに関連するプロトコルとして DHCP や ARP，DNS の機能もよく出題されるので，理解しておく必要があります。

　また，メール関連プロトコルとして，IMAP4 や POP3，SMTP，MIME もよく出題されます。この他，時刻の同期をとるための NTP，ネットワーク管理情報をやり取りする SNMP を理解しておく必要があるでしょう。

(3) 伝送量，伝送時間，回線利用率などの計算問題

　伝送量の計算では，データ長のビットとバイト，秒と分の単位に気を付けて計算しましょう。また，データ伝送速度は秒当たりのビット数で表し，データ量はバイト数で表すため，バイトとビットの換算が必要です。8 を掛けたり割ったりするのを忘れないように注意してください。

　その他に計算問題では，アナログデータをデジタルデータに変換するための PCM に関する問題も，このネットワーク分野の問題として出題されることがあります。

(4) 通信サービスとモバイルシステム

① 通信サービス

　ブロードバンドに FTTH などの基本的な用語は学習しておく必要があるでしょう。また，企業において事業所間の通信に利用されるインターネット VPN（Virtual Private Network）技術の知識も重要です。

② モバイルシステム

　近年，ますますその通信量が増えてきているモバイルシステム（モバイル通信）として，移動体通信方式である LTE，4G，5G や，スマートフォンをアクセスポイント（中継機）としてノート PC などを通信回線に接続するテザリング，無線通信事業者の形態である MVNO といった用語を押さえておく必要があります。また，IoT の発展に伴い，BLE や LPWA といった IoT 向けの無線通信規格も増えてきたので，この辺りの用語も整理しておく必要があります。

7.1 ネットワーク方式

▶▶▶ **Explanation**

ポイントの解説

(1) OSI 基本参照モデル

OSI 基本参照モデルは，メーカに依存しないオープンなネットワークアーキテクチャを目指したもので，国際標準規格（ISO 規格）となっています。通信の各種プロトコルを 7 階層のモデルで表します。これによって，例えば，データリンク層が電話回線の社内ネットワークでも，ネットワーク層としては，同じ IP（インターネットプロトコル）で通信するといったことが可能になります。

出題内容としては，次の表のようにトランスポート層，ネットワーク層と TCP/IP の対応関係がポイントになります。

表　OSI 基本参照モデルの階層と機能

階層	OSI 基本参照モデル	機　能	TCP/IP
第 7 層	アプリケーション層	ファイル転送，Web の閲覧などのアプリケーション	アプリケーション層 FTP，POP3，SMTP，HTTP，DNS，SNMP など
第 6 層	プレゼンテーション層	アプリケーション層が扱う様々なタイプの情報を効率良く下位の層に転送できるような，データの表現形式や変換機能	
第 5 層	セション層	アプリケーション間での情報の流れの管理，送信モードの選択や送信権の制御，同期の確立	
第 4 層	トランスポート層	データ転送時に生じた誤りに応じた再送制御や，一度に送信するデータ量を調整するフロー制御	トランスポート層 TCP など
第 3 層	ネットワーク層	通信網を介した両端のシステム間でデータ転送を行うための，通信経路の選択機能やデータの中継機能	インターネット層 IP など
第 2 層	データリンク層	物理層が提供するビット列の伝送機能を用いた，隣接するシステム間でのデータ転送機能	ネットワークインタフェース層（リンク層）PPP など
第 1 層	物理層	データリンク層でビット列のやり取りができるようにする，電気や光信号とビット列のパターンの変換機能	

第7章

327

（2）　ネットワークの伝送媒体

　ネットワークの伝送媒体には，同軸ケーブル，より対線（ツイストペア），光ファイバがあります。主に通信事業者が敷設する通信回線では光ファイバが主流ですが，家庭や事業所内のネットワークである LAN に用いられるケーブルは"より対線"が主流です。これらを電磁波の影響を受けにくい順に並べると，光ファイバ，同軸ケーブル，より対線となります。なお，より対線は絶縁体で被覆した銅線を 2 本より合わせたものです。

（3）　ネットワークのトポロジ

　ネットワークのトポロジ（配線の接続形態）は 3 種類に分けられます。

　①　バス型

　1 本の伝送路（バス）を共用する接続形態です。伝送路を共用するため，通信量が増えると送信データ同士の衝突が多くなり，伝送効率が落ちます。

　②　スター型

　ハブを中心に接続するネットワークの接続形態です。特徴として，ハブから 1 本ずつケーブルを抜いていけば故障した端末が発見しやすいこと，また故障した端末はケーブルを抜くだけで切り離しできることがあります。ただし，ハブが故障すればネットワーク全体が使えないことになります。

　③　リング型

　トークンリングに代表されるネットワークの接続形態です。ただし，実際はリング状に端末を接続するケースは少なく，ハブを使用して接続します。トークンはこの場合でもリング状に回ることに変わりはありません。

（4）　CSMA/CD 方式

　イーサネットでは，CSMA/CD（Carrier Sense Multiple Access with Collision Detection）方式が使用されます。これは，送信しようとする端末が，伝送路の信号（キャリア）を監視しており，キャリアがなければ空いているとして信号を送り出します。同時にアクセスした場合にはデータの衝突（collision）が発生しますが，このときはランダムな時間を待って再送します。

（5）　LAN と WAN

　LAN は Local Area Network の略で，構内回線のことを指します。通常は利用者となる企業や団体，家庭などが自身の費用で設置，運用するものです。

　一方，WAN は Wide Area Network の略で，公衆回線や専用線のことを指します。通信事業者が事業用の設備として設置，運用し，利用者から利用料を徴

収するものです。現在ではインターネットが代表例です。

（6） LAN 間接続装置

① リピータ

リピータは，LAN の伝送路を物理的に延長するときに使用します。イーサネットは，1 本のケーブルで構成できる LAN の長さ（1 セグメント）に制限があります。制限以上の長さにするには，信号電圧を増幅する必要があり，この役割を担うのがリピータです。10BASE-T や 100BASE-TX で使われていたリピータハブもリピータの一種です。ハブは，多くのポートをもち，複数の PC を LAN に接続します。リピータは，OSI 基本参照モデル第 1 層の物理層で接続します。

② ブリッジとスイッチングハブ

ブリッジは，MAC（Media Access Control）アドレスを基にどの LAN ポートにパケットを流せばよいかを判断します。この MAC アドレスは，ネットワーク機器のベンダ（製造者）を識別する ID と製造番号から構成されており，世界で一意のアドレスです。この機能をもつハブ（中継機器）をスイッチングハブ（レイヤ 2 スイッチ）といいます。ブリッジやスイッチングハブは，OSI 基本参照モデル第 2 層のデータリンク層で接続します。

③ ルータ

ルータは，データパケットの流れる通信経路の選択機能（ルーティング機能）をもちます。例えば，TCP/IP では，宛先の IP アドレスに基づいてパケットを相手先に転送します。ルータは，LAN 間を WAN 経由で接続するときに使います。ルータは，OSI 基本参照モデル第 3 層のネットワーク層で接続します。なお，この層で接続するための転送処理をハードウェア化した専用機器をレイヤ 3 スイッチといいます。

④ ゲートウェイ

ネットワーク層の上のトランスポート層以上のプロトコルに基づいてメッセージの中継を行うものをゲートウェイといいます。ゲートウェイは，ルータの機能と上位層のプロトコル変換を行う機能をもちます。OSI 基本参照モデルと対応させると，第 4 層から第 7 層で接続します。

（7） 高速 LAN

1000BASE-T，1000BASE-TX など 1,000M ビット／秒（＝1G ビット／秒）のギガビットイーサネットが広く普及しています。最新の規格として 10GBASE-T など 10G ビット／秒の伝送速度をもつ 10 ギガビットイーサネッ

第7章

トも現れています。

(8) 無線 LAN と Wi-Fi

無線 LAN の国際規格は，IEEE 802.11 シリーズとして策定されていて，最大 11M ビット／秒の IEEE 802.11b，最大 54M ビット／秒の IEEE 802.11g，最大 300 M ビット／秒の IEEE 802.11n などが普及しています。

Wi-Fi（Wireless Fidelity）は，Wi-Fi Alliance という団体が IEEE 802.11 シリーズ規格に対応する機器を認証する制度のことです。無線 LAN には，電波による無線通信を行うもの以外に，赤外線による無線通信を行うものも含まれますが，一般的にはこの Wi-Fi による無線 LAN を指します。一般的にも広く普及していて，無線 LAN のことを Wi-Fi という場合もあります。また，Wi-Fi Alliance では，無線 LAN の基地局になるアクセスポイントを用いずに Wi-Fi 対応機器同士が直接通信する Wi-Fi Direct という通信方式も規格化しています。

無線 LAN の伝送方式としては，CSMA/CA（Carrier Sense Multiple Access with Collision Avoidance）が採用されています。無線 LAN は伝送媒体がケーブルではないので，CSMA/CD 方式のような衝突検知が行えません。このため，あらかじめ電波を衝突させないように空きを調べながら送信を制御しています。伝送範囲は赤外線を使用するものは数 m 程度，電波を使用するものは数 10m から 100m 程度です。

(9) SDN

SDN（Software-Defined Networking）はネットワークを動的なものととらえ，ネットワークの変化をソフトウェアでコントロールしネットワークの仮想化を実現しようとするネットワーク構成技術です。

サーバの仮想化によってサーバの増減やネットワーク上の移動などネットワーク自体が動的に変化し，ネットワークの仮想化という概念及びネットワークの柔軟な構成や管理が求められるようになりました。従来のネットワーク機器はネットワークの構成などを設定するソフトウェア部分とパケットの転送を行うハードウェア部分からなりますが，ユーザは提供されたソフトウェアの設定用インタフェース部分しか制御できず，ハードウェアの制御を行う API 部分は公開されていませんでした。OpenFlow はハードウェアを制御するインタフェースの標準化を行ったもので，公開することによってネットワーク機器をソフトウェアの制御部分（OpenFlow コントローラ）とハードウェア部分（OpenFlow スイッチ）に分離し，その間は OpenFlow プロトコルでやり取り

を行います。SDN では OpenFlow のような標準仕様を用いて，ソフトウェアでスイッチやルータのルール設定を行うことによって，ネットワークの動的な動作環境を提供できるようにしています。OpenFlow を用いた場合，各ハードウェアは全て OpenFlow に対応した機器にする必要があります。

▶▶▶ **Check**

理解度チェック ▶ **7.1 ネットワーク方式**

(1) 1000BASE-T の 1000 は，何を意味しますか。

(2) OSI 基本参照モデルの物理層レベルで，LAN を接続するものを何といいますか。

(3) ネットワーク機器のベンダ（製造者）を識別する ID と製造番号から構成された，世界で一意のアドレスを何といいますか。

(4) スイッチングハブは，OSI 基本参照モデルの第何層でスイッチング動作をしますか。

(5) 次の文中の □ に適切な用語を入れてください。

ルータは，宛先の ア に基づいてデータパケットの経路を選択します。これを イ 機能といいます。ルータは，OSI 基本参照モデルの第 3 層の ウ 層で接続します。

(6) LAN 間を接続する機能で OSI 基本参照モデルの第 4 層以上のプロトコル変換機能をもつものを一般に何といいますか。

(7) 無線 LAN の国際規格を何シリーズといいますか。

(8) OpenFlow などによって実現化されている，ソフトウェアによるネットワーク管理手法を何といいますか。

解 答

(1) 伝送速度が 1,000M ビット／秒＝1G ビット／秒であることを意味します。

(2) リピータ。ハブの場合はリピータハブといいます。 (3) MAC アドレス

(4) OSI 第 2 層のデータリンク層で行います。MAC アドレスを判定し，特定の MAC アドレスのノードだけにパケットを送信します。

(5) ア：IP アドレス イ：ルーティング ウ：ネットワーク

(6) ゲートウェイ (7) IEEE 802.11 シリーズ

(8) SDN（Software-Defined Networking）

▶▶▶ Question

問題で学ぼう

問1　OSI 基本参照モデルの第 3 層に位置し，通信の経路選択機能や中継機能を果たす層はどれか。

(H27 秋·FE 問 31)

　ア　セション層　　　　　　　　　イ　データリンク層
　ウ　トランスポート層　　　　　　エ　ネットワーク層

解説

　OSI 基本参照モデルでは，ネットワークアーキテクチャの構造を機能によって，前述の「ポイントの解説」(1) OSI 基本参照モデルの表で示しているように，**七つに階層化**しています。**第 3 層はネットワーク層**で，通信経路の選択（ルーティング），データの転送・中継といった機能を担います。したがって，（エ）が正解です。

解答　エ

問2　ネットワーク機器の一つであるスイッチングハブ（レイヤ 2 スイッチ）の特徴として，適切なものはどれか。

(R2·AP 問 33)

　ア　IP アドレスを解析することによって，データを中継するか破棄するかを判断する。
　イ　MAC アドレスを解析することによって，必要な LAN ポートにデータを流す。
　ウ　OSI 基本参照モデルの物理層において，ネットワークを延長する。
　エ　互いに直接，通信ができないトランスポート層以上の二つの異なるプロトコルの翻訳作業を行い，通信ができるようにする。

解説

　スイッチングハブ（レイヤ 2 スイッチ）は，LAN の通信データの単位であるフレームの宛先 **MAC アドレスを解析**し，**必要な LAN ポートだけにフレームを転送**します。したがって，（イ）が適切な特徴です。

ア：ルータなどレイヤ 3 による中継機器がもつ機能です。

ウ：リピータあるいはハブといったレイヤ 1 による中継機器がもつ機能です。

エ：ゲートウェイなどレイヤ 4 以上による中継機器がもつ機能です。

解答 イ

問3 OpenFlow を使った SDN（Software-Defined Networking）の説明として，適切なものはどれか。

(H29 春·FE 問 35)

ア RFID を用いる IoT（Internet of Things）技術の一つであり，物流ネットワークを最適化するためのソフトウェアアーキテクチャ

イ 音楽や動画，オンラインゲームなどの様々なソフトウェアコンテンツをインターネット経由で効率的に配信するために開発された，ネットワーク上のサーバの最適配置手法

ウ データ転送と経路制御の機能を論理的に分離し，データ転送に特化したネットワーク機器とソフトウェアによる経路制御の組合せで実現するネットワーク技術

エ データフロー図やアクティビティ図などを活用して，業務プロセスの問題点を発見し改善を行うための，業務分析と可視化ソフトウェアの技術

解説

SDN（Software-Defined Networking）はネットワークを動的なものととらえ，**ネットワーク機器の設定や状態をソフトウェアでコントロール**し，ネットワークの仮想化を実現しようとするネットワーク構成技術です。したがって，正解は（ウ）です。

ア：商品の原料提供，生産から販売サービスまでを含むサプライチェーンなどにおいて物流の可視化を行う EPC（Electronic Product Code）グローバルネットワークシステムの説明です。無線で読み取る IC タグである RFID（Radio Frequency IDentification）技術を用いて，ユーザが書換え可能な領域に標準化されたコード（EPC）を書き込みます。コードが読み込まれると対象物の種類などをインターネットから確認できるシステムです。

イ：CDN（Contents Delivery Network）の説明です。音楽や動画，オンラインゲームなどのデジタルコンテンツを多数のユーザに配信するために，

第7章

複数の配信ポイントを配置し，最適な配置場所からの配信や，アクセスが
集中した場合の負荷分散を最適化する手法です。
エ：業務（プロセス）可視化ツールの説明です。データフロー図（DFD）は
業務におけるプロセス間のデータの流れを図化したもので，アクティビテ
ィ図は UML（Unified Modeling Language）の記法の一つで業務の手順
を示すものです。

解答　ウ

7.2 TCP/IP と関連プロトコル

▶▶▶ **Explanation**

ポイントの解説

(1) TCP/IP

TCP/IP（Transmission Control Protocol/Internet Protocol）は，インターネットのプロトコルとして広く普及し，現在では，通信における事実上の標準プロトコルになっています。TCP/IP は，多くのプロトコルの総称で，TCP と IP 以外にも多くのプロトコル群があります。

(2) TCP と UDP

TCP（Transmission Control Protocol）は，OSI 基本参照モデルの 7 階層のうち，トランスポート層のプロトコルです。トランスポート層の役割である送信確認とフロー制御／再送制御を行うコネクション型の通信を行います。一方，同じトランスポート層のプロトコルで，送信確認やフロー制御／再送制御を省略したコネクションレス型のものが UDP（User Datagram Protocol）です。UDP は IP 電話や Web 会議など，リアルタイム性が重要な通信において用いられています。

(3) IP

IP（Internet Protocol）は，OSI 基本参照モデルの 7 階層ではネットワーク層に当たるプロトコルです。IP は，コネクションレス型の通信を行います。IP は，IP パケット（データグラムといいます）を宛先アドレスに従って，相手先まで届けます。IP では，データの送信確認やフロー制御などを全く行わず，送信確認やフロー制御は上位層の TCP が行います。

① IP アドレス（IPv4 アドレス）

電話では，電話番号によって交換機が相手を選択しますが，インターネットでは，交換機の代わりにルータが，IP パケットに付いている IP アドレスを見て，パケットを転送します。なお，一般的に IP アドレスという場合には，IPv4 アドレスを指します。

IPv4 における IP アドレスは，32 ビットからなり，32 ビットの上位をネットワーク部，下位をホスト部といいます。ネットワーク部ではネットワークが識別され，ホスト部では各ネットワーク内のコンピュータ，ルータなど

の各機器が識別されます。ネットワーク部とホスト部に割り振るビット数によって、クラス A、クラス B、クラス C の 3 クラスがあります。

	ネットワーク部	ホスト部
クラス A	8 ビット	24 ビット
クラス B	16 ビット	16 ビット
クラス C	24 ビット	8 ビット

図 IP アドレスの割振り

IP アドレスは、世界的に重複しないようにする必要があり、各国で組織する NIC（Network Information Center）が管理しています。IPv4 で用いられている IP アドレスは、32 ビットなので、2^{32}＝約 43 億通りあり、世界規模でも十分大きい数に思われますが、インターネットの広がりとともに IP アドレスが不足する問題が表面化しています。IP アドレスを 32 ビットから 128 ビットに拡張したものが、IPv6（IP version6）です。

② サブネット（IPv4）

企業などの組織で、一つのネットワークを複数の小さなネットワークに分割したものをサブネットといいます。TCP/IP ネットワークの場合、IP アドレスのホスト部をサブネットマスクによってサブネット部とホスト部に分割します。サブネットマスクは、ネットワーク部とサブネット部を"1"で、ホスト部を"0"で表した 32 ビットのデータです。32 ビットの IP アドレスとサブネットマスクの論理積を取れば、サブネットを含めたネットワークアドレスが得られる仕組みになっています。

サブネットに分割されたネットワークは、外から見るとあくまでも一つのネットワークです。これによって、組織に割り当てられた一つの IP アドレスを、小さく分割した組織内の複数のサブネットとして利用できます。

図 サブネット（クラス B）

③　プライベートIPアドレス

　プライベートIPアドレスは，インターネットに接続せず，LANの内部だけでTCP/IPを使用するためのアドレスです。インターネットにアクセスするには，世界的に重複しないグローバルIPアドレスを使用する必要があります。IPアドレスが不足しているので，LAN内部だけで使うような場合には，グローバルIPアドレスに割り当てられていないアドレスを，プライベートIPアドレスとして特別に使うことができます。

　プライベートIPアドレスは，クラスA，B，Cごとに決まっています。

クラスA	10.0.0.0～10.255.255.255
クラスB	172.16.0.0～172.31.255.255
クラスC	192.168.0.0～192.168.255.255

図　プライベートIPアドレス

④　IPv6アドレス

　IPv6アドレスは128ビットの長さをもちます。IPv6アドレスの表記方法としては，ビット列を4ビット単位の16進表記にして，16進表記の4桁ごと（16ビットごと）に“:“（コロン）で区切る方法が定められています。さらに，この16進表記において，次のルールで0（ゼロ）を省略形で表記することができます。

・4桁連続の“0000“を“0“と表記
・先頭の“0“を省略　　（例：“0db8“→“db8“）
・連続した“0“を省略　（例：“8:0:0:0:3“→“8::3“）

　なお，連続した“0”を“::”と省略できる範囲が複数ある場合には，省略できる範囲の長い方を省略します。

⑤　NAT

　LANでは，通常，プライベートアドレスを使用しますが，プライベートアドレスをもつ端末がインターネットと通信するときは，NAT（Network Address Translation）機能をもつルータなどが，幾つか登録しておいたグローバルアドレスとプライベートアドレスの変換を行います。登録しているグローバルアドレス数以上は，同時にインターネットにアクセスできません。

　広義のNATには，IPマスカレード（IP masquerade）やNAPT（Network Address Port Translation）というアドレス変換法も含まれます。NAPTはTCPやUDPのポート番号を含めてアドレス変換を行います。LAN内の複数の端末からインターネットへのアクセス要求があるとき，複数のプライベ

ートアドレスを同じグローバルアドレスに変換しながら，送信元 TCP ポート番号を別々にすることによって，一つのグローバルアドレスを共有して複数の端末が同時に通信しているように見せることができます。このように一つのグローバルアドレスと複数のプライベートアドレスを交換する機能を IP マスカレードと呼びます。

⑥ DNS

IP アドレスは，数値なので覚えにくいため，実際にはアルファベットなどで表記するドメイン名が利用されます（電子メールアドレスの@の右側）。このためにドメイン名と IP アドレスの変換を行う仕組みが DNS（Domain Name System）で，ドメイン名と IP アドレスの対応表をもつサーバを DNS サーバといいます。通常，ドメインごとに DNS サーバを設けます。

DNS サーバは階層構造で管理されていて，自分の DNS 対応表にないドメイン名の場合は，さらに上位の階層の DNS サーバに問い合わせます。

⑦ DHCP

DHCP（Dynamic Host Configuration Protocol）は，ネットワーク上の IP アドレスを集中管理する機能を提供します。IP アドレスは，ネットワーク管理者があらかじめ手動で設定しますが，ノードの増設やサブネットをまたがった移動などが頻繁にあると，アドレス設定の手間がかかります。これを自動化するのが DHCP です。DHCP は，IP アドレス，サブネットマスク，デフォルトゲートウェイなどの設定を自動化し，動的に割り当てます。

⑧ MAC アドレスと ARP

MAC（Media Access Control）アドレスは，ネットワーク機器を製造するときに付けられた，イーサネットの物理アドレスです。データリンク層で使われます。48 ビットからなり，上位 24 ビットがベンダを識別するベンダ ID を表し，下位 24 ビットがベンダ内での固有の製造番号を表します。

ARP（Address Resolution Protocol）は，IP アドレスから MAC アドレスを得るプロトコルです。IP パケットは，IP アドレスに基づいて送受信されますが，これをデータリンク層レベルで実現するためには MAC アドレスが必要です。MAC アドレスを得るには，宛先の IP アドレスを設定した ARP 要求を流します。同一セグメント内に，その IP アドレスに該当する端末があれば，自身の MAC アドレスを含む ARP 応答を返します。

コンピュータの利用者が ARP を用いて IP アドレスに対応する MAC アドレスを確認するために使うコマンドに，arp というコマンドがあります。

(4) アプリケーションプロトコル

① HTTP

HTTP（HyperText Transfer Protocol）は，Web サーバに格納された HTML 文書を転送するプロトコルで，TCP の上位に位置します。HTTP では，要求するファイルごとにブラウザから Web サーバに TCP 接続用要求を出し，ファイル転送が終了すれば，接続を終了します。なお，Web サーバには CGI（Common Gateway Interface；コモンゲートウェイインタフェース）という仕組みが備わっており，外部のプログラムを呼び出し，その実行結果をブラウザに返却することができます。

② FTP

FTP（File Transfer Protocol）は，インターネットに接続されたコンピュータ間でファイル転送を行うものです。通常の FTP では，相手先のコンピュータのアカウントをもっている必要がありますが，だれでもファイルのダウンロードができるものを，アノニマス FTP（Anonymous；匿名）といいます。

FTP では，制御用の通信に使われるポートは TCP の 21 番ポートですが，データの伝送用には TCP の 20 番という別のポートが使われます。

③ TELNET

ネットワークを介して遠隔地のコンピュータにログインする機能（リモートログイン）です。TCP/IP で接続されているコンピュータであれば，TELNET を使用してリモートログインできます。TELNET は，リモートのコンピュータをサーバとして，端末から遠隔操作できるようにする機能です。

④ SMTP，POP3，IMAP4

SMTP（Simple Mail Transfer Protocol）は，送信者の PC からメールサーバへのメール送信，メールサーバ間のメール送受信を行うプロトコルです。メールサーバから利用者の PC にメールを取り出して受信するプロトコルは，POP3（Post Office Protocol version3）又は IMAP4（Internet Message Access Protocol version4）です。POP3 と IMAP4 の役割は似ていますが，POP3 では，基本的に受信したメールは，メールクライアントがメールサーバから受信した後に削除されます。これに対し，IMAP4 では，受信したメールはサーバ上で処理されます。このため，メールの既読，未読状態などもサーバ上で管理されます。IMAP4 は，同じメールボックスを複数の端末で取り扱う場合や，企業がメールを一元管理したい場合に便利です。

⑤ MIME

テキスト文字を転送するだけのシンプルなメールプロトコルが SMTP です。一方，MIME（Multi-purpose Internet Mail Extensions）は，音声や

第7章

画像などマルチメディアに対応した電子メールの拡張規格で，バイナリデータ（ビットデータ）を添付する標準的な手順を定めています。

⑥　SNMP

SNMP（Simple Network Management Protocol）は，SNMPマネージャと SNMP エージェント間で，故障情報などのネットワーク管理に関する情報をやり取りするためのプロトコルです。

⑦　ICMP

ICMP（Internet Control Message Protocol）は，IP通信の制御情報の送受信のために利用されるプロトコルです。宛先の IP アドレスが見つからないといったルータ同士での通信に利用されています。このプロトコルの Echo 機能を応用したものに ping コマンドというネットワークの疎通確認用のコマンドがあります。

⑧　NTP

NTP（Network Time Protocol）は，インターネットにおいて，複数のノード（コンピュータ）における時刻の同期を図るためのプロトコルです。ネットワークを介してコンピュータの時刻を修正します。

⑨　ポート番号とウェルノウンポート

ポート番号とは，TCP/IP 通信において，通信相手のアプリケーションプロトコルを識別する番号です。HTTP や SMTP など，多くの通信プロトコルでは，サーバ側の標準待受けポート番号が決まっています。これをウェルノウンポートと呼びます。

表　ウェルノウンポートの例

通信プロトコル	ウェルノウンポート
DNS（DNS サーバ）	UDP: 53 / TCP: 53
SMTP（メールサーバ）	TCP: 25
SMTPS (メールサーバ)※1	TCP: 465
POP3（メールサーバ）	TCP: 110
POP3S (メールサーバ)※2	TCP: 995
IMAP4（メールサーバ）	TCP: 143
IMAP4S (メールサーバ)※3	TCP: 993
HTTP（Web サーバ）	TCP: 80
HTTPS (Web サーバ) ※4	TCP: 443

※1 SMTPS (SMTP over SSL/TLS)
※2 POP3S (POP3 over SSL/TLS)
※3 IMAP4S (IMAP4 over SSL/TLS)
※4 HTTPS (HTTP Secure)

　TCP や UDP の通信では，送信元，宛先それぞれに IP アドレスとポート番号をもちます。IP アドレスだけでは通信をしているコンピュータまでは分かっても，その上でどのプログラムが通信しているか区別ができないため，通信当事者であるプログラムを識別するためには，送信元 IP アドレス，送信元ポート番号，宛先 IP アドレス，宛先ポート番号を確認する必要があります。コネクション型プロトコルである TCP では，この四つの要素によってコネクション一つ一つを識別します。

　なお，SMTPS, POP3S, IMAP4S, HTTPS など SSL/TLS による暗号通信版の通信プロトコルのウェルノウンポートは，それぞれのベースになる平文の通信プロトコルのウェルノウンポートと分けられていることが一般的です。

第7章

▶▶▶ **Check**

理解度チェック ▶ 7.2 TCP/IP と関連プロトコル

(1)　TCP と IP は，それぞれ OSI 基本参照モデルのどの層に相当しますか。

(2)　IPv4 と IPv6 の IP アドレスの長さは，それぞれ何ビットですか。

(3)　IPv6 のアドレス表記は原則として，何進数表記で行われますか。

(4)　送信者の PC からメールサーバにメールを送信するときや，メールサーバ間で電子メールを転送するときに使われるプロトコルは何ですか。

(5)　メールサーバから利用者宛てのメールを一括して取り出すプロトコルは何ですか。

(6)　POP3 と IMAP4 の大きな機能上の違いは何ですか。

(7)　ドメイン名と IP アドレスの変換を行う仕組みは何ですか。

(8)　ネットワーク機器を製造するときに付けられた，48 ビットのアドレスを何といいますか。

(9)　次の文中の　□　に適切な用語を入れてください。

　　一つのネットワークを，複数の小さなネットワークに分割したものを　ア　といいます。　ア　に分割されたネットワークは，外から見るとあくまでも一つのネットワークです。具体的には一つの　ア　として IP アドレスの　イ　の上位ビットから一部を割り当てます。

　　サブネットマスクは，ネットワークアドレス部とサブネットワークアドレス部をビットの　ウ　で表し，ホストアドレス部を　エ　で表します。　オ　ビットの IP アドレスとサブネットマスクの論理積を取れば，サブネットを含めたネットワークアドレスが分かります。

(10)　各通信プロトコルのサーバの標準的な待受けポート番号のことを何といいますか？

解 答

(1)　TCP：トランスポート層　　IP：ネットワーク層

(2)　IPv4：32 ビット　　IPv6：128 ビット　　　(3)　16 進数

(4)　SMTP　　　　　(5)　POP3（又は POP）

(6)　IMAP4 では，受信したメールはサーバ上で処理され，既読・未読もサーバ上で管理されます。

(7)　DNS　　　　(8)　MAC アドレス

(9)　ア：サブネット　　イ：ホスト部　　ウ：1　　エ：0　　オ：32

(10)　ウェルノウンポート

▶▶▶ Question

問題で学ぼう

問1　LAN に接続されているプリンタの MAC アドレスを，同一 LAN 上の PC
　　から調べるときに使用するコマンドはどれか。ここで，PC はこのプリンタ
　　を直前に使用しており，プリンタの IP アドレスは分かっているものとする。

(H30 春-FE 問 33)

　　ア　arp　　　　イ　ipconfig　　　　ウ　netstat　　　　エ　ping

解説

　　既に分かっている IP アドレスから MAC（Media Access Control）ア
ドレス[注]を調べるコマンドは arp です。このため，（ア）が正解であること
が分かります。

　　注)・ネットワークデバイスごとに割り振られている 6 桁（48 ビット）の
　　　　　固有の番号。上位 3 桁（24 ビット）が製造メーカの識別番号です。
　　　　・一般にプロトコル名は ARP のように大文字で表記し，コマンド名は
　　　　　arp のように小文字で表記します。

　　イ：ipconfig コマンドは，PC でネットワークの設定情報を調べるコマンド
　　　　です。なお，ipconfig は Windows のコマンド，UNIX 系では ifconfig コマ
　　　　ンドあるいは ip addr コマンドを使用します。

　　ウ：netstat コマンドは，PC で TCP/IP を使ってどのような通信を行ってい
　　　　るかを調べるコマンドです。

　　エ：ping（ピン）コマンドは，IP パケットが宛先まで正しく届いているかを
　　　　確認するコマンドです。

解答　ア

問2　IPv6 アドレスの表記として，適切なものはどれか。

(R4 春-AP 問 31)

　　ア　2001:db8::3ab::ff01　　　　　　イ　2001:db8::3ab:ff01
　　ウ　2001:db8.3ab:ff01　　　　　　　エ　2001.db8.3ab.ff01

解説

IPv6 アドレスの表記は，次に示すように省略が可能です。
- ・4 桁連続の "0000" を "0" と表記
- ・先頭の "0" を省略　　（例："0db8" → "db8"）
- ・連続した "0" を省略　　（例："8:0:0:0:3" → "8::3"）

※連続した "0" を "::" と省略できる範囲が複数ある場合は，省略できる範囲の長い方を省略します。

これらの表記方法を踏まえると，（イ）の 2001:db8::3ab:ff01 が適切な表記であると分かります。したがって，（イ）が適切です。

ア：前記のとおり，"::" による省略は 1 か所に限定する必要があります。そのため，2001:db8::3ab::ff01 と表記してしまうと，正しい IPv6 アドレスが例えば，2001:0db8:0000:0000:0000:03ab:0000:ff01 なのか，2001:0db8:0000:0000:03ab:0000:0000:ff01 なのかを判別できなくなります。

ウ，エ：前記のとおり，"." は 10 進表記における区切り記号なので，"." の前後には 16 進表記は用いられません。

解答　イ

問3　次の IP アドレスとサブネットマスクをもつ PC がある。この PC のネットワークアドレスとして，適切なものはどれか。

(H29 秋-FE 問 35)

　　　P アドレス　　　　：10.170.70.19
　　　サブネットマスク：255.255.255.240

　　ア　10.170.70.0　　　　　　　イ　10.170.70.16
　　ウ　10.170.70.31　　　　　　　エ　10.170.70.255

解説

IP アドレスにおいて，サブネットマスクの 1 の部分が**ネットワーク部**，0 の部分は**ホスト部**です。"255.255.255.240" のサブネットマスクを 2 進数で表示すると，次のようになります。

IP アドレス・・・・・	00001010	10101010	01000110	00010011
サブネットマスク・・・	11111111	11111111	11111111	11110000
ネットワークアドレス・	00001010	10101010	01000110	00010000

IP アドレスとサブネットマスクの論理積がネットワークアドレスであるので，10.170.70.16 になります。したがって，正解は（イ）が適切です。なお，本問のサブネットマスク値の場合，先頭から 24 ビットは全て 1 なので，**最後の 8 ビット部分だけを計算するだけで十分**です。

解答　イ

問 4　トランスポート層のプロトコルであり，信頼性よりもリアルタイム性が重視される場合に用いられるものはどれか。

(H31 春·FE 問 33)

　ア　HTTP　　　　　イ　IP　　　　　ウ　TCP　　　　　エ　UDP

解説

　トランスポート層のプロトコルとしては，TCP（Transmission Control Protocol）と UDP（User Datagram Protocol）が挙げられます。**UDP は，通信前にデータの流れる論理的な通信路であるコネクションを確立せず，コネクションレス型のプロトコルのため信頼性が低くなっても，高速性やリアルタイム性を重視する通信に使用されます。**したがって，（エ）が正解です。

ア：HTTP（Hyper Text Transfer Protocol）は，第 7 層のアプリケーション層のプロトコルです。HTTP はブラウザから Web サーバへのホームページの要求やホームページが記述された HTML ファイルなど必要なデータを Web サーバから届けるために利用されます。

イ：IP（Internet Protocol）は，第 3 層ネットワーク層のプロトコルです。送信元から送信先までデータを届ける役割を担います。 IP アドレスを用いたアドレス管理と，経路選択を行います。

ウ：TCP（Transmission Control Protocol）は，UDP と同じく第 4 層トランスポート層のプロトコルですが，データの送信前に送信先のコンピュータが受信可能か確認し，コネクションを確立してから通信するコネクション型プロトコルです。送信した順序で受信側に届ける順序制御や，パケットが到着しなかったときの再送制御などを行い，信頼性が高い通信を実現

します。このため，遅延が発生するので，データ通信には向いていますが，音声や映像などをリアルタイムに届ける際にはこの遅延が問題になることがあります。

解答　エ

問5　図の環境で利用される①～③のプロトコルの組合せとして，適切なものはどれか。

(H21 春·FE 問 39)

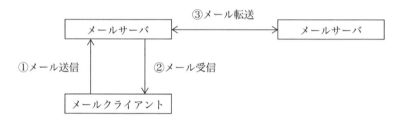

	①	②	③
ア	POP3	POP3	SMTP
イ	POP3	SMTP	POP3
ウ	SMTP	POP3	SMTP
エ	SMTP	SMTP	SMTP

解説

　メールに関連するプロトコルと役割を整理すると，次のようになります。

プロトコル名称	役割
SMTP (Simple Mail Transfer Protocol)	メールの転送に用いられる。
POP3 (Post Office Protocol version 3)	メールボックスに蓄積されたメールの受信及び削除に用いられる。
IMAP (Internet Message Access Protocol)	メールボックスに蓄積されたメールの操作に用いられる。

POP3 と IMAP の役割は似ていますが，POP3 では，受信したメールは基本的に，メールクライアントがメールサーバから受信した後に削除されます。これに対し，IMAP では，受信したメールはサーバ上に蓄積され，集中管理されます。

これを問題文の図に当てはめると次のようになります。

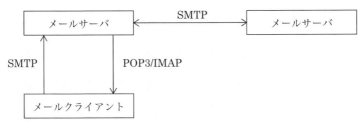

しかし，選択肢中に IMAP はありません。したがって，（ウ）の組合せが適切です。

解答　ウ

問 6　IPv4 において，インターネット接続用ルータの NAT 機能の説明として，適切なものはどれか。

(H29 秋·FE 問 33)

　ア　インターネットへのアクセスをキャッシュしておくことによって，その後に同じ IP アドレスの Web サイトへアクセスする場合，表示を高速化できる機能である。

　イ　通信中の IP パケットを検査して，インターネットからの攻撃や侵入を検知する機能である。

　ウ　特定の端末宛ての IP パケットだけを通過させる機能である。

　エ　プライベート IP アドレスとグローバル IP アドレスを相互に変換する機能である。

解説

　NAT（Network Address Translation）機能は，（エ）の記述にあるように「プライベート IP アドレスとグローバル IP アドレスを相互に変換する機能」です。NAT 機能を用いることで，プライベート IP アドレスをもつ端末が外部（インターネット）へアクセスすることができるようになります。

　なお，NAT と似た機能に IP マスカレード（NAPT；Network Address Port Translation ともいう）がありますが，こちらは送信元ポート番号を利用して端末を識別するため，一つのグローバル IP アドレスで，複数台の端末がインターネットにアクセスすることができます。NAPT も広義の NAT に含まれます。

ア：プロキシサーバがもっているキャッシング機能の説明です。

イ：インターネットからの攻撃や侵入を検知する代表的なものはワクチンソフトや IDS（Intrusion Detection System；侵入検知装置）です。

ウ：ファイアウォール機能に関する説明です。

解答　エ

問7　Web サーバにおいて，クライアントからの要求に応じてアプリケーションプログラムを実行して，その結果を Web ブラウザに返すなどのインタラクティブなページを実現するために，Web サーバと外部プログラムを連携させる仕組みはどれか。

（H30 春·FE 問 35）

　　ア　CGI　　　　イ　HTML　　　ウ　MIME　　　エ　URL

解説

　Web サーバと外部プログラムを連携させる仕組みは，（ア）CGI（Common Gateway Interface）です。例えば，Web ページ（ホームページ）への来訪者数（アクセス回数）の累計を表示するカウンタの表示などがこれに当たります。CGI を使うためには，あらかじめ Web サーバ側に C 言語や Perl で書かれたプログラムを用意しておきます。そして，Web ブラウザ（クライアント）から要求があれば，**Web サーバがプログラムを実行して，その結果を返す**仕組みになっています。このとき，接続されている他の Web サーバにアクセスして要求された処理を行い，結果をブラウザに返すこともできます。

イ：HTML（Hyper Text Markup Language）は，主に Web ページ作成用に使われる言語で，文書構造や文字の修飾を＜＞で囲んだタグで表現します。

ウ：MIME（Multipurpose Internet Mail Extensions）は，電子メールの本文などに音声や画像などの情報も扱えるようにした規格です。インターネ

ットのメールでは 7 ビットの英数字（ASCII コード）しか送れないので，音声や画像などのデータを ASCII コードに変換して，その情報をメールのヘッダに記述しておきます。受信側はその情報に従って，元の音声や画像情報に戻しています。S/MIME はメールを暗号化して送受信するための拡張仕様です。

エ：URL（Uniform Resource Locator）は，Web において，取得したい情報源を示すための表記方法です。アクセスするプロトコルとホスト名などの場所を指定する情報を，https://www.itec.co.jp のように示します。

解答　ア

7.3 伝送量，伝送時間，回線利用率などの計算問題

▶▶▶▶**Explanation**

ポイントの解説

(1) データ伝送時間の計算

データ伝送時間は，伝送メッセージのビット数と回線の伝送速度及び伝送効率から計算できます。伝送効率は回線の伝送速度のうち，実際にデータの送受信に利用できる割合を指します。実際の通信では制御信号などのやり取りのために回線の伝送速度を丸々使うことはできないのですが，具体的な制御信号の内容は通信回線の種類や通信方式によって変わるため，試験問題では「回線の伝送速度×伝送効率」が実際の伝送に利用できる速度だととらえてください。

① データ伝送時間＝伝送メッセージのビット数÷(伝送速度×伝送効率)

② 伝送速度は，単位時間に伝送できる回線のデータ量を意味します。単位はビット／秒（bps）です。通信速度という場合もあります。

③ 回線利用率は，実際に伝送されたデータ量をその回線の伝送可能な最大のデータ量で割ったものです。

　　　回線利用率＝実際に伝送されたデータ量÷伝送可能な最大のデータ量

(2) PCM

音声信号をデジタル化するのに，PCM（Pulse Code Modulation；パルス符号変調）方式を使います。PCM は次の過程を踏んで処理されます。

① 標本化（サンプリング）

　アナログ信号のある時点の値を読み取る。

② 量子化

　標本化で得られたアナログ量の振幅をデジタル化する。

③ 符号化

　量子化の結果得られたアナログ波の振幅の値を 2 進数に変換する。

標本化は時間軸でのデジタル化ですが，その時間軸のサンプリング周波数は信号の帯域の少なくとも 2 倍の周波数があれば，元の信号を再現できることが知られています（シャノンの標本化定理）。

▶▶▶ **Check**

理解度チェック ▶ **7.3 伝送量，伝送時間，回線利用率などの計算問題**

---

(1) 毎秒 300k バイトのデータを伝送効率 30%の LAN で送信します。この LAN に必要な伝送速度は，何 M ビット／秒ですか。

(2) データ伝送速度が 9,600 ビット／秒，1 メッセージの平均長が 1,200 バイトで，平均メッセージ発生件数が 1,800 件／時間の場合の，回線利用率は何%ですか。

(3) 次の文中の ☐ に適切な用語を入れてください。

アナログ信号をデジタル化する PCM 方式では ア ， イ ， ウ の三つの段階で処理が進みます。 ア においては，サンプリング間隔を決める標本化定理があります。

解答

(1) LAN の伝送速度を s とすると，300,000×8＝s×0.3 の関係が成り立ちます。忘れやすいのは，**バイトとビットの換算**です。

s＝300,000×8÷0.3＝8,000,000（ビット／秒）＝8（M ビット／秒）

(2) **1 メッセージの長さ**をビットで表すと，**1,200×8＝9,600 ビット**です。
1 時間に 1,800 件発生するので，1 時間当たりの伝送量は 9,600×1,800 ビットになります。次に，データ伝送速度は 9,600 ビット／秒なので，1 時間では，9,600×3,600 ビットの伝送が可能です。
回線利用率は，**実際に伝送されたデータ量を伝送可能な最大データ量で割ったもの**なので，この値を当てはめると，

(9,600×1,800)÷(9,600×3,600)＝0.5

で，50%となります。

(3) ア：標本化（サンプリング）　　イ：量子化　　ウ：符号化

第7章

▶▶▶ **Question**

問題で学ぼう

問1　10M ビット／秒の回線で接続された端末間で，平均 1M バイトのファイ
　　ルを，10 秒ごとに転送するときの回線利用率は何％か。ここで，ファイル転
　　送時には，転送量の 20％が制御情報として付加されるものとし，1M ビット
　　＝106 ビットとする。

(R1 秋·FE 問 30)

　　　ア　1.2　　　　　イ　6.4　　　　　ウ　8.0　　　　　エ　9.6

解説

　　平均 1M バイトのファイルを 10 秒ごとに 1 回転送することから，ファイ
ルデータの平均転送量は，次のようになります。

　　　1M バイト／10 秒＝100,000（バイト／秒）

　　さらに，**転送量の 20％の制御情報が付加される**ので，実際のデータ転送
量は，次のようになります。

　　　100,000(バイト／秒)×1.2＝120,000（バイト／秒）
　　　　　　　　　　　　　　　＝960,000（ビット／秒）

　　通信回線の通信速度は 10M（ビット／秒）なので，回線利用率は，次のよ
うになります。

　　　960,000（ビット／秒）÷10M (ビット／秒)×100＝9.6（％）

　　したがって，（エ）が正解です。

解答　エ

問2　符号化速度が 192k ビット／秒の音声データ 2.4M バイトを，通信速度
　　が 128k ビット／秒のネットワークを用いてダウンロードしながら途切れる
　　ことなく再生するためには，再生開始前のデータのバッファリング時間とし
　　て最低何秒間が必要か。

(H26 秋·FE 問 31)

　　　ア　50　　　　　イ　100　　　　　ウ　150　　　　　エ　250

解説

　符号化速度，通信速度はビット，音声データのサイズはバイトであるため，**単位をバイトに合わせると，符号化速度は 24k バイト／秒，通信速度は 16k バイト／秒**となります。

　2.4M バイトの音声データを符号化するためにかかる時間は，2.4M バイト÷24k バイト／秒＝100 秒，一方，ダウンロードにかかる時間は，2.4M バイト÷16k バイト＝150 秒であり，**ダウンロードの時間は符号化の時間よりも 50 秒長くかかる**ことが分かります。途切れることなく再生するためには，ダウンロードと符号化が同時に終了する必要があり，同時に終了するためには，再生開始前に 50 秒分のデータのバッファリングが必要となります。

　したがって，（ア）が正解です。

解答　ア

問3　PCM 伝送方式によって音声をサンプリング（標本化）して 8 ビットのディジタルデータに変換し，圧縮しないで転送したところ，転送速度は 64,000 ビット／秒であった。このときのサンプリング間隔は何マイクロ秒か。

(H25 秋-FE 問 4)

　ア　15.6　　　　イ　46.8　　　　ウ　125　　　　エ　128

解説

　PCM 伝送方式では，**音声のアナログ信号を一定間隔でサンプリング（測定）し**，その値をディジタルデータに変換して伝送します。サンプリングされた音声データは，この問題の場合，問題文にあるように 8 ビットなので，1 秒間に 64,000 ビット転送できる場合，**64,000 ビット÷8 ビット＝8,000 個のサンプリングデータを送る**ことになります。このことは，1 秒間に 8,000 回サンプリングすることを意味するので，サンプリング間隔は次のように 125 マイクロ秒となります。

$$1秒÷8,000回＝\frac{1}{8,000}　（秒／回）＝\frac{1,000,000}{8,000}　（マイクロ秒／回）$$
$$＝125　（マイクロ秒／回）$$

　したがって，（ウ）が正解です。

解答　ウ

7.4　通信サービスとモバイルシステム

▶▶▶ Explanation
ポイントの解説

（1）　専用線サービス

専用線は，交換機を経由しないで2点間を直接結ぶ貸切の回線で，定額制です。代表的な例として NTT の専用線サービスがあります。現実的には企業や家庭が直接利用するというよりも，ISP やその他の通信事業者がバックボーン回線を構築するために利用しているケースが多いといえます。

（2）　広域イーサネットサービス

広域イーサネットサービスは，通信事業者が保有する IP 通信網上で，広域にわたる疑似的なイーサネットを提供するサービスです。代表的な例としてKDDI の広域イーサネットサービスがあります。ここでいう広域というのは，通信事業者に依頼をしないと通信網を敷設できない，離れた敷地，別の市町村，あるいは都道府県間の通信を指します。

回線を完全に占有する専用線サービスとは違い，実態はパケット交換網なので，専用線よりも低価格である一方，他の通信と混ざるため，遅延時間のゆらぎや輻輳も発生します。

（3）　VPN

インターネットをあたかも専用線で構築されたネットワークのように利用する技術を，インターネット VPN（Virtual Private Network）といいます。また電気通信事業者が提供する IP 網に，ユーザ個別の VPN を構築したものをIP-VPN といいます。

VPN の本質は，インターネット上でイントラネットと同じ（あるいは専用線と同じ）セキュリティの確保を実現することです。具体的には，トンネリング技術，暗号化を組み合わせて実現します。

（4）　FTTH

FTTH（Fiber To The Home）は，加入者の宅内まで光ファイバを直接引き込んで，高速通信可能なブロードバンドネットワークに接続させる形態です。現在では各通信事業者がサービスを提供していて，100M ビット／秒〜数 G ビ

ット／秒のサービスが提供されています。

(5) PPP/PPPoE

PPP（Point-to-Point Protocol）は、アナログ電話回線上でコンピュータ通信を行う際に接続した利用者の認証情報に基づき、接続先の ISP（インターネットサービスプロバイダ）を切り替えるために用いられる通信プロトコルです。PPPoE は、FTTH にて電話局から事業所や家庭に敷かれたイーサネット回線上で PPP と同様、利用者の認証情報に基づき、接続先の ISP を切り替えるために利用される通信プロトコルです。

(6) VoIP

VoIP（Voice over Internet Protocol）は、TCP/IP ネットワーク（インターネットやイントラネットなど）を使用して、音声データを送受信する技術のことです。社内 LAN を使用した内線電話や、インターネット電話などに応用されています。

(7) LTE／4G／5G

LTE（Long Term Evolution）は、第 4 世代（4G）の移動体通信規格です。携帯電話網は、携帯電話やスマートフォンなどの移動体通信機器を使って相互間通信を行うための通信網で、通信回線にはパケット交換機を使って接続しています。そのため、全ての通信をパケット交換方式で処理しています。また、MIMO（Multiple Input Multiple Output）と呼ばれる複数のアンテナを使用する通信方式を利用することで、屋内外問わず、数十 M ビット／秒から 200M ビット／秒程度の速度で無線通信を行うことができます。そして、これらの仕様は 3GPP（3rd Generation Partnership Project）によって標準化されています。3GPP は、第 3 世代（3G）以降の移動体通信に関して、標準仕様の検討や調整を行う国際標準化プロジェクトです。

第 5 世代の移動体通信規格である 5G では、超低遅延、超高速（4G ビット／秒程度）通信が実現されています。

(8) BLE

BLE（Bluetooth Low Energy）は、Bluetooth 規格の一つで、省電力性を特徴とする無線通信技術です。従来の Bluetooth と比較して、1／10 程度の低消費電力を実現します。例えば、ワイヤレス歩数計で計測した歩数データをスマートフォンへ転送するといった、近距離（1m〜数百m）通信で利用されてい

第7章

ます。

(9) LPWA

LPWA（Low Power Wide Area）は，省電力消費かつ広範囲の通信を可能にする無線通信規格の総称です。具体的には LTE-M, LoRaWAN, Zigbee, Sigfox といった通信規格が普及していますが，基本情報技術者試験では個々の通信規格名までは登場していません。

(10) PLC

PLC（Power Line Communications；電力線通信）は，電力線を利用してデータ通信を行う仕組みです。コンセントに PLC アダプタを接続し，PLC アダプタに接続した機器間でデータ通信を行うことができるため，家庭内の LAN 配線の手段として利用されることもあります。

(11) テザリング

テザリングは，ノート PC やタブレット端末など，通信機能をもつ情報機器を，携帯電話やスマートフォンといった無線通信機器経由で，インターネットなどの公衆回線網に接続することを指します。

(12) MVNO

MVNO（Mobile Virtual Network Operator；仮想移動体通信事業者）は，他社から貸与された携帯通信網や，PHS 通信網などの無線通信網を利用して，自社ブランドとして無線通信サービスを提供する事業者を指します。

▶▶▶ **Check**

理解度チェック ▶ **7.4 通信サービスとモバイルシステム**

(1) インターネットをあたかも専用線で構築されたネットワークのように利用する技術を何といいますか。

(2) 一つのイーサネット回線上で，認証情報を変えることによって，ISP を切り替えるために使われる通信プロトコルを何といいますか。

(3) インターネットを使用して，音声データを送受信する技術を何といいますか。

(4) ノート PC やタブレット端末などを，携帯電話やスマートフォンを通じてインターネットに接続することを何といいますか。

(5) 自社では無線通信設備をもたずに，自社ブランドの無線通信サービスを提供する事業者を何といいますか。

(6) LTE-M，LoRaWAN，Zigbee，Sigfox など，省電力で広範囲な通信を可能とする通信規格の総省を何といいますか。

(7) 近距離用の低消費電力な Bluetooth 通信規格を何といいますか。

解 答

(1) インターネット VPN

(2) PPPoE

(3) VoIP

(4) テザリング

(5) MVNO

(6) LPWA（Low Power Wide Area）

(7) BLE（Bluetooth Low Energy）

▶▶▶ **Question**

問題で学ぼう

問1 携帯電話網で使用される通信規格の名称であり，次の三つの特徴をもつ
ものはどれか。

(H30 秋·FE 問35)

(1) 全ての通信をパケット交換方式で処理する。
(2) 複数のアンテナを使用する MIMO と呼ばれる通信方式が利用可能で
ある。
(3) 国際標準化プロジェクト 3GPP（3rd Generation Partnership Project）
で標準化されている。

ア LTE（Long Term Evolution）
イ MAC（Media Access Control）
ウ MDM（Mobile Device Management）
エ VoIP（Voice over Internet Protocol）

解説

LTE（Long Term Evolution）は，複数のアンテナを使用する第4世代（4G）
の移動体通信規格です。LTE の仕様は，**3GPP（3rd Generation
Partnership Project）** によって標準化されています。したがって，（ア）
が正解です。

イ：MAC（Media Access Control）は，データリンク層の通信プロトコルで
す。PC や通信機器がもつ MAC アドレスはこの通信プロトコル用の識別
子です。

ウ：MDM（Mobile Device Management）は，モバイル端末を遠隔管理す
る仕組みです。代表的な機能として，モバイル端末を遠隔操作し，内部の
情報を消去するリモートワイプなどがあります。

エ：VoIP（Voice over Internet Protocol）は，TCP/IP ネットワーク（イン
ターネットやイントラネット）を使用して音声データを送受信する技術で
す。社内 LAN を利用した内線電話や，IP 電話，インターネット電話など
に使われています。

解答 ア

問2 IoT で用いられる無線通信技術であり，近距離の IT 機器同士が通信する 無線 PAN（Personal Area Network）と呼ばれるネットワークに利用される ものはどれか。

(R3 春-AP 問 32)

ア BLE（Bluetooth Low Energy）
イ LTE（Long Term Evolution）
ウ PLC（Power Line Communication）
エ PPP（Point-to-Point Protocol）

解説

　BLE（Bluetooth Low Energy）は，省電力性を特徴とする Bluetooth 通 信規格の一つです。**近距離（1m〜数百 m）の無線通信**として利用されます。 したがって，（ア）が正解です。

イ：LTE（Long Term Evolution）は， 4G（第 4 世代移動通信システム） の形態通信網用の無線通信規格です。

ウ：PLC（Power Line Communication；電力線通信）は，電力線を利用し てデータ通信を行う仕組みです。

エ：PPP（Point-to-Point Protocol）は，コンピュータを 1 対 1 のリンクで 接続してデータ転送を行うデータリンク層のプロトコルです。

解答 ア

問3 携帯電話端末の機能の一つであるテザリングの説明として，適切なもの はどれか。

(H26 春-FE 問 74)

ア 携帯電話端末に，異なる通信事業者の SIM カードを挿して使用する こと
イ 携帯電話端末をモデム又はアクセスポイントのように用いて，PC，ゲ ーム機などから，インターネットなどを利用したデータ通信をすること
ウ 契約している通信事業者のサービスエリア外でも，他の事業者のサー ビスによって携帯電話端末を使用すること
エ 通信事業者に申し込むことによって，青少年に有害なサイトなどを携 帯電話端末に表示しないようにすること

解説

　スマートフォンなどの携帯電話端末をモデム又はアクセスポイントのように用いて，PC，ゲーム機などからインターネットに接続する機能を，**テザリング（tethering）**といいます。PC やゲーム機と携帯電話端末とは USB や無線 LAN，Bluetooth によって接続します。したがって，（イ）が適切な説明です。

図　テザリング機能の利用概念

ア：プラスチックローミングの説明です。

ウ：ローミングの説明です。海外でのサービスは国際ローミングといいます。

エ：フィルタリングの説明です。

解答　イ

第**8**章

part 2

セキュリティ

学習のポイント

　情報システムに対するセキュリティの重要性は極めて高くなっており，情報処理技術者試験でも，全ての試験種別において重点的に出題される分野になっています。このため，セキュリティの基本的な事項について，しっかり理解しておく必要があります。

　最近の傾向としては，具体的な攻撃手法のバリエーション増加と，これらを対策する上での攻撃手法の類型化が進んでおり，この辺りに関する新しい用語が増えています。また，セキュリティ対策に関する法令だけでなく，ガイドラインについても増加傾向にあります。セキュリティ関連法規については 11 章「11.6 法務」で学習してください。この章では，ガイドラインについて取り上げます。

（1）　サイバーセキュリティと脅威

① コンピュータ犯罪手法

　ソーシャルエンジニアリングや，フィッシング詐欺，標的型攻撃といったコンピュータ犯罪の手法について理解しておきましょう。特にパスワードに関しては，パスワードリスト攻撃，ブルートフォース攻撃，リバースブルートフォース攻撃，レインボー攻撃など様々な手法があるので，自身のパスワード管理でも留意しましょう。

② マルウェア

　ワームや，マクロウイルス，スパイウェア，ボットなど，各種マルウェアの特徴を理解しておきましょう。

③ 各種サーバに対する攻撃

　DoS 攻撃や SQL インジェクションなど，各種サーバに対する攻撃手法について理解しておきましょう。

④ 攻撃技術の体系化

サイバーキルチェーンなど，攻撃の類型化を行うことで，対策ポイントを整理することが有効になってきています。

（2） 暗号技術，認証技術，PKI

① 暗号技術

キーワードは，共通鍵暗号方式（DES，AESなど），公開鍵暗号方式（RSAなど）です。特に公開鍵暗号方式がよく出題されます。また，ハイブリッド暗号方式の代表例である，SSL（Secure Sockets Layer），TLS（Transport Layer Security）も，理解しておきたい用語です。

② 認証技術

キーワードは，ハッシュ関数，ディジタル署名，メッセージ認証，認証局（CA；Certificate Authority）です。公開鍵暗号方式を利用したディジタル署名の仕組みがよく出題されます。

③ PKI

キーワードは，認証局，証明書発行要求，証明書失効リストなどです。

（3） リスクマネジメントと標準規格

① リスクの特定・分析・評価，及びリスクへの対応

リスクをリスク因子に分解，特定し，リスク因子ごとの発生確率や影響範囲を整理して分析・評価した上で，それぞれのリスク因子に対する対応を決定していく手法を理解しておきましょう。

② 情報セキュリティ継続

セキュリティ事故や，災害が発生した際にも情報システムを安全に退避，復元できる仕組みや体制について理解しておきましょう。キーワードとしては，コンティンジェンシープラン，災害復旧（ディザスタリカバリ），バックアップサイトなどが挙げられます。

③ 情報セキュリティマネジメントシステム（ISMS）

組織の情報セキュリティ管理体制に関する標準規格であるISMSについて理解しておきましょう。

（4） セキュリティ対策

① 人的セキュリティ対策

情報セキュリティに関する啓蒙や，適切なアクセス権の管理や，適切なパスワードの設定といった人的なセキュリティ対策手法を押さえておきましょう。

② 技術的セキュリティ対策

　不正アクセスやマルウェアに対する対策の他，情報漏えいや，データ偽造といった攻撃に対する対策手法を理解しておきましょう。また，無線 LAN 利用時のセキュリティ対策も重要です。

③ 物理的セキュリティ対策

　データセンタや，執務エリアなど，情報を取り扱うエリアへの施錠管理や，入退室管理の他，監視カメラによるモニタリングといった手法を理解しておきましょう。また，UPS（無停電電源装置）など，停電に対する対策手法も理解しておきましょう。

（5）　セキュリティ実装技術

① セキュアプロトコル

　安全に通信を行うため，通信の秘匿化を行う SSL/TLS や IPsec といったプロトコルを理解しておきましょう。

② 認証プロトコル

　情報システムへのアクセスに際して，なりすましなどの不正接続を防止するために利用される，SMTP-AUTH や RADIUS などのプロトコルを理解しておきましょう。

③ ネットワークセキュリティ

　ファイアウォールや，IDS/IPS など，不正な通信から情報システムを守る仕組みについて理解しておきましょう。

④ データベースセキュリティ

　データベースファイルや，データベースファイルが格納されたディスクの暗号化，そしてデータベースへの適切なアクセス権限付与など，データベースを破壊や情報漏えいから守る仕組みについて理解しておきましょう。

⑤ アプリケーションセキュリティ

　バッファオーバフローなどのセキュリティホールを作らないようにする，セキュアプログラミングについて，理解しておきましょう。

8.1 サイバーセキュリティと脅威

▶▶▶ **Explanation**

ポイントの解説

　サイバーセキュリティ，言い換えるとコンピュータや，ネットワーク空間のセキュリティにとって脅威になるものに，いわゆる「攻撃」があります。

　ここではマルウェアや，各種攻撃手法，又は具体的な犯罪手法について学習します。

(1) マルウェア

　利用者の意図しない不正な動作を行うソフトウェアをまとめて，マルウェアといいます。なお，試験問題では，マルウェアはウイルスとほぼ同義で扱われます。マルウェアには，次のようなものがあります。また，これらの性質を併せもつ混合型のマルウェアもあります。

　① ワーム

　　ネットワークを利用して，感染を拡大させる不正プログラムです。

　② マクロウイルス

　　表計算ソフトなどで利用するマクロ言語で作成されたプログラムです。

　③ トロイの木馬

　　正常なプログラムに見せかけて，不正行為を働くプログラムです。

　④ スパイウェア

　　コンピュータ内部に格納された利用者の個人情報などを不正に外部に送信するプログラムです。スパイウェアの一種であるキーロガーはキーボードからの入力内容を不正に外部に送信するプログラムです。システムへのログイン時に入力するパスワードなどの詐取を目的としています。

　⑤ ボット

　　攻撃者が遠隔で操作することを目的として，攻撃対象のコンピュータに潜むプログラムです。

　⑥ ランサムウェア

　　ランサムウェアは，感染したPC上にあるファイルや，感染したPCからアクセス可能な場所にあるファイルを勝手に暗号化するなどし，元に戻すためにファイルの利用者に金銭を要求するマルウェアです。ランサム（ransom）は「身代金」を意味します。

⑦　クリックジャッキング

クリックジャッキングは，Web ページなどに見えないボタンを隠したり自動実行されるようなスクリプトを埋め込んだりすることで，閲覧者が意図していないクリック操作を行わせる攻撃を指します。これによって，勝手に商品を購入させられたり，送金をさせられたりしてしまうといった被害が発生し得るため注意が必要です。

(2)　Web サーバに対する攻撃

①　SQL インジェクション

Web アプリケーションに対し，データベース処理用の SQL 文として不正なものを入力することで，想定外のデータ閲覧や改ざんを行おうとする攻撃です。なお，インジェクション（injection）は「注入」という意味です。

②　クロスサイトスクリプティング（XSS；Cross Site Scripting）

クロスサイトスクリプティングとは，攻撃者が入力した不正な文字列を，別の閲覧者が Web ブラウザで参照すると，閲覧者の Web ブラウザが予期せぬ動作をして，閲覧者の個人情報が漏えいしたり，他の Web サイトへの攻撃を行ってしまったりするというものです。

③　ディレクトリトラバーサル攻撃

Web サーバに対するパスの指定の中に「../」という形で上位ディレクトリを示す文字列を入れることで，本来 Web サーバが公開しているディレクトリとは関係のないディレクトリに格納されたファイルに不正にアクセスする攻撃です。対策の施されていない Web サーバでは，システムにログイン可能なユーザの管理ファイルなどが不正にアクセスされてしまいます。

(3)　パスワードや暗号化鍵に対する攻撃

①　ブルートフォース攻撃／リバースブルートフォース攻撃

ブルートフォース攻撃は，別名総当たり攻撃とも呼ばれ，パスワードや暗号化鍵を総当たりで試す攻撃を指します。一方，リバースブルートフォース攻撃とは，SNS などのシステムに不正ログインを試す際に，よくありそうなパスワードでログインできそうなアカウントを探るため，パスワードは固定にし，ログイン ID の方を総当たりで試していく攻撃を指します。

②　パスワードリスト攻撃

近年，SNS をはじめとした多くの SaaS でも，ログイン ID に利用者のメールアドレスを使用するモデルが多くなっています。すると，システムが異なっても同じログイン ID，同じパスワードを使い回す人も一定数出てきてし

第8章

まいます。こうした点を突いて,例えば,ある SNS や SaaS から流出したログイン ID とパスワードのリストを用いて,他のシステムにも不正にログインしてしまうことが一定の割合で可能になってしまいます。このような手法を,パスワードリスト攻撃と呼びます。

③ レインボー攻撃

レインボー攻撃は,ハッシュ値からパスワードを推測して試行する攻撃です。ハッシュ値から基になったパスワードを再現することはできないので,あらかじめ,パスワードとなり得る文字列とそのハッシュ値を計算したテーブルを作成し,ハッシュ値から逆引きして試行するパスワードを得ます。

(4) DNS サーバに対する攻撃

① DNS キャッシュポイズニング攻撃

DNS サーバは,ドメインに対応する IP アドレスの問合せをクライアントから受けると,他の DNS サーバに問合せをする機能をもっています。このとき,2 回目以降の問合せに対して効率的に返答できるように,一度問い合わせた結果を一定時間キャッシュに保持する機能をもっています。これを利用して,他の DNS サーバからの応答を偽装して,偽サイトの IP アドレスをキャッシュに保持させ,クライアントからのドメイン問合せに対して偽サイトの IP アドレスを返信させるようにする攻撃手法です。

② DNS リフレクション攻撃／DNS アンプリフィケーション攻撃

攻撃者が,DNS の問合せパケットの送信元を偽装することで,DNS 問合せの応答を攻撃対象となるノードに返信させる攻撃を,DNS リフレクション攻撃といいます。また,一般的に DNS の通信では問合せパケットのデータは少なく,応答パケットのデータは多いため,これを利用して攻撃対象のノードに大量の DNS 応答パケットを送り付け,機能停止に至らしめる攻撃手法があり,これを DNS アンプリフィケーション攻撃といいます。

(5) DoS 攻撃/DDoS 攻撃

① DoS 攻撃（Denial of Service Attack）

サーバコンピュータに対して大量の要求を送信して過負荷にしたり,サーバソフトウェアの脆弱性を突いて,特殊なデータを送信したりすることで,システムを停止に追い込む攻撃です。

② DDoS 攻撃（Distributed Denial of Service Attack）

DoS 攻撃を,1 台又は数台のコンピュータから行うのではなく,主にボットに感染した遠隔操作可能なコンピュータを多数利用して,分散して行う攻撃です。

（6）　ゼロデイ攻撃

　ソフトウェアのバグなどの脆弱性を修正するためのセキュリティパッチ（脆弱性を補完するための差分コード）が提供される前に，その脆弱性を突いたDoS攻撃を行ったり，マルウェアに感染させたりする攻撃です。

（7）　その他の攻撃・不正行為

①　ソーシャルエンジニアリング

　関係者になりすまして，他人のIDやパスワードを取得する行為や，ごみ箱をあさる（スキャベンジング），肩越しに他人の画面を覗き見る（ショルダハッキング）など，いわばコンピュータを使わない攻撃手法です。

②　フィッシング詐欺

　実在する正当な会社を装って，不当な電子メールを送信します。その電子メール内のURLによって，実在する会社のWebサイトに偽装したWebサイトへ誘導し，個人情報を不正に入手します。

③　標的型攻撃

　フィッシング詐欺など，不特定多数の相手を対象とした攻撃ではなく，国家機関や大企業など，特定の機関の特定の部署などを狙った攻撃を指します。具体的な攻撃手段としては，SNS（ソーシャルネットワーキングサービス）などを利用したソーシャルエンジニアリングや，ボットによる情報収集といった手段が使用されます。

④　水飲み場型攻撃

　水飲み場型攻撃（Watering Hole Attack）は，標的組織の従業員がアクセスしそうなWebサイトに罠を仕掛けて，マルウェアに感染させるような攻撃です。攻撃を検知されにくくするために，標的組織以外からのアクセス時には攻撃しないという特徴をもつものもあります。水飲み場型攻撃という名称は，肉食動物がサバンナの水飲み場で標的を待つ行動から名付けられました。

⑤　踏み台攻撃

　攻撃者が攻撃対象となるシステムに対してDoS攻撃や不正侵入を行う際に，自身のもつ通信回線やコンピュータを利用しないで，他人の通信回線やコンピュータを踏み台にすることがあります。これを踏み台攻撃といいます。具体的には，トロイの木馬やボットなどのマルウェアに感染したコンピュータを使った遠隔攻撃や，他人の無線LANを不正に利用した攻撃があります。

⑥　バックドア

　攻撃者が，一度不正侵入に成功したサーバに，以降も簡単に出入りできるようにするために，裏口を設けることがあります。これをバックドアと呼び

ます。なお，バックドアの作成やアクセスログの消去など，一連の不正操作を行うためのルールを集めた rootkit というマルウェアも有名です。

⑦　SEO ポイズニング

SEO（Search Engine Optimization；検索エンジン最適化）は，サーチエンジンが検索結果を表示する際，自らの Web サイトが上位に表示されるように Web サイトを構築する技術や手法の総称です。これに対し，SEO ポイズニング（SEO poisoning）は，悪意のある者が，検索キーワードに関わらず自らのサイトが上位に表示されるように SEO を行い，正しい検索結果を汚染することを指します。その結果，検索条件に関わらず，マルウェアをダウンロードさせるような悪意のある Web ページに閲覧者が誘導されてしまいます。

(8)　ダークウェブ（Web）

ダークウェブ（Web）とは，通常のブラウザではアクセスできない Web サイトや Web 空間の中でも，不正に取得された機密情報や個人情報の売買，違法性のある取引の仲介など，藩財政の高い情報交換を行う Web サイト群の総称です。企業の機密情報や個人情報がダークウェブ（Web）に流通していないか確認するといった，情報セキュリティ対策を行う企業も存在します。

(9)　サイバーキルチェーン

サイバーキルチェーン（Cyber Kill Chain）は，サイバー攻撃における攻撃者の一連の行動を分析し，それぞれの行動をステップごとに分けたものです。具体的には，攻撃者の行動を，次のようにフェーズ分けしています。

　　偵察（攻撃対象の調査）
　　武器化（マルウェアの作成など）
　　配送（メールの送付など）
　　攻撃（マルウェアの実行など）
　　インストール（バックドアの設置などマルウェアへの感染）
　　遠隔操作（C&C サーバからの遠隔操作など）
　　目的の実行（情報の持出しや痕跡の消去など）

　これらを踏まえて，防御する側では，それぞれの段階において取り得るセキュリティ対策を効率的に実施することが推奨されています。

▶▶▶ **Check**

理解度チェック ▶ **8.1 サイバーセキュリティと脅威**

(1) コンピュータに保存された情報を，不正に外部に送信するマルウェアを何と呼びますか。
(2) 標的組織の従業員がアクセスしそうなWebサイトにマルウェアなどを仕掛けておく攻撃手法を何と呼びますか。
(3) 攻撃者が遠隔操作できるマルウェアを何と呼びますか。
(4) データを不正に暗号化し，復号のための金品を要求するマルウェアを何と呼びますか。
(5) Webアプリケーションに対して，不正なSQL文を送ることによって，想定外のデータ漏えいをさせようとする攻撃を何と呼びますか。
(6) DoS攻撃とはどのような攻撃ですか。
(7) 攻撃者が他人のコンピュータを遠隔操作して攻撃を行うことを何と呼びますか。
(8) サイバーキルチェーンにおける攻撃者の最初の攻撃を何と呼びますか？

解 答

(1) スパイウェア
(2) 水飲み場型攻撃
(3) ボット
(4) ランサムウェア
(5) SQLインジェクション（攻撃）
(6) サーバに対し不正な大量データを送信してサーバの処理負荷を高めたり，サーバソフトウェアの脆弱性を突き，サーバが本来のサービスを提供できなくなるように妨害したりする攻撃
(7) 踏み台攻撃
(8) 偵察（攻撃対象の調査）

第8章

▶▶▶ Question

問題で学ぼう

問1　サイバーキルチェーンに関する説明として，適切なものはどれか。

(R3 秋・SC 午前Ⅱ問 5)

ア　委託先の情報セキュリティリスクが委託元にも影響するという考え方を基にしたリスク分析のこと

イ　攻撃者がクライアントとサーバとの間の通信を中継し，あたかもクライアントとサーバが直接通信しているかのように装うことによって情報を盗聴するサイバー攻撃手法のこと

ウ　攻撃者の視点から，攻撃の手口を偵察から目的の実行までの段階に分けたもの

エ　取引データを複数の取引ごとにまとめ，それらを時系列につなげたチェーンに保存することによって取引データの改ざんを検知可能にしたもの

解説

　サイバーキルチェーンは，サイバー攻撃における**攻撃者の一連のステップを体系化したもの**です。具体的には，攻撃者の行動を，偵察（攻撃対象の調査），武器化（マルウェアの作成など），配送（メールの送付など），攻撃（マルウェアの実行など），インストール（バックドアの設置などマルウェアへの感染），遠隔操作（C&C サーバからの遠隔操作など），目的の実行（情報の持出しや痕跡の消去など）という段階に分けています。したがって，（ウ）が適切です。

ア：サプライチェーンに関わる情報セキュリティリスクをテーマとして，リスク分析を行うことを指しています。

イ：中間者攻撃（MITM 攻撃；Man-In-The-Middle Attack）を指しています。

エ：ブロックチェーンに関する説明です。

解答　ウ

問2　SQL インジェクション攻撃の説明として，適切なものはどれか。

(H28 春·FE 問 37)

ア　Web アプリケーションのデータ操作言語の呼出し方に不備がある場合に，攻撃者が悪意をもって構成した文字列を入力することによって，データベースのデータの不正な取得，改ざん及び削除をする攻撃

イ　Web サイトに対して，他のサイトを介して大量のパケットを送り付け，そのネットワークトラフィックを異常に高めてサービスを提供不能にする攻撃

ウ　確保されているメモリ空間の下限又は上限を超えてデータの書込みと読出しを行うことによって，プログラムを異常終了させたりデータエリアに挿入された不正なコードを実行させたりする攻撃

エ　攻撃者が罠を仕掛けた Web ページを利用者が閲覧し，当該ページ内のリンクをクリックしたときに，不正スクリプトを含む文字列が脆弱な Web サーバに送り込まれ，レスポンスに埋め込まれた不正スクリプトの実行によって，情報漏えいをもたらす攻撃

解説

　SQL インジェクションは，**データベース**への問合せを行う Web アプリケーションの入力欄に**悪意のある問合せや操作**を行う SQL 文の一部を入力する攻撃です。Web アプリケーションが入力された内容を的確にチェックせずに SQL に埋め込むと，データベースに対して Web アプリケーションが想定していない処理を実行され，**データを不正に取得したり改ざんしたり削除したり**されてしまいます。したがって，（ア）が適切です。

イ：DoS 攻撃（Denial of Service attacks；サービス不能攻撃）の説明です。

ウ：バッファオーバフロー攻撃の説明です。

エ：クロスサイトスクリプティングの説明です。

解答　ア

第8章

問3　パスワードリスト攻撃の手口に該当するものはどれか。

(H31春·FE 問37)

ア　辞書にある単語をパスワードに設定している利用者がいる状況に着目して，攻撃対象とする利用者 ID を一つ定め，辞書にある単語やその組合せをパスワードとして，ログインを試行する。

イ　パスワードの文字数の上限が小さい Web サイトに対して，攻撃対象とする利用者 ID を一つ定め，文字を組み合わせたパスワードを総当たりして，ログインを試行する。

ウ　複数サイトで同一の利用者 ID とパスワードを使っている利用者がいる状況に着目して，不正に取得した他サイトの利用者 ID とパスワードの一覧表を用いて，ログインを試行する。

エ　よく用いられるパスワードを一つ定め，文字を組み合わせた利用者 ID を総当たりして，ログインを試行する。

解説

　複数の Web サービスで同じ ID，パスワードを使い回している利用者が多数います。このとき，ある Web サービスの ID，パスワードが漏えいしてしまうと，攻撃者は同じ ID，パスワードを用いて，別の Web サービスへの不正侵入を試行します。これがパスワードリスト攻撃の実例です。したがって，（ウ）が正解です。

ア：辞書攻撃の説明です。

イ：ブルートフォース（総当たり）攻撃の説明です。

エ：リバースブルートフォース（逆総当たり）攻撃の説明です。

解答　ウ

問4　DNS キャッシュポイズニングに分類される攻撃内容はどれか。

(H29 秋·FE 問 37)

　ア　DNS サーバのソフトウェアのバージョン情報を入手して，DNS サーバのセキュリティホールを特定する。

　イ　PC が参照する DNS サーバに偽のドメイン情報を注入して，利用者を偽装されたサーバに誘導する。

　ウ　攻撃対象のサービスを妨害するために，攻撃者が DNS サーバを踏み台に利用して再帰的な問合せを大量に行う。

　エ　内部情報を入手するために，DNS サーバが保存するゾーン情報をまとめて転送させる。

解説

　DNS キャッシュポイズニングとは，DNS サーバのキャッシュ上にある名前解決の情報を，何らかの方法で書き換え，ドメイン名やホスト名などに対応する IP アドレスとして，攻撃者が誘導しようとする偽の IP アドレスを保持させるようにすることです。このため，PC が参照する DNS サーバに偽のドメイン情報を注入して，偽装されたサーバに PC の利用者を誘導するという記述が，DNS キャッシュポイズニングに分類される攻撃となります。したがって，（イ）が正解です。

ア：DNS サーバのソフトウェアのバージョン情報を入手して，セキュリティホールを特定するのは，DNS キャッシュポイズニングの攻撃内容ではありません。

ウ：DNS リフレクション攻撃に該当します。また，この攻撃に類似した DoS 攻撃として，DNS アンプリフィケーション攻撃と呼ばれるものもあります。

エ：DNS サーバは通常，プライマリとセカンダリの 2 台で運用されています。そして，プライマリサーバからセカンダリサーバにゾーン転送という方法を用いて設定内容をコピーしていますが，第三者がセカンダリサーバを装って，プライマリサーバからゾーン転送を行わせる攻撃です。この攻撃が成功してしまうと，ドメイン内にあるサーバの名前や IP アドレスなどが漏えいしてしまいます。

解答　イ

第8章

問5　水飲み場型攻撃（Watering Hole Attack）の手口はどれか。

(H29 春-AP 問 40)

　ア　アイコンを文書ファイルのものに偽装した上で，短いスクリプトを埋め込んだショートカットファイル（LNK ファイル）を電子メールに添付して標的組織の従業員に送信する。

　イ　事務連絡などのやり取りを何度か行うことによって，標的組織の従業員の気を緩めさせ，信用させた後，攻撃コードを含む実行ファイルを電子メールに添付して送信する。

　ウ　標的組織の従業員が頻繁にアクセスする Web サイトに攻撃コードを埋め込み，標的組織の従業員がアクセスしたときだけ攻撃が行われるようにする。

　エ　ミニブログのメッセージにおいて，ドメイン名を短縮してリンク先の URL を分かりにくくすることによって，攻撃コードを埋め込んだ Web サイトに標的組織の従業員を誘導する。

解説

　水飲み場型攻撃（Watering Hole Attack）は，標的組織の従業員が**アクセスしそうな Web サイトに罠**を仕掛けて，マルウェアに感染させるような攻撃です。標的型攻撃の一種で，攻撃を検知されにくくするために，**標的組織以外からのアクセス時には攻撃しない**という特徴をもつものもあります。したがって，（ウ）が正解です。その他の記述が示すものは，次のとおりです。

ア：アイコンを偽装したり，ショートカットファイルにスクリプトを埋め込んだりするのは，標的型メール攻撃の手口です。

イ：複数回のやり取りを経て攻撃コードを送り込むのは，標的型攻撃の一種のやり取り型攻撃の手口です。

エ：短縮 URL によって元の URL を隠ぺいする，標的型攻撃などで使われる手口です。

解答　ウ

問6 サーバにバックドアを作り，サーバ内での侵入の痕跡を隠蔽するなどの
機能をもつ不正なプログラムやツールのパッケージはどれか。

(H28 秋·FE 問 41)

ア RFID　　　　イ rootkit　　　ウ TKIP　　　エ web beacon

解説

　サーバにバックドアを作り，サーバ内で侵入の痕跡を隠蔽するなどの機能
をもつ不正なプログラムやツールのパッケージは rootkit（ルートキット）と
呼ばれます。したがって，（イ）が正解です。rootkit の特徴は，OS の処理
に介入し，システムコールを横取りして応答を偽装するなどして，ファイル
やディレクトリ，動作中のプロセスの存在を隠蔽する機能を有することで
す。

ア：RFID（Radio Frequency IDentification）は，無線通信を使って，IC
　タグ（RF タグ）を組み込んだモノを識別する技術です。

ウ：TKIP（Temporal Key Integrity Protocol）は，WEP（Wired Equivalent
　Privacy）の後継の無線 LAN のセキュリティプロトコルで，RC4 による
　フレームの暗号化や MIC（Message Integrity Code）によるメッセージ認
　証に用いられます。

エ：web beacon（ウェブビーコン）は，Web ページに埋め込まれる微小な
　画像で，ブラウザによる閲覧状況のデータ収集などに使用されます。

解答　イ

第8章

8.2 暗号技術，認証技術，PKI

▶▶▶ **Explanation**

ポイントの解説

　インターネットのように通信の秘密という意味で非常に脆弱なネットワーク環境では，重要な情報を暗号化して相手に届くまでの間に，盗聴だけでなく，なりすまし，改ざん，窃取といったリスク（脅威）にもさらされます。

　ここでは，最も基本的な利用者管理や，認証技術としてのディジタル署名などについて，目的と仕組みを学習します。

　暗号化は，セキュリティ分野の中で非常によく出題されるテーマの一つです。最もよく出題されるのは公開鍵暗号方式（RSA）で，暗号化鍵と復号鍵のどちらを公開し，どちらを秘密にするかという点が重要です。共通鍵暗号方式のDES，AESと併せて学習しましょう。なお，暗号化の次に説明する認証技術におけるディジタル署名との仕組みの違いも理解する必要があります。

（1） 暗号化と復号

　情報の意味が当事者にしか分からないようにする方法及び技法を暗号といい，情報を意味の分からないデータに変換することを暗号化，暗号化されたデータを元の情報に復元することを復号といいます。

　ここで，暗号化するために用いるデータが暗号化鍵，復号するために用いるデータが復号鍵です。

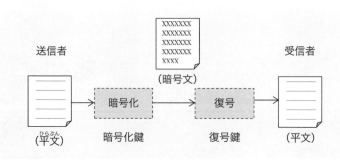

図 暗号化と復号

（2） 共通鍵暗号方式

　共通鍵暗号方式は，暗号化鍵と復号鍵が同じ暗号方式で，当然ですが，鍵そのものを秘密にしておく必要があり，秘密鍵暗号方式ともいいます。

　① 代表的な共通鍵暗号方式 DES と AES

　共通鍵暗号方式の代表的なものが，DES（Data Encryption Standard）と，DES の後継方式の AES（Advanced Encryption Standard）です。なお，鍵は秘密ですが，その鍵を使って暗号化するアルゴリズムは公開されています。

　② 鍵の配送が必要

　共通鍵暗号方式では，情報を送る側と受け取る側が同じ鍵を使用するので，複数の相手がいる場合，それぞれ異なる秘密鍵が必要になります。また，鍵そのものを相手に安全に配送する必要があり，鍵の管理が煩雑といえます。

　③ 暗号化（復号）が速い

　次に説明する公開鍵暗号方式に比べて，共通鍵暗号方式は暗号化（復号）速度が速いという特徴があります。

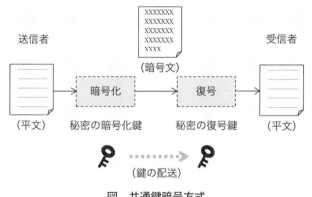

図　共通鍵暗号方式

（3） 公開鍵暗号方式

　公開鍵暗号方式は，復号鍵と対になる暗号化鍵を求め，送信者が用いる暗号化鍵を公開し，復号鍵を秘密にする方式です。暗号化鍵が公開できる理由は，暗号化鍵から復号鍵を求めようとしても，非常に長い時間がかかり，現実的に解読が困難であるという性質を利用しています。

　また，送信者が自分の秘密鍵で暗号化し，受信者が送信者の公開鍵で復号することで，送信者が間違いなく本人であることが確認できます。送信者の秘密

第8章

鍵を所有しているのは，送信者ただ１人だけです。その秘密鍵を使って暗号化したものを，対になる公開鍵で復号できたことから，送信者の身元が保証されます。詳しくは，後述する「(8)　ディジタル署名の仕組み」で説明します。

① 代表的な公開鍵暗号方式 RSA

公開鍵暗号方式の代表的なものが RSA（考案者である Rivest, Shamir, Adleman という３人の科学者の頭文字）です。RSA は，大きな数の素因数分解を行うのに非常に長い時間がかかることを利用して鍵を生成します。RSA と並び有名な公開鍵暗号方式のアルゴリズムに，DSA（Digital Signature Algorithm）や楕円曲線暗号があります。

② 鍵の配送が不要

暗号化鍵が公開できるので，情報を暗号化する送信者は自由に暗号化鍵を入手でき，いちいち鍵を配送する必要がなくなります。

③ 暗号化（復号）速度

前で説明した共通鍵暗号方式に比べて，公開鍵暗号方式は暗号化（復号）速度が遅いという特徴があります。

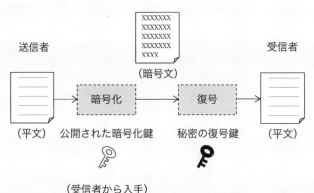

図　公開鍵暗号方式

(4)　ハイブリッド暗号

公開鍵暗号方式は，安全な鍵の配送を利点としながらも，処理が遅いという大きな欠点があります。一方で共通鍵暗号方式は，処理は速いものの安全な鍵の配送が課題でした。これら二つの方式の良いところを組み合わせたものが，ハイブリッド暗号です。ハイブリッド暗号では，安全な鍵の交換（配送）までを公開鍵暗号方式で行い，その後の暗号化データ通信自体は共通鍵暗号方式で行います。インターネット通信で広く利用されている SSL（Secure Sockets Layer）や TLS（Transport Layer Security）はハイブリッド暗号の代表例です。

(5) 暗号化アルゴリズムの公開

公開鍵暗号方式も，共通鍵暗号方式も，鍵（公開鍵を除く）は秘密にしますが，一般的に暗号化アルゴリズム自体は，どちらの方式でも公開します。これは，Web のように見知らぬ相手と通信するための利便性を考慮する目的もありますが，セキュリティ強度を考慮した結果でもあります。

一見すると，暗号化アルゴリズム自体も秘密である方が，暗号の強度は高いと思いがちですが，この場合，何らかの情報漏えいで，この暗号化アルゴリズムが漏れてしまうと，知らない間に解読される可能性が出てきます。暗号化アルゴリズムが公開されている場合，そのアルゴリズムの堅牢性は，多くの専門家の議論や検証の対象となります。つまり，問題点が指摘されていないということが，逆に堅牢性の保証になっているのです。

(6) 暗号化通信で使う鍵の数

秘密鍵暗号方式で，他の通信当事者に通信内容を解読されないようにするためには，通信当事者ごとに異なる鍵を用意する必要があります。例えば，A さん，B さん，C さん，D さんの 4 人がそれぞれ独立して暗号化通信を行う場合，使用される鍵（共通鍵）は次のようになります。

	A さんへ	B さんへ	C さんへ	D さんへ
A さんから		①	②	③
B さんから	①		④	⑤
C さんから	②	④		⑥
D さんから	③	⑤	⑥	

すると，4 人の相互通信用に必要になる鍵の数は，表のとおり，①～⑥の 6 個となります。これを一般化すると，秘密鍵暗号方式で n 人の相互通信用に必要になる鍵の数は，$n(n-1)/2$ 個になります。これは自分以外の $n-1$ 人に別々の鍵が必要になるため，全部で $n(n-1)$ 個の鍵が必要ですが，同じものが 2 個あるため，2 で割った値が鍵の数になるからです。つまり，通信当事者が増えると，ほぼその 2 乗に比例して増えていきます。

一方，公開鍵暗号方式で，他の通信当事者に通信内容を解読されないようにするためには，次のように暗号化鍵を使用する必要があります。

	Ａさんへ	Ｂさんへ	Ｃさんへ	Ｄさんへ
Ａさんから		②	③	④
Ｂさんから	①		③	④
Ｃさんから	①	②		④
Ｄさんから	①	②	③	

　このように，4 人で公開鍵暗号方式の通信を行う場合，暗号化鍵は①〜④で 4 個になりますが，各人復号用の秘密鍵も合計で 4 個必要なので，鍵の総数は 4×2＝8 個となります。これを一般化すると，n 人が公開鍵暗号方式で通信するのに必要な鍵の総数は n×2＝2n 個となります。

　この場合，鍵の数は通信当事者の数が n 人だと 2n 個になるため，当事者が増えても共通鍵暗号方式のような急な増え方にはなりません。

(7)　認証技術

　不正なアクセスに対しては，認証という方法で不正防止対策を行います。認証とは情報の正当性を得るための手段で，正当性を示す対象によって次のように分かれます。

　認証技術は，システムの利用者の正当性を確認する目的や，データの正当性を作成者が保証する目的などで利用されます。

　① 　メッセージ認証

　　メッセージ（情報）の正当性，つまりメッセージが改ざんされていないことを証明することです。

　② 　ユーザ認証

　　不正なユーザが勝手にネットワークに入り込んだり，コンピュータを使用したりできないようにするために，正当なユーザかどうかを認証することです。パスワードによる確認が最もよく行われていますが，他人に分かりにくいパスワードにして，ときどき変更するなどの運用ルールの策定とその徹底が重要になります。ユーザ認証の中では PIN（Personal Identification Number）という用語が登場します。これは日本語の「暗証番号」に当たります。銀行のキャッシュ番号の暗証番号も英語圏では PIN と呼ばれます。

　③ 　ディジタル署名

　　紙の書類に捺印やサインをする機能を電子的に行う方式で，本人が情報を確かに生成したことを証明する方法です。メッセージ認証とユーザ認証を合わせて行うものと考えることができます。

　④ 　ハッシュ関数

　　ハッシュ関数は，任意の入力データからハッシュ値（又はダイジェスト値）

と呼ばれる固定長の短いデータを出力するための関数です。ハッシュ値から元の入力データが復元できないという一方向性をもつので，別名として一方向性関数とも呼ばれます。認証技術として使用されるハッシュ関数では1ビットでも違う入力データからは，全く違うハッシュ値が生成されるという点も要件となります。これによって類似の入力データを大量に試行されても，ハッシュ値の元になる入力データを推測することはできません。

(8) ディジタル署名の仕組み

　ディジタル署名の仕組みの重要なポイントは，送信側でメッセージ（平文；暗号化されていないデータ）からハッシュ関数でメッセージダイジェスト（認証子）を作り，受信側で同じ処理を行ったものと比較してメッセージが改ざんされていないかどうか確認できることです。また，公開鍵暗号方式を利用して，メッセージダイジェストを"本人の秘密鍵"で暗号化する（復号は送信者の公開鍵）ことから，メッセージ作成者が本人であることも確認できます。

　図ではメッセージ本文を共通鍵暗号方式で，ディジタル署名を公開鍵暗号方式で暗号化して送る場合を表しています。

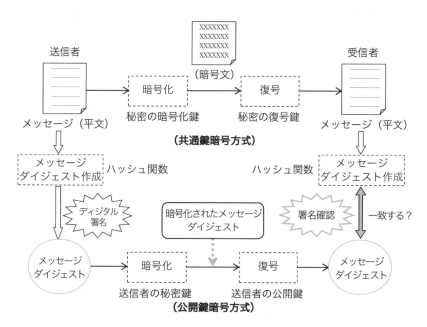

図　ディジタル署名の仕組み

第8章

(9) バイオメトリクス認証（生体認証）

利用者の本人確認を行う方法として，本人だけがもつ生体の特徴を利用した認証がバイオメトリクス認証（生体認証）です。

身体的特徴に基づく認証方式

① 指紋認証

あらかじめ読み取っていた指紋のパターンと小型光学式センサなどから入力した画像を特徴点抽出方式やパターンマッチングによって照合します。

② 虹彩認証

虹彩（アイリス）は，眼球の前部にあって，瞳孔の収縮を行うための筋肉です。虹彩の組織は，遺伝ではなく発育時のランダム性によって決定され，2歳ぐらいで安定し，その後は角膜によって保護されるために，一生の間，変化することはありません。この特徴をとらえて認証に応用します。

③ 声紋認証

声紋は，音声を周波数分析によって縞模様の図表に表したものです。通信回線を通じたコンピュータへのアクセスなど，遠隔地での認証にも利用できます。ただし，照合用の声を記録しておくには，大記憶容量の記憶装置が必要です。

④ 網膜認証

人の眼球の奥にある網膜の血管パターンを利用した認証です。

行動的特徴に基づく認証方式

・歩容認証（歩き方認証）

歩き方を材料にする認証です。カメラによる画像解析技術によって実現される方式です。

・筆跡認証

筆跡や筆圧を材料にする認証です。タッチパネルや入力用タブレットといった入力装置によって実現される認証方式です。

(10) リスクベース認証

リスクベース認証とは，普段と異なる国や地域からのアクセスなど，不正アクセスである可能性が高いと判断された場合に，アクセスを遮断したり追加の本人認証を行ったりする認証方式を指します。

(11) PKI（Public Key Infrastructure；公開鍵暗号基盤）

本人認証の方法として，公開鍵暗号方式が多く利用されますが，公開鍵が第三者によって偽物に変えられた場合，この認証方式は根本的に意味をなしませ

ん。このため，認証局（CA；Certificate Authority）という機関を設けて，公
開鍵が本人のものであることを保証するディジタル証明書を発行した上で，公
開鍵の配布を行います。

　ディジタル証明書には，シリアル番号，認証局の名前，有効期限，所有者名，
所有者の公開鍵，認証局の電子署名など，通信相手が本物であることを証明す
る情報が含まれています。

　この仕組みは，現実世界の印鑑と印鑑証明に似ています。

（12）　公開鍵基盤と政府認証基盤

　企業の取引情報などを公開鍵で暗号化してやり取りするとき，なりすまし，
盗聴，改ざんといったリスクがあります。公開鍵暗号方式を安心して利用でき
る環境をPKI（Public Key Infrastructure；公開鍵基盤）といい，公開鍵の証
明書の作成，管理，格納，配布，破棄に必要な方式やシステムを含んでいます。
ここで扱われるディジタル証明書の形式や処理アルゴリズムとして，ITU-Tが
定めるX.509が広く利用されています。なお，日本政府がインフラとして進
めているものはGPKI（Government PKI；政府認証基盤）といいます。

（13）　タイムスタンプ認証

　情報セキュリティの分野で使用されるタイムスタンプという用語は，時刻の
記録に，第三者機関であるTSA（Time-Stamping Authority；タイムスタンプ
認証局）がディジタル署名をする技術を指します。ファイルのタイムスタンプ
に改ざんがないという証明になるため，署名した時点で，そのデータが本当に
存在していたこと，及びその後改ざんされていないことを証明するために利用
されます。

第8章

▶▶▶ **Check**

理解度チェック ▶ **8.2 暗号技術, 認証技術, PKI**

(1) 暗号化鍵と復号鍵が同じで, 暗号化鍵, 復号鍵をともに秘密にする暗号方式を何といいますか。

(2) 暗号化鍵と復号鍵が異なり, 暗号化鍵を公開し復号鍵を秘密にする暗号方式を何といいますか。

次の文中の ☐ に適切な用語を入れてください。

(3) RSA は ☐ の代表的な方式の一つです。

(4) AES は ☐ の代表的な方式の一つです。

(5) 共通鍵暗号方式と公開鍵暗号方式のうち, 暗号化速度が速いのはどちらですか。

(6) 情報をやり取りする相手が正当な本人かどうかを証明することを何といいますか。

(7) ディジタル署名において, メッセージダイジェストはどんな"鍵"を使って暗号化し, 送信されますか。

(8) ディジタル署名で確認できることは二つあります。それは何でしょうか。

(9) 本人だけがもつ生体の特徴を利用した認証は何でしょうか。

(10) 普段のアクセスからは想定されない地域からのアクセスを検知した際にアクセスを遮断, あるいは追加認証を求める仕組みを何と呼びますか。

(11) 公開鍵の正当性を保証するための仕組みを何と呼びますか。

(12) 公開鍵の正当性を保証する機関を何と呼びますか。

(13) データがある時点で存在したことを証明するために利用できるものを何と呼びますか。

解答

(1) 共通鍵暗号方式 (又は, 秘密鍵暗号方式)

(2) 公開鍵暗号方式 　　(3) 公開鍵暗号方式

(4) 共通鍵暗号方式 　　(5) 共通鍵暗号方式

(6) ユーザ認証 　　(7) 本人の秘密鍵

(8) 「メッセージが改ざんされていないこと」と「メッセージ作成者が本人であること」

(9) バイオメトリクス認証 (又は, 生体認証) 　　(10) リスクベース認証

(11) 公開鍵基盤 (PKI；Public Key Infrastructure)

(12) 認証局 (CA；Certificate Authority) 　　(13) タイムスタンプ認証

▶▶▶ Question

問題で学ぼう

問1　AさんがBさんの公開鍵で暗号化した電子メールを，BさんとCさんに送信した結果のうち，適切なものはどれか。ここで，Aさん，Bさん，Cさんのそれぞれの公開鍵は3人全員がもち，それぞれの秘密鍵は本人だけがもっているものとする。

(H30春·FE 問38)

ア　暗号化された電子メールを，Bさんだけが，Aさんの公開鍵で復号できる。

イ　暗号化された電子メールを，Bさんだけが，自身の秘密鍵で復号できる。

ウ　暗号化された電子メールを，Bさんも，Cさんも，Bさんの公開鍵で復号できる。

エ　暗号化された電子メールを，Bさんも，Cさんも，自身の秘密鍵で復号できる。

解説

　公開鍵暗号方式の仕組みとして，**受信者の公開鍵で暗号化したデータは受信者の秘密鍵でしか復号できません**。問題文には「それぞれの秘密鍵だけがもっている」という記述があるため，**Bさんの公開鍵で暗号化**した電子メールをBさんとCさんに送信した場合，Bさんの秘密鍵をもっている**Bさん本人だけが自身の秘密鍵で復号できる**ことになります。したがって，（イ）が正解です。

ア，ウ：公開鍵で暗号化されたデータは，公開鍵では復号できません。

エ：Cさんの秘密鍵は，Bさんの秘密鍵と異なるため，Bさんの公開鍵で暗号化された電子メールを復号できません。

解答　イ

問2　共通鍵暗号方式の特徴はどれか。

(H30 秋·FE 問 38)

　　ア　暗号化通信に使用する場合，鍵を相手と共有する必要があり，事前に
　　　　平文で送付することが推奨されている。
　　イ　暗号化通信をする相手が1人の場合，使用する鍵の個数は公開鍵暗号
　　　　方式よりも多い。
　　ウ　同じ程度の暗号強度をもつ鍵長を選んだ場合，公開鍵暗号方式と比較
　　　　して，暗号化や復号に必要な時間が短い。
　　エ　鍵のペアを生成し，一方の鍵で文書を暗号化すると，他方の鍵でだけ
　　　　復号することができる。

解説

　　共通鍵暗号方式は，暗号化と**復号に同じ鍵を使用する暗号化方式**です。同
じ程度の暗号強度をもつ鍵長を選んだ場合，**公開鍵暗号方式よりも暗号化，
復号の速度が速い**利点があります。したがって，（ウ）が正解です。

ア：共通鍵暗号化方式を用いて暗号化通信を行う場合，鍵を相手と共有する
　　必要がありますが，これが漏えいしてしまえば暗号化通信になりません。
　　このため事前に相手に鍵を渡す必要がありますが，平文で送ってしまうと
　　通信を傍受した第三者に漏えいしてしまいます。現実的には暗号化通信を
　　共通鍵暗号方式で行う際に，先に公開鍵暗号方式による暗号化通信を行
　　い，共通鍵の交換を行うハイブリッド暗号方式が一般的になっており，
　　SSL/TLS もこのハイブリッド暗号方式の一種です。

イ：共通鍵暗号方式の場合，ある相手と暗号化通信を行う際に使用する鍵は，
　　他の通信相手とは分けておかないと，互いに解読可能になってしまいま
　　す。このため，1人がN人と暗号化通信をする場合はN個の鍵が必要にな
　　ります。しかし，相手が1人であれば，鍵も1個となり，公開鍵暗号方式
　　で必要になる鍵の数より少なくなります。なお，公開鍵暗号方式の鍵のペ
　　ア（秘密鍵と公開鍵）を2個と数える場合，公開鍵暗号方式でAさんとB
　　さんという2人で暗号化通信を行うとすると，Aさんの秘密鍵，公開鍵，
　　Bさんの秘密鍵，公開鍵の合計4個の鍵が必要になります。

エ：公開鍵暗号方式に関する説明です。公開鍵暗号方式の原理では公開鍵で
　　暗号化した文書は秘密鍵で復号できる一方，秘密鍵で暗号化したデータは
　　公開鍵で復号できます。前者は暗号化通信に，後者はディジタル署名とし
　　て利用されています。

解答　ウ

問3 手順に示す処理を実施することによって，メッセージの改ざんの検知の他に，受信者Bができることはどれか。

(H27秋·FE 問36)

〔手順〕

送信者Aの処理

(1) メッセージから，ハッシュ関数を使ってダイジェストを生成する。

(2) 秘密に保持している自分の署名生成鍵を用いて，(1)で生成したダイジェストからメッセージの署名を生成する。

(3) メッセージと，(2)で生成した署名を受信者Bに送信する。

受信者Bの処理

(4) 受信したメッセージから，ハッシュ関数を使ってダイジェストを生成する。

(5) (4)で生成したダイジェスト及び送信者Aの署名検証鍵を用いて，受信した署名を検証する。

ア　メッセージが送信者Aからのものであることの確認

イ　メッセージの改ざん部位の特定

ウ　メッセージの盗聴の検知

エ　メッセージの漏えいの防止

解説

　〔手順〕に記述されている内容は，**ディジタル署名**の処理手順です。メッセージが改ざんされていなければ，**送信者Aと受信者Bが同じハッシュ関数を使ってメッセージダイジェストを計算すると，結果は同じ値になります**。このように，メッセージダイジェストを用いることで，改ざんを検知することができます。また，送信者Aは自分の署名生成鍵を用いてメッセージの署名を生成し，受信者Bに送信します。**自分の署名生成鍵とは公開鍵方式の秘密鍵**のことで，署名を生成するとは秘密鍵で暗号化することです。**送信者Aは，自分しかもっていない秘密鍵を使うことで，自分が送信者Aであることを証明します**。一方，受信者Bは，送信者Aの署名検証鍵，つまり，**送信者Aの公開鍵を用いて署名を検証**します。秘密鍵と対になる公開鍵で復号したメッセージダイジェストが自身のハッシュ関数を使ってメッセージから算出したものと一致すれば，**改ざんがないことの他，メッセージが送信者Aからのものであることを確認**できます。したがって，（ア）が正解です。

イ：メッセージダイジェストからは，改ざん部位の特定はできません。

ウ：盗聴は通信経路上で発生するもので，ディジタル署名では検知できません。

エ：メッセージが改ざんされたということは，メッセージが漏えいしていたことにもつながりますが，ディジタル署名では漏えいを防止すること自体はできません。

解答　ア

問4　ディジタル署名において，発信者がメッセージのハッシュ値からディジタル署名を生成するのに使う鍵はどれか。 (H25 秋·AP 問 39)

　　ア　受信者の公開鍵　　　　イ　受信者の秘密鍵
　　ウ　発信者の公開鍵　　　　エ　発信者の秘密鍵

解説

　ディジタル署名は，**発信者の秘密鍵で暗号化**し，受信者側では，**発信者の公開鍵で復号**することによって実現されます。公開鍵暗号方式の応用例として説明されているとおり，公開鍵暗号方式による暗号化通信と，鍵の使い方が反対になります。

　発信者の秘密鍵（署名鍵ともいう）は，日常生活の印鑑と同じく正当な発信者だけがもっています。したがって，（エ）が正解です。

　なお，ディジタル署名によって，発信者の真正性と，送信メッセージの完全性が同時に保証されます。

解答　エ

問5　ICカードとPINを用いた利用者認証における適切な運用はどれか。

(H28 秋·FE 問 40)

　　ア　ICカードによって個々の利用者が識別できるので，管理負荷を軽減するために全利用者に共通のPINを設定する。

　　イ　ICカード紛失時には，新たなICカードを発行し，PINを再設定した後で，紛失したICカードの失効処理を行う。

　　ウ　PINには，ICカードの表面に刻印してある数字情報を組み合わせたものを設定する。

　　エ　PINは，ICカードの配送には同封せず，別経路で利用者に知らせる。

解説

　ICカードとは，CPUやメモリを搭載した**ICチップを埋め込んだカード**です。一方，**PIN**（Personal Identification Number）とは，個人認証のために用いる**暗証番号**です。利用者認証を行う場合，入力された暗証番号とICカード内の暗証番号を比較することで，そのカードの所有者かどうかを検証します。ICカードとPINは一対であるため，PINは利用者ごとに設定し，他人に知られないように管理しなければなりません。そのため，**ICカードを配送する際は，PINは別経路で利用者に知らせる必要があります**。したがって，（エ）が適切です。

ア：全利用者に共通のPINを設定すると，他人のICカードを使ってシステムにログインすることが可能になり，セキュリティ上問題があります。

イ：ICカードを紛失した場合は，不正使用を防ぐために，まず紛失したICカードの失効処理を行った後で，新たなICカードを発行します。

ウ：PINは暗証番号と同じであり，容易に推測できる番号やカードに記載がある番号などの使用は避ける必要があります。

解答　エ

問6　情報セキュリティにおけるタイムスタンプサービスの説明はどれか。

(H29 春·FE 問41)

　ア　公式の記録において使われる全世界共通の日時情報を，暗号化通信を用いて安全に表示するWebサービス

　イ　指紋，声紋，静脈パターン，網膜，虹彩などの生体情報を，認証システムに登録した日時を用いて認証するサービス

　ウ　電子データが，ある日時に確かに存在していたこと，及びその日時以降に改ざんされていないことを証明するサービス

　エ　ネットワーク上のPCやサーバの時計を合わせるための日時情報を途中で改ざんされないように通知するサービス

解説

　タイムスタンプサービスは，タイムスタンプの時刻に**データが存在していたこと**（存在証明）と，タイムスタンプの時刻以降に**データが改ざんされていないこと**（完全性）を証明するものです。したがって，（ウ）が正解です。

解答　ウ

問7 リスクベース認証の特徴はどれか。

(R3 春-AP 問 39)

ア いかなる利用条件でのアクセスの要求においても、ハードウェアトークンとパスワードを併用するなど、常に二つの認証方式を併用することによって、不正アクセスに対する安全性を高める。

イ いかなる利用条件でのアクセスの要求においても認証方法を変更せずに、同一の手順によって普段どおりにシステムにアクセスできるようにし、可用性を高める。

ウ 普段と異なる利用条件でのアクセスと判断した場合には、追加の本人認証をすることによって、不正アクセスに対する安全性を高める。

エ 利用者が認証情報を忘れ、かつ、Web ブラウザに保存しているパスワード情報を使用できないリスクを想定して、緊急と判断した場合には、認証情報を入力せずに、利用者は普段どおりにシステムを利用できるようにし、可用性を高める。

解説

　リスクベース認証は、まさに（ウ）のように普段と異なる利用条件でのアクセスと判断した場合に、追加の本人認証を行う仕組みを指します。

ア：二要素認証の特徴です。

イ：前述のように、リスクベース認証では、アクセス環境が普段と異なると判断した場合には、追加認証によって安全性を高めます。

エ：パスワードリマインダの特徴です。あらかじめ登録されている質問の回答や、誕生日などを入力させ、正しい場合には、登録されているメールアドレスにパスワード再発行を行うための URL を送信する方法などが、一般的です。

解答　ウ

問8 PKIにおける認証局が，信頼できる第三者機関として果たす役割はどれか。

(H28秋-FE 問39)

ア 利用者からの要求に対して正確な時刻を返答し，時刻合わせを可能にする。

イ 利用者から要求された電子メールの本文に対して，ディジタル署名を付与する。

ウ 利用者やサーバの公開鍵を証明するディジタル証明書を発行する。

エ 利用者やサーバの秘密鍵を証明するディジタル証明書を発行する。

解説

PKI（Public Key Infrastructure；公開鍵基盤）において認証局は，**利用者やサーバの公開鍵の正当性を保証**するための**ディジタル証明書**を発行する第三者機関としての役割を担っています。したがって，（ウ）が正解です。

ア：NTP（Network Time Protocol）サーバの役割です。

イ：送信者が自身の秘密鍵を使って行う処理です。

エ：秘密鍵は自身で秘密にしておくものであり，それを証明する必要はありません。

解答 ウ

8.3　情報セキュリティ管理

▶▶▶ **Explanation**

ポイントの解説

　キーワードは，CIA や，真正性，否認防止，責任追跡性などです。また，情報資産に対する人的脅威，技術的脅威，物理的脅威，盗聴，なりすまし，改ざんなど，具体的なリスクとなる行為の意味合いも理解しておきましょう。

　情報資産を守るためには，技術的な裏付けも大切ですが，それ以上に技術要素を，的確に選択，管理することも重要です。そのため，情報資産を脅かすリスク（脅威）を整理し，それに対して効果的なコントロールを行う必要があります。また，組織のセキュリティ管理体制を，外部にアピールするためにも，第三者による客観的な評価が必要になります。こうした評価基準としての標準化についても理解を深めておきましょう。

（1）　CIA

　情報セキュリティで守るべきことがらとして，CIA という用語が登場します。これは，C（Confidentiality；機密性），I（Integrity；完全性），A（Availability；可用性）の略です。

　　　・機密性（Confidentiality）……データが漏えいしないこと
　　　・完全性（Integrity）……データが改ざんされないこと
　　　・可用性（Availability）……データ又はシステムが利用できること
　CIA の他，以下の用語も重要です。

　　　・真正性　……データが正当な者によって，正当に作成されたこと
　　　・否認防止　……データを作成した者が，作成した事実を否認できないこと
　　　・責任追跡性　……不正行為や誤操作などの証拠を追えること

（2）　具体的なリスクの種類

　情報処理における具体的なリスクには様々なものがありますが，次の代表的なリスクについては必ず理解しておきましょう。

　　①　盗聴
　　　送信者が送った情報を，正当な受信者でない悪意をもったユーザが盗み取ることです。

② 窃取

送信者が送った情報を，正当な受信者でない悪意をもったユーザが横取りし，正当な受信者に届かないようにすることです。

③ なりすまし

悪意をもったユーザが他人になりすまし，不正なデータを送ったり，受け取ったりすることです。

④ 改ざん

送信者が送った情報を，正当な受信者でない悪意をもったユーザが改変し，受信者に不正なデータを送ることです。

⑤ 誤送信

機密情報をメールで送る際に，宛先メールアドレスを間違えてしまうといった過失によって，データが漏えいしてしまうことです。

(3) リスクマネジメント（リスク管理）

リスクマネジメントは，将来発生し得るリスクを想定し，対策を考えることであり，リスクを見極め，項目として洗い出し，リスクがもたらす損失を最小化するために事前に対策を施すことを指します。管理対象である情報システムなどに潜むリスクを分析して，それぞれの内容に応じた対策を施すことをリスク管理といいます。情報セキュリティ対策は，リスクとなるような脅威から保護すべきシステムの稼働や，データを守るための手段として，リスク管理の一環として行われていることになります。

① リスクアセスメント

リスクアセスメントでは，事業やシステムにおける様々なリスクを因子という単位に細分化し，それぞれに対し影響度を算定する一連の活動を指します。

a リスク特定

リスク特定は，リスク因子を洗い出す作業に当たります。例えば，システム提供の前提になるコンピュータの各パーツの故障や，停電といった物理的なものや，個人情報の漏えいといった人的なものなど，様々なものがリスク因子となり得ます。

b リスク分析

リスク分析は，リスク特定作業で洗い出された各リスク因子の発生確率や損害の大きさを確認する作業に当たります。直接的な損失だけではなく，組織の信用を損なうなどの間接的な損失も無視できません。リスクを分析するときには，こうした間接的な損失についても考慮する必要があります。

第8章

　　c リスク評価（リスクエバリュエーション）

　リスク評価では，リスク分析で洗い出されたリスク因子の発生確率や，影響度の定量的な評価を行います。影響度は多くの場合は金額として算定できますが，信用の失墜といった金額として算定できないものもあります。

② リスク対策

　リスク対策では，リスクアセスメントで算定された個々のリスク因子に対して対応策を検討します。発生確率の低いリスクや，損害が少ないリスクの対策に，多額のコストを掛けるのは適切とはいえません。リスク対応方法は，リスクコントロールとリスクファイナンスに分類できます。

　　a リスクコントロール

　　リスクそのものを少なくしていくことです。

・リスク低減：発生頻度や影響度を下げるための対策を講じる。

・リスク回避：発生原因そのものを回避する。

・リスク分離：損失を受ける資産を分散させ，影響度を軽減させる。

・リスク結合：損失を受ける資産を集中させ，効率的な管理が行えるようにする。

　　b リスクファイナンス

　　リスクコントロールを行ったとしても残るリスクに対して，資金面での手当てを行うことです。

・リスク保有（受容）：リスク発生時のために組織内で財務上資金を準備しておく。

・リスク移転（共有）：保険などによって第三者にリスクを移転又は共有，分散させる。リスク分離で説明した「資産の分散」と紛らわしいですが，リスクを保有する当事者を分散させる点が違います。

（4）　セキュリティ関連標準

① ISO/IEC 15408（情報技術セキュリティ評価基準）

　OS や DBMS，IC カード，ファイアウォールや暗号化システムなど情報技術に関連した製品やシステムが，情報セキュリティの観点から適切に設計され，その設計が正しく実装されているかどうかを評価するための国際基準です。日本では JIS X 5070 として JIS 化されました。

　製品が保持する機密データを，正規の方法以外では読み取れない性質（耐タンパ性）を備えているかという点も評価基準ですが，これを実現するために，機密データを無理やり読み出そうとすると，機密データを消去，破壊してしまうような手法を取る製品もあります。

② ISO/IEC 27001（JIS Q 27001：2014）「情報セキュリティマネジメントシステム－要求事項」

ISMS 適合性評価基準における認証基準として用いられる規格です。ISMS 認証基準は，経営陣及び要員が効果的な ISMS（Information Security Management System；情報セキュリティマネジメントシステム）を構築・運用管理するためのモデルを提供することを目的に作成されたもので，組織が認証基準の要求事項を満たしているかを評価します。日本では，これまで ISMS 認証基準 Ver2.0 が用いられてきましたが，ISO 規格の発行に伴い，国内規格 JIS Q 27001：2014 に移行しました。

③ ISO/IEC 27002：2014（JIS Q 27002）「情報セキュリティマネジメント実践のための規範」

情報セキュリティマネジメントを企業が実践するための規範を示した国際規格です。この規格は，情報セキュリティを“機密性，完全性，可用性の維持”と定義し，推奨すべき管理策が記述されています。この規格は，英国規格 BS 7799 を基にした国際規格 ISO/IEC 17799 の規格番号が変更されたものです。

ISMS では，Plan（計画）→Do（実行）→Check（点検）→Act（処置）のサイクルを繰り返すことで，セキュリティレベルを継続的に維持・向上させていきます。

　　・Plan フェーズ……ISMS 基本方針，目的，プロセス及び手順を確立
　　・Do フェーズ……運用状況の管理（ISMS の導入／運用）
　　・Check フェーズ……実施状況のレビュー（ISMS の監視／レビュー）
　　・Act フェーズ……改善策の実施（ISMS の維持／改善）

④ プライバシーマーク制度

JIS Q 15001：2017 規格に適合したコンプライアンスプログラム（遵守すべきプログラム）を整備し，個人情報の取扱いを適切に行っている事業者を，第三者機関である JIPDEC 及びその指定機関が評価・認定する制度です。認定事業者は，「プライバシーマーク」というロゴの使用が許されます。

⑤ CSIRT

CSIRT（Computer Security Incident Response Team）は，コンピュータネットワーク上のセキュリティインシデントを監視し，問題発生時には解決策や影響調査を行う組織を指す一般名称です。具体的には企業や政府などの組織が，セキュリティインシデントの監視・調査を行うための部署として設ける組織がこれに該当します。ここでいうコンピュータセキュリティインシデントには，Web の改ざんや情報流出，マルウェアへの感染や不正侵入など

第8章

が含まれます。

⑥ JPCERT/CC

　JPCERT/CC（Japan Computer Emergency Team Coordination Center；JPCERT コーディネーションセンター）は，国内のサイトに関するセキュリティインシデントの報告の受付，分析や対策の検討，対応の支援や助言などを技術的に行う組織です。 CSIRT の構築・運営のための指針になるように，CSIRT マテリアルの策定・公開も行っています。

⑦ サイバーセキュリティ経営ガイドライン

　サイバーセキュリティ経営ガイドラインは，経営者のリーダーシップの下で，サイバーセキュリティ対策を推進するためのガイドラインです。経済産業省と IPA が 2015 年に公表し，2017 年に出されたのが改訂版（Ver2.0）です。ガイドラインでは，サイバー攻撃から企業を守る観点で，経営者が認識する必要のある「3 原則」，及び経営者が情報セキュリティ対策を実施する上での責任者となる担当幹部（CISO など）に指示すべき「重要 10 項目」などが示されています。

⑧ オプトイン・オプトアウト

　広告メールの送信や,個人情報を Web ページなどに登録してもらう仕組みを作る際に留意する必要がある用語に，オプトインと，オプトアウトがあります。オプトインとは，「個人情報の収集に同意する」といったチェックボックスへのチェックなどを通じて，利用者が能動的に同意することを指します。一方，オプトアウトとは，「メールマガジンの配信を停止する場合はこちら」といったように，利用者が情報の保持やメール配信などを停止する方法をもつことを指します。

▶▶▶ **Check**

理解度チェック ▶ 8.3 情報セキュリティ管理

次の文中の 　　　 に適切な用語を入れてください。

(1) 情報セキュリティの CIA のうち，I は 　ア　 です。

(2) リスクマネジメントを大きく分けると，　イ　 と 　ウ　 になります。

(3) リスクの発生が見込まれる事業から撤退するのは，リスクマネジメント上，何に該当しますか。

(4) ISMS の認証基準として用いられる規格は何ですか。

(5) ISMS の PDCA のうち，D は何を指していますか。

(6) JIS Q 15001 に基づいて，個人情報の取扱いを適切に行っている事業者を認定する制度は何ですか。

解 答

(1) ア：Integrity（完全性）

(2) イ：リスクコントロール　　ウ：リスクファイナンス

(3) リスク回避

(4) ISO/IEC 27001

(5) Do（実行）

(6) プライバシーマーク制度

第8章

▶▶▶Question

問題で学ぼう

問1　情報セキュリティにおける"完全性"を脅かす攻撃はどれか。

(H26 春·FE 問 39)

　ア　Web ページの改ざん
　イ　システム内に保管されているデータの不正コピー
　ウ　システムを過負荷状態にする DoS 攻撃
　エ　通信内容の盗聴

解説

　情報セキュリティの概念には，**機密性（Confidentiality）**，**完全性（Integrity）**，**可用性（Availability）** の三つがあり，これらを維持することがセキュリティを維持することになります。完全性とは，**情報資産の正確さや完全さを保護する特性**のことで，データが改ざんされたり削除されたりするリスクのある攻撃は，完全性を脅かす攻撃となります。したがって，(ア) が正解です。

イ：機密性を脅かす攻撃です。機密性とは，認可されていない利用者などに対して，情報を使用不可あるいは非公開にする特性のことで，権限外のアクセスや不正コピー，情報漏えいや盗聴などの攻撃は機密性に関わります。

ウ：可用性を脅かす攻撃です。可用性とは，認可された利用者などが，要求時にアクセス及び使用できる特性のことで，DoS 攻撃でシステムが正常に使えなくなるのは可用性に関わります。ちなみに，DoS（Denial of Service）攻撃とは，サーバなどに大量のデータを送り付けることで，そのサーバが提供するサービスを妨害する攻撃のことです。

エ：機密性を脅かす攻撃です。

解答　ア

問2　リスク対応のうち，リスクファイナンシングに該当するものはどれか。

(H31 春-FE 問 40)

　　ア　システムが被害を受けるリスクを想定して，保険を掛ける。

　　イ　システムの被害につながるリスクの顕在化を抑える対策に資金を投入する。

　　ウ　リスクが大きいと評価されたシステムを廃止し，新たなセキュアなシステムの構築に資金を投入する。

　　エ　リスクが顕在化した場合のシステム被害を小さくする設備に資金を投入する。

解説

　リスクファイナンシングは，リスクコントロールを実施しても残るリスク，あるいは自社ではコントロールが困難なリスクに対して，何らかの**資金面での手当て**を行うことです。このリスクファイナンスには，**リスク移転**と**リスク保有**があります。リスク移転は関連する事業上のリスクを，例えば保険会社や供給者（アウトソーサ）などの他者に，契約によって移転することです。したがって，（ア）が正解です。なお，リスク保有は，リスク発生時のために組織内で財務上の処置として資金を準備しておくことを指します。

イ，エ：リスクの発生を抑える対策や，リスクが顕在化した際の被害（影響度）を小さくするために資金を投入することは，リスク低減であり，リスクコントロールに分類されます。

ウ：リスクが大きいと評価されたシステムを廃止するということは，リスクの発生要因そのものを除去することになるため，リスク回避であり，リスクコントロールに分類されます。

解答　ア

問3　リスクアセスメントを構成するプロセスの組合せはどれか。

(H29 秋-FE 問 43)

　　ア　リスク特定，リスク評価，リスク受容

　　イ　リスク特定，リスク分析，リスク評価

　　ウ　リスク分析，リスク対応，リスク受容

　　エ　リスク分析，リスク評価，リスク対応

第8章

解説

　リスクアセスメントでは，次の順にリスク評価を行います。

・**リスク特定**：リスクを洗い出し，それぞれのリスクの内容を整理します。

・**リスク分析**：各リスクの特質や発生確率，影響度を数値化します。

・**リスク評価**：各リスクに対して，対応の要否を決定します。

　したがって，（イ）が正解です。なお，リスクアセスメントの結果を受けて，対応が必要なリスクに対しては，リスク対応として，**リスク低減，リスク回避，リスク共有（移転）**といった手法の中から対応方針を決定します。

解答　イ

問4　ISMS 適合性評価制度の説明はどれか。

(H27 秋·FE 問 40)·

　ア　ISO/IEC 15408 に基づき，IT 関連製品のセキュリティ機能の適切性・確実性を評価する。

　イ　JIS Q 15001 に基づき，個人情報について適切な保護措置を講じる体制を整備している事業者などを認定する。

　ウ　JIS Q 27001 に基づき，組織が構築した情報セキュリティマネジメントシステムの適合性を評価する。

　エ　電子政府推奨暗号リストに基づき，暗号モジュールが適切に保護されていることを認証する。

解説

　ISMS（Information Security Management System；情報セキュリティマネジメントシステム）は，情報セキュリティを管理するための仕組みです。ISMS では，情報資産の洗出し，リスクの洗出し，セキュリティ対策の検討と実施，効果の確認，見直しという PDCA サイクルを実践します。**ISMS 適合性評価制度**は，組織が構築した ISMS が適切かどうかを第三者が評価する制度です。その際，評価基準となる要求事項を定めた規格が国際規格 **ISO/IEC 27001** であり，日本産業規格 **JIS Q 27001** と同じ内容です。ISMS 適合性評価では，これらの規格への適合性を評価します。したがって，（ウ）が正解です。

ア：情報セキュリティ評価基準の説明です。

イ：プライバシーマーク制度の説明です。

エ：CRYPTREC（Cryptography Research and Evolution Committees；暗

号技術評価委員会）の説明です。

解答　ウ

問5　経済産業省とIPAが策定した"サイバーセキュリティ経営ガイドライン（Ver2.0）"の説明はどれか。

（R3 春·AP 問 41）

ア　企業がIT活用を推進していく中で，サイバー攻撃から企業を守る観点で経営者が認識すべき3原則と，サイバーセキュリティ対策を実施する上での責任者となる担当幹部に，経営者が指示すべき重要10項目をまとめたもの

イ　経営者がサイバーセキュリティについて方針を示し，マネジメントシステムの要求事項を満たすルールを定め，組織が保有する情報資産をCIAの観点から維持管理し，それらを継続的に見直すためのプロセス及び管理策を体系的に規定したもの

ウ　事業体のITに関する経営者の活動を，大きくITガバナンス（統制）とITマネジメント（管理）に分割し，具体的な目標と工程として40のプロセスを定義したもの

エ　世界的規模で生じているサイバーセキュリティ上の脅威の深刻化に関して，企業の経営者を支援する施策を総合的かつ効果的に推進するための国の責務を定めたもの

解説

　サイバーセキュリティ経営ガイドラインには，サイバー攻撃から企業を守る観点で，**経営者が認識する必要のある「3原則」**，及び経営者が情報セキュリティ対策を実施する上での責任者となる**担当幹部（CISOなど）に指示すべき「重要10項目」**などをまとめています。したがって，（ア）が正解です。

イ：情報セキュリティ管理基準の説明です。

ウ：COBIT（コビット）　2019（Control Objectives for Information and related Technology 2019）の説明です。

エ：サイバーセキュリティ基本法の説明です。同法では，国の責務に加えて，地方公共団体，重要インフラ事業者，サイバー関連事業者その他の民間企業，教育研究機関の責務と国民の努力も規定しています。

解答　ア

問6　企業が，"特定電子メールの送信の適正化等に関する法律"に定められた
特定電子メールに該当する広告宣伝メールを送信する場合に関する記述の
うち，適切なものはどれか。

(R3 秋-AP 問 79)

ア　SMS で送信する場合はオプトアウト方式を利用する。
イ　オプトイン方式，オプトアウト方式のいずれかを企業が自ら選択する。
ウ　原則としてオプトアウト方式を利用する。
エ　原則としてオプトイン方式を利用する。

解説

　"特定電子メールの送信の適正化等に関する法律"は，迷惑メールを規制
するため 2002 年に施行された法律で，「特定電子メール法」又は「迷惑メ
ール防止法」とも呼ばれています。この法律によって規制対象となるメール
は問題文にある広告や宣伝を目的とするメールであり，許可なく不特定多数
のメールアドレスに新商品や割引案内などのメールを送信してはならない
とされています。言い換えると，対象者が広告主の Web ページなどで能動
的に「広告メールの受信を希望します」といったオプトインでの選択をしな
い限りは，広告メールを送ってはいけないことになります。

解答　エ

8.4 情報セキュリティ対策

▶▶▶ **Explanation**

ポイントの解説

　情報資産を守るための対策は，技術的な観点だけでなく，人材教育や手順の作成といった人的な対策や，入退室管理や監視システムの構築など物理的な対策も含まれます。このように広い視点からセキュリティ対策を行うことが求められます。

(1) 人的セキュリティ対策

　情報資産を守るためには，技術的な仕組みも大切ですが，それ以上にその仕組みを人間が間違いなく使うことも要求されます。人的セキュリティ対策とは，ミスや，不注意，不正行為など，人的な要因による情報セキュリティ上の脅威を取り除いたり，被害を最小限にしたりするための対策といえます。

① 不正のトライアングル

　不正のトライアングルは，米国の犯罪研究者ドナルド・R・クレッシーが提唱したもので，組織における内部不正は，"機会"，"動機・プレッシャ"，"正当化" という3要素全てがそろった際に発生するという考え方です。

② 利用者管理

　利用者本人であることを確認する方法の最も基本的なものは，利用者 ID とパスワードの入力です。パスワードは容易に推測されないように，英字と数字を混ぜ，英字は大文字小文字を含めるようにします。また，パスワードの管理は本人自身で行い，定期的に変更する必要があります。さらに，人事異動などによって，利用者の権限を適時変更する運用も重要になります。

③ クリアデスク・クリアスクリーン

　クリアデスクは，機密情報や個人情報を業務終了後に机の上に残さず，キャビネットなどの施錠可能な場所にしまうことを指します。クリアスクリーンは，PC のデスクトップに無駄なフォルダやファイルを置かないことで，機密情報や個人情報などが人の目につくことを防止することを指します。

(2) 技術的セキュリティ対策

　データ通信におけるリスクには様々なものがありますが，次の代表的なリスクについては必ず理解しておきましょう。

第8章

① 入口対策・出口対策

　標的型攻撃などによってマルウェアに感染したコンピュータから，機密情報や個人情報などが外部に漏えいする事件が後を絶ちません。こうした事件を防ぐために，外部からマルウェアを取り込まないようにする対策がこれまでも取られてきましたが，このように外部から不審なものを取り込まないようにする対策を入口対策と呼びます。一方，外部に対する不審な通信を遮断することで，仮にマルウェアに感染したコンピュータが外部にデータを送信しようとしても，通信を遮断して情報漏えいをさせないという観点で行う対策を出口対策と呼びます。入口対策と違い，内部犯による故意の情報流出を防ぐことも期待できます。出口対策に役立つものとして，DLP（Data Loss Prevention）が挙げられます。DLP は企業内ネットワークなどに設置され，外部に向かう通信，又は操作内容を監視します。そして，その中に企業の機密情報が含まれている場合にはこれを検知し通知，又は通信の遮断を行います。

② IDS／IPS

　IDS（Intrusion Detection System；侵入検知システム）は，TCP/IP 通信の内容を解析して，ネットワークやシステムへの不正侵入動作を検知するシステムです。不正侵入を検知すると，メールなどで通知します。

　IPS（Intrusion Prevention System；侵入防止システム）は，IDS の機能に加え，実際に不正な通信を止めてしまうことによって，不正侵入を防止するシステムです。なお，IDS，IPS では SSL などの暗号化通信の内容までは確認できません。

③ WAF

　SQL インジェクション攻撃や，クロスサイトスクリプティングによる被害を防止するには，Web システムに対する入力データ内の特殊文字を別の文字，あるいは文字列に置き換える手法がとられます。これをサニタイジング（無害化）と呼びます。本来的にはこうしたサニタイジングは Web アプリケーション自身で行うことが望ましいのですが，既に稼働している Web アプリケーションなどを改良することが難しい場面もあります。こうした点を補うものとして WAF（Web Application Firewall）があります。WAF は，Web サーバを防御するために設置される機器です。Web の通信の内容を監視し，SQL インジェクションやクロスサイトスクリプティングなどの攻撃から Web サーバを防御したり，クレジットカードの番号といった個人情報を ＊ などの記号に置き換えるといったマスキングを行ったりします。

④ 修正パッチ

　マルウェアやネットワークを通じた攻撃は，多くの場合，OS やミドルウ

ェアの脆弱性を突く形で行われます。これを防ぐためには日々，提供されるOS やミドルウェアに対する修正パッチ（セキュリティパッチと呼ばれることもあります）を常に適用し，OS やミドルウェアを最新の状態に保つ必要があります。

⑤　ディジタルフォレンジックス

「フォレンジックス」とは，「法廷の」という意味をもつ単語です。ディジタルフォレンジックスは，裁判などで証拠として活用できるディジタルデータのことを指し，具体的にはコンピュータシステムのアクセスログや，財務データなど挙げられます。ただし，裁判の証拠としての要件を満たすためには，間違いがないこと，改ざんされていないことを証明する必要があります。このため，アクセスログなどのデータにタイムスタンプ認証を施すといった対策が必要になってきます。

⑥　SIEM

SIEM（Security Information and Event Management）は，サーバやネットワーク機器など，システムを構成する様々な機器から得られるログを集約することで，監視や通知，分析，保管といったログに対する運用を一元管理する手法，あるいはそのためのサブシステムを指します。分析のためにグラフ化したり，完全性を保持したりした形でログを保管するといった機能をもっています。

⑦　ペネトレーションテスト

ネットワークやコンピュータ，ソフトウェアに対して，実際に様々な不正侵入手法を用いて侵入を行ってみるテストをペネトレーションテストと呼びます。テスト項目によっては，Web サーバに連携しているデータベースの内容などを更新，削除，追加してしまうものもあるため，運用環境のシステムではなく，同等の検証環境のシステムに対して行います。

⑧　ハニーポッド

ハニーポットは，インターネットからの攻撃を観測することを目的とするシステムやネットワークのことです。攻撃者をおびき寄せるために，意図的に脆弱性をもたせたサーバなどを設置し，侵入者やマルウェアの挙動を調査できるような機能をもちます。

（3）　物理的セキュリティ対策

データやシステムを物理的に保護する対策も重要です。次のキーワードを押さえておきましょう。

第8章

① UPS（Uninterruptible Power Supply；無停電電源装置）

　停電時などに，システムが正常に終了するまでの間，電源を供給する装置です。電源が瞬時に切れることで起こるハードディスク障害やトランザクションの異常終了を防止する役割をもちます。

② セキュリティワイヤ

　簡単に持ち運びができるノート PC などの情報処理端末を，盗難から守るために，机などに括りつけるための金属製のワイヤを，セキュリティワイヤと呼びます。

③ 記憶媒体の廃棄

　PC を産業廃棄物処理業者などの第三者に引き渡して廃棄する際には，PC 内の磁気ディスクに格納されている機密ファイルを読み出されないようにする必要があります。ファイルシステムの特性上，ファイルを消去しても見出し情報の消去だけとなるため，実際の内容は消去されずに残っており，安全とはいえません。

（4）　セキュリティ対策の課題

① ノート PC のディスク暗号化と BIOS パスワード

　情報漏えい対策としては，データを読み解けないものにする暗号化や，権限のない者によるデータへのアクセスを防止する認証技術が必要になります。ノート型 PC のハードディスク（SSD も含む）の内容を暗号化しておくことで，ノート型 PC が盗まれたり，ハードディスクだけが盗まれたりしても，データを読み解くことができなくなります。また，BIOS パスワードを設定することで，ノート型 PC を第三者が不正に起動することを防ぐことができます。

　なお，ハードディスクの暗号化の方法として，ハードディスク全体を暗号化する方法の他，OS 上のユーザ単位で違う鍵を用いて暗号化する方法もあります。後者の場合，別のユーザ権限でファイルの内容を読み取られることを防ぐことができます。

② BYOD（Bring Your Own Device）

　一部の企業などでは，業務用として従業員の私物 PC や携帯電話などを使用する場合があり，これを認める企業が増えています。その一方で，これらの機器のセキュリティ対策が急がれています。

③ MDM（Mobile Device Management）

　スマートフォンなどのモバイル端末には，従業員のスケジュール情報やメールといった機密情報をはじめ，個人情報である顧客の連絡先情報など，漏

えいしてはいけない情報が保存されています。こうしたモバイル端末が紛失，盗難にあった場合を想定した情報保護技術を MDM と呼びます。代表的なものとして，モバイル端末を遠隔でロックするリモートロックや，遠隔で内部のデータを消去するリモートワイプが挙げられます。

(5) マルウェア（ウイルス）対策

マルウェアは Malicious Software（意地の悪いソフトウェア）の略で，利用者の意図しない不正な動作を目的としたソフトウェアの総称です。マルウェアの感染を防ぐ手法としては，次のような手法があります。

① パターンマッチング方式

マルウェア感染を防ぐセキュリティ対策ソフトは，既知のマルウェアに関するウイルス定義ファイル（パターンファイル）を使います。このウイルス定義ファイルは，最新のものに更新しておく必要があります。

② ヒューリスティック法／ビヘイビア法

パターンマッチング方式が，ウイルス定義ファイルで定義されたファイル内容に完全一致，あるいは部分一致するファイルがコンピュータ内部に潜んでいないかを検出する方式なのに対し，ヒューリスティック法ではもう少し細かい視点での検証を行います。

具体的には，プログラムコードと思われる部分を検出し，機械語になっている部分を，逆アセンブルするなどして動作内容を判断し，不正な動作に該当しないか，確認します。検証対象のファイルを実際には動作させずに解析する手法を静的ヒューリスティック法と呼びます。一方，実際に動かしてみる方法を動的ヒューリスティック法，あるいはビヘイビア法と呼びます。

(6) セキュリティバイデザイン

セキュリティバイデザイン（Security By Design）は，製品やサービスの企画・設計段階からセキュリティを確保するという思想です。特に IoT 機器のように様々なシーンで広く利用される機器では，製品の展開後にセキュリティパッチを提供しても，確実に利用者側で適用されるとは限りません。このため，あらかじめセキュリティ面の設計思想が万全になっていることが重要です。こうした背景からもセキュリティバイデザインという用語が重要になっています。ビルトインセキュリティという用語も同様の思想を指しています。

第8章

▶▶▶ **Check**

理解度チェック ▶ 8.4 情報セキュリティ対策

次の文中の ☐ に適切な用語を入れてください。

(1) 不正のトライアングルを構成する要素には，"機会"，"動機・プレッシャ"，と " ア " があるとされています。

(2) 情報漏えい対策の一環で，外部に対する不審な通信を遮断する対策を イ と呼びます。

(3) ネットワークやコンピュータ，ソフトウェアに対して，実際に様々な不正侵入手法を用いて侵入を行ってみるテストを ウ と呼びます。

(4) 帰宅時に，会社の机の上に出ていた資料を施錠可能なキャビネットにしまうことを エ と呼びます。

(5) TCP/IP 通信を監視し，不正な通信を検知するシステムは オ です。また，この不正な通信を検知するだけでなく，遮断するシステムは カ です。

(6) Web の通信を監視し，SQL インジェクションやクロスサイトスクリプティングから Web サーバを守るものが キ です。

(7) ク とは，私物 PC や携帯電話などを業務に使用することです。

(8) 機器の盗難や紛失に際し，遠隔でスマートフォンなどのデバイス内部のデータを消去する機能を ケ と呼びます。

(9) マルウェア（ウイルス）定義ファイルを用いて，マルウェアを検知する方式を コ と呼びます。

解答

(1) ア：正当化

(2) イ：出口対策

(3) ウ：ペネトレーションテスト

(4) エ：クリアデスク

(5) オ：IDS　カ：IPS

(6) キ：WAF

(7) ク：BYOD

(8) ケ：リモートワイプ

(9) コ：パターンマッチング方式

▶▶▶ Question

問題で学ぼう

問1　SQL インジェクション攻撃による被害を防ぐ方法はどれか。

(H30 春-FE 問 41)

ア　入力された文字が，データベースへの問合せや操作において，特別な意味をもつ文字として解釈されないようにする。

イ　入力に HTML タグが含まれていたら，HTML タグとして解釈されない他の文字列に置き換える。

ウ　入力に上位ディレクトリを指定する文字列 (../) が含まれているときは受け付けない。

エ　入力の全体の長さが制限を超えているときは受け付けない。

解説

　SQL インジェクション攻撃とは，アプリケーションがデータベースにアクセスするための SQL 命令を組み立てる際，ユーザの入力したデータを使用する場合に発生する可能性がある攻撃です。ユーザの入力したデータに，アプリケーションが想定していない SQL 文を指定する文字列などが含まれていると，その内容が実行されてしまうことから，SQL 文を"注入する"という意味で，SQL インジェクションと呼ばれています。この攻撃を防ぐには，ユーザの入力値から**データベースへの問合せや操作において特別な意味をもつ文字**（想定していないシングルコーテーションなど）を**データベース処理に影響を与えない文字**に**変換**するなどして，不正に解釈されないように保護する必要があります。したがって，（ア）が正解です。なお，データベース処理に影響を与えないように不正な文字列を変換することを**サニタイジング（無害化）**と呼びます。

イ：ユーザからの入力に不正な HTML 記述やスクリプトを含めて，結果的にクライアント側での異常動作を引き起こさせる XSS（クロスサイトスクリプティング）を防ぐ方法で，これもサニタイジング（無害化）です。

ウ：ディレクトリの指定方法を悪用するディレクトリトラバーサルを防ぐ方法です。

エ：入力バッファの上限を超えるデータを挿入することによって，スタック上のリターンアドレスなどを不正に書き換えて悪意のあるコードを実行

第8章

させるためのバッファオーバフローを防ぐ方法です。

解答　ア

問2　侵入者やマルウェアの挙動を調査するために，意図的に脆弱性をもたせ
たシステム又はネットワークはどれか。

(H31 春·FE 問 44)

　ア　DMZ　　　　　　　　　イ　SIEM
　ウ　ハニーポッド　　　　　エ　ボットネット

解説

　ハニーポットは攻撃者をおびき寄せるために，意図的に脆弱性をもたせた
サーバなどのシステムを指します。したがって，（ウ）が正解です。

ア：DMZ（Demilitarized Zone；非武装地帯）は，インターネットなどの外
　部ネットワークから直接アクセスする必要がある公開サーバなどを設置
　する領域です。

イ：SIEM（Security Information and Event Management；セキュリティ
　情報及びイベント管理）は，サーバやネットワーク機器のログデータを一
　元管理し，攻撃や不正な動作を検出する仕組みです。

エ：ボットは，コンピュータの中に潜み，ネットワークを経由して受け取っ
　た命令を実行する攻撃プログラムです。このネットワークがボットネット
　と呼ばれます。

解答　ウ

問3 不正が発生する際には"不正のトライアングル"の3要素全てが存在すると考えられている。"不正のトライアングル"の構成要素の説明として，適切なものはどれか。

(H31 春-FE 問 42)

ア "機会"とは，情報システムなどの技術や物理的な環境，組織のルールなど，内部者による不正行為の実行を可能又は容易にする環境の存在である。

イ "情報と伝達"とは，必要な情報が識別，把握及び処理され，組織内外及び関係者相互に正しく伝えられるようにすることである。

ウ "正当化"とは，ノルマによるプレッシャなどのことである。

エ "動機"とは，良心のかしゃくを乗り越える都合の良い解釈や他人への責任転嫁など，内部者が不正行為を自ら納得させるための自分勝手な理由付けである。

解説

「**不正のトライアングル**」の考え方において，内部不正は，"**機会**"，"**動機・プレッシャ**"，"**正当化**"という3要素全てがそろった際に発生し得ます。このうち，"機会"は，情報システムなどの技術や物理的な環境及び組織のルールなど，内部者による不正行為の実行を可能又は容易にする環境の存在と言えます。したがって，（ア）が適切です。

イ："情報と伝達"は，不正のトライアングルの3要素ではなく，不正を未然に防止するための要素です。

ウ：ノルマによるプレッシャは，"動機・プレッシャ"の例です。"動機・プレッシャ"は，不正を行おうと決定するときの心理的なきっかけになり得ます。

エ：良心のかしゃくを乗り越える都合の良い解釈や他人への責任転嫁など，内部者が不正行為を自ら納得させるための自分勝手な理由付けは，"動機"ではなく"正当化"です。

解答 ア

第8章

問4　SIEM（Security Information and Event Management）の機能はどれ
か。

(R1 秋·FE 問 43)

　ア　隔離された仮想環境でファイルを実行して，C&C サーバへの通信な
　　どの振る舞いを監視する。
　イ　様々な機器から集められたログを総合的に分析し，管理者による分析
　　と対応を支援する。
　ウ　ネットワーク上の様々な通信機器を集中的に制御し，ネットワーク構
　　成やセキュリティ設定などを変更する。
　エ　パケットのヘッダ情報の検査だけではなく，通信先のアプリケーショ
　　ンプログラムを識別して通信を制御する。

解説

　SIEM（Security Information and Event Management）は，サーバ
やネットワーク機器など，システムを構成する様々な機器から得られる**ログ
を一元管理**するサブシステムです。ログの内容を**分析**し，異常が認められる
場合に**管理者に通知**をする機能は SIEM の機能と言えます。したがって，
（イ）が正解です。

ア：マルウェア対策の一つの手法のサンドボックス機能です。「ファイルを
　　実行して」は，ファイル内のプログラムや実行形式ファイルと解釈します。
ウ：SDN（Software Defined Networking）の機能です。
エ：次世代ファイアウォールの機能です。パケットの中身や宛先をデータベ
　　ースと照らし合わせることで，SNS（ソーシャルネットワークシステム）
　　などのアプリケーションプログラムによる通信を個別に許可，拒否するこ
　　とができます。

解答　イ

問5　ディジタルフォレンジックスでハッシュ値を利用する目的として，適切なものはどれか。

(H28 春·FE 問 44)

ア　一方向性関数によってパスワードを復元できないように変換して保存する。

イ　改変されたデータを，証拠となり得るように復元する。

ウ　証拠となり得るデータについて，原本と複製の同一性を証明する。

エ　パスワードの盗聴の有無を検証する。

解説

　ディジタルフォレンジックスにおいて，収集した証拠となり得るデータについて，**原本と複製の同一性の保証**が必要になります。具体的には両者の**ハッシュ値を比較**するという手法が取られています。したがって，ハッシュ値を利用する目的としては，（ウ）が適切です。

ア：パスワードをハッシュ化して保存することと，ディジタルフォレンジックスは直接関連しません。

イ：ハッシュ関数は一方向性関数なので，ハッシュ値から証拠を復元することはできません。

エ：ハッシュ値によって盗聴の有無を検証することはできません。パスワードが盗聴されたかどうかを検証するためには，現在，研究開発中の量子暗号を利用する必要があります。

解答　ウ

第8章

問6　セキュリティバイデザインの説明はどれか。

(H30 春·FE 問 42)

ア　開発済みのシステムに対して，第三者の情報セキュリティ専門家が，脆弱性診断を行い，システムの品質及びセキュリティを高めることである。

イ　開発済みのシステムに対して，リスクアセスメントを行い，リスクアセスメント結果に基づいてシステムを改修することである。

ウ　システムの運用において，第三者による監査結果を基にシステムを改修することである。

エ　システムの企画・設計段階からセキュリティを確保する方策のことである。

解説

　セキュリティバイデザイン（Security By Design）は，設計によるセキュリティを意味し，**設計段階からセキュリティを検討し確保することです**。システムが完成してからセキュリティ機能を追加したり，セキュリティ事故が発生してから対策をしたりするのでは開発作業自体の手戻りも大きくなるおそれがあります。そのため，**設計の基となる要件を決めるシステムの企画の段階からセキュリティ要件を検討し，確保する必要があります**。したがって，（エ）が正解です。

ア：ペネトレーションテストの説明です。

イ：リスクアセスメントにおける，システム開発ライフサイクルアプローチの導入フェーズの説明です。企画・設計段階で入手できる情報だけでセキュリティ要件が足りるとは限らないので，システム開発ライフサイクル全体でセキュリティリスクを評価するという考え方です。導入フェーズでは，開発したシステムを運用環境下で使用した場合のセキュリティ要件について，実際にシステムを動かしてリスクアセスメントを行います。

ウ：システム監査（セキュリティ監査）の説明です。

解答　エ

問7　情報セキュリティ対策のクリアデスクに該当するものはどれか。

（H28 春·SG 問 2）

　　ア　PC のデスクトップ上のフォルダなどを整理する。

　　イ　PC を使用中に離席した場合，一定時間経過すると，パスワードで画面ロックされたスクリーンセーバに切り替わる設定にしておく。

　　ウ　帰宅時，書類やノート PC を机の上に出したままにせず，施錠できる机の引出しなどに保管する。

　　エ　机の上に置いたノート PC を，セキュリティワイヤで机に固定する。

解説

　クリアデスクとは，情報漏えい防止の観点から，**資料などを放置したまま離席しないこと**を指します。したがって，（ウ）が正解です。

ア：情報をスクリーンに残したままにしないことを意味するクリアスクリーンに該当します。

イ：スクリーンに残した情報を盗み見から保護するスクリーンセーバロックに該当します。

エ：情報の盗難を防止する物理的セキュリティ対策に該当します。

解答　ウ

問8　WAF の説明はどれか。

(H28 秋-FE 問 42)

　ア　Web サイトに対するアクセス内容を監視し，攻撃とみなされるパター
　　ンを検知したときに当該アクセスを遮断する。
　イ　Wi-Fi アライアンスが認定した無線 LAN の暗号化方式の規格であり，
　　AES 暗号に対応している。
　ウ　様々なシステムの動作ログを一元的に蓄積，管理し，セキュリティ上
　　の脅威となる事象をいち早く検知，分析する。
　エ　ファイアウォール機能を有し，ウイルス対策，侵入検知などを連携さ
　　せ，複数のセキュリティ機能を統合的に管理する。

解説

　WAF（Web Application Firewall）は，　Web アプリケーションに対す
る攻撃の検知と遮断に特化したファイアウォールです。したがって，（ア）
が正解です。
イ：WPA2（Wi-Fi Protected Access 2）の説明です。
ウ：SIEM（Security Information and Event Management；シーム）の説
　明です。IDS（Intrusion Detection System；侵入検知システム）が登録
　されたシグネチャと比較して脅威を識別するのに対し，SIEM は，一元管
　理している複数のログを使用します。
エ：UTM（Unified Threat Management；統合脅威管理）の説明です。こ
　れらの機能を組み込んだ装置やソフトウェアを利用して，セキュリティ管
　理を行います。

解答　ア

第8章

問9　マルウェアについて，トロイの木馬とワームを比較したとき，ワームの
　　特徴はどれか。

（H29 秋-FE 問 41）

　　ア　勝手にファイルを暗号化して正常に読めなくする。
　　イ　単独のプログラムとして不正な動作を行う。
　　ウ　特定の条件になるまで活動をせずに待機する。
　　エ　ネットワークやリムーバブルメディアを媒介として自ら感染を広げ
　　　　る。

解説

　マルウェアは，コンピュータの利用者が意図しない不正な動作をさせるこ
とを目的として作成された悪質なプログラムの総称です。インターネットや
USB メモリなどを経由してコンピュータに入り込み（感染），特定の条件に
なるまで活動せずに待機し（潜伏），条件を満たすと動作を開始します（発
病）。最近では，感染後すぐに発病するものもあります。このうち，**ワーム**
は，不正な動作を行う傍ら，メールの添付ファイルとして**自分自身を複製し
拡散**させたり，USB メモリに自分自身をコピーしたりして，自ら感染を広げ
るプログラムです。一方，**トロイの木馬**は，**通常のプログラムのふり**をしな
がら，ファイルを壊したりスパムメールを送信したりするなど不正な動作を
行うプログラムです。どちらも宿主を必要とせず，単独のプログラムとして
動作します。したがって，（エ）が正解です。

ア：ファイルを暗号化したり，破壊したりして読めなくすることはトロイの
　　木馬の特徴です。最近では，勝手に暗号化して復号するためのパスワード
　　と引き換えに金銭を要求するものもあり，これはランサムウェアと呼ばれ
　　ています。

イ：トロイの木馬とワームの両方に共通する特徴です。

ウ：トロイの木馬の特徴です。

解答　エ

8.5 セキュリティ実装技術

▶▶▶ **Explanation**

ポイントの解説

　情報資産を守るためには，技術的な裏付けも大切ですが，それ以上に技術要素を，的確に選択，管理することも重要です。そのため，情報資産を脅かすリスク（脅威）を整理し，それに対して効果的なコントロールを行う必要があります。また，組織のセキュリティ管理体制を，外部にアピールするためにも，第三者による客観的な評価が必要になります。こうした評価基準としての標準化についても理解を深めておきましょう。

（1）　認証プロトコル

　・RADIUS（Remote Authentication Dial In User Service）
　　RADIUS サーバが利用者 ID とパスワードを保持して，利用者を一元的に認証します。他のサーバは，個別に利用者 ID とパスワードを登録せず，RADIUS サーバに認証を依頼します。無線 LAN や VPN 接続など，様々な認証に利用されています。

（2）　生体認証の精度に関する留意点

　生体認証では，その精度を表す指標として，次のものがあります。
　・本人拒否率（FRR；False Rejection Rate）：本人を誤って拒否する確率
　・他人受入率（FAR；False Acceptance Rate）： 他人を誤って許可する確率
　両者はトレードオフの関係にあります。ある認証装置でこれらの値を調整できるものがある場合，本人拒否率を下げると，他人受入率も高くなってしまいます。

（3）　ネットワークセキュリティ

　インターネットの利用が非常に広まった現在，ネットワーク関連セキュリティの知識，技術が重要になっており，試験でも出題が予想されます。用語の意味をしっかり理解してください。
　①　セキュリティプロトコル
　　・SSL/TLS（Secure Sockets Layer/Transport Layer Security）……TCPで行う通信のセキュリティを確保するためのトランスポート層のプロトコルで，UDP には対応していません。

第8章

なお，HTTP の SSL/TLS 版である HTTPS が広く普及しています。

HTTPS では，サーバの正当性に関する認証や通信の暗号化が実現できます。

② インターネット VPN

インターネット VPN（Virtual Private Network）は，インターネットによる通信を，専用線通信のように利用する技術。VPN では，専用線と同等なセキュリティを確保するために，トンネリング技術，暗号化とファイアウォールを組み合わせます。

インターネット VPN 用の通信プロトコルとして，IPsec（Security Architecture for Internet Protocol）があります。

③ WEP／WPA／WPA2／WPA3（無線 LAN）

無線 LAN は電磁波や赤外線を用いて通信を行うため，容易に信号の傍受が可能です。このため，無線 LAN の登場初期から WEP（Wired Equivalent Privacy）と呼ばれる暗号化方式が採用されました。しかしながら，WEP で使われている暗号化アルゴリズムに解読される脆弱性が見つかったため，WEP に代わって WPA（Wi-Fi Protected Access）や WPA2 が普及してきました。WPA では暗号化に利用される鍵を定期的に更新する TKIP という仕組みが採用されています。 WPA2 では，暗号化アルゴリズムとして，AES（Advanced Encryption Protocol）が採用されています。さらに，接続時のパスワード試行回数制限を設けるなどのセキュリティ強化が図られた WPA3 も登場しています。

④ ファイアウォール

ネットワーク経路に設置されるネットワーク機器です。中継されるパケットのヘッダ情報のうち，IP アドレスやポート番号などを見て，不要なパケットを遮断する役割を担っています。ファイアウォールでは，接続している複数のネットワークセグメントをゾーンという概念で管理し，ゾーンの境界ごとに通信ポリシ（許可する IP アドレスやポート番号など）を設定します。一般的に外部ネットワーク（インターネット），内部ネットワークというゾーンの他，インターネットに公開するためのサーバを設置したゾーンを DMZ（DeMilitarized Zone；非武装地帯）として定義します。外部ネットワーク−内部ネットワーク間の通信ポリシ，外部ネットワーク−DMZ 間の通信ポリシ，DMZ−内部ネットワーク間の通信ポリシを個別に定義して，攻撃を防ぎます。

ファイアウォールの種類や動作モードの方式として，静的パケットフィルタリング，動的パケットフィルタリングという区別があります。静的パケットフィルタリングでは，応答時のルールは送信時のルールと逆になるように

あらかじめ設定する必要があります。しかしながら，応答時のルールを常にファイアウォールで許可していると，そのルールを使用すれば，簡単に外部から内部に侵入しやすくなります。

そこで，内部から外部に向けたルールだけをファイアウォールで許可し，TCP コネクションが確立している間だけ，応答パケットを許可する動的パケットフィルタリングという方式もあります。

また，さらに厳格な検査を行うため，送信時の TCP 通信のシーケンス番号と応答時の確認応答番号の整合性などをチェックしながら応答パケットの通過を許可するといった，ステートフルインスペクション機能をもつファイアウォール機器もあります。

(4) データベースセキュリティ

データベースは，多くの場合，重要なデータを大量に保持しています。このため，次の点に注意してデータベースの運用を行う必要があります。

① データベースアクセス権限の厳格化
- 一般的な DBMS（データベース管理システム）では，GRANT 文や REVOKE 文を使って，データベースのユーザごと，表ごとなどの単位でアクセス権限を設定できます。このとき表に対する参照・更新・追加・削除などの処理ごとに権限の有無を設定できるため，DBMS を利用するアプリケーションソフトウェアの動作に**必要な権限以外を付与しない**ことが大切になります。

② データベースに格納されるデータの暗号化
- データベースファイルなど，データベースの内容が物理的に格納されている記憶媒体自体の盗難や不正コピーから情報が漏えいすることを防止するためには，**データベースの暗号化が**有効です。DBMS を通じて表単位，カラム単位でデータを暗号化する手法や，DBMS が利用する記憶媒体自体を暗号化する手法があります。

(5) メールセキュリティ

DNS に対する各種攻撃を防ぐため，DNS には次のようなセキュリティ対策があります。

① S/MIME（Secure Multipurpose Internet Mail Extensions）
メール内容の機密性を高めるため，電子メールを暗号化して送受信するプロトコルです。

② OP25B（Outbound Port 25 Blocking）
ISP（Internet Service Provider）が行うスパムメールの送信を防止する仕

組みであり，インターネットアクセス回線の加入者側にある PC などから，直接外部の SMTP サーバの TCP25 番ポートに向かう通信を遮断する手法です。

③ SPF レコード（Sender Policy Framework レコード）

こちらもスパムメールを防止する仕組みであり，あるドメインのメールサーバの IP アドレスを DNS サーバに SPF レコードという形で登録することによって，登録がないメールサーバからのメール送信をスパムメールとみなす枠組みです。

④ SMTP-AUTH

メールを送信する際に利用する SMTP（Simple Mail Transfer Protocol）には，元来認証機能がなかったが，SMTP において送信者の認証を行うプロトコルが SMTP-AUTH です。

⑤ ベイジアンフィルタ

ベイジアンフィルタは，迷惑メールを検出するためのフィルタの一つで，その方法としてベイズ理論を利用しています。ベイズ理論とは，現実の世界から集められたデータに基づいて推測を行い，データの数が多ければ多いほど，より確実な推測を引き出せるといった考え方です。そこで，ベイジアンフィルタでは，利用者が振り分けた迷惑メールと正規のメールから特徴を学習し，特徴的な単語の出現確率などを基に，迷惑メールであるかどうかを統計的に判定します。そして，迷惑メールと判定した際には，自己学習して単語の出現確率を更新するようにしています。

(6) CAPTCHA

人間でないと判別できない文字画像によって通信相手が人間であることを認証する技術が，CAPTCHA（Completely Automated Public Turing test to tell Computers and Humans Apart；キャプチャと読む）です。

無料のメールアドレスを大量に取得したり，他人のブログに大量のコメントを書き込んだりといった，不正な自動処理を排除することを目的とした技術です。

(7) コード署名（ソフトウェアへのディジタル署名付与）

ソフトウェアの入手や配布をインターネット上で行う場合，利用者からすると，その安全性や信頼性は気になるポイントになり得ます。配布元が全く分からないソフトウェアや，海賊版ソフトウェアにはマルウェアの機能が含まれていることが少なくありません。しかし，ディジタル署名が施されていれば，署名鍵と対になる復号鍵でそれを検証することで，配布元の確認と改ざんの有無

を検出することができます。これによって，ソフトウェアの配布元が明示され，配布元による配布後に改ざんされていないことが確認できます。

　ここでいうソフトウェアにはアプリケーションソフトウェアのみならず，OSやデバイスドライバも含まれます。様々なソフトウェアにコード署名が施されることで，不審なソフトウェアがコンピュータ上で動作することを防ぐことができます。

(8) ファジング（fuzzing）

　ファジング（fuzzing）は，組込み機器やソフトウェア製品のバグや未知の脆弱性を検出するセキュリティテストです。検査対象である製品に問題を起こしそうなデータを送り，脆弱性につながる異常な動作が起きないかどうかを検査します。問題を起こしそうなデータはファジングツールを使うと自動的に作成できますが，検査対象である製品の特徴や機能，入力するデータのタイプに合わせて使い分ける必要があり，IPAからも「ファジング活用の手引き」が提供されています。

(9) ハニーポット

　ハニーポットは，インターネットからの攻撃を観測することを目的とするシステムやネットワークです。攻撃者をおびき寄せるために，意図的に脆弱性をもたせたサーバなどを設置し，侵入者やマルウェアの挙動を調査します。ミツバチが蜂蜜を求めて花畑を飛び交う様子にたとえた表現で，ミツバチが攻撃者，蜂蜜が脆弱性をもたせたサーバなどを指します。

第8章

▶▶▶ **Check**

理解度チェック ▶ 8.5 セキュリティ実装技術

次の文中の [   ] に適切な用語を入れてください。

(1) 無線 LAN や VPN システムで利用される認証プロトコルには, [ア] があります。

(2) WPA2 とは何ですか。

(3) DMZ とは何ですか。

(4) 電子メールの内容を暗号化するプロトコルには, 何がありますか。

(5) OP25B を実施するのは誰か。またその目的は何か。

(6) メール送信者を認証するためのプロトコルは何ですか。

解 答

(1) ア：RADIUS

(2) 無線 LAN の認証や暗号化を行うためのプロトコル

(3) インターネットに公開するサーバを設置するための, ファイアウォール上のネットワークセグメント

(4) S/MIME

(5) （誰か）ISP,（目的）サービス加入者の回線から, スパムメールが送られることを防ぐため

(6) SMTP-AUTH

▶▶▶ Question

問題で学ぼう

問1　アプリケーションプログラムやデバイスドライバなどを安全に配布した
り，それらが不正に改ざんされていないことを確認したりするために利用す
るものはどれか。

（H29 秋·IP 問 72）

ア　SMTP　　　　　　　　イ　WPA2
ウ　コード署名　　　　　　エ　電子透かし

解説

　アプリケーションプログラムや，デバイスドライバなどの**プログラムコー
ドが不正に改ざんされていないことを確認するために利用される電子署名
をコード署名と呼びます**。したがって，（ウ）が正解です。

ア：SMTP（Simple Mail Transfer Protocol）は，電子メールの通信におい
て，メーラからメールサーバにメール送信を依頼し，また，メールサーバ
間でメールを転送する際に利用されるプロトコルです。

イ：WPA2（Wi-Fi Protected Access 2）は，無線 LAN の暗号化方式です。

エ：電子透かしは，デジタルデータの中に，一見しても見えない形で所有者
情報などの情報を入れ込む技術，あるいは仕組みです。

解答　ウ

問2　パケットフィルタリング型ファイアウォールのフィルタリングルールを
用いて，本来必要なサービスに影響を及ぼすことなく防げるものはどれか。

（H30 春·AP 問 44）

ア　外部に公開しないサーバへのアクセス
イ　サーバで動作するソフトウェアの脆弱性を突く攻撃
ウ　電子メールに添付されたファイルに含まれるマクロウイルスの侵入
エ　不特定多数の IoT 機器から大量の HTTP リクエストを送り付ける
DDoS 攻撃

解説

　パケットフィルタリング型ファイアウォールでは，IP パケットや TCP/UDP のヘッダ情報から分かる IP アドレスやポート番号に基づくフィルタリングができます。このため，外部に公開しないサービスへのアクセスを，その IP アドレスやポート番号に基づき，ファイアウォールで禁止することができます。したがって，（ア）が正解です。

イ：サーバでサービスしている IP パケットは許可されます。しかし，そのパケットにソフトウェアの脆弱性を突く攻撃が混入されているかどうかまではチェックできません。

ウ：（イ）と同様に，電子メールに添付されたファイルにウイルスが含まれているかどうかまではチェックできません。

エ：HTTP リクエストは，HTTP のポート番号を使用するので，DDoS 攻撃を防ぐために HTTP の通過を禁止すると，本来必要なサービスができなくなります。

解答　ア

問3　生体認証システムを導入するときに考慮すべき点として，最も適切なものはどれか。

(H30 春·FE 問45)

　ア　本人のディジタル証明書を，信頼できる第三者機関に発行してもらう。

　イ　本人を誤って拒否する確率と他人を誤って許可する確率の双方を勘案して装置を調整する。

　ウ　マルウェア定義ファイルの更新が頻繁な製品を利用することによって，本人を誤って拒否する確率の低下を防ぐ。

　エ　容易に推測できないような知識量と本人が覚えられる知識量とのバランスが，認証に必要な知識量の設定として重要となる。

解説

　生体認証とは，指紋や静脈，網膜や声紋のパターンといったパターン認識を前提にしており，若干の曖昧さが残ります。このため，設定値の調整によって，認証の精度が左右されます。これを数値化するために，**本人拒否率（FRR：False Rejection Rate）や，他人受入率（FAR：False Acceptance Rate）**

が使用されます。同じ認証システムにおいて，両者はトレードオフの関係にあります。したがって，（イ）が最も適切です。

そういう意味では新しい認証システムや新しい認証方式を開発する上で，いかに本人拒否率，他人受入率をともに下げるかという点が課題です。

ア：PKI（Public Key Infrastructure；公開鍵暗号基盤）に関する説明です。

ウ：ワクチンソフトに関する説明ですが，本人（利用者）の認証とは関係がありません。

エ：パスワード認証のような知識ベース認証に関する説明です。

解答　イ

問4　ファジングで得られるセキュリティ上の効果はどれか。

(H31 春·FE 問 45)

　　ア　ソフトウェアの脆弱性を自動的に修正できる。

　　イ　ソフトウェアの脆弱性を検出できる。

　　ウ　複数のログデータを相関分析し，不正アクセスを検知できる。

　　エ　利用者 ID を統合的に管理し，統一したパスワードポリシを適用できる。

解説

　ファジング（fuzzing）は，検査対象である組込み機器やソフトウェア製品に対し，**問題を起こしそうなデータを送り，脆弱性の有無を確認**する手法や作業を指します。したがって，（イ）が正解です。

ア：OS などのセキュリティ更新プログラム（セキュリティパッチ）の効果です。

ウ：SIEM（Security Information and Event Management；セキュリティ情報及びイベント管理）の効果です。

エ：統合 ID 管理（アイデンティティマネジメント）の効果です。

第8章

解答　イ

問5 アプリケーションソフトウェアにディジタル署名を施す目的はどれか。

(H30 秋·FE 問 36)

ア アプリケーションソフトウェアの改ざんを利用者が検知できるようにする。

イ アプリケーションソフトウェアの使用を特定の利用者に制限する。

ウ アプリケーションソフトウェアの著作権が作成者にあることを証明する。

エ アプリケーションソフトウェアの利用者による修正や改変を不可能にする。

解説

　アプリケーションソフトウェアにディジタル署名が施されていれば，署名鍵と対になる復号鍵でそれを検証することで，配布元や改ざん有無を確認することができます。したがって，（ア）が正解です。

イ：ソフトウェアライセンスの目的です。ディジタル署名が配布元を特定するために付されるのに対し，ソフトウェアライセンスは利用者を特定するために付されるものです。

ウ：著作権登録制度の目的です。例えば，著作権のある製造元とそれを配布する販売元が異なる場合では，販売元がディジタル署名を施すこともあります。この場合，ディジタル署名は著作権の保護や確認の意味をなさないので，著作権の証明に著作権登録制度を使用します。ディジタル署名はソフトウェアの作成者だけでなく，販売者が付与することもあり得る。そしてこれは必ずしも著作権者と一致するわけではないため，著作権が作成者にあることの証明には使われません。

エ：ディジタル署名を施しても利用者による修正や改変を防ぐことはできません。しかし，修正や改変をしたことによって，アプリケーションソフトウェアのハッシュ値も変わるので前述したように修正や改変したことを検出できます。

解答 ア

問6　迷惑メールの検知手法であるベイジアンフィルタの説明はどれか。

(H31 春-DB 午前 II 問 21)

ア　信頼できるメール送信元を許可リストに登録しておき，許可リストにないメール送信元からの電子メールは迷惑メールと判定する。

イ　電子メールが正規のメールサーバから送信されていることを検証し，迷惑メールであるかどうかを判定する。

ウ　電子メールの第三者中継を許可しているメールサーバを登録したデータベースの掲載情報を基に，迷惑メールであるかどうかを判定する。

エ　利用者が振り分けた迷惑メールと正規メールから特徴を学習し，迷惑メールであるかどうかを統計的に判定する。

解説

ベイジアンフィルタは，ベイズ理論に基づく迷惑メールを検出するための迷惑メールフィルタです。**利用者が振り分けた迷惑メールと正規のメールから特徴を学習し，特徴的な単語の出現確率などを基に迷惑メールかどうかを統計的に判定します。**したがって，（エ）が正解です。

ア：メール送信元に関するホワイトリスト（許可リスト）による検知手法の説明です。

イ：SPF（Sender Policy Framework）や DKIM（DomainKeys Identified Mail）などの送信ドメイン認証による検知手法の説明です。

ウ：RBL（Realtime Blackhole List／Realtime Blocking List）と呼ばれるブラックリストによる検知手法の説明です。

解答　エ

問7 1台のファイアウォールによって，外部セグメント，DMZ，内部セグメントの三つのセグメントに分割されたネットワークがある。このネットワークにおいて，Webサーバと，重要なデータをもつデータベースサーバから成るシステムを使って，利用者向けのサービスをインターネットに公開する場合，インターネットからの不正アクセスから重要なデータを保護するためのサーバの設置方法のうち，最も適切なものはどれか。ここで，ファイアウォールでは，外部セグメントとDMZとの間及びDMZと内部セグメントとの間の通信は特定のプロトコルだけを許可し，外部セグメントと内部セグメントとの間の直接の通信は許可しないものとする。

(H29 春·FE 問43)

ア WebサーバとデータベースサーバをDMZに設置する。

イ Webサーバとデータベースサーバを内部セグメントに設置する。

ウ WebサーバをDMZに，データベースサーバを内部セグメントに設置する。

エ Webサーバを外部セグメントに，データベースサーバをDMZに設置する。

解説

　外部セグメントはインターネットを含む外部のネットワークを指し，内部ネットワークは社内など内部のネットワークを指します。**DMZ（DeMilitarized Zone；非武装セグメント）**は，非武装地帯とも呼ばれ，外部セグメントと内部ネットワークの双方からファイアウォールで分離されたネットワークで，外部に公開する必要のあるサーバを設置します。そのため，ファイアウォールは，問題文にあるように，外部セグメントからDMZへの通信を許可します。しかし，外部セグメントから内部ネットワークへの通信は遮断します。また，**DMZから内部ネットワークへの通信は，特定のプロトコルだけを許可**することで不正アクセスから内部ネットワークを保護します。これを図式化したものが次図です。よって，利用者向けのサービスをインターネットに公開する場合，インターネットからの不正アクセスから重要なデータを保護するためには，**WebサーバをDMZに，データベースサーバを内部ネットワーク**に設置すればよいことになります。したがって，（ウ）が最も適切です。

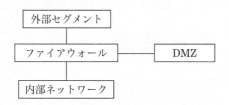

ア，エ：データベースサーバへの不正アクセスを許可してしまいます。
イ：利用者が Web サーバにアクセスすることができません。

解答　ウ

開発技術

part 2

▶▶▶ Point

学習のポイント

　この章では，開発技術に関する重要なキーワードを基に，「要件定義と設計」，「レビューとテスト技法」，「ソフトウェア開発管理技術」，「オブジェクト指向」の四つのテーマを説明します。なお，「要件定義と設計」と「レビューとテスト技法」の出題範囲は，共通フレームの開発プロセスに準拠しています。発注側と開発側が共通の物差しを使っていくという主旨を推進する目的もあり，出題される問題の多くは共通フレームの用語に準拠するようになっています。

（1）　要件定義と設計

　共通フレームの概要と，開発プロセスに含まれる，要件定義と設計の手順を学習します。また，システムやソフトウェアの分析・設計技法としては，構造化分析・設計技法やデータ中心設計などが出題の中心となります。各技法については，基本的な考え方を理解していれば解答を導くことができます。あまり細かなことにとらわれず，基本の理解に重点を置いて学習してください。学習のポイントは次のようになります。

- ・共通フレームの開発プロセスに示された作業手順と作業内容を理解する。
- ・構造化分析・設計技法の基本的な考え方と，DFD（Data Flow Diagram）などのツールについて理解する。
- ・データ中心設計の流れと，中心的なツールである E-R 図（Entity-Relationship Diagram）の表記法について理解する。
- ・モジュール分割結果を評価する尺度として，モジュール強度，モジュール結合度の考え方を理解する。

（2）　レビューとテスト技法

　共通フレームの開発プロセスの内容に従い，レビュー及びテストの種類や，テストケース設計技法などを学習します。まず，テスト全般に関する目的や指

針について理解する必要があります。ソフトウェアの開発は人間が行う作業なので，必ずエラーが含まれているということを前提に考えなければなりません。学習のポイントとしては次のようになります。

- ・テストの目的と，基本原則について理解する。
- ・テストの種類と，それぞれの目的について理解する。
- ・ホワイトボックステスト，ブラックボックステストの違いと，それぞれのテストで用いられる代表的な技法について理解する。
- ・テストの実施状況を評価するときの考え方を理解する。

（3）　オブジェクト指向

　オブジェクト指向の分野は，苦手としている人が多いので，単独のテーマとして取り上げます。オブジェクト指向についての出題が増えていますが，その内容のほとんどは，基本的な概念についてです。学習のポイントとしては次のようになります。

- ・オブジェクトとは何か，また，そのメリットについて理解する。
- ・オブジェクト指向の基本的な概念であるカプセル化，クラス，インスタンス，継承などについて理解する。
- ・オブジェクト指向によるソフトウェア開発で利用される統一モデリング言語の UML（Unified Modeling Language）の表記法を理解する。

9.1 要件定義と設計

▶▶▶ Explanation

ポイントの解説

「要件定義と設計」では，まず，共通フレームの概要を学習します。次に，共通フレームのプロセスの中でも中心となる開発プロセスのアクティビティを，設計に関するものとテストに関するものに分け，設計に関するアクティビティについて学習します。

さらに，要件定義と設計に用いられる代表的な技法について学習します。具体的には，構造化分析・設計と DFD，データ中心設計と E-R 図，そして，モジュール分割技法などです。また，モジュール分割に対する評価基準についても，まとめておきましょう。それぞれの技法については，深く学習するとかなりの時間を要しますが，試験に出題されるのは，それぞれの特徴が中心です。まずは，特徴となる考え方を理解するようにしましょう。

(1) 共通フレーム・JIS X 0160：2021 の概要

共通フレーム（SLCP-JCF；Software Life Cycle Processes-Japan Common Frame／ソフトウェアライフサイクルプロセス 共通フレーム）は，一般に，共通フレームと呼ばれており，最新版は共通フレーム 2013 です。共通フレームには，ソフトウェアライフサイクルプロセスにおけるシステムの企画，開発，運用，保守やそれに伴う諸活動が定義されています。これを「**共通の物差し**」として利用し，「**取引の明確化**」を図ることで，利用者側と開発側（発注者側と受注者側）との間に起きやすかった認識のずれをなくすのが目的です。また，これと同様の標準規格に JIS X 0160：2021 があります。

（2） システム開発プロセスとソフトウェア実装プロセス

システム開発のフェーズは，次の六つに分かれます。

① 基本計画：システムの目的・目標の明確化，費用対効果の分析，大日程計画，現行業務の調査・分析

成果物：システム化計画書，開発計画書，要求仕様書

② 外部設計：コード設計，論理データ設計，入力様式・画面の概要設計，報告書レイアウト設計

成果物：外部設計書，外部設計レビュー報告書

③ 内部設計：ファイル編成・媒体・レイアウトの決定 (物理データ設計)，入出力の詳細設計

成果物：内部設計書，内部設計レビュー報告書)

④ プログラム設計：モジュールの階層・機能仕様・インタフェースの決定，結合テストの計画立案

成果物：プログラム設計書，結合テスト計画書，プログラム設計レビュー報告書

⑤ プログラミング：モジュール設計 (構造化プログラミング)，コーディング，デバッグ，机上デバッグ

成果物：モジュール設計書，単体テスト計画書，単体テスト報告書，プログラムリスト，レビュー報告書

⑥ テスト：単体テスト，結合テスト，システムテスト，検証テスト，運用テスト

成果物：単体テスト・結合テスト・システムテスト・運用テストの各報告書

第9章

（3）　構造化分析・設計と DFD

①　構造化分析・設計

　構造化分析・設計は，機能中心分析・設計に分類される技法です。構造化分析・設計の中心となる考え方は，「段階的詳細化」というもので，システム全体を段階的に詳細化しながら，機能を洗い出していきます。また，機能とは「入力データに対して何らかの加工（変換）を施して，出力データを作り出すもの」というようにとらえます。

②　DFD

　この考え方に基づいた図が DFD（Data Flow Diagram；データフローダイアグラム）です。DFD については，表記に用いられる四つの記号（データストア，データフロー，プロセス，データの源泉と吸収）の意味をまず理解してください。

　この DFD 上に現れるプロセス（機能）を，さらに，詳細な DFD に分解していく作業を繰り返しながら，システム全体を詳細化していきます。この作業の繰返しが段階的詳細化ですが，データの流れにおいて，データの内容が変わる部分にプロセスが存在すると考えて，プロセスを段階的に明らかにしていきます。

表　DFD の記号

記号	名称	意味
名称	データストア	ファイル，データベースの表など，データの保管を表す。
名称 →	データフロー	データの流れ（移動）を表す。
（名称）	プロセス	データの加工処理を表す。入力データを出力データに変換する。
名称	データの源泉及び吸収	システム外のデータの源泉（入力元・情報元），及び，吸収先（出力先）を表す。

(4)　決定表（Decision Table；デシジョンテーブル）

　条件に応じて行う処理や動作を記述した表を決定表といいます。表を四つの部分に分け，上部の左に条件名，右に条件の指定を Y 又は N で示し，下部の左に動作名，右に実行する動作を X で指定します。

表　出張手当と宿泊費の決定表

片道 100km 未満	Y	Y	Y	N	N	N
片道 100km 以上	N	N	N	Y	Y	Y
作業時間 5 時間未満	Y	N	N	Y	N	N
作業時間 5 時間以上かつ 8 時間未満	N	Y	N	N	Y	N
作業時間 8 時間以上	N	N	Y	N	N	Y
出張手当 2,000 円支給	−	−	−	X	X	X
宿泊手当 8,000 円支給	−	−	X	−	−	X

　（例）片道 150km で作業時間 6 時間ならば，出張手当 2,000 円が
　　　　支給されるが，宿泊手当は支給されない。

(5)　状態遷移図

　時間の変化や状態の変化などに応じて，処理が変わるようなシステムの動作を記述するときに用いられるのが状態遷移図です。起こり得る状態を円で表し，状態が変わるときのきっかけを書いた矢印で，状態間を結びます。

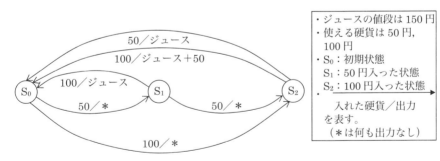

図　ジュースの自動販売機の状態遷移図

(6) データ中心分析・設計とE-R図

① データ中心分析・設計

　データ中心分析・設計は，一般にはデータ中心アプローチ（DOA；Data Oriented Approach）と呼ばれ，データを中心とした分析・設計の考え方です。機能を中心としたプロセス中心分析・設計と対をなします。機能よりもデータ構造の方が安定している（変更が少ない）ので，まず，データの構造を分析し，データベースを設計します。これによってデータを共有資源とみなして一元的に管理できます。そして，その内容を基礎として，機能を分析・設計していきます。

② E-R図

　データ中心アプローチで，データの分析やデータ構造の整理をするために使われる図がE-R図（Entity-Relationship Diagram）です。E-R図では，その名の示すとおり，エンティティ（実体）とエンティティ間のリレーションシップ（関連）で，データの構造を整理します。

　リレーションシップの多重度（1対1，1対多など）を示す場合には，バックマン線図，UML（Unified Modeling Language）のクラス図で用いられる表記法が用いられます。1対多のリレーションシップの例としては，部課と社員との対応関係や，担任と生徒との対応関係などが考えられます。

　・バックマン線図

　・UMLのクラス図で用いられる表記法

　　（補足）多重度を"最小数..最大数"の形で記述することもできます。例えば，"0..*"は，最小で0，最大は複数（2以上）であることを示します。

③ UML

　UML（Unified Modeling Language）は，オブジェクト指向によるシステム開発で利用される統一モデリング言語です。分析から設計，実装，テストまで統一した表記法を使います。UMLについては，「9.4 オブジェクト指向」で，詳しく説明します。

(7) プログラム設計技法

　プログラム設計技法は，プログラムを分割して，モジュール構造を決定する技法のことです。プログラム設計技法には，データの流れに着目してモジュール構造を決定する方法，プログラムが扱うデータの構造に着目してモジュール構造を決定する方法があります。

　プログラムをモジュールに分割した結果を評価する指針として，モジュール強度とモジュール結合度があります。分割したモジュールは，モジュール強度が強く，モジュール結合度が弱いものが良いとされています。この基準の根本には，保守性という観点があります。仕様変更などでプログラムの修正が発生した場合に，できるだけ修正対象のモジュールを限定したいという考え方が基本にあることを理解してください。

(8) モジュール強度

　モジュール強度は，モジュールを構成する各命令の結び付き方に関する尺度です。同じデータを扱う各種機能を含み，機能ごとに別の入口点をもつ情報的強度と，一つの機能しかもたない機能的強度のモジュールだけで，プログラムを構成すべきとされています。

強 ↑	機能的強度	一つの機能しかもたない。
	情報的強度	同一の情報を扱う複数の機能を，一つのモジュールにまとめている。
	連絡的強度	モジュール内でデータの受渡し又は参照を行いながら，複数の機能を逐次的に実行している。
	手順的強度	仕様書などによって結び付けられた複数の機能を含み，その機能を順番に実行する。
	時間的強度	初期処理，終了処理というように，同時点に行う複数の機能をまとめている。
	論理的強度	関連する複数の機能をまとめている。パラメタによっていずれかの機能を選択して実行している。
↓ 弱	暗合的強度	関連性のない複数の機能を含む。ステップ数による単純分割など。

(9)　モジュール結合度

　一方，モジュール結合度は，モジュール間の結び付き方に関する尺度です。モジュール結合度が弱いほど良く，モジュールの独立性が高い，つまり他のモジュールを修正した際の影響が低いといえます。モジュール間では，パラメタ（引数）と呼ばれるデータを介して，処理の依頼内容や結果を受け渡します。パラメタの受渡しに関しては，必要最低限の項目単位で行う方法を採るべきとされています。

強 ↑ ↓ 弱		
	内容結合	外部宣言していない他のモジュール内のデータを直接参照している。
	共通結合	複数のモジュールが，グローバル変数などの共通域にあるデータを共有している。
	外部結合	複数のモジュールが，外部で宣言されたデータを参照している。
	制御結合	他のモジュールを制御するパラメタをもつ。
	スタンプ結合	データ構造（構造体や配列）を丸ごと受け渡す。
	データ結合	必要なデータ（変数）だけを引数として受け渡す。

(10)　設計思想・手法（フールプルーフ/フェールセーフ/フェールソフト）

　システムを設計する上で通常利用時から外れる状況への対応方法についても，設計時に盛り込む必要があります。フールプルーフは利用者がシステムの許容範囲外の値を指示したり，システム動作上許容されていないタイミングでの操作を行ったりした際に，エラーダイアログやエラーメッセージを表示するといった機能を盛り込むことを指す手法です。フェールセーフは，システムの障害が発生した際に，不便な状態が発生したとしても安全を優先するという設計思想です。フェールソフトは，システムの一部に障害が発生した際に，一部でも処理を続けることで被害を最小限に抑えるという設計思想です。

▶▶▶ **Check**

理解度チェック ▶ **9.1 要件定義と設計**

(1) 次の説明の ☐ に適切な用語を入れてください。

　これまで，ソフトウェアの開発に関する取引における，委託側，受託側の認識のずれによるトラブルを防ぐため，システム開発取引における ☐ ア ☐ を提供し， ☐ イ ☐ を図ることを目的に開発されたのが共通フレームや JIS X 0160:2021 です。

(2) 入力様式・画面の概要設計を行うフェーズを何といいますか。

(3) 次の文中の ☐ に適切な用語を入れてください。

　DFD（データフローダイアグラム）では，名称に上下の線を付けて ☐ ウ ☐ を表し，矢線は ☐ エ ☐ を表します。また，円で ☐ オ ☐ を表し，長方形で ☐ カ ☐ を表します。

(4) 次の E-R 図のリレーションシップの多重度は何ですか。

| A | ←——→ | B |

(5) 次の文中の ☐ に適切な用語を入れてください。

　プログラムをモジュールに分割するとき，分割したモジュールは，モジュール強度が ☐ キ ☐ ，モジュール結合度が ☐ ク ☐ ものが良いとされています。

解 答

(1) ア：共通の物差し　　イ：取引の明確化

(2) 外部設計

(3) ウ：データストア（データの保管）

　　エ：データフロー（データの流れ）

　　オ：プロセス（データの加工処理）

　　カ：データの源泉（入力元・情報元）と吸収先（出力先）

(4) 多対多

(5) キ：強く　　ク：弱い

第9章

▶▶▶ Question

問題で学ぼう

問1　システムの外部設計を完了させるとき，承認を受けるものとして，適切なものはどれか。

(H29 春·FE 問 46)

　　ア　画面レイアウト　　　　　　　イ　システム開発計画
　　ウ　物理データベース仕様　　　　エ　プログラム流れ図

解説

　「システムの外部設計を完了させるとき，承認を受けるもの」は，簡単にいうと，「**システムの外部設計作業の成果物**」を指しています。ウォータフォールモデルに従った開発工程では，基本計画（システム化計画，要件定義）から始まって，外部設計→内部設計→プログラム設計→プログラミング→テスト→運用・保守　という順番で作業を進めます。この中の外部設計では，基本機能の定義や入出力内容（**画面や帳票の一覧，レイアウト，他のシステムとのインタフェース，ログ出力**），コード設計などが求められます。したがって，（ア）の「画面レイアウト」が適切です。

イ：システム開発計画……基本計画の成果物です。
ウ：物理データベース仕様……内部設計の成果物です。
エ：プログラム流れ図……プログラム設計の成果物です。

解答　ア

問2　安全性や信頼性を確保するための設計のうち，フールプルーフに該当するものはどれか。

(H28 秋·FE 問 46)

　ア　装置が故障したときは，システムが安全に停止するようにして，被害を最小限に抑える。

　イ　装置が故障したときは，利用できる機能を制限したり，処理能力を低下させたりしても，システムは稼働させる。

　ウ　装置が故障しても，システム全体の機能に影響がないように，二重化などを行って冗長な構成とする。

　エ　利用者が誤った操作をしても，システムに異常が起こらないようにする。

解説

　利用者の**誤操作**によるシステムの許容値外のデータ入力や，**適切でないタイミングでの命令入力**によってシステムに障害が発生することを防ぐために，**入力値のチェックや入力画面要素の有効化無効化を行う**といった手法を**フールプルーフ（fool proof）**といいます。したがって，（エ）が正解です。

　その他の選択肢もフールプルーフと並んで，システムの安全性や信頼性を確保するための手法です。

ア：フェールセーフ（fail safe）に該当します。

イ：フェールソフト（fail soft）に該当します。

ウ：フォールトトレランス（fault tolerance）に該当します。

解答　エ

第9章

問3　DFDで用いられる図形要素を列記したものはどれか。

(H28 秋·SA 午前Ⅱ問 3)

　　ア　関連，実体，データストア
　　イ　関連，データストア，データフロー
　　ウ　源泉と吸収，実体，プロセス
　　エ　源泉と吸収，データフロー，プロセス

解説

　DFD（データフローダイアグラム）は，システムの設計図法の一つで，データの流れを次のように表します。

① **源泉（ソース）と吸収（シンク）**……長方形（設計対象としているシステム外にあり，データを発生させ，また受け取るもの）

② **データフロー**……矢印（データの流れを表す）

③ **データストア**（蓄積）……上下 2 本線（データの一時的な蓄積を示す。"ファイル"と呼ぶ場合も多い）

④ **プロセス**……円（入力データを出力データに変換するもので，この円形を"バブル"とも呼ぶ。"機能"，"処理"，"変換"と呼ぶ場合も多い）

　　したがって，これらを列記している（エ）が正解です。

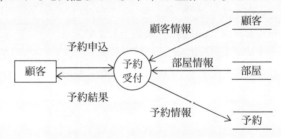

図　DFDの例（簡略化した宿泊予約業務）

ア～ウ：関連（リレーションシップ）と実体（エンティティ）は E-R 図の図形要素であり，DFD と E-R 図の図形要素が混在しているので，誤りです。

解答　エ

問4　システム開発で用いる設計技法のうち，決定表を説明したものはどれか。

(H26 秋·FE 問 46)

ア　エンティティを長方形で表し，その関係を線で結んで表現したものである。

イ　外部インタフェース，プロセス，データストア間でのデータの流れを表現したものである。

ウ　条件の組合せとそれに対する動作とを表現したものである。

エ　処理や選択などの制御の流れを，直線又は矢印で表現したものである。

解説

　決定表は，次図に示すように条件と処理を対比させた表で論理を表現し，複雑な条件判定を伴う要求仕様を整理した表で，**条件と結果の関係を網羅的に表現**する記述方法として使われます。したがって，（ウ）が正解です。なお，図で条件が成立するときは Y（Yes），条件が不成立のときは N（No）を記入し，それらの条件に従って実行される処理に X（eXecute）を記入します。次図の内容は，業務の改善提案に対する賞金を決定している決定表です。

改善額 10 万円未満	Y	Y	N	N	条件
期間短縮 1 週間未満	Y	N	Y	N	
賞金：500 円	X	−	−	−	処理
賞金：1,000 円	−	X	X	−	
賞金：3,000 円	−	−	−	X	

ア：E-R 図（エンティティリレーションシップダイアグラム，実体関連図）の説明です。

イ：DFD（データフローダイアグラム）の説明です。

エ：フローチャート（流れ図）の説明です。

解答　ウ

第9章

問5　モジュール結合度が最も弱くなるものはどれか。

(R1 秋・FE 問 46)

> ア　一つのモジュールで，できるだけ多くの機能を実現する。
> イ　二つのモジュール間で必要なデータ項目だけを引数として渡す。
> ウ　他のモジュールとデータ項目を共有するためにグローバルな領域を使用する。
> エ　他のモジュールを呼び出すときに，呼び出したモジュールの論理を制御するための引数を渡す。

解説

　モジュール結合度は，あるモジュールと他のモジュールとの結合の度合いのことです。次の表のように，その度合いによって6種類に分類されます（正しくは，モジュール間でのデータ受渡しが全く存在しない，非直接結合を加えた7種類ですが，非直接結合はほとんど存在しないため，6種類とされています）。

　「大域的」とはプログラムで定義した変数の有効範囲（スコープ）を表す用語で，全てのモジュールで同じ変数を参照・更新できることを指しています。（イ）の「引数」は，二つのモジュール間に限った受渡しであるから「非大域的」と考えることができます。したがって，（イ）は次表のデータ結合に該当すると考えられるので，最も結合度の弱いモジュールに関する記述は（イ）が正解です。

　通常，モジュール結合度が弱く，しかも各モジュールの強度（モジュール内部の要素の関連の強さ）が強くなるようにモジュール分割を行うのが良い設計とされています。

	結合度	受渡し領域	受渡し単位	その他
弱 ↑	データ結合	非大域的（ローカル）	データ項目	
	スタンプ結合	（二つのモジュール間に限定）	データ構造	
	制御結合	－	－	制御パラメタをもつ
	外部結合	大域的（グローバル）	データ項目	
	共通結合	（全モジュール間で共有可能）	データ構造	
強	内容結合	－	－	他のモジュール内部を直接参照

ア：モジュール分割が行われていません。
ウ：外部結合に関する記述です。
エ：制御結合に関する記述です。

解答　イ

9.2 レビューとテスト技法

▶▶▶ **Explanation**

ポイントの解説

　「レビュー」と「テスト」は，開発したソフトウェア中の誤り（エラー，バグ）を取り除くための作業です。ここでは，共通フレームの開発プロセスから，テストに関するアクティビティについて学習します。試験の準備として，過去の問題演習などをしていると，どうしても難しい問題に目を奪われがちですが，基本的な内容を確実に理解することが大切です。

(1) レビューの種類

　レビューとは，エラーを見つけることを目的として，プログラムのソースコードを人がチェックすることを指します。レビューには大きく次の2種類があります。

　① ウォークスルー

　　プログラム作成者も交えて，プログラムのソースコードを全て見渡すレビュー技法です。

　② インスペクション

　　モデレータと呼ばれる専任の進行役の下，問題点を絞って幾つかの角度から分析し，対策を見つけるレビュー技法です。

(2) テストの種類

　テストとは，エラーを見つけることを目的として，プログラムを実行する過程といわれています。そして，良いテストケースとは，未発見のエラーを検出する確率の高いもので，成功したテストケースとは，未発見のエラーを検出できたものです。テストの担当者としては，なるべくエラーが出ない方が好都合なのですが，どんなに品質良く開発されたソフトウェアにも，一定のエラーは含まれているということを前提に考える必要があります。そして，そのエラーを効率的に取り除くための技法などが中心テーマであることを念頭に，学習するとよいでしょう。

　ソフトウェア中のエラーは，表面的には様々なものがありますが，コーディングのミスやアルゴリズム設計の誤り，モジュール間のインタフェースミスなど，幾つかの要因に分類されます。これら全ての要因を対象として，ソフトウ

ェアのテストを行うのは非効率なので，エラーの要因ごとにポイントを絞った
テストを何段階か行うことによって，エラーを検出していきます。

テストには観点ごとに，次のものがあります。

① 単体テスト（ユニットテスト）

　個々のソフトウェアユニット（モジュール）のテスト

② 結合テスト（統合テスト）

　ソフトウェアユニット（モジュール）間のインタフェース，及びコンポー
ネント（プログラム）間のインタフェースのテスト

③ 検証テスト

　ソフトウェアが，要件を満たしていることを確認するテスト

④ 運用テスト

　本番運用と同じ環境やデータを使ったテスト

（3） 単体テスト

　単体テストでは，コーディングした個々のモジュール単体を対象にしてテス
トを行います。モジュール設計書の内容が正確に記述されているか，また，コ
ーディングによるミスはないか，ということがテストの中心です。テストケー
スを設計するときの方針の違いから，ホワイトボックステストとブラックボッ
クステストの二つがあります。

① ホワイトボックステスト

　ホワイトボックステストは，プログラムの内部ロジックを基準にして，テ
ストケースを設計します。テストの充足性を判断する基準として網羅率とテ
ストケース数があります。テストケース数という基準では，同じような実行
過程となるようなテストを数多く行えば，幾らでもテストケース数を増やす
ことができます。このため，プログラム中の全ての命令を実行する（命令網
羅）や，命令網羅を満足し，かつ，全ての条件分岐について，真，偽両方向
の分岐を網羅する（判定条件網羅，分岐網羅）などの基準があります。一般
的には，判定条件網羅を満足しないようなテストは，テストとして認められ
ないとされています。

② ブラックボックステスト

　モジュールの機能要件の実現性という観点で，仕様書などを基に入力デー
タと出力結果の関係だけに注目してテストケースの設計を行うのがブラッ
クボックステストです。ブラックボックステストの効率を高めるための着眼
点として，同値分割や境界値分析という考え方があります。限られた時間，
コストの中で，最大限の効果があるテストを実施するには，エラーを発見す

る確率が高いテストケースを設計する必要があります。こうした観点で提唱されているのが，同値分割や限界値分析です。

・同値分割

同値分割は，処理結果が異なるデータの範囲に着目し，それぞれの範囲の代表値をテストデータとして採用する考え方です。つまり，同じ処理結果となるようなものを繰り返すのではなく，できるだけ仕様上での処理結果が違うものをテストする方が効果的だということです。この例として，項目の条件チェックに適用するなどがあります。例えば，ある項目の値が1〜5 の範囲であることをチェックするという仕様の場合，1〜5 の範囲の値だけをテストするのではなく，0 や 6 以上などチェックエラーとなるものもテストケースに含めるものです。処理結果として正常となるような値のグループを有効同値グループ，エラーとなるような値のグループを無効同値グループと呼ぶことがあります。

・限界値分析

同値分割の考え方をさらに進めたものです。同値分割では，各同値グループから代表値を選べばよいですが，限界値分析は，同値グループの境界値に注目し，その境界値をテストデータとするものです。先ほどの 1〜5 が正常値という例では，正常値の境界値 1, 5 と，無効値の境界にある 0, 6 が選ばれることになります。プログラム中では，条件として境界値が記述されることになるので，この値や「＞」と「≧」の記述ミスなどについてのテストもできるわけです。

（4） 統合テスト（結合テスト）

プログラムの開発は，モジュール単位で行います。このモジュールを結合し，プログラムとしての機能が正しく実装されていることを確認，及びプログラム間のインタフェースをテストするのが，ソフトウェア結合・ソフトウェア適格性確認テスト（結合テスト）です。

このテストには，上位モジュールから順次結合してテストを進めるトップダウンテストと，下位モジュールから順次結合してテストを進めるボトムアップテストがあります。それぞれ，全ての実モジュールを結合しないので，実モジュールの代わりをする仮のモジュールが必要となります。この仮モジュールには，上位モジュールの代わりにテスト対象モジュールの起動（呼出し）を行うドライバと，下位モジュールの代わりにパラメタの受取りや処理結果の返却を行うスタブがあります。トップダウンテストではスタブを，ボトムアップテストではドライバを使用することになります。

第9章

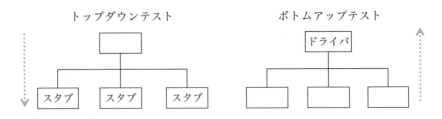

(5)　検証テスト

　ソフトウェアとしての機能の検証が終了した後に，ハードウェアや人による活動なども含めた，システム全体としての機能の正当性をテストします。それが，システムテストです。利便性や例外処理の検証，性能テストや負荷テスト（ストレステスト）などが含まれます。実際のシステムが稼働する環境とシステムテストを行う環境が異なると検証できない項目が発生します。

(6)　バグ埋込み法

　バグ埋込み法は，捕獲・再捕獲法とも呼ばれ，故意に複数のバグをプログラムに埋め込み，この存在を知らないテストチームがテストをし，その結果に基づいて潜在バグを推定する方法です。バグ埋込み法による潜在バグの推定は，埋込みバグと潜在バグの発見率は同じであるという仮定の下に行われます。

(7)　リグレッションテスト

　バグ（エラー）を修正する場合に，発見されたバグは修正されたが，その修正によって新たなバグが発生することがあります。修正によって今まで正しく動作していたものが，動作しなくなった場合などです。このエラーをリグレッション（退行）エラーといい，リグレッションエラーがないことを確認するためのテストをリグレッションテスト（退行テスト）といいます。保守工程で行われるテストです。

(8)　テスト結果の評価と信頼度成長曲線

　テスト結果の評価と呼ばれるのは，個々のテストケースについてのものではなく，テスト開始からの経過時間と累積バグ数との関連についての評価です。これまでの経験から，経過時間を横軸，累積バグ数を縦軸にとって，この二つの値をグラフにすると，ロジスティック曲線と呼ばれる形状に近くなるとされています。また，この曲線は，時間の経過とともに，順次バグが検出され，ソフトウェアの信頼性が向上していく様子を示していることから，信頼度成長曲

線ともいいます。この曲線の特徴は、テスト開始初期にはあまりバグが検出されず、その後、順調にバグの検出が進んで、最終期には検出件数が収束してくるというものです。

　試験では、曲線の特徴や、予測値と実績値に開きがある場合の評価について出題されます。例えば、実績値が予測値を下回り、バグがあまり検出されていない状況では、ソフトウェアの品質が良いとすぐに判断するのではなく、テスト方法やテスト結果の正確性などを疑ってみる必要があります。

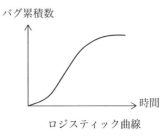

ロジスティック曲線

▶▶▶ **Check**

理解度チェック ▶ **9.2 レビューとテスト技法**

(1) プログラム作成者も交えて，プログラムのソースコードを全て確認するレビュー技法を何といいますか。

(2) プログラムの内部ロジックに注目するテストを何といいますか。

(3) ホワイトボックステストの技法で，全ての条件分岐について，真と偽両方向の分岐をテストする基準を何といいますか。

(4) 入力データと出力結果の関係だけに注目してテストデータを作成し，プログラムの機能をテストする手法を何といいますか。

(5) ブラックボックステストのテスト設計で用いる考え方は何ですか。

(6) 上位のモジュールから順次結合してテストする方法を何といいますか。また，使用する仮のモジュールを何といいますか。

(7) 下位のモジュールから順次結合してテストする方法を何といいますか。また，使用する仮のモジュールを何といいますか。

(8) システム全体としての機能の正当性をテストするのは何テストですか。

(9) エラーを修正した後で，修正箇所以外の部分も正しく動作することを確かめるテストを何といいますか。

(10) テスト開始からの経過時間と，発見されたバグの累積件数の関係を表したグラフの曲線を何といいますか。

解 答

(1) ウォークスルー

(2) ホワイトボックステスト　　　(3) 判定条件網羅（分岐網羅）

(4) ブラックボックステスト　　　(5) 同値分割，限界値分析

(6) テスト名：トップダウンテスト　　使用する仮のモジュール：スタブ

(7) テスト名：ボトムアップテスト　　使用する仮のモジュール：ドライバ

(8) システムテスト

(9) リグレッションテスト（退行テスト）

(10) ロジスティック曲線（信頼度成長曲線）

▶▶▶▶ **Question**

問題で学ぼう

問1 ソフトウェアのレビュー方法の説明のうち, インスペクションはどれか。

(H29 春・FE 問 47)

ア 作成者を含めた複数人の関係者が参加して会議形式で行う。レビュー対象となる成果物を作成者が説明し, 参加者が質問やコメントをする。

イ 参加者が順番に司会者とレビュアになる。司会者の進行によって, レビュア全員が順番にコメントをし, 全員が発言したら, 司会者を交代して次のテーマに移る。

ウ モデレータが全体のコーディネートを行い, 参加者が明確な役割をもってチェックリストなどに基づいたコメントをし, 正式な記録を残す。

エ レビュー対象となる成果物を複数のレビュアに配布又は回覧して, レビュアがコメントをする。

解説

システム開発においてレビューは, **成果物を確認する作業**として非常に重要です。例えば, 設計作業については設計書がその成果物となるため, 設計書に対するレビューを実施する他, プログラミング作業の成果物としてはソースコードが成果物となるため, ソースコードに対するレビューが行われます。

レビューは, 二つの形態に大きく分類されます。一つは成果物を作成した者を交えて部門内部やチーム内部で行われる**ウォークスルー**, もう一つは成果物を作成した者やチームから独立した第三者がレビューを行う**インスペクション**です。

インスペクションは, レビュー技法の中でも**客観的な視点を重視**したものです。この中でモデレータがレビューを主導し, 参加者それぞれへの作業割当てや, 結果集約といったコーディネートを行います。したがって, (ウ)が正解です。

ア, エ:ウォークスルーに関する記述です。

イ:インスペクションではモデレータ, ウォークスルーでは一般的に, 成果物の作成者自身が司会者となって進行します。

解答 ウ

第9章

問2 ブラックボックステストのテストデータの作成方法のうち，最も適切なものはどれか。

ア 稼働中のシステムから実データを無作為に抽出し，テストデータを作成する。
イ 機能仕様から同値クラスや限界値を識別し，テストデータを作成する。
ウ 業務で発生するデータの発生頻度を分析し，テストデータを作成する。
エ プログラムの流れ図を基に，分岐条件に基づいたテストデータを作成する。

解説

　ブラックボックステストでは，**プログラムの内部構造には着目せず**に，入力データに対する処理結果が，機能仕様書どおりの正しい出力となることを検証します。そのために**同値分割法**（入力可能なデータ値を同じ処理結果（同値）となる複数のグループ（クラス）に分割して，それぞれのクラスの代表値によってテストする方法）や，**限界値分析法**（それぞれの同値クラスの境界値（限界値）についてテストする方法）などが用いられます。したがって，（イ）が最も適切です。

ア，ウ：これらの方法では必要な入力条件を全てテストすることはできないので，ブラックボックステストには対応しません。利用者が主体となって行う運用テストなどで用いられることがある方法です。

エ：プログラムの流れ図を参照するなどして，内部構造に基づいて行うテストはホワイトボックステストです。主にプログラムの単体テストに採用される手法です。

解答　イ

問3　単一の入り口をもち，入力項目を用いた複数の判断を含むプログラムの
　　テストケースを設計する。命令網羅と判定条件網羅の関係のうち，適切なも
　　のはどれか。

(R1 秋·FE 問 49)

　　ア　判定条件網羅を満足しても，命令網羅を満足しない場合がある。
　　イ　判定条件網羅を満足するならば，命令網羅も満足する。
　　ウ　命令網羅を満足しなくても，判定条件網羅を満足する場合がある。
　　エ　命令網羅を満足するならば，判定条件網羅も満足する。

解説

　問題文で示された「複数の判断」が存在するプログラムのロジックの一つ
の例をフローチャートで示してみます。

模式図

　まず，判定条件網羅とは，図のように判定による**分岐が複数あるときに，
その分岐のどちらに行くケースともテストケースを作成する**という考え方
です。一方，命令網羅とは，プログラム中の全ての処理（命令）を通るよう
にテストケースを作成するという考え方です。

　これを踏まえて図を見ると，命令網羅になっていても，判定条件網羅には
なっていないという状況はあり得ます。また，「判定条件網羅を満足するな
らば，命令網羅も満足する」ということになります。したがって，（イ）が
適切です。

解答　イ

第9章

問4　システム結合テストにおける状態遷移テストに関する記述として，適切なものはどれか。

(H28 春·FE 問 48)

　ア　イベントの発生によって内部状態が変化しない計算処理システムのテストに適した手法
　イ　システムの内部状態に着目しないブラックボックステスト用の手法
　ウ　設計されたイベントと内部状態の組合せどおりにシステムが動作することを確認する手法
　エ　データフロー図，決定表を使用してシステムの内部状態を解析する手法

解説

　システム結合テストは，**システム間のインタフェースの整合性**や，システムを結合した際に想定外の不都合が発生しないかどうかを確認するためのテストです。**別々に開発されたシステム（モジュール）を，実際に結合して動作を確認**します。このうち，状態遷移テストは，ステートマシン図で定義されたイベントと（内部）状態の組合せを確認する手法です。ステートマシン図の状態の一つ一つは結合するシステムの一つ一つを，イベントはイベントの発生によってどのシステムからどのシステムへ状態が遷移するかを表しています。よって，状態遷移テストでは，イベントの発生によって**結合先のシステムが正しく動作するか**，また，インタフェースを通じてイベントが正しく受け渡されているかなどを確認します。したがって，（ウ）が正解です。

ア：状態遷移テストは内部状態が変化することを確認する手法なので，内部状態が変化しない処理には適していません。

イ：ブラックボックステストの手法は，同値分割と境界値分析です。

エ：データフロー図はデータの流れを，決定表は処理の場合分けを分析する手法です。また，決定表はブラックボックステストのテストケース作成に用いられます。

解答　ウ

問5 ストレステストの目的はどれか。

(H25 春·FE 問 48)

ア システムに要求されている処理能力の限界状態における動作を確認する。

イ 実際に利用者に使ってもらうことによって，システムの使いやすさを評価する。

ウ 標準的なプログラムの実行時間を計測することによって，他のコンピュータと性能を比較する。

エ プログラムの修正又は変更によって他の機能が意図しない影響を受けていないことを確認する。

解説

　ストレステストは，その名のとおり，システムにストレス（**通常以上の負荷**）をかけ，動作を確認するテストです。例えば，多くの端末からデータを同時に入力して，処理の安定性や処理時間のばらつき，システム資源の競合具合などを評価します。これによって，**システムに要求されている処理能力の限界状態における動作を確認**することができます。したがって，（ア）が正解です。

イ：運用テストの目的です。具体的にはユーザテストやユーザビリティテストを指します。

ウ：性能テストの目的です。具体的にはベンチマークテストを指します。

エ：リグレッションテスト（退行テスト）の目的です。

解答　ア

9.3 ソフトウェア開発管理技術

▶▶▶ **Explanation**

ポイントの解説

　ソフトウェア開発工程を管理する手法やモデルは，いろいろなものが提唱・実践されてきました。ここでは従来のウォータフォールモデルや，近年主流になっているアジャイル開発モデルを学習しましょう。

(1) ソフトウェア開発手法

　ソフトウェア開発の作業は規模が大きくなるにつれて，人員の数や時間，費用も増大します。このため，いかに効率良く開発作業を進めていくかということが重要な問題で，ソフトウェア工学分野では，様々な研究，実践が行われてきました。

　代表的なソフトウェア開発手法としては，データ中心アプローチ，プロセス中心アプローチ，構造化手法，オブジェクト指向などがありますが，既にポイントを解説したので，ここでは省略します。

(2) ソフトウェア開発モデル

　ソフトウェア開発モデルとは，開発の対象となるシステムの要求分析から始まり，利用者に開発したソフトウェアを提供するまでの一連の作業をどのように行っていくかという基本的な流れをモデル化したものです。試験に出題される代表的なソフトウェア開発モデルにはウォータフォールモデル，スパイラルモデル，プロトタイプモデルがあります。

　① ウォータフォールモデル

　ウォータフォールとは，「滝」のことです。ソフトウェアの開発をシステム要件定義，システム方式設計，ソフトウェア要件定義，ソフトウェア方式設計，ソフトウェア詳細設計，ソフトウェアコード作成，テストと上流から下流の各工程に分け，滝の水が上から下に流れるように，上流工程から下流工程へと順番に進めていくのが特徴です。基本的には，工程の逆戻りは認めません。大規模な開発に適した手法といわれています。

　② スパイラルモデル

　スパイラルモデルでは，開発プロセスを螺旋状（渦巻き状）に繰り返してシステムを開発していきます。システムの改良だけでなく，開発コストなど

を基に，開発プロセス（開発手法や設計指針など）を改善していき，「リスクの最小化」を目指します。つまり，全てを一斉に開発せずに，部分的な開発を繰り返すことで，開発上の問題点（開発手法や環境，設計指針などにある）を取り除いていこうという考え方です。したがって，開発ノウハウなどが蓄積されていない（開発手法が確立されていない）場合には，特に有効とされています。

③　プロトタイプモデル

実際にコンピュータ上で動くものを作り，それを実際に見たり使ったりすることで，ユーザニーズ（利用者要求）を満足している仕様になっているかを利用者とともに確認したり，機能面，性能面などの実現性を評価したりします。したがって，開発の早期時点で作成することに意味があります。

（3）　アジャイル開発モデル

アジャイル開発モデルは，従来の開発モデルよりも早く開発を行い，ユーザのフィードバックを受けて変更を繰り返していく開発モデルです。具体的なモデルとしては，次のものが挙げられます。

①　XP（エクストリームプログラミング）

アジャイル開発モデルの代表例である XP（エクストリームプログラミング）では，次の手法が提唱されています。

名称	手法
テスト駆動開発 （テストファースト）	テストケースを作成すること自体がソフトウェア設計であるという思想であり，ソフトウェア設計の最初のフェーズでテストケースを作成する。
ペアプログラミング	2人1組で設計・開発を行うことで，ケアレスミスの防止や，知識・情報の共有を図る。
リファクタリング	モジュールが完成しても，さらなる効率化や可読性を求め，コードを改良していく。
ソースコードの共有	複数の開発メンバがそれぞれの作成したコードを共有する。
継続的インテグレーション	新しいモジュールやリファインされたモジュールの結合を継続的に行う。
反復（イテレーション）	設計・コーディング・テストを反復的に繰り返しながら，システム開発を進める。

②　スクラム

スクラムは，スクラムチームという開発者のチームを作ることを前提にした開発モデルです。このチーム内には実際に開発を行う開発メンバ，作成するプロダクトに対して最終決定権と責任をもつプロダクトオーナ，スプリン

トと呼ばれる１週間から数週間単位の開発期間における進捗を管理し，開発メンバのコーチとなるスクラムマスタがアサインされます。

　プロダクトオーナは，プロダクト全体の機能の開発や修正タスクに優先順位をもたせたプロダクトバックログの管理を行い，各スプリントで実施するタスクをスクラムマスタと調整します。

(4)　ソフトウェアライフサイクルプロセス

　ソフトウェアの開発工程には，建物を建てたり製品を作ったりするのと同じように，顧客ニーズの把握，機能仕様の確定，対象物の詳細仕様の確定，これに基づく工程計画や資源計画の策定，製造作業実施，性能テストと手直し，顧客への引渡し，運用，保守などの段階（フェーズ）があります。

　このようなソフトウェア開発の工程区分をソフトウェアライフサイクルプロセス（SLCP；Software Life Cycle Processes）といいます。

(5)　開発手法のその他の知識

①　リバースエンジニアリング

　既存のプログラムを解析して，プログラムの仕様を導き出す技術をリバースエンジニアリング（reverse engineering）といいます。リバースエンジニアリングで得られた仕様書はシステムの再構築やシステム保守に利用されます。なお，通常のソフトウェア開発は，プログラムの仕様を決定した後でプログラムの開発を行いますが，これはフォワードエンジニアリングといいます。

②　リエンジニアリング

　リエンジニアリング（re-engineering）は，いったんでき上がったものを使って再構築することです。もともとは作り直すことを意味していましたが，既存のプロセスを根本的に再設計し，構成し直すことを表す場合が多くなっています。ちなみに，業務を抜本的に改革することをビジネスシステムリエンジニアリングといいます。

③　リファクタリング

　リファクタリング（re-factoring）は，ソフトウェアの外部的な仕様を変えずに，内部の仕組みを作り直すことを指します。ソフトウェアの中身をより良いものにするための作業であり，主に保守性や，性能を向上させることを目的としている。

▶▶▶ **Check**

理解度チェック ▶ **9.3 ソフトウェア開発管理技術**

(1) ソフトウェア開発モデルに関する次の文中の ☐ に適切な用語を入れてください。

・ ｱ は，試作品を作り評価しながら開発する方法で，この試作品によって ｲ の明確化や，要求される性能の ｳ の評価などを行います。

・ ｴ は，システム開発を幾つかの工程に分割し，その工程を逆戻りすることなく順番に進めていきます。開発当初に立案した計画に基づいて作業を進めるので，比較的大規模なシステムの開発に適しているとされています。

・ ｵ は，試験の問題では，「開発システムを独立性の高い部分に分解し，部分的な開発を繰り返す」とか，「開発コストなどによって ｶ を評価しながら開発するので， ｶ が最小となる」などと表現されます。

(2) 既存のプログラムを解析して仕様を導き出す技術を何といいますか。

(3) スクラムにおいて，プロダクトオーナは，タスク一覧である ｷ を管理する。

━━━ 解 答 ━━━

(1) ｱ：プロトタイプモデル　　ｲ：ユーザニーズ（利用者要求）
　　ｳ：実現性　　　　　　　ｴ：ウォータフォールモデル
　　ｵ：スパイラルモデル　　ｶ：リスク
(2) リバースエンジニアリング
(3) ｷ：プロダクトバックログ

▶▶▶ **Question**

問題で学ぼう

問1　XP（Extreme Programming）のプラクティスの説明のうち，適切なものはどれか。

（H30 秋·FE 問 50）

　　ア　顧客は単体テストの仕様に責任をもつ。
　　イ　コードの結合とテストを継続的に繰り返す。
　　ウ　コードを作成して結合できることを確認した後，テストケースを作成する。
　　エ　テストを通過したコードは，次のイテレーションまでリファクタリングしない。

解説

　「コードの結合とテストを継続的に繰り返す」という記述は，アジャイル開発技法の具体例の一つです。XP（Extreme Programming）のプラクティスでいう**継続的インテグレーション**に該当します。したがって，（イ）が適切です。

ア：単体テストの仕様に責任をもつのは，全員です。そのために，ソースコードの共有が重要です。

ウ：前述の様に，テストケースは設計段階で作成します。

エ：リファクタリングは常に行います。

解答　イ

問2　アジャイル開発などで導入されている"ペアプログラミング"の説明は
どれか。

(R03 春-AP 問 50)

ア　開発工程の初期段階に要求仕様を確認するために，プログラマと利用
者がペアとなり，試作した画面や帳票を見て，相談しながらプログラム
の開発を行う。

イ　効率よく開発するために，2 人のプログラマがペアとなり，メインプ
ログラムとサブプログラムを分担して開発を行う。

ウ　短期間で開発するために，2 人のプログラマがペアとなり，交互に作
業と休憩を繰り返しながら長時間にわたって連続でプログラムの開発
を行う。

エ　品質の向上や知識の共有を図るために，2 人のプログラマがペアとな
り，その場で相談したりレビューしたりしながら，一つのプログラムの
開発を行う。

解説

　アジャイル開発などで導入されている"ペアプログラミング"では，1 人
がプログラミングを行い，もう 1 人がプログラミング内容のチェック（レビ
ュー）やアドバイスを行います。これによって，プログラミング内容の誤り
が減り，**品質の向上が期待できるだけではなく，知識の共有によってスキル
の向上も期待できます。**したがって，（エ）が正解です。

ア：プログラマと利用者ではなく，2 人のプログラマがペアになります。

イ：メインプログラムとサブプログラムをペアの間で分担するのではなく，
一つのプログラムをペアで開発します。

ウ：交互に作業するのではなく，2 人で同時に作業を進めます。

解答　エ

問3 スクラムチームにおけるプロダクトオーナの役割はどれか。

(R3 春-AP 問 49)

ア ゴールとミッションが達成できるように, プロダクトバックログのアイテムの優先順位を決定する。

イ チームのコーチやファシリテータとして, スクラムが円滑に進むように支援する。

ウ プロダクトを完成させるための具体的な作り方を決定する。

エ リリース判断可能な, プロダクトのインクリメントを完成する。

解説

　スクラムチームにおける**プロダクトオーナ**は, 「**プロダクトバックログのアイテムの優先順位を決定する**」役割を担っています。したがって,(ア)が正解です。

イ:「チームのコーチやファシリテータとして, スクラムが円滑に進むよう支援する」のは, スクラムチームにおけるスクラムマスタの役割です。ここでいう「チーム」は開発メンバを指します。

ウ:「プロダクトを完成させるための具体的な作り方を決定する」のは, 開発メンバの役割です。

エ:「リリース判断可能な, プロダクトのインクリメントを完成する」のは, 開発メンバの役割です。

解答 ア

9.4 オブジェクト指向

▶▶▶ **Explanation**

ポイントの解説

　ここでは，オブジェクト指向に関する分析，設計，プログラミングの各工程をまとめて学習します。実は，オブジェクト指向技術は，プログラミングから発生した技術なので，分析や設計の工程とプログラミングの工程であまり違いがないのが特徴とされています。

　プログラミングは，オブジェクト指向言語によって行いますが，どの工程でも基本的な概念は共通しています。その結果，オブジェクト指向の開発では，各工程を行ったり来たりしながら作業を進める，ラウンドトリップ型の開発が主流となっています。

　最近では，Java を始めとするオブジェクト指向言語の普及に伴い，オブジェクト指向技術も一般化してきましたが，実際には，オブジェクト指向による開発に携わったことのない受験者も多いのが現実のようです。

　試験では，オブジェクト指向の基本概念を中心として出題されます。この基本概念で用いる用語には，難しいものが多いのですが，出題される用語は限られているので，これを機会にしっかり理解しておきましょう。

(1) オブジェクトとは

① カプセル化

　オブジェクトとは，データとそのデータに対する操作（メソッド）をひとまとめにしたもので，データとメソッドを一体化することをカプセル化といいます。従来のプログラミングパラダイムでは，データはファイルやデータベース，操作はプログラムというように分けて扱っていました。この考え方から脱却し，データと操作をカプセル化したオブジェクトというものを単位として，システムを開発するのがオブジェクト指向です。

② 開発のメリット

　オブジェクトを単位とした開発のメリットは，データとメソッドがカプセル化されていて，このメソッドを通してしかデータのアクセスが行えないので，データの整合性が確保しやすい点や，データの内部構造やメソッドのアルゴリズムを知らなくてもデータをアクセスできるので，プログラミングが容易である点，オブジェクト内部の変更が利用者（プログラマ）に与える影

響を最小限に抑えることができる点などが挙げられます。

③　オブジェクト指向の技法

　オブジェクトはクラスを基にして作成（生成）されます。クラスは，オブジェクトを生成するためのテンプレート（ひな形）というとらえ方をします。つまり，内部にデータを格納するためのデータ構造の定義と，そのデータに対する操作であるメソッドのアルゴリズムを記述したものがクラスであり，このクラス内部に具体的なデータを格納したものがオブジェクトということです。データベースにおけるスキーマ（表）の定義と，具体的なレコード（データ）の関係と同じと考えると理解しやすいでしょう。そして，クラスを基に生成された個々のオブジェクトは，インスタンスといいます。

④　メソッドの起動

　オブジェクト内部のメソッドを起動するため，オブジェクト外部からメッセージを送ります。また，同一のメッセージに対し，個々のオブジェクトが別の結果を返すことをポリモーフィズム（多層性，多態性）といいます。

(2)　クラス間の関係

①　汎化－特化の関係

　オブジェクト（インスタンス）のテンプレートであるクラス間には，親子関係を定義することができます。例えば，ほとんど同じような複数のクラスがある場合，そのクラス間で共通する部分を基底（スーパ）クラスとして定義して，実際のクラスは，その派生（サブ）クラスとします。この親子関係のことを，汎化－特化の関係や，is-a の関係といいますが，サブクラスには，スーパクラスに定義されている内容が引き継がれるので，サブクラスは，それぞれのクラスが，スーパクラスと違う部分だけを定義すれば，一つのクラスとして完成させることができるのです。

　サブクラスがスーパクラスから定義内容を引き継ぐことを継承（インヘリタンス），サブクラスにスーパクラスとの違いだけを定義することを差分コーディングといいます。差分コーディングによって，機能変更や機能追加を行う箇所を局所化できるので，既存ソフトウェアの再利用が可能となり，生産性を高めることができるとされています。

②　集約－分解の関係

　クラス間の関係には，汎化－特化の関係の他に集約－分解（part-of）の関係があります。例えば，自動車に対して乗用車，トラックなどの関係は汎化－特化の関係ですが，自動車に対してハンドルやエンジンという関係は，集約－分解の関係です。

（3）　オブジェクト指向における統一モデリング言語

　オブジェクト指向関連で比較的新しい内容としては，統一モデリング言語の UML（Unified Modeling Language）があります。オブジェクト指向に関する技法は，これまでに数多く提唱されてきましたが，各技法では用語やチャートなどの統一性がなく，オブジェクト指向の普及の妨げになっていました。そこで，統一的なモデリング言語として提唱されたものが UML です。

　現在の最新版である UML2.0 には 13 種類の書式がありますが，代表的なものには以下のものがあります。

①　構造に関するもの

　ユースケース図：システムの利用パターンを洗い出すための図

　クラス図：オブジェクトの機能を示すための図

　オブジェクト図：オブジェクトインスタンス間の関係を表すための図

②　振る舞いに関するもの

　アクティビティ図：ある振る舞いから次の振る舞いへの制御の流れを表すための図

　シーケンス図：オブジェクト同士のやり取りの順序を表すための図

　コミュニケーション図：オブジェクト同士のやり取りのバリエーションを表すための図

（ユースケース図）

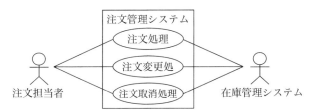

（クラス図）

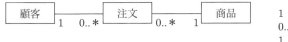

（シーケンス図）

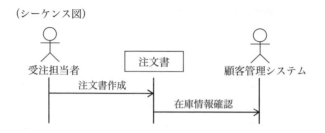

（4）　コンポーネント

　オブジェクト指向の特徴として，ソフトウェアの再利用性が高いことは，既に述べました。これは，各オブジェクト（クラス）が，メソッドを通してだけ利用できるので独立性が高く，これまでのモジュールよりも部品として利用しやすいためです。この性質をさらに発展させ，設計当初からソフトウェア部品として作成されたオブジェクト群をコンポーネントといい，できるだけ既製のコンポーネントを利用してソフトウェアを開発することをコンポーネント指向といいます。

　また，オブジェクト指向における再利用技術は，プログラムとして実装されたものだけにとどまりません。分析や設計でよく用いられるクラス構造やアイディアなどを，パターン言語と呼ばれる記述形式で記述したアナリシスパターンやデザインパターンなども提案されています。これらのパターンの利用によって，分析や設計のノウハウを共有することが可能となります。

▶▶▶ **Check**

理解度チェック ▶ **9.4 オブジェクト指向**

次の文中の ☐ に適切な用語を入れてください。

オブジェクト指向とは，データとデータに対する操作である ア を一体化したオブジェクトを基本として，ソフトウェアを開発する方法論です。データと ア を一体化することを イ といいます。

実際の開発では，オブジェクトのテンプレートである ウ を作成することになります。そして，作成した ウ をテンプレートとして生成される具体的な個々のオブジェクトのことを エ といいます。また，オブジェクトの外部から，オブジェクトのもつ操作である ア を起動することを，メッセージを送るといいます。

オブジェクト指向の特徴として，ソフトウェアの再利用性が高いことが挙げられます。この中心的な役割を果たす機能に オ があります。 オ とは，クラス間に親子関係が定義されているとき，親クラスで定義された内容が子クラスに引き継がれることで，この性質を利用すると，子クラスには，親クラスとの違いだけを定義（差分コーディング）すればよいことになります。

オブジェクト指向による分析や設計の結果を表記する統一的なモデリング言語に カ があります。 カ は，オブジェクト指向技術の標準化団体である OMG で採用されており，事実上の世界標準といえます。また，オブジェクト指向の特徴である再利用性の高さを発展させ，既製のオブジェクト部品である キ を利用したソフトウェア開発も行われるようになっています。

解 答

ア：メソッド　　　　イ：カプセル化　　　　　　ウ：クラス
エ：インスタンス　　オ：継承（インヘリタンス）
カ：UML　　　　　　キ：コンポーネント

第9章

▶▶▶ **Question**

問題で学ぼう

問1 UML における振る舞い図の説明のうち，アクティビティ図のものはどれか。

(H31春·FE 問46)

ア　ある振る舞いから次の振る舞いへの制御の流れを表現する。

イ　オブジェクト間の相互作用を時系列で表現する。

ウ　システムが外部に提供する機能と，それを利用する者や外部システムとの関係を表現する。

エ　一つのオブジェクトの状態がイベントの発生や時間の経過とともにどのように変化するかを表現する。

解説

　UML の**アクティビティ図**は，ビジネスプロセスにおける作業手順やプログラム処理といった「**ある振る舞いから次の振る舞いへの制御の流れ**」を表すことができます。したがって，（ア）が正解です。

イ：シーケンス図の特徴です。

ウ：ユースケース図の特徴です。

エ：ステートマシン図（ステートチャート図）の特徴です。

解答　ア

問2 UML2.0 のシーケンス図とコミュニケーション図のどちらにも表現されるものはどれか。

(H30秋·FE 問46)

ア　イベントとオブジェクトの状態

イ　オブジェクトがある状態にとどまる最短時間及び最長時間

ウ　オブジェクトがメッセージを処理している期間

エ　オブジェクト間で送受信されるメッセージ

解説

　UML2.0のシーケンス図もコミュニケーション図も振る舞いに関する書式に分類されます。**シーケンス図**は，オブジェクト間の相互作用を時間の経過に着目して記述する書式で，**時間軸に沿って**，状態遷移，時間制約，メッセージ送受信などを表現します。**コミュニケーション図**も，オブジェクト間の相互作用を記述する書式ですが，**時間軸には関係なく**，起こり得るメッセージ送受信やデータの流れを表現します。よって，両者に共通して表現されるのは，オブジェクト間で送受信されるメッセージです。したがって，（エ）が正解です。

ア：ステートマシン図で表現されるものです。
イ：タイミング図で表現されるものです。
ウ：シーケンス図で表現されるものです。

解答　エ

問3　オブジェクト指向におけるクラスとインスタンスとの関係のうち，適切なものはどれか。

(H30秋·FE 問47)

　　ア　インスタンスはクラスの仕様を定義したものである。
　　イ　クラスの定義に基づいてインスタンスが生成される。
　　ウ　一つのインスタンスに対して，複数のクラスが対応する。
　　エ　一つのクラスに対して，インスタンスはただ一つ存在する。

解説

　オブジェクト指向において，クラスはそのオブジェクトがどんな属性をもちどんな操作ができるかということを示す定義であり，**インスタンスはそのクラスの定義に基づき作成される実体**です。したがって，（イ）が適切です。
ア，ウ：インスタンスとクラスの関係が逆です。
エ：一つのクラスに対して，複数のインスタンスが存在可能です。

解答　イ

問4　オブジェクト指向において，あるクラスの属性や機能がサブクラスで利用できることを何というか。

(H30 春·FE 問 46)

　　ア　オーバーライド　　　イ　カプセル化
　　ウ　継承　　　　　　　　エ　多相性

解説

　オブジェクト指向において，**サブクラスはスーパクラスで定義された機能をスーパクラス同様に利用できます**。これはサブクラスがスーパクラスを「継承」しているためです。したがって，（ウ）が正解です。

ア：オーバーライド（override）は，スーパクラスのもつ機能と同じ機能名をもちつつ，別の処理内容をもつ機能をサブクラスがもつことを指します。

イ：カプセル化は，クラスの属性と機能の内容が別のクラスからは見えないように抽象化することを指します。これによってクラス内部で，その属性値の保存方法や，機能の詳細な処理内容に変更が加わっても，別のクラスには影響を与えないようにしています。

エ：多相性（ポリモーフィズム）は，同じ名前の機能を呼び出されたクラスが，そのクラスごとに固有の動作をすることを指します。

解答　ウ

問5　オブジェクト指向の考え方に基づくとき，一般に"自動車"のサブクラスといえるものはどれか。

(H27 春·FE 問 48)

　ア　エンジン　　　イ　製造番号　　　ウ　タイヤ　　　エ　トラック

解説

　クラスとサブクラスの関係は，継承関係によって定義され，汎化と特化の関係（is-a 関係）にあります。一般的な**自動車の性質は，トラックや乗用車などにそのまま継承される**ので，トラックは自動車のサブクラスです。したがって，（エ）が正解です。

ア，ウ：エンジンやタイヤは，自動車の部品であり，自動車の構成要素ですので，集約化によって定義される関係（part-of 関係）です。よって，サブクラスとはいえません。

イ：製造番号は，自動車の属性（アトリビュート）の一つなので，サブクラスではありません。

解答　エ

第10章 ITマネジメント

part 2

▶▶▶ Point

学習のポイント

　マネジメント系分野では，プロジェクトマネジメント，サービスマネジメント，システム監査の内容が7問程度出題されます。それぞれの意義と目的，考え方を理解し，基本的な用語の意味を理解しておきましょう。マネジメントに関連する業務を経験していないと，実際に適用される場面が分からず難しい内容もありますが，IT関連の基礎知識の一つとして，概要を理解しておきましょう。

(1) プロジェクトマネジメント

　プロジェクトとは，独自の目的を果たすために，期限をもって行われる一連の業務や作業です。時間と費用をかけて多くの人員が作業を行うシステム開発プロジェクトでは，適切な計画を立てて予定とのずれを少なくし，しっかりと管理された状態で進める必要があります。まず，プロジェクトの意義と特徴を説明できるようにしましょう。

　これまで実施された試験では，日程計画，進捗管理，工数の見積り，品質管理に関する問題が多く出題されており，アローダイアグラム，見積り技法，工数の計算方法，品質管理の方法や指標などの知識が試験対策としてポイントになります。特にアローダイアグラムを使った日程計画や進捗管理に関しては，ほぼ毎回出題されているので，重点的に学習してください。プロジェクトマネジメントの分野ではPMBOKに沿った出題もされますが，この分野の出題の基本はJIS Q 21500の定義となります。JIS Q 21500を確認しておくと問題も解きやすくなりますので，JIS Q 21500:2018（プロジェクトマネジメントの手引）を一読し，それぞれのプロセスで実施する作業などを理解しておきましょう。

　PMBOKガイドは，プロジェクトマネジメントに関するベストプラクティスです。このガイドが実質的な国際標準であり，QCD（品質・コスト・納期）だけでなく，人を含めた全体最適のマネジメントを目指すガイドラインとなっています。プロジェクトの特性や規模に合わせて，プロジェクト運営や管理方法

を調整する方法も紹介されており，アジャイル開発にも適用できます。また，経営戦略を理解し，プロジェクトを成功に導くために必要な戦略的視点も含まれるので，第11章「ITストラテジ」の「システム戦略」や「システム企画」も合わせて学習しておきましょう。

この他，プロジェクトの成功に欠かせない要素にコミュニケーションがあります。プロジェクトに関する情報の伝達，進捗の報告をはじめ，作業の目的や役割，他の作業との関連などを理解する上でコミュニケーションはとても重要です。コミュニケーションに関連するツールや技法として，電子メール，テレビ会議，コミュニケーションチャネル（伝達経路）などを確認しておきましょう。

(2)　サービスマネジメント

情報システムは開発して終わりではありません。むしろ実際に使われるようになってから，いかに安定的に効率良くシステムを運用・管理するかが重要です。また，システム利用者に対してサービスの品質を維持・向上させる活動が重要で，このための運用管理方法がITサービスマネジメントです。

情報処理技術者試験では，ITIL®[1]やISO/IEC 20000（JIS Q 20000）から用語やシステム運用管理における対応などが出題されています。サービスマネジメントに関する具体的な活動として，サービスレベル管理，可用性管理，容量・能力管理，インシデント管理，問題管理，構成管理，変更管理，サービスデスク，ファシリティマネジメントについて理解しておきましょう。

なお，サービスレベルや容量・能力，パフォーマンスに関する計算や信頼性設計に関する用語については，第2章「2.4 入出力装置」，第3章「システム構成要素」を，その評価指標となるKPIや改善要因を分析するCSFなどについては，第11章「11.3 経営戦略マネジメント」を参照してください。また，データの復旧については，第6章「6.4 トランザクション処理」を参照してください。

1)　ITILは，AXELOS Limitedの登録商標です。

(3)　システム監査

"監査"という言葉は，「企業などの特定の行為，又はその行為を示す情報が適正か否かを，第三者が検証し報告すること」（広辞苑）という意味で，会計監査や業務監査，ここで説明するシステム監査などがあります。

システム監査とは，情報システムの開発やITを使った業務の内容を，第三者であるシステム監査人が点検・評価することです。このとき，システム監査

人は，監査上の判断尺度としてシステム管理基準を用います。

　出題される問題は，システム監査の目的，システム監査人の役割や責任，システム監査の概要と流れに関する基本的な事項です。学習内容としては，システム監査人のあるべき姿，システム監査の流れに関する用語などの知識がポイントになります。

10.1 プロジェクトマネジメント

▶▶▶ **Explanation**

ポイントの解説

（1） プロジェクトマネジメントの基礎知識

① プロジェクト

　独自の目的を果たすために，期限をもって行われる業務（作業）です。役割が決まっている組織の業務は，同じ業務を繰り返し継続して行うという特徴がありますが，プロジェクトは始めと終わりのある期限内（有期性）で業務を行い，目的が達成されればプロジェクト組織を解散する点が異なります。

　プロジェクトマネジメントでは，プロジェクト計画を立て，必要になるスタッフ（要員）や資源を確保し，計画的に予算，納期，品質を守りつつ，プロジェクトマネージャを責任者として管理・運営をします。

② PMBOK

　PMBOK（Project Management Body Of Knowledge）は，米国プロジェクトマネジメント協会（PMI）で標準化された，システム開発現場におけるプロジェクトマネジメントのガイドラインです。ISO21500（JIS Q 21500）に準拠して構成されており，実質的な世界標準になっています。

③ JIS Q 21500：2018「プロジェクトマネジメントの手引」

　プロジェクトマネジメントの概念やプロセスを提供するISO/IEC21500を元に策定されました。プロセスに関する包括的な手引として，五つのプロセスと 10 の対象群を定義しています。なお，結果をもたらす一連の活動をプロセスといいます。

　　・五つのプロセス群：立上げ，計画，実行，管理，終結
　　・10 の対象群：統合，ステークホルダ，スコープ，資源，時間，コスト，
　　　　　　　　　　リスク，品質，調達，コミュニケーション

第10章

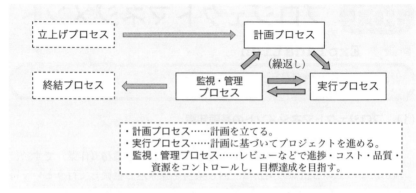

図 プロジェクトマネジメントのプロセスの関係

④ ステークホルダ

プロジェクトに関わる当事者や，プロジェクトから利害の影響を受ける個人や組織です。ステークホルダの例として，プロジェクトマネージャ，顧客やユーザ，プロジェクトメンバなどがあります。

⑤ スコープ

プロジェクトが提供することになる成果物や作業を総称してスコープといいます。また，プロジェクトの最終目標を達成させるために，必要な全ての作業が過不足なく確実に実行されることを保証するための活動が，プロジェクトスコープマネジメントです。

⑥ WBS

WBS（Work Breakdown Structure）は，目標達成のために必要となる成果物や作業をトップダウンで分割して詳細化する方法です。プロジェクト計画の作成に用いられます。

⑦ アクティビティ

プロジェクトで実施する作業のことをアクティビティといいます。プロジェクト管理では，各アクティビティに対して，必要な期間，予算，要求事項などを定めます。

(2) 日程管理 (プロジェクトタイムマネジメント)

プロジェクトマネジメントでは，予定どおりに終了させることも目標の一つです。各作業の内容や過去の実績から必要な日数やコストを見積もり，作業の順序関係を考慮して，スケジュールを立てます。作業の順序関係を表す図としてアローダイアグラム，スケジュールを表す図としてマイルストーンチャート

とガントチャートを理解しておきましょう。

① アローダイアグラム（PERT 図）

　日程計画の問題はアローダイアグラムの問題として出題されることが多く，図から全ての作業が終わるまでの時間計算やクリティカルパスを求めます。システム開発における作業管理の問題としても出題されるので，図の記号の意味と用語を理解しておきましょう。

　アローダイアグラムでは，作業を矢線で表し，作業のつながりの部分を結合点といいます。次の図アローダイアグラム(1)では，作業 E は作業 A と作業 B が終了しないと開始できず，作業 H は作業 D と作業 F が終了しないと開始できません。また，実作業はありませんが，作業の前後関係を表すために入れるものを**ダミー作業**といい，点線で記入します（作業 C）。

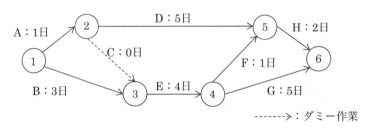

図　アローダイアグラム（1）

（各結合点に関する時刻）
- **最早結合点時刻**：その結合点から始まる作業を最も早く始められる時間
- **最遅結合点時刻**：その結合点から始まる作業を遅くとも開始しないと，後続作業に影響し，決められた時間以内に作業が終了できなくなる時間

（各作業に関する時刻）
- **最早開始時刻**：その作業を最も早く始められる時間
- **最遅開始時刻**：後続作業に影響せずに，最も遅く作業を始められる時間
- **余裕時間**＝最遅開始時刻－最早開始時刻
- **クリティカルパス**：余裕のない作業経路。プロジェクト全体の遅れに直接関係する作業を把握することができます。図アローダイアグラム(2)では，作業時間が最も長い B→E→G がクリティカルパスとなります。

第10章

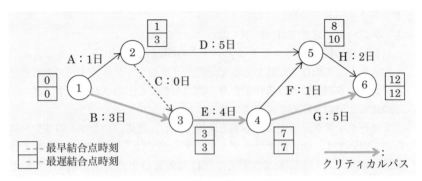

図　アローダイアグラム（2）

　作業に遅れが発生した場合や，そもそもの全体の作業日数を短縮する方法には，次の二つがあります。

　　・ファストトラッキング：並行作業を行って日数を短縮する方法です。
　　・クラッシング：要員やコストを追加して日数を短縮する方法です。

② マイルストーンチャート（Milestone Chart）

　作業工程の進捗管理手法の一種で，プロジェクトの節目となる幾つかの重要な出来事をマイルストーン（目標とする目印）として，その内容や期日を設定します。計画した日時ごとに工期・予算などをチェックすることで，実作業がマイルストーンに達しているかどうかを判断します。

現在

イベント	1月	2月	3月	4月	5月	6月	7月
要件定義レビュー完了		△ ▼					
外部設計契約締結			△				
外部設計レビュー完了					△		
内部設計レビュー完了							△

△：計画　▼：実績

図　マイルストーンチャート

③ ガントチャート（Gantt Chart）

ガントチャートは，縦軸に作業項目，横軸に時間（期間）を取り，作業項目ごとに開始・終了時点を含む実施予定期間と実績を横線で表します。作業項目間の相互関係の把握は難しいのですが，予定と実績のずれが分かりやすく，個人やグループを単位とする小規模な作業の進捗管理に有効です。

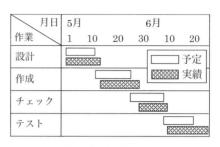

図　ガントチャート

（3）　見積り（プロジェクトコストマネジメント）

プロジェクトの目標達成にかかる費用（開発コスト）を見積もります。

ファンクションポイント法は，開発するシステムに必要となる機能（ファンクション）の数を中心として，開発コストを算出する見積り方法です。機能の分類は，①外部入力，②外部出力，③内部論理ファイル，④外部インタフェースファイル，⑤外部照会，の五つです。

COCOMOは，過去の類似システムの開発実績などから開発ステップ数（開発工数）を見積もる手法です。このステップ数に対し，開発特性や難易度などを加味して開発コストを算出します。

（4）　EVM（Earned Value Management；アーンドバリューマネジメント）

計画に対する作業工数やコストの実績値を測定し，定量的に管理することで，進捗の遅れやコストの超過を確認する手法です。作業工数やコストを出来高（Earned Value）と比較して管理するので，EVMといいます。

項目	項目の内容	
EV	実際に完成している成果物を金額に換算した値	予定の生産性を基に算出
PV	完成する予定の成果物を金額に換算した値	
AC	EVの成果物の作成にかかった実コスト	

第10章

▶▶▶ Check

理解度チェック ▶ 10.1 プロジェクトマネジメント

次の文中の ☐ に適切な用語を入れてください。

(1) プロジェクトは独自の ☐ ア ☐ を達成するために関連部門から専門家を集め，☐ イ ☐ を決めて行う活動です。

(2) プロジェクトマネジメントの実質的な世界標準は ☐ ウ ☐ です。

(3) プロジェクトで，結果をもたらす一連の活動を ☐ エ ☐ といいます。

(4) プロジェクトに関わる当事者やプロジェクトから利害の影響を受ける個人や組織のことを ☐ オ ☐ といいます。

(5) ☐ カ ☐ はプロジェクトが提供する成果物や作業の総称です。

(6) プロジェクト計画の作成において，目標達成のために必要となる作業や機能をトップダウンで分割して詳細化する方法は ☐ キ ☐ です。

(7) プロジェクトで実施する作業のことを ☐ ク ☐ といいます。

(8) アローダイアグラムに関して，その結合点から始まる作業を最も早く始められる時間を ☐ ケ ☐ ，その結合点から始まる作業を遅くとも開始しないと作業が終了できなくなる時間を ☐ コ ☐ ，余裕のない作業経路を ☐ サ ☐ といいます。

(9) 図アローダイアグラム(2)で，作業 H の最早開始時刻は ☐ シ ☐ 日，最遅開始時刻は ☐ ス ☐ 日，作業 H の余裕時間は ☐ セ ☐ 日です。

(10) 作業日数を短縮する方法には，☐ ソ ☐ と ☐ タ ☐ があります。

(11) ファンクションポイント法は，開発コストを見積もるために，開発するシステムに必要となる ☐ チ ☐ の数を求めます。

(12) 作業工数やコストを出来高と比較して管理する手法は ☐ ツ ☐ です。

解 答

(1) ア：目的 イ：期間　　(2) ウ：PMBOK　　(3) エ：プロセス

(4) オ：ステークホルダ　　(5) カ：スコープ　　(6) キ：WBS

(7) ク：アクティビティ

(8) ケ：最早結合点時刻　　コ：最遅結合点時刻　　サ：クリティカルパス

(9) シ：8　　ス：10　　セ：2（＝最遅開始時刻－最早開始時刻＝10－8）

(10) ソ，タ：ファストトラッキング，クラッシング（順不同）

(11) チ：機能（ファンクション）

(12) ツ：EVM（アーンドバリューマネジメント）

▶▶▶ **Question**

問題で学ぼう

問1　プロジェクトマネジメントにおいて，目的1をもつプロセスと目的2を
　　もつプロセスとが含まれる対象群はどれか。

(H31春-FE 問51)

〔目的〕
　　目的1：プロジェクトの目標，成果物，要求事項及び境界を明確にする。
　　目的2：プロジェクトの目標や成果物などの変更によって生じる，プロジ
　　　　　　ェクトの機会となる影響を最大化し，脅威となる影響を最小化す
　　　　　　る。

　　ア　コミュニケーション　　　　　イ　スコープ
　　ウ　調達　　　　　　　　　　　　エ　リスク

解説

　　プロジェクトマネジメントでは，プロジェクトを円滑に推進して目的を達
成するために，**計画する（Plan）**，計画に基づき作業を**実行する（Do）**，計
画と実績のギャップを**検証する（Check）**，ギャップの原因に**対処する（Act）**
といった **PDCA マネジメントサイクル**によって管理され，これには，10
のサブジェクト対象群があります。

　　これらの対象群のうち，「スコープ」は，プロジェクトを成功のうちに完
了するために必要な全ての作業を含め，**必要な作業だけを含めることを確実
にするためのプロセスと活動**です。「目的1：プロジェクトの目標，成果物，
要求事項及び境界を明確にする」というのは，**プロジェクトの目標を達成す
るために必要な成果物とタスクを定義するプロセス**であり，「目的2：プロジ
ェクトの目標や成果物などの変更によって生じる，プロジェクトの機会とな
る影響を最大化し，脅威となる影響を最小化する」というのは，**プロジェク
ト期間を通じて，必要に応じてその定義を見直していくプロセス**に該当しま
す。したがって，（イ）が正解です。

ア：「コミュニケーション」は，プロジェクト情報の生成，収集，配布，保
　　管，検索，最終的な廃棄を適宜，適切かつ確実に行うために必要なプロセ
　　スと活動であるため，記述されている二つの目的をもつものではありませ
　　ん。

ウ:「調達」は，作業の実行に必要なプロダクト，サービス，資材などをプロジェクトの外部から購入又は取得するプロセスと活動であるため，記述されている二つの目的をもつものではありません。

エ:「リスク」は，プロジェクトに関するリスクのマネジメント計画，特定，分析，対応，監視・コントロールなどの実施に関するプロセスと活動であるため，記述されている二つの目的をもつものではありません。

解答　イ

問2　図に示すアローダイアグラムは，あるシステムの開発作業を表したものである。クリティカルパスはどれか。

(H26 秋・FE 問52)

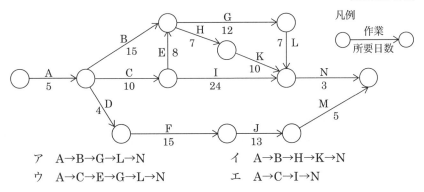

```
ア　A→B→G→L→N          イ　A→B→H→K→N
ウ　A→C→E→G→L→N        エ　A→C→I→N
```

解説

　作業経路は幾つかありますが，**そのパスで遅延が発生すると全体のスケジュールに影響を及ぼすパスがクリティカルパス**。そのため，全てのパスのうち，合計の所要日数が最も長い（大きい）経路が，クリティカルパスとなりますが，全ての作業経路の所要日数を計算するのは大変です。そこで，最早結合点時刻と最遅結合点時刻を求めてみましょう。**クリティカルパスは，余裕のない作業経路**ですから，最も早く始められる時刻と，最も遅く作業を始められる時刻が一致するはずです。

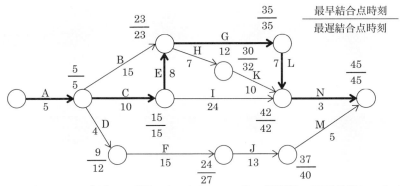

したがって，（ウ）が正解です。ちなみに，他の選択肢の所要日数は，（ア）42，（イ）40，（エ）42 となります。

解答　ウ

問3　プロジェクトマネジメントのプロセスのうち，計画プロセスグループ内で実施するプロセスはどれか。

(H28 秋·FE 問 51)

　ア　スコープの定義　　　　　　イ　ステークホルダの特定
　ウ　品質保証の実施　　　　　　エ　プロジェクト憲章の作成

解説

　プロジェクトマネジメントには立上げ，計画，実行，監視・コントロール，終結の五つのプロセスがありましたね。これらの関係は，理解できていますか？　心配な人は本章のポイントの解説を復習しておきましょう。

　それぞれのプロセスで行う様々な作業を総称して，プロセスグループ（プロセス群）と呼びます。例えば，計画プロセスで行う作業は，計画プロセスグループ（計画プロセス群）です。また，ややこしいですが，実際に行う個々の作業のこともプロセスと呼びます。なので，**問題文の「計画プロセスグループ内で実施するプロセス」は，「計画プロセスで行う作業」と読み替えましょう。** 計画プロセスは，プロジェクトの計画を立てるプロセスですから，まず，プロジェクトの作業範囲と成果物をスコープとして定義します。そして，このスコープに基づき，プロジェクト活動の管理単位である WBS（Work Breakdown Structure）やプロジェクトの遂行に必要な様々な事柄を計画します。したがって，（ア）が正解です。

イ，エ：立上げプロセスで行う作業です。

ウ：実行プロセスで行う作業です。

解答　ア

問4　プロジェクト全体のスケジュールを短縮する技法の一つである"クラッシング"では，メンバの時間外勤務を増やしたり，業務内容に精通したメンバを新たに増員したりする。"クラッシング"を行う際に，優先的に資源を投入すべきスケジュールアクティビティはどれか。

(H28 春·FE 問 53)

ア　業務の難易度が最も高いスケジュールアクティビティ

イ　クリティカルパス上のスケジュールアクティビティ

ウ　資源が確保できる時期に開始するスケジュールアクティビティ

エ　所要期間を最も長く必要とするスケジュールアクティビティ

解説

プロジェクト全体のスケジュールを短縮する代表的な技法として，"クラッシング"と"ファストトラッキング"があります。

"クラッシング"は，作業の順序や作業間の依存関係が変更できないような場合に用いられる技法です。具体的には，クリティカルパス上の作業に要員など必要な資源を追加投入し，資源を投入した作業の工期を短縮することで，全体の工期の短縮を図ります。"クラッシング"は，資源追加によってコストが増加するため，増加したコストとスケジュール短縮効果とのトレードオフを見極める必要があります。したがって，（イ）が適切となります。

なお，"ファストトラッキング"は，クリティカルパス上の作業について，作業の順序や作業間の依存関係を見直し，リソース上の制約を踏まえて並行作業を増やすことで工期を短縮する技法です。"ファストトラッキング"では，工期短縮によって生じるリスクとの見極めが重要となります。

また，"クラッシング"，"ファストトラッキング"ともに工期の短縮によってクリティカルパスが変化する可能性をもつ点に留意する必要が出てきます。

ア，ウ，エ：「業務の難易度が最も高いスケジュールアクティビティ」，「資源が確保できる時期に開始するスケジュールアクティビティ」，「所要期間を最も長く必要とするスケジュールアクティビティ」について，優先的に資源を投入してもプロジェクト全体のスケジュール短縮に結び付くとは限りません。

解答　イ

問5 ソフトウェア開発の見積方法の一つであるファンクションポイント法の説明として，適切なものはどれか。

(R1秋·FE 問53)

ア 開発規模が分かっていることを前提として，工数と工期を見積もる方法である。ビジネス分野に限らず，全分野に適用可能である。

イ 過去に経験した類似のソフトウェアについてのデータを基にして，ソフトウェアの相違点を調べ，同じ部分については過去のデータを使い，異なった部分は経験に基づいて，規模と工数を見積もる方法である。

ウ ソフトウェアの機能を入出力データ数やファイル数などによって定量的に計測し，複雑さによる調整を行って，ソフトウェア規模を見積もる方法である。

エ 単位作業項目に適用する作業量の基準値を決めておき，作業項目を単位作業項目まで分解し，基準値を適用して算出した作業量の積算で全体の作業量を見積もる方法である。

解説

ファンクションポイント（FP；Function Point）法は，ソフトウェア規模の見積手法の一つです。**開発対象のシステムで実行すべき機能（ファンクション）を，その内容に応じて点数（ポイント）に換算し，これに基づいて開発するシステム規模を見積もります。**したがって，（ウ）が適切な説明です。

ファンクションポイント法では機能を，**外部入力，外部出力，照合，論理ファイル，インタフェースの五つに分類**し，さらに，それぞれシステムの特性による難，中，易という三つの**難易度別に数を集計**します。こうして機能の種類と難易度ごとに**あらかじめ定めた重みを乗じて合計**していきます。この合計値に対して，**システムの特性（規模や複雑さなど）による影響度**を加味したものが，システム全体のファンクションポイントとなります。これを基準として，あらかじめ開発済み類似システムの実績値から算出しておいた1ファンクションポイント当たりの開発工数を適用して，開発規模を見積もっていきます。

ア：特定の見積方法ではなく，最も一般に行われている概算見積方法の説明です。

イ：類似法と呼ばれ，一般に行われている見積り方法の説明です。

エ：標準値法と呼ばれるボトムアップ見積の方法の説明です。プロジェクトの作業内容や作業範囲が十分に把握されている場合，各作業要素に必要とされる資源（リソース）を見積もり，それを積み上げることによって全体

　の工数を算出します。

解答　ウ

問6　ある新規システムの機能規模を見積もったところ，500 FP（ファンクションポイント）であった。このシステムを構築するプロジェクトには，開発工数のほかに，システム導入と開発者教育の工数が，合計で 10 人月必要である。また，プロジェクト管理に，開発と導入・教育を合わせた工数の 10%を要する。このプロジェクトに要する全工数は何人月か。ここで，開発の生産性は 1 人月当たり 10FP とする。

（H30 秋·FE 問54）

　　ア　51　　　　　　イ　60　　　　　　ウ　65　　　　　エ　66

解説

　システム開発の作業は，設計，プログラミング，テストが全てではありません。その他に，プロジェクト管理やシステムの導入教育などの作業があります。特に，新規システムを開発する場合は，その内容や使用する技術に関して，開発者の教育が必要な場合もあります。この問題では，そうした，開発作業以外の作業の工数を求め，プロジェクトの全工数を人月単位で算出します。**人月は，開発工数を表す単位で，全工数を 1 人で作業したら何か月かかるかを意味します。**

　FP（ファンクションポイント）は，開発する機能（function）の数を基に算出した開発規模です。ファンクションポイント法という見積り手法で使われており，この問題では，500FP と見積もられています。

　まず，**開発工数を求めましょう。開発規模は 500FP，開発の生産性は 1人月当たり 10FP，**なので，500FP÷10FP/人月＝50 人月です。

　次に，導入・教育の工数が 10 人月必要なので，合計すると 50＋10＝60人月かかります。

　そして，プロジェクト管理には，開発と導入・教育を合わせた工数の 10%を要するので，60 人月×10%＝6 人月かかります。

　これより，全工数は 60 人月＋6 人月＝66 人月となります。したがって，（エ）が正解です。

解答　エ

問7　10 人のメンバで構成されているプロジェクトチームにメンバ 2 人を増員する。次の条件でメンバ同士が打合せを行う場合，打合せの回数は何回増えるか。

(R1 秋·FE 問 54)

〔条件〕
・打合せは 1 対 1 で行う。
・各メンバが，他の全てのメンバと 1 回ずつ打合せを行う。

　ア　12　　　　　　イ　21　　　　　　ウ　22　　　　　　エ　42

解説

　「10 人のメンバで構成されているプロジェクトチームにメンバ 2 人を増員」する。「打合せは 1 対 1 で行う」，「各メンバが，他の全てのメンバと 1 回ずつ打合せを行う」という条件の下，打合せ回数を計算していきます。

　総当たり戦（リーグ戦）の試合を例に考えてみましょう。同じ組合せで 1 回だけ試合を行う場合の試合数の計算と同じです。**N 人の場合，自分自身との試合は存在しないので N×(N−1)，その数を 2 で割ると，総当たり戦の試合数になります。**2 で割る理由は，「A さん対 B さん」という組合せと「B さん対 A さん」という組合せは同じだからです。

　N 人の場合の，総当たり戦の試合数を一般化すると，次のようになります。
　　　　N 人　　　$N \times (N-1)/2 = (N^2-N)/2$
　これに従って，10 人，12 人のときの値を求めてみます。
　　　　10 人　　　$(10^2-10)/2 = 45$
　　　　12 人　　　$(12^2-12)/2 = 66$
　また，次のように組合せを表記する方法が一般的な計算式として知られています。
　　　　$_{10}C_2 = (10 \times 9) \div 2 = 45$
　　　　$_{12}C_2 = (12 \times 11) \div 2 = 66$
　その差は 21 となります。
　したがって，この打合せ回数についても「21」の（イ）が正解となります。

解答　イ

10.2 サービスマネジメント

▶▶▶ **Explanation**

ポイントの解説

（1） サービスマネジメントの基礎知識

① サービスマネジメント

　情報システムの運用管理には，システム全体の安定稼働を確保し，障害発生時には被害を最小化するために，運用に関する継続的な改善や品質管理を行って，安全性や信頼性の高いサービスを提供することが求められます。

　ITサービスマネジメントは，IT部門の業務を利用者視点で"ITサービス"としてとらえ体系化することで，IT運用の効率化を図り，適切なコストで可用性をはじめとするサービスの品質を高めるための運用管理方法です。

② ITIL® (Information Technology Infrastructure Library)

　英国の政府機関が策定したITサービス管理，IT運用管理に関するベストプラクティス集（ガイドブック）です。ITサービスマネジメントライフサイクルに沿って，サービス運用のプロセスを戦略・計画，設計，構築，運用，継続的改善という観点で構成しており，実質的な世界標準として世界各国で採用されています。現在はITIL®4が最新となります。

③ JIS Q 20000

　ISO/IEC 20000は，ITサービスマネジメントの国際規格で，これを日本国内向けに翻訳したものがJIS Q 20000です。JIS Q 20000-1:2020サービスマネジメントシステム要求事項では，サービスの要求事項を満たし，顧客・サービス提供者双方に価値を提供するためのサービスの設計，移行，提供，継続的改善を定義しています。

④ SLA

　SLA（Service Level Agreement；サービスレベル合意書）は，ITサービスの品質をサービス評価項目と具体的な数値目標を用いて，提供するサービスの品質と範囲を明文化し，サービスの委託者（ユーザ）との合意に基づいて運用管理するために結ぶ契約（合意書）です。サービス評価項目の具体例として，稼働率，障害復旧時間，サービスデスクの即答率，セキュリティ侵害検知時間などがあります。

（2） サービスマネジメントシステムの計画及び運用

① 構成管理

サービスを構成するハードウェア，ソフトウェア，ドキュメントなどを構成品目（CI）として定義し，正確な構成情報を維持する活動です。構成情報をもって，他のサービスマネジメントプロセスを支援します。

② サービスレベル管理

顧客とサービス提供者の間でサービスレベルを定義，合意し，サービス品質向上を図る一連の活動です。合意したサービスレベルを維持・向上するためにモニタリングや改善，報告などを行います。

③ 供給者管理

運用に必要なサービスを提供する提供者との契約や，パフォーマンスを監視する活動です。供給者には，アウトソーシングやクラウドサービスを提供する外部提供者，運用部門と同一組織内にあるものの，直接的な管理下にないデータセンタやセキュリティ専門チームなどの内部提供者があります。

④ サービスの予算業務及び会計業務

IT サービスの提供のために使用される IT 資産に対する予算，コスト，効果，課金を管理します。TCO（Total Cost of Ownership；総所有費用）は，システムの開発導入，保守，運用，ユーザ教育など全てを含めた費用です。

⑤ 容量・能力管理

CPU 使用率やネットワーク使用率など IT システムのリソースやパフォーマンスを評価・改善し，適正な費用で最適な能力や性能を提供する活動です。

⑥ インシデント管理

インシデントとは，サービスに対する計画外の中断やサービス品質の低下，利用者へのサービスにまだ影響していない事象です。放置するとシステム障害が発生にするため，速やかに検知，分析し，暫定措置を施します。あらかじめ，システムの各種異常値の監視や異常値発生時のアラーム（警報）発生の仕組みなどを整備し，アラーム発生時の対処手順を決めておきます。

⑦ サービス要求管理

システムや運用への要望や提案などのサービス要求は，定められた手順に従って実施します。必ず記録し，緊急度を判断して優先順位を決めます。

⑧ 問題管理

インシデントの根本原因を分析し，恒久的な再発防止策を検討します。根本原因追究には，ソフトウェアやハードウェアの動作履歴であるログデータが重要になります。また，過去に発生したインシデントは，既知の誤りとして扱われます。

⑨　変更管理

　CAB（Change Advisory Board；変更諮問委員会）が，RFC（Request For Change；変更要求）を評価し，変更可否を決定します。そして，変更が決定した要求について変更を行い，変更に失敗した場合に元に戻す切り戻しについても計画します。なお，変更は，変更管理の活動として行う場合と，サービスの設計及び移行として行う場合があります。

⑩　サービスの設計及び移行

　サービス要求のうち，新規サービスやサービス変更については，変更管理ではなく，新たなサービス計画として対応します。そのため，サービスの要求事項を満たすように情報システムの機能や導入後のサービスについて，機能要件だけでなく性能など非機能要件も含めて設計し直します。

　また，完成した情報システムは，サービス受入れ基準に基づいて受入れテストや総合テストを行い検証します。そして，移行計画を立て，移行リハーサルを行って移行手順を確認した後，稼働環境へ展開（インストール）します。

⑪　リリース管理及び展開管理

　変更管理で実施した変更を，稼働環境にリリース，展開する活動です。展開に失敗した場合は切り戻しを行います。

⑫　サービス可用性管理

　災害やシステム障害時だけでなく，平常時も含め，業務を継続させるための活動です。サービス可用性は，必要なときに IT サービスを使用できる能力のことで，これを維持するためにリソース（資源）を管理します。

⑬　サービス継続性管理

　緊急時に備え，事業継続計画（BCP）やサービス継続計画を作成し，目標復旧時間（RTO；復旧にかかる時間）や目標復旧時点（RPO；復旧するデータの時系列範囲）を決め，復旧手順を整備します。

⑭　情報セキュリティ管理

　情報資産の機密性，完全性，アクセス性を保ち，情報セキュリティ基本方針を満たすために，リスク管理，リスク対策などを行います。

（3）　サービスの運用

　サービスの設計・移行で導入された IT サービスを安定して運用するための一連のプロセス（活動）です。サービスマネジメントプロセス（前項）が決めた方針やルールに基づき監視や操作（オペレーション）を行います。これらは，業務運用マニュアルとして提示されます。この他，システムを操作する場合は，

必ず，作業指示書に従って操作し，操作ログを収集します。バックアップは，代表的なオペレーションの一つです。

- ・サービスデスク

　ヘルプデスクやコースセンタともいい，利用者からの問合せやトラブルコール，変更要求などに対応する単一の窓口です。受け付けた内容に応じて適切な部署へ対応を引き継ぎ，以降は対応結果の記録と進捗状況の管理を行います。そして，結論や進捗状況を利用者に報告します。

（4）ファシリティマネジメント

　ファシリティマネジメントは，システムを最善の状態で継続利用するために，建物や設備などの資源を管理する活動です。コンピュータやネットワークなどのシステム環境や建物などの施設，電源や空調などの設備を管理し，保全します。保全とは，要求された機能を得られるようシステムを整備することです。

　例えば，停電対策については次のような装置があります。
- ・UPS（Uninterruptible Power Supply）：商用電源の短時間の停電対策に適している無停電電源装置です。バッテリを内蔵しており，停電，瞬断と同時に電源を供給します。
- ・SPD（Surge Protective Device）：サージ防護（保護）デバイスとも呼ばれ，装置の故障による過電流や，落雷によって発生する瞬間的な過電圧から設備を保護する装置です。SPDを介して，設備に電力を供給します。
- ・CVCF（Constant Voltage Constant Frequency）：自家発電装置とともに用いる主として大型コンピュータ用の無停電電源装置です。

　通信回線設備用としては，代表的なものにMDF／IDFがあります。
- ・MDF／IDF：MDF（Main Distribution Frame；主配電盤）はビルやマンションなど大型の建物に設置されている通信回線の配電盤です。共同溝や電信柱から引き込まれた光ファイバなどの通信回線は，いったんMDFに収容され，そこからIDF（Intermediate Distribution Frame；中間配電盤）を経由して各居室に接続されています。

　この他，建物設備の入退室管理のためにゲートを設置したり，サーバルーム内の状況目視確認のためにカメラを設置したりといった，セキュリティ面の対策もファシリティマネジメントに含まれます。第8章「8.4 情報セキュリティ対策」に記載されている物理的セキュリティについても確認しておきましょう。

第
10
章

▶▶▶ Check

理解度チェック ▶ 10.2 サービスマネジメント

(1)　IT部門の業務を利用者視点でサービスとしてとらえ，適切なコストで可用性をはじめとするサービスの品質を高めるための運用管理方法を何といいますか。

(2)　サービスの要求事項を満たし，顧客・サービス提供者双方に価値を提供するためのサービスの設計，移行，提供，継続的改善を定義しているITサービスマネジメントの国際規格を何といいますか。

(3)　ITサービスの品質について明文化し，サービスの委託者との合意に基づいて運用管理するために結ぶ契約（合意書）を何といいますか。

(4)　サービスの委託者からの問合せ，トラブルコール，変更要求などに対応する単一の窓口を何といいますか。

(5)　あらかじめ，システムの各種異常値の監視や異常値発生時の警報発生の仕組みなどを整備し，警報発生時に対処するプロセスを何といいますか。

(6)　運用に必要なサービスを提供する提供者のうち，アウトソーシングやクラウドサービスを提供する事業者を何といいますか。

(7)　災害やシステム障害などの緊急時に業務を継続させるための計画を何といいますか。また，復旧にかかる時間の目標値を何といいますか。

(8)　企業がシステム環境を最良の状態に保つための活動の一つで，建物や設備などの資源を管理することを何といいますか。

(9)　無停電電源装置として，商用電源の短時間の停電対策に適しているものは何ですか。

(10)　過電流や過電圧から設備を保護するための装置は何ですか。

解答

(1)　ITサービスマネジメント　　(2)　ISO/IEC 20000

(3)　SLA（サービスレベル合意書）

(4)　サービスデスク（ヘルプデスク，コールセンタ）

(5)　インシデント管理　　(6)　外部供給者

(7)　計画：BCP（又はサービス継続計画），時間目標：RTO

(8)　ファシリティマネジメント　　(9)　UPS　　(10)　SPD

▶▶▶ Question

問題で学ぼう

問1　サービスマネジメントシステムにPDCA方法論を適用するとき，Actに該当するものはどれか。

(R1 秋-FE 問 55)

　ア　サービスの設計，移行，提供及び改善のためにサービスマネジメントシステムを導入し，運用する。

　イ　サービスマネジメントシステム及びサービスのパフォーマンスを継続的に改善するための処置を実施する。

　ウ　サービスマネジメントシステムを確立し，文書化し，合意する。

　エ　方針，目的，計画及びサービスの要求事項について，サービスマネジメントシステム及びサービスを監視，測定及びレビューし，それらの結果を報告する。

解説

　IT サービスマネジメントのベストプラクティス集である ITIL®（Information Technology Infrastructure Library）を BSI（英国規格協会）が BS 15000 として規格化し，その後これを基に ISO（国際標準化機構）は国際標準規格として ISO 20000（Part1，Part2）を策定しました。ISO 20000 のマネジメントサイクルでは，サービスマネジメントの計画（Plan），サービスマネジメントの導入及びサービスの提供（Do），監視／測定及びレビュー（Check），継続的改善（Act）を定義しており，PDCA サイクルの考え方は他のマネジメントシステムと同様になります。**「サービスマネジメントシステム及びサービスのパフォーマンスを継続的に改善するための処置」**は継続的改善（Act）に該当するため，（イ）が正解となります。

ア：サービスマネジメントの導入及びサービスの提供（Do）に該当します。

ウ：サービスマネジメントの計画（Plan）に該当します。

エ：監視／測定及びレビュー（Check）に該当します。

解答　イ

問2　次の条件でITサービスを提供している。SLAを満たすことができる，1か月のサービス時間帯中の停止時間は最大何時間か。ここで，1か月の営業日数は30日とし，サービス時間帯中は，保守などのサービス計画停止は行わないものとする。

　〔SLAの条件〕
・サービス時間帯は，営業日の午前8時から午後10時までとする。
・可用性を99.5%以上とする。

(H30秋·FE 問57)

　ア　0.3　　　　　イ　2.1　　　　　ウ　3.0　　　　　エ　3.6

解説

　まず，用語を整理しましょう。SLAは，サービスレベル合意書でしたね。提供するサービスの品質と範囲を明文化し，数値で契約した文書なので，これを守れなければ契約違反です。SLAは，なんとしても維持しなければなりません。

　可用性は，そのサービスを使いたいときに使える割合なので，**稼働率を意味します。稼働率は，サービス時間に対し，実際にサービスを提供できた時間（サービス提供時間）**でしたね。心配な方は，3.3 システムの信頼性を確認しましょう。そして，稼働率を低下させるのは，サービスの停止です。そのため，サービス運用では，あらかじめ，SLAに対しサービスを停止させてもよい時間を求めておきます。なお，**保守はサービス運用を維持するために必要な活動なので，サービス停止時間には含めません。**いつ実施するか，あらかじめ利用者に告知して行います（計画実施）が，サービス提供時間外に行うことが一般的です。

　用語が確認できたら，数値を当てはめて，停止できる時間を計算しましょう。

$$可用性 = \frac{サービス提供時間}{サービス時間} = \frac{14\,時間 \times 30\,日 - サービス停止時間}{14\,時間 \times 30\,日}$$

$$0.995 \leqq \frac{420\,時間 - サービス停止時間}{420\,時間}$$

⇒　0.995×420 時間≦420 時間－サービス停止時間
⇒　サービス停止時間≦420 時間×(1−0.995)＝420 時間×0.005＝2.1時間
したがって，（イ）が正解です。

解答　イ

問3　IT サービスマネジメントのインシデント及びサービス要求管理プロセスにおいて，インシデントに対して最初に実施する活動はどれか。

(H27 春·FE 問 57)

　ア　記録　　　　　　　　　　　イ　段階的取扱い
　ウ　分類　　　　　　　　　　　エ　優先度の割当て

解説

　インシデントは，日々の運用の中で発生する計画外のサービス中断です。プログラムの不具合やハードウェアの故障，オペレータの作業ミスなど，様々な要因で発生しますが，全部が全部，**すぐに対応できるとは限りません**。また，根本原因を直さなければ，再発してしまいます。

　一方，サービス要求は，利用者からサービス提供側へのお願い事項です。機能を変更してほしい，使いにくいので改善してほしいといった変更要求や，利用方法に関する問合せなどがあります。利用者対応の窓口であるサービスデスクが受け付けますが，**サービスデスクでは変更要求に対する対応可否などの即答はできません**。その権限もありません。

　なので，**インシデントもサービス要求も，まずは受け付けて内容を記録**します。こういう事実があった，と記録し，そこから対応が始まります。したがって，（ア）が正解です。

　次に行う活動は，優先度の割当てです。インシデントの影響や緊急度から優先度を決めます（エ）。

　優先度が決まったインシデントは，その発生傾向などを分析し，次の戦略につなげるために，あらかじめ，顧客と決めておいたインシデントの重要性の定義に従って分類します（ウ）。

　そして，根本原因を調べ，対応を行います。対応が進むごとに，記録を更新します。これによって，対応の進捗状況を確認することができます（記録の更新）。

　また，進捗状況は，定期的に顧客に情報提供します。解決までに時間がかかりサービス目標（SLA）に影響する場合は，顧客と利害関係者に通知し，契約時に決めた手順に従って段階的に取り扱います（イ）。

解答　ア

問4　あるデータセンタでは，受発注管理システムの運用サービスを提供している。次の受発注管理システムの運用中の事象において，インシデントに該当するものはどれか。

(H31 春·SG 問41)

〔受発注管理システムの運用中の事象〕

　　夜間バッチ処理において，注文トランザクションデータから注文書を出力するプログラムが異常終了した。異常終了を検知した運用担当者から連絡を受けた保守担当者は，緊急出社してサービスを回復し，後日，異常終了の原因となったプログラムの誤りを修正した。

ア　異常終了の検知　　　　イ　プログラムの誤り
ウ　プログラムの異常終了　エ　保守担当者の緊急出社

解説

　　ITサービスマネジメントの規格である JIS Q 20000-1 では，**インシデント**を「**サービスに対する計画外の中断，サービスの品質の低下，又は顧客へのサービスにまだ影響していない事象**」と定めています。選択肢の中ではプログラムの異常終了がサービスに対する計画外の中断に該当するので，（ウ）が正解です。

　　なお，インシデント管理ではインシデント発生時，次のような対応を行います。

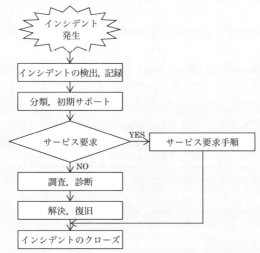

ア：異常終了の検知は，「インシデントの検出，記録」に該当します。

イ：プログラムの誤りは，「調査，診断」の後に究明した原因です。なお，プログラムの誤りの修正は「解決，復旧」に該当します。

エ：保守担当者の緊急出社は，「分類，初期サポート」に該当します。

解答　ウ

問5　サービスマネジメントシステムにおけるサービスの可用性はどれか。

(H29 春·FE 問 55)

ア　あらかじめ合意された時点又は期間にわたって，要求された機能を実行するサービス又はサービスコンポーネントの能力

イ　計画した活動が実行され，計画した結果が達成された程度

ウ　合意したレベルでサービスを継続的に提供するために，サービスに深刻な影響を及ぼす可能性のあるリスク及び事象を管理する能力

エ　サービスの要求事項を満たし，サービスの設計，移行，提供及び改善のために，サービス提供者の活動及び資源を，指揮し，管理する，一連の能力及びプロセス

解説

　可用性は，用いることが可能である性質です。使いたいときに，使えなければ，用いることが可能，とはいいません。サービスの可用性なので，これをサービスに置き換えて考えましょう。

　使いたいときは，いつでもという意味ではなく，運用時間内であればという意味なので，運用時間としてあらかじめ合意された時点，又は期間です。**使うのは，サービスが提供する機能**なので，要求された機能を実行するサービス又はサービスコンポーネントの能力です。したがって，（ア）が正解です。

　ちなみに，JIS Q 20000-1:2020 3.2.15 では，サービスを「顧客が達成することを望む成果を促進することによって，顧客に価値を提供する手段」と定義しています。また，3.2.18 では，サービスコンポーネントを「他の要素を組み合わされたときに完結したサービスを提供する，サービスの一部」とし，例としてインフラストラクチャやアプリケーション，ライセンス，情報などを挙げています。

イ：有効性に関する記述です。

ウ：サービス継続に関する記述です。

第
10
章

エ：サービスマネジメントに関する記述です。

解答　ア

問6　サービスマネジメントのプロセス改善におけるベンチマーキングはどれか。

(R4春·SM 午前Ⅱ問2)

ア　IT サービスのパフォーマンスを財務，顧客，内部プロセス，学習と成長の観点から測定し，戦略的な活動をサポートする。

イ　業界内外の優れた業務方法（ベストプラクティス）と比較して，サービス品質及びパフォーマンスのレベルを評価する。

ウ　サービスのレベルで可用性，信頼性，パフォーマンスを測定し，顧客に報告する。

エ　強み，弱み，機会，脅威の観点から IT サービスマネジメントの現状を分析する。

解説

　ベンチマーキングと聞いて，ベンチマークテストを思い出した方は，あながち外れではありません。ベンチマークテストは，性能評価用のプログラムを用いて性能を評価することでした（第3章「3.2 システムの性能」を参照）。

　ベンチマーキングは，競合相手や先進企業と比較して，自社の製品やサービスなどを定量的・定性的に把握することです。そして，自社の問題点を明らかにして，改革を進めます（第11章「11.3 経営戦略マネジメント」を参照）。

　ベンチマーキング，ベンチマークテスト，いずれも，**ベンチは基準となる比較対象を指します**。そして，問題文は，「サービスマネジメントのプロセス改善」なので，サービス品質やパフォーマンスが比較する項目ということになります。ベストプラクティスは優れた業務手法なので，競合相手や先進企業が採用している業務手法です。したがって，（イ）が正解です。

　サービスマネジメントでは，サービスマネジメントライフサイクルに沿って，PDCA サイクルを回し，継続的にプロセスを改善します。ベンチマーキングは，C（チェック）の評価に該当します。

ア：バランススコアカードを用いた分析の説明です。不足する部分をサポートすることで成果に導きます。D（実行）又はA（改善）に用います。

ウ：サービスの報告に関する説明です。

エ：経営環境を分析する SWOT 分析の説明です。P（計画）で計画を立てる

際の分析に用います。

解答　イ

問7　サービスデスク組織の構造とその特徴のうち，ローカルサービスデスクのものはどれか。

(H30 春-FE 問 56)

ア　サービスデスクを1拠点又は少数の場所に集中することによって，サービス要員を効率的に配置したり，大量のコールに対応したりすることができる。
イ　サービスデスクを利用者の近くに配置することによって，言語や文化が異なる利用者への対応，専門要員による VIP 対応などができる。
ウ　サービス要員が複数の地域や部門に分散していても，通信技術の利用によって単一のサービスデスクであるかのようにサービスが提供できる。
エ　分散拠点のサービス要員を含めた全員を中央で統括して管理することによって，統制のとれたサービスが提供できる。

解説

　サービスデスクとは，サービスの利用者に対する単一の窓口として提供者側に設置される機能組織です。この組織の構造としては，**ローカルサービスデスク，中央サービスデスク，バーチャルサービスデスク**などの種類があります。

　このうち**ローカルサービスデスクは，その対象となるユーザと同じ場所又は物理的に近い場所に設置されているサービスデスク**のことです。このサービスデスクでは利用者の地域の**特殊性に即したきめの細かい対応**が可能となり，利用者側にとって特に重要な問題点に対しては，**専門的な要員を配置して有効なサービス継続をする**ことができるようになります。したがって，（イ）が正解です。

ア：中央サービスデスクの特徴です。
ウ：バーチャルサービスデスクの特徴です。
エ：拠点が少なければ中央サービスデスクの一つの形態であり，拠点が多ければローカルサービスデスクを統一的に管理する体制です。ローカルサービスデスクの特徴とはいえません。

解答　イ

10.3 システム監査

▶▶▶ **Explanation**

ポイントの解説

（1） システム監査の基礎知識

① システム監査の目的

　情報システムや組込みシステムを開発するとき，様々なリスクを含む可能性があります。また，利用しているシステムが既にリスクを含んでいる場合もあります。システムの利用者が社会全体の場合には，エラーを起こしたり，故意に悪用されたりした場合の影響範囲は非常に大きくなり，企業が被る損害も莫大なものになります。

　このような事態が発生しないように，関係者とは独立した第三者の立場から，システムを幅広い観点から調査し，システムが経営や社会に貢献しているかを判断するのがシステム監査の目的です。

② システム監査の対象

　システムに関連するあらゆる業務，人，組織，基準，書類（ドキュメント）が監査の対象となります。

③ システム監査を行う監査人の立場と適格性

　システム監査を行う人（監査人）は第三者の立場としての独立性と，専門能力と職業倫理・コミュニケーション能力などをもっていることの適格性が要求されます。

（2） システム監査の基本用語

① 監査証拠

　監査結果を裏付けるために必要な事実です。システム監査の実施は，監査証拠を収集する行為であり，システム監査人は，どのような監査証拠を収集すべきかを監査対象のシステムや業務内容に合わせて検討します。この検討内容を試験問題では，「監査のチェックポイント」と記述しています。

② 監査証跡

　監査対象システムの入力から出力に至る過程を追跡できる仕組みと記録を指します。監査証拠を得るために追跡できるデータの集まりともいえます。システム運用業務における「出力情報のエラー状況に関する記録」は，システム監査証跡の一例です。

③　監査調書

　予備調査と本調査を通じて，システム監査人が監査証拠や監査証跡を収集するために行った作業，収集した資料，発見した事実を記録した資料類の総称です。システム監査人はこれらの資料を基に，情報システムや業務内容を評価します。監査調書には，資料に基づく事実だけが記載されます。

④　監査報告書

　システム監査の実施が終了した後に，監査の依頼者に提出する報告書で，実施した監査の対象や概要の他，監査人の指摘事項や助言などを記載します。指摘事項は，監査調書から判明した不適切な箇所やそれに関するシステム監査人の監査意見です。また，指摘事項のうち，重大なリスクを伴う指摘や緊急度の高い指摘は改善提案（改善勧告）として記載し，フォローアップします。

（3）　システム監査の流れ

　大きく分けて，システム監査と監査報告の後に行う改善指導（フォローアップ）の二つがあり，システム監査基準では次のように手順を定義しています。（手順に沿って【基準○○】と表記）

①　システム監査の流れ

- ・監査計画策定…リスクアプローチに基づき監査計画を立てる（【基準7】）
- ・予備調査……対象業務の実態を把握する（【基準8】）
- ・本調査………対象業務の実態を調査し，監査証拠を収集する（【基準8】）
- ・監査調書作成…監査証拠や監査証跡をまとめる（【基準9】）
- ・評価・結論……対象業務を評価し妥当性を判断する（【基準10】）
- ・監査報告書作成と提出…監査報告書を作成し監査依頼者に報告する（【基準11】）

②　監査報告書に基づく改善指導（フォローアップ）（【基準12】）

　監査結果に基づいて適切な措置が講じられるよう，助言や指導を行います。監査報告書に改善提案を記載した場合は，必ず実施し，改善状況を確認することがシステム監査基準で義務付けられています。

（4）　システム監査基準

　システム監査業務の品質を確保し，有効かつ効率的に監査を実施することを目的とした監査人の行為規範がシステム監査基準です。2018年の改定では，情報技術環境と情報化実践への対応，中小企業における自己診断・自己監査への対応が行われ，よりITガバナンスの実現に寄与するものとなりました。

　章立ては，従来の「一般基準」，「実施基準」，「報告基準」から，システム監査実施の流れに沿った表題（手順に沿って【基準○○】と表記）となり，実務への適用を意識したものとなっています。新しい章立ては次のとおりです。

【基準1～3】システム監査の体制整備に係る基準
　　システム監査において，基本となる監査の目的対象の明確化と，システム監査人の責任・権限，義務の原則を定めています。

【基準4～5】システム監査人の独立性・客観性及び慎重な姿勢に係る基準
　　システム監査人に求める要件や職業倫理，守秘義務を定めています。

【基準6～7】システム監査計画策定に係る基準

【基準8～10】システム監査実施に係る基準

【基準11～12】システム監査報告とフォローアップに係る基準

　各表題は，【基準】，＜主旨＞，＜解釈指針＞で構成されており，記述形式も「すべきこと」と「することが望ましいこと」が区別され，「誰が，何を，どのように」するかが具体的に記述されています。

　　【基準】：システム監査の実施に際して行わなければならないこと
　　＜主旨＞：この基準が必要な理由や，この基準で確認すべき内容
　　＜解釈指針＞：具体的な監査手続や監査を実施する際の注意事項

　ちなみに，【基準8】監査証拠の入手と評価の＜解釈指針＞では，アジャイル手法を用いたシステム開発プロジェクトなどが監査対象の場合の留意点も記述されています。アジャイル開発の特徴を考慮したもので，

・監査用ドキュメント作成の負荷をかけないよう，監査証拠の入手に自動化ツールを用いたり，フレームワークにあらかじめ定義したりするなど配慮する。

・監査証拠の入手に自動化ツールを採用する場合は，データの完全性や目的適合性，改ざんや改変からの保護を考慮する。

・ホワイトボードに記載された打合せ記録の画像データや開発現場で作成された付箋紙など，ドキュメント以外でも監査証拠として利用できる場合がある。

・開発関係者間の意思疎通や情報共有を図るコミュニケーションの仕組みやルールが公式化され，常に実践されていることを確認する。

などです。

　また，情報セキュリティ監査については，従来は「原則として情報セキュリティ管理基準を活用」としていましたが，（前文）で「『システム管理基準』とともに『情報セキュリティ管理基準』を参照することが望ましい」としています。これは，ITガバナンスの信頼性，正確性，安全性において，情報システムと情報セキュリティが重複しているからです。

（5）　システム管理基準

　システム管理基準は，システム監査において監査人が監査上の判断の尺度として用いるべき基準と位置付けられています。2018年の改定では，情報技術環境の変化，情報システム設計方法論の変容，情報システムと情報技術の関係への対応，及びITガバナンスへの貢献を踏まえ，大幅な加筆修正が行われました。また，この改定は，中小企業においても情報化戦略に関わる自己診断，自己監査を実践可能とすることも目的としており，システム監査基準の改定と対を成す改定です。従来の章立てが統廃合されましたが，情報システムの企画・開発・運用・保守というライフサイクルの各フェーズで編纂されていることに変わりはなく，これにITガバナンスとアジャイル開発，用語説明表が追加されました。内容的には，作業内容ごとに＜主旨＞と＜着眼点＞が追加され，システム監査基準同様，その作業を行う理由や目的，具体的な作業内容が記述されており，システム開発側からすれば作業内容がより明確に，システム監査側からすれば，監査基準がより具体的に定義されたことになります。そのため，前文には，「本基準は，どのような組織体においても情報システムの管理において共通して留意すべき基本的事項を体系化・一般化したもの」とあります。

（6）　内部統制

①　内部統制

　組織が事業活動を適切かつ効率的に遂行できるように構築する，組織内部の運用体制やコントロール（経営計画，職務規程など）の仕組みです。この仕組みを作るには，業務プロセスの明確化，職務分掌，実施ルールの設定とそのチェック体制の確立が必要です。職務分掌というのは，組織や個人の業務範囲，内容，権限，責任などを決めることです。

　内部統制は，業務の有効性と効率性向上，リスクマネジメントや法令遵守，資産の保全，財務報告の信頼性確保などの目的のために，実施されます。

②　ITガバナンス

　情報システム戦略を策定し，実行を統制（コントロール）することで，情報システムへの投資を真に経営の目的に役立て，企業が競争力を高めるために必要な組織能力です。また，ガバナンス（governance）は支配，統治を意味する言葉なので，企業の経営戦略に合致した情報戦略に基づいたIT資産やIT情報管理を行い，企業の競争優位性を高めることともいえます。

　ITガバナンスの標準化として，JIS Q 38500：2015があります。ここでは，全ての組織で効果的及び，受容可能なIT利用に関する原則について定義しています。

第10章

▶▶▶ **Check**

理解度チェック ▶ 10.3 システム監査

次の文中の ☐ に適切な用語を入れてください。

(1) 独立した第三者の立場から，システムを幅広い観点から調査し，システムが経営や社会に貢献しているかを判断するのが ☐ ア ☐ の目的です。

(2) システム監査を行う人は第三者の立場としての ☐ イ ☐ と，専門能力と職業倫理・コミュニケーション能力などの ☐ ウ ☐ が要求されます。

(3) 監査結果を裏付けるために必要な事実のことを ☐ エ ☐ といい，監査対象システムの入力から出力に至る過程を追跡できる一連の仕組みと記録のことを ☐ オ ☐ といいます。

(4) システム監査の手順は次のとおりです。

　① 監査計画作成…リスクアプローチに基づき監査計画を立てる
　② ☐ カ ☐ ……対象業務の実態を把握する
　③ ☐ キ ☐ ……監査証拠を収集する
　④ ☐ ク ☐ ……監査証拠や監査証跡をまとめる
　⑤評価・結論…対象業務を評価し妥当性を判断する
　⑥監査報告書作成と提出…監査報告書を作成し監査依頼者に提出する

(5) システム監査基準は，システム監査業務の品質を確保し，有効かつ効率的に監査を実施することを目的とした監査人の ☐ ケ ☐ です。

(6) 組織が事業活動を適切かつ効率的に遂行できるように構築する組織内部の運用体制や経営計画，職務規程などの仕組みを何といいますか。

(7) 情報システム戦略を策定し，実行を統制することを意味し，企業が競争力を高めるために必要な組織能力のことを何といいますか。

解 答

(1) ア：システム監査 　　　(2) イ：独立性 　　ウ：適格性

(3) エ：監査証拠 　　オ：監査証跡

(4) カ：予備調査 　　キ：本調査 　　ク：監査調書作成

(5) ケ：行為規範 　　　　(6) 内部統制 　　(7) IT ガバナンス

▶▶▶ Question

問題で学ぼう

問1　システム監査で実施するヒアリングに関する記述のうち，適切なものは
どれか。

(H29 秋-FE 問 59)

　　ア　監査対象業務に精通した被監査部門の管理者の中からヒアリングの
　　　　対象者を選ぶ。
　　イ　ヒアリングで被監査部門から得た情報を裏付けるための文書や記録
　　　　を入手するよう努める。
　　ウ　ヒアリングの中で気が付いた不備事項について，その場で被監査部門
　　　　に改善を指示する。
　　エ　複数人でヒアリングを行うと記録内容に相違が出ることがあるので，
　　　　1人のシステム監査人が行う。

解説

　システム監査人は，ヒアリングの内容を鵜呑みにせず，**監査結果を裏付け
るのに十分な監査証拠（文書や記録）を入手し，評価しなければなりません。**
したがって，（イ）が適切です。
ア：業務ルールは管理者が作成しているので，ヒアリング対象を業務に精通
　　した管理者に限定すると，あるべき姿を答えてしまうなど，実態の情報を
　　得られないことがあります。**ヒアリングの対象者は，実際に監査対象の業
　　務を行っている作業者も含めて選出します。**
ウ：システム監査人は，第三者の立場で評価を行うのであって，監査を受け
　　る部門に**指示する権限はありません。**監査報告のときに，監査結果に基づ
　　いて，助言として改善提案をすることはありますが，ヒアリングの場で不
　　備事項の改善を指示することはありません（できません）。
エ：監査結果の客観性をさらに高めるために，また，監査を受ける部門の負
　　担にならないよう効率良く監査を進めるために，通常，システム監査は複
　　数人のチームで行います。

解答　イ

問2　情報システム部が開発して経理部が運用している会計システムの運用状況を，経営者からの指示で監査することになった。この場合におけるシステム監査人についての記述のうち，最も適切なものはどれか。

(R1秋・FE 問59)

　　ア　会計システムは企業会計に関する各種基準に準拠すべきなので，システム監査人を公認会計士とする。

　　イ　会計システムは機密性の高い情報を扱うので，システム監査人は経理部長直属とする。

　　ウ　システム監査を効率的に行うために，システム監査人は情報システム部長直属とする。

　　エ　独立性を担保するために，システム監査人は情報システム部にも経理部にも所属しない者とする。

解説

　システム監査基準では，Ⅲ.一般基準の中で，「システム監査人は，システム監査を客観的に実施するために，監査対象から独立していなければならない。監査の目的によっては，被監査主体と身分上，密接な利害関係を有することがあってはならない」と定めています。これは，**不正がないよう，被監査部門に肩入れした監査をすることがないよう，独立性を担保しなければいけない**，ということです。そのためには，システム監査人は，被監査部門（監査を受ける部門）である経理部にも情報システム部にも所属しない者でなければなりません。したがって，（エ）が正解です。

ア：公認会計士は，会計に関する知識はありますが，システム運用は専門外です。会計システムの整備状況の監査であれば，公認会計士の参画が必要ですが，**経営者の指示は，会計システムの運用状況なので，システムに関する知識をもつシステム監査人が監査をする**のが適切です。

イ：会計システムは，経理部が運用しているので，経理部が被監査部門です。経理部長直属とした場合，**システム監査人は独立した立場ではなくなり，運用に関する不正や不備を隠ぺいできます**。

ウ：情報システム部は保守の面で会計システムの運用に関与するため，**監査対象**です。情報システム部長直属とした場合，システム監査人は独立した立場ではなくなり，開発に関する不正や不備を隠ぺいできます。

解答　エ

問3 情報セキュリティ監査において，可用性を確認するチェック項目はどれか。

(H30 春·FE 問60)

　ア　外部記憶媒体の無断持出しが禁止されていること
　イ　中断時間を定めた SLA の水準が保たれるように管理されていること
　ウ　データ入力時のエラーチェックが適切に行われていること
　エ　データベースが暗号化されていること

解説

　可用性，機密性，完全性は情報セキュリティの3要素でしたね。この内容について情報セキュリティ監査を行う場合，**可用性では，アクセスを許可された利用者が使いたいときに情報を利用できるかどうかを確認します。**運用時間内であるにもかかわらずシステムが停止していては，利用者は使いたいときに情報を利用することができません。でも，故障などによってシステムが停止することは避けられません。そのため，停止·中断時間が SLA（Service Level Agreement；サービスレベル合意書）**で定められた水準を保てるよう，インシデント発生時のルールが整備され，運用されているかどうか**などがチェック項目となります。したがって，（イ）が正解です。
ア，エ：機密性のチェック項目です。
ウ：完全性のチェック項目です。

解答　イ

問4　システム監査において，監査証拠となるものはどれか。

(H24 春·FE 問60)

　ア　システム監査チームが監査意見を取りまとめるためのミーティングの議事録
　イ　システム監査チームが監査報告書に記載した指摘事項
　ウ　システム監査チームが作成した個別監査計画書
　エ　システム監査チームが被監査部門から入手したシステム運用記録

解説
　監査証拠は，監査意見を立証するために必要な事実です。何の根拠もなく意見を言っても被監査部門には受け入れてはもらえません。そのため，システム監査の実施では，監査結果を裏付けるための監査証拠を収集します。

　といっても，システム監査人が被監査部門の端末などを勝手に確認できるわけではないので，**必要な記録や情報を被監査部門に依頼して入手します。**選択肢のうち，被監査部門から入手しているのは，システム運用記録です。したがって，（エ）が正解です。

ア，イ：監査意見や指摘事項は，監査証拠を評価した結果です。

ウ：個別監査計画書は，監査を実施する前に作成します。

解答 エ

問5　システム監査報告書に記載する指摘事項に関する説明のうち，適切なものはどれか。

(H31春·SG 問39)

　　ア　監査証拠による裏付けの有無にかかわらず，監査人が指摘事項とする
　　　必要があると判断した事項を記載する。

　　イ　監査人が指摘事項とする必要があると判断した事項のうち，監査対象
　　　部門の責任者が承認した事項を記載する。

　　ウ　調査結果に事実誤認がないことを監査対象部門に確認した上で，監査
　　　人が指摘事項とする必要があると判断した事項を記載する。

　　エ　不備の内容や重要性は考慮せず，全てを漏れなく指摘事項として記載
　　　する。

解説

　システム監査報告書に記載する**指摘事項**は，**監査人が監査によって明らかになった不備**について，**内容と重要性から**監査報告書の指摘事項とすべきかを判断します。その際，**調査結果に事実誤認がないことを監査対象部門に確認し，**監査人が指摘事項とする必要があると判断した事項を記載するので，（ウ）が適切です。

ア：監査人は監査証拠によって裏付けが取れた事項を，監査報告書の指摘事
　　項として記載しなければなりません。

イ：監査人は，監査対象部門から独立した立場で監査を行うため，指摘事項
　　に関して，監査対象部門の責任者の承認をもらう必要はありません。

エ：不備の内容や重要性を考慮して指摘事項とすべきかどうかを判断しま
　　す。また，不備の全てを監査報告書における指摘事項とする必要はありま
　　せん。

解答 ウ

問6 IT に係る内部統制を評価し検証するシステム監査の対象となるものはどれか。

(H27 春·FE 問 59)

　ア　経営企画部が行っている中期経営計画の策定の経緯
　イ　人事部が行っている従業員の人事考課の結果
　ウ　製造部が行っている不良品削減のための生産設備の見直しの状況
　エ　販売部が行っているデータベースの入力・更新における正確性確保の
　　　方法

解説

　IT に係る内部統制は，IT を使った業務，つまり，**PC やシステムを利用する業務において，データ処理に不正がないよう，処理の正確性を確保するための仕組みやルール**です。この方法に間違いがあれば，内部不正のリスクが高まるため，システム監査では，この点を検証し，評価します。

　選択肢のうち，**IT を使った業務は，販売部が行っているデータベースの出力・更新**です。受注データの入力チェックが不適切な場合，偽りの数値を入力できますし，出力処理が不適切な場合，特定の売上データを隠すことも可能です。**そのため，操作の正確性を確認する方法が決められているはずなので，その方法が監査対象となります。**したがって，（エ）が正解です。

ア〜ウ：いずれも，IT を使った業務ではありません。人事考課結果や，新たな設備発注をシステムへ入力する場合は，**不正を防止するために正確性の確保が必要**であり，内部統制の監査対象となります。

解答　エ

問7　システム監査人が，監査報告書の原案について被監査部門と意見交換を行う目的として，最も適切なものはどれか。

(H29 春・FE 問 58)

　ア　監査依頼者に監査報告書を提出する前に，被監査部門に監査報告を行うため

　イ　監査報告書に記載する改善勧告について，被監査部門の責任者の承認を受けるため

　ウ　監査報告書に記載する指摘事項及び改善勧告について，事実誤認がないことを確認するため

　エ　監査報告書の記載内容に関して調査が不足している事項を被監査部門に口頭で確認することによって，不足事項の追加調査に代えるため

解説

　システム監査は，情報システムが経営や社会に貢献しているかを確認するために行うもの，でしたね。また，システム監査は，依頼者からの監査依頼に基づいて行うものでした。システム監査人が最終的に監査報告書を提出する相手も，この依頼者です。依頼者は，自分の職場で情報システムが正しく機能しているかどうかを確認するためにシステム監査を依頼します。そして，**監査報告書の内容を基に職場の改善を行います。**ということは，**依頼者は，職場の改善を行うことができる立場の人，つまり，部門長や経営者です。**

　監査報告書に事実と異なる指摘（事実誤認）が記載されていたら，依頼者は，この内容に基づき誤った改善を検討実施することになります。そうなると，システム監査の目的を果たせなくなってしまいます。そのため，システム監査人は，依頼者に監査報告をする前に，監査報告書の原案について被監査部門（監査を受けた部門）と意見交換をし，**記載事項に間違いがないことを確認します。**そして，その確認をもって監査報告書を完成させます。したがって，（ウ）が正解です。

ア：監査報告書は依頼者に提出します。

イ：監査報告書はシステム監査人の責任において作成するものであり，被監査部門の責任者の承認は不要です。

エ：調査が不足していると判明した時点で，本調査のやり直しや追加調査を計画します。口頭で確認し，追加調査に代えることはありません。

解答　ウ

ITストラテジ

part 2

▶▶▶ Point

学習のポイント

　ストラテジ分野では，システム戦略，経営戦略，企業と法務に関する内容が出題されます。開発者側の立場だけでなく，システムの企画をする人，システムを利用する人にも必要な知識を含む，ビジネス分野全体の非常に広い範囲が出題対象になっています。

　新試験での出題数は IPA から公表されたサンプル問題を参考にすると，60 問中で 12 問程度と思われますが，基本的な用語の意味をしっかり理解し，計算問題も解き方を理解してください。

(1)　システム戦略

　経営戦略に基づいて情報戦略が立てられ，この情報戦略に基づいてシステム戦略が策定されます。経営に近い内容が多いですが，エンタープライズアーキテクチャの考え方やクラウドコンピューティングの基本的な用語の意味，データの活用方法などを理解しましょう。日ごろから経営・IT 関連の情報や新聞の記事を読むようにして，幅広い知識を少しずつ深めていくことが大切です。

　情報システムを構築するには，システム化の対象となる業務そのものの見直しを行う必要があります。DX（デジタルトランスフォーメーション）が目指すものの一つともいえ，業務プロセス改善の基本的な考え方を理解しましょう。

　業務上の問題点や顧客のシステムに対する要求を調べて解決策を提案し，問題解決の支援を行うのがソリューションビジネスです。代表的なサービスの用語として，ASP，SOA の他，クラウドコンピューティング関連の SaaS などを覚えておきましょう。

　情報システムを有効に活用するためには，システムの構築時から活用促進，普及啓発を継続的に行い，システム利用実態を評価し，改善することが必要となります。

(2)　システム企画

　システム企画で行う作業の概要を理解しましょう。システム化構想や開発投資対効果を検討するシステム化計画，要求の洗出しから行う要件定義，製品の購入や外部委託先を決める調達計画・実施など，これらの作業で何を決定するのかを理解してください。

　システム化計画では，対象業務の分析，開発の順番を理解し，概算コストやシステム化の効果を明らかにできるようにします。要件定義では，システムに求める機能と要件（機能要件，非機能要件）の具体的な内容を理解します。調達計画・実施では，製品や調達先の企業を決めるまでの流れや検討すべき事項を理解します。

(3)　経営戦略マネジメント

　戦略と分析について，用語と目的や用途を理解しておきましょう。経営戦略手法では，SWOT 分析とプロダクトポートフォリオマネジメント（PPM）の考え方，競争戦略では，ニッチ戦略はじめとする競争戦略用語などがあります。そして，これらに関連して目標設定や評価を行う，バランススコアカードや CSF 分析の概要も理解しておきましょう。予測・分析技法では，デルファイ法はじめとする未来予測手法も覚えておきましょう。

　また，戦略の中には，経営管理システムとして用語化されているものもあります。SCM，CRM，ERP について，用語の意味を理解しましょう。いずれの用語も，元になる英語の意味を把握すれば，覚えやすく忘れにくくなります。

　マーケティングは，顧客の要求や利害を把握して，顧客が求めるより良いサービスを提供する一連の活動です。マーケティングミックスなどの基本的な考え方や，代表的なマーケティング手法の概略を理解しておきましょう。

(4)　技術戦略マネジメントとビジネスインダストリ

　技術戦略マネジメントの出題頻度は低いですが，日ごろから新聞や雑誌などの製品開発や技術動向の記事に注目して，基本的な用語の意味が分かるようにしておきましょう。イノベーション関連の用語や技術ロードマップは，業務で用いる企業も多く，重要です。

　ビジネスインダストリでは，AI や IoT などについては利用事例を理解し，用語は元になる英語と合わせて理解しましょう。エンジニアリングシステムについては，リーン生産方式や JIT，MRP，PDM などを理解しておきましょう。また，インターネットを使った e-ビジネスの事例としては，電子決済システムやネット広告関連の SEO，ソーシャルメディアなどが重要です。

(5) 企業活動

企業活動も時代とともに変化しています。新しい用語や考え方が試験でも出題されますので，日ごろから用語の理解に努めるようにしましょう。具体的には，管理の基本であるPDCAを理解し，問題解決手法，人材育成などの概要を理解しましょう。CSR，コーポレートガバナンス，環境問題も重要です。

また，企業活動には，会計・財務の業務も含まれます。幅広い内容を含んでいますが，簡単な例で売上や原価，利益を計算させる問題がよく出題されます。特別な予備知識がなくても，例えば「売上から費用を引けば利益が求められる」，「費用と売上が等しくなる時点が損益分岐点となる」といった基本的な内容が分かっていれば解ける問題も多いので，落ち着いて問題を読み，計算方法を考えるようにしましょう。

オペレーションズリサーチ（OR）は，科学的な手法を使って，最適な生産量の計算（線形計画）や在庫管理などを行うことです。過去問題で出題された内容を理解していれば，初めて見る問題でも簡単に解ける場合が多いので，ここに収録した典型的な問題の解説を理解しておきましょう。

インダストリアルエンジニアリング（IE）は，科学的な手法を使って，工場などでの作業の改善や品質の向上を目指すことです。用語の意味や生産量の計算など基本的な問題が多いので，本書で取り上げた項目のポイント解説を，しっかり理解しておきましょう。

(6) 法務

企業活動に関連する法律の基本的な内容が出題されます。システム開発やITサービスを提供する業務を進める上で，知的財産権や労働関連，セキュリティ関連法規の内容を理解する必要があります。法律の条文まで問う難しい内容は出題されませんが，日ごろから遵守すべき法律を意識しましょう。

知的財産権では，著作権に関する出題がこれまで多く，特にソフトウェアの著作権は特に重要です。その他，営業秘密，不正競争防止法，特許権が重要です。

システム開発を進めるに当たって理解が必要な労働関連・取引関連法規に関する出題も多く，労働者派遣法，請負契約の特徴に関するポイントは理解しておきましょう。

セキュリティ関連法規では，不正アクセス禁止法やウイルス作成を禁じる刑法，改正された個人情報保護法などがポイントになります。

この他，出題頻度は高くありませんが，標準化に関連して，過去の試験では，標準化団体，文字コード，バーコードが出題されています。本書で解説しているポイント事項を確認しておきましょう。

11.1 システム戦略

▶▶▶ **Explanation**

ポイントの解説

　システム戦略で行うことは，システム開発を有効なものにし，成功させるために非常に重要な作業です。ここで解説した用語は必ず理解してください。

```
┌─────────────────────────────────────┐
│         情報システム戦略              │
│  （業務プロセスのモデル化，業務改善）  │
└─────────────────────────────────────┘
                  ⬇
┌─────────────────────────────────────┐
│           システム企画               │
│ （システム化計画，業務要件定義，調達）  │
└─────────────────────────────────────┘
                  ⬇
┌─────────────────────────────────────┐
│           システム開発               │
└─────────────────────────────────────┘
```

（1）　情報システム戦略

① 情報戦略

　経営戦略の一環で，データ資源，コンピュータとネットワーク，情報活用技術といった情報資源を効果的に活用する情報利用の高度化計画です。

② 情報戦略で策定する計画

　経営戦略との整合性を考慮して，情報システム化基本計画，事業継続計画（BCP；Business Continuity Plan）情報システム投資計画，個別の開発計画（個別計画）などを策定します。

③ IT ポートフォリオ

　IT 投資の優先順位や配分を決めるのに利用する手法で，リスクや投資価値の類似性，共通性でカテゴリを分け，最適な投資割合を検討します。名称は金融投資におけるリスク分散の一般的な手法であるポートフォリオに由来しています。

④ エンタープライズアーキテクチャ（Enterprise Architecture；EA）

　組織の業務と情報システムを階層別に整理して相互関係を明らかにし，現状とあるべき姿（理想）を可視化することで，ビジネス戦略と融合した組織構造を実現する考え方です。業務と情報システムをそれぞれ次の四つに分類して定義し，現状（As-Is）と理想（To-Be）を明らかにします。

・ビジネスアーキテクチャ……業務内容と業務フローを定義（DFD など）
・データアーキテクチャ……情報内容と各情報の関連性を定義（E-R 図など）
・アプリケーションアーキテクチャ……情報を処理するシステム形態などを定義（情報システム関連図など）
・テクノロジアーキテクチャ……技術的構成要素を定義（ハードウェア構成図，ソフトウェア構成図など）

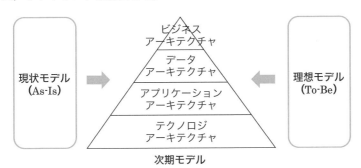

（2）業務プロセス

① 業務改善のステップ

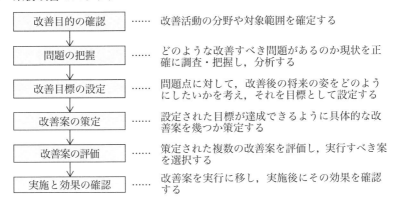

改善目的の確認	…… 改善活動の分野や対象範囲を確定する
問題の把握	…… どのような改善すべき問題があるのか現状を正確に調査・把握し，分析する
改善目標の設定	…… 問題点に対して，改善後の将来の姿をどのようにしたいかを考え，それを目標として設定する
改善案の策定	…… 設定された目標が達成できるように具体的な改善案を幾つか策定する
改善案の評価	…… 策定された複数の改善案を評価し，実行すべき案を選択する
実施と効果の確認	…… 改善案を実行に移し，実施後にその効果を確認する

② 調査の留意点

できるだけ定量的にとらえるようにします。

・定量的情報……数量化された情報。伝票の枚数，売上高など
・定性的情報……数量化されない情報。"良い" "忙しい"，"つらい" など

③ 業務プロセスのモデル化

視覚的に見やすく内容を把握しやすいようにモデリング言語の UML や，E-R 図，DFD などが使われます。

④ 業務プロセスの改善に関する代表的な手法
- ビジネスプロセスリエンジニアリング（BPR；Business Process Reengineering）
業務のプロセスを再設計し，情報技術を十分に活用して，企業の体質や構造を抜本的に変革することです。
- ビジネスプロセスマネジメント（BPM；Business Process Management）
業務改善を継続して実施する活動です。業務プロセスを，分析－改善－導入－運用のサイクルで繰り返し実施します。
- ビジネスプロセスアウトソーシング（BPO；Business Process Outsourcing）
企業の業務処理自体を外部に委託することです。コールセンタ業務やシステム管理業務などの委託の他，人事・経理・販売などの間接業務を外部委託することも増えてきています。
- セールスフォースオートメーション（SFA；Sales Force Automation）
営業活動に IT を活用して営業効率と品質を高め，売上・利益の大幅な増加や，顧客満足度の向上を目指す方法です。
- ワークフローシステム
情報の流れを書類などの紙媒体から電子化することによって，ネットワーク環境を活用して業務の効率化を目指す方法です。
- RPA（Robotic Process Automation）
電子化された情報に対して行う定型的な作業をソフトウェアで行うことで，業務の効率化を目指す方法です。人工知能（AI）や他のソフトウェアと連携して，予測や判断をするものもあります。経理部門の管理業務や，販売管理と仕入管理といった一連の業務で使われています。

（3） ソリューションビジネス

顧客の問題点や顧客のシステムに対する要求を調べて解決策を提案し，問題解決の支援を行うビジネスがソリューションビジネスです。

① ASP（Application Service Provider）
ネットワークを介して標準的なアプリケーションサービスを定額制などの課金方式によって提供すること，又は，提供する事業者です。ユーザ側でのインストールやメンテナンス作業などが不要で，初期コストや運用管理コストの削減に効果があります。

② SOA（Service Oriented Architecture）
システムをユーザに提供するサービスの集まりとして構築する考え方です。大きなシステムを，ネットワーク上に公開されている"サービス"を呼び出し，連携させる考え方で開発します。ここでいう"サービス"は，企業

の業務単位で必要な機能をもつソフトウェアです。

③　クラウドコンピューティング

　クラウドサービスについては，第3章「3.1 システムの構成」を参照してください。

④　ホスティング

　サービス事業者が，サーバなどを顧客に貸し出すサービスです。個人向けに行うサービスは，レンタルサーバと呼ばれます。

⑤　ハウジング

　サービス事業者が，サーバなどを設置する場所を顧客に提供するサービスです。ネットワークやセキュリティが整備された理想的な環境に設置できるメリットがあります。

（4）　システム活用促進・評価

情報システムを活用して効果を上げるためのデータ活用方法やコンピュータの利用方法についての基本的な知識が問われます。

①　情報リテラシ

　コンピュータやネットワークを活用する上で必要となる基礎知識や情報の活用能力です。リテラシ（literacy）は知識や活用能力を意味します。

②　KM（Knowledge Management；ナレッジマネジメント）

　企業活動の中で得られた過去の様々な情報を社内で共有し，効率的に業務を行うための手法です。

③　デジタルディバイド（digital divide）

　情報リテラシの有無やパソコン・通信などを利用する能力，ITの利用環境の違いによって生じる，社会的な格差や経済的な格差のことです。ITの恩恵を受けられない人たちの貧困や格差の拡大が懸念されています。

④　BI（Business Intelligence）

　受注管理システムや販売管理システムなど，業務システムに蓄積されたデータを分類・加工・分析して，意思決定や評価に活用する仕組みです。

⑤　ビッグデータの活用

　ビッグデータを活用するには，次の四つの発展段階があります。ビッグデータについては，第6章「6.5 データベース応用」を参照してください。

　第1段階：過去や現在の事実確認（どうだったのか）

　第2段階：過去や現在の状況解釈（どうしてそうだったのか）

　第3段階：将来生じる可能性がある事象予測（どうなりそうなのか）

　第4段階：将来の施策への展開（どうしたらよいのか）

第11章

▶▶▶**Check**

理解度チェック ▶ **11.1 システム戦略**

(1) 情報戦略を策定するときは，何との整合性を考慮しますか。

(2) IT投資の優先順位や配分を決めるのに，リスクや投資価値の類似性，共通性でカテゴリを分けて検討する手法を何といいますか。

(3) ビジネス戦略と融合した組織構造を実現する考え方を何といいますか。

(4) 業務のプロセスを再設計し，情報技術を十分に活用して，企業の体質や構造を抜本的に変革することを何といいますか。

(5) コールセンタ業務やシステム管理業務など，企業の業務処理自体を外部に委託することを何といいますか。

(6) 情報の流れを紙媒体から電子化し，ネットワーク環境を活用して業務の効率化を目指す方法を何といいますか。

(7) 電子化された情報に対する定型的な作業を，ソフトウェアで行うことを何といいますか。

(8) システムをユーザに提供するサービスの集まりとして構築する考え方を何といいますか。

(9) サービス事業者が，顧客にサーバなどを設置する場所を提供するサービスを何といいますか。

(10) PCや通信などを利用する能力や機会の違いによって，経済的な格差や社会的な格差が生じることを何といいますか。

(11) 受注・販売管理システムなど，業務システムに蓄積されたデータを分類・加工・分析して，意思決定や評価に活用する仕組みを何といいますか。

解答

(1) 経営戦略　　　　　　　　　　(2) ITポートフォリオ

(3) エンタープライズアーキテクチャ（EA）

(4) ビジネスプロセスリエンジニアリング（BPR）

(5) ビジネスプロセスアウトソーシング（BPO）

(6) ワークフローシステム　　　　(7) RPA　　　　(8) SOA

(9) ハウジング　　　　　　　　　(10) ディジタルディバイド

(11) BI（Business Intelligence）

▶▶▶ Question
問題で学ぼう

問1 IT投資評価を，個別プロジェクトの計画，実施，完了に応じて，事前評価，中間評価，事後評価を行う。事前評価について説明したものはどれか。

(H30秋·FE 問61)

ア 計画と実績との差異及び原因を詳細に分析し，投資額や効果目標の変更が必要かどうかを判断する。

イ 事前に設定した効果目標の達成状況を評価し，必要に応じて目標を達成するための改善策を検討する。

ウ 投資効果の実現時期と評価に必要なデータ収集方法を事前に計画し，その時期に合わせて評価を行う。

エ 投資目的に基づいた効果目標を設定し，実施可否判断に必要な情報を上位マネジメントに提供する。

解説

「個別プロジェクトの計画，実施，完了に応じて，事前評価，中間評価，事後評価を行う」ので，まず，**計画（事前評価），実施（中間評価），完了（事後評価）** と対応することをイメージしましょう。そして，**計画段階で行う評価に関する作業は何か？** と考えます。

ア，イ：計画と実施の差異を分析したり，目標の達成状況を評価したりできるので，プロジェクトには着手しています。実施中か完了かは，「変更が必要かどうかを判断する」「改善策を検討する」から判断しましょう。プロジェクトが完了したら，変更も改善もできません。中間評価の説明です。

ウ：「事前に計画し」に惑わされないでください。「その時期に合わせて評価」は，投資効果の実現時期に合わせて評価することです。投資効果はプロジェクト完了後，実際に運用することで発生するため，事後評価の説明です。

エ：「実施可否判断に必要な情報」を提供しているので，プロジェクトは計画段階です。ということは，事前評価です。**無駄な投資にならないよう，計画段階で投資効果を評価します。** したがって，（エ）が正解です。

第
11
章

解答 エ

問2 情報化投資において，リスクや投資価値の類似性でカテゴリ分けし，最適な資源配分を行う際に用いる手法はどれか。

(R1 秋-FE 問 61)

ア 3C分析　　　　　　　　　　　イ ITポートフォリオ
ウ エンタープライズアーキテクチャ　エ ベンチマーキング

解説

　情報化投資において，リスクや投資価値の類似性でカテゴリ分けし，最適な資源配分を行う際に用いる手法は IT ポートフォリオなので，（イ）が正解です。カテゴリは例えば，戦略，情報，トランザクション（取引の処理），インフラに分けます（マサチューセッツ工科大学）。

ア：3C 分析とは，自社の経営環境と，外部環境である市場状況との異なる視点から分析することで，経営戦略の立案に用いる技法です。3C は，顧客（Customer），競合相手（Competitor），自社（Company）を指します。

ウ：エンタープライズアーキテクチャは，全社的な情報化計画に関する情報化の指針で，業務と情報システムの最適化計画です。経済産業省がまとめました。

エ：企業経営で用いられるベンチマーキングは，最強の競合相手や先進企業と比較して，製品，サービス，オペレーションなどを定性的・定量的に把握することです。

解答　イ

問3 エンタープライズアーキテクチャを構成するアプリケーションアーキテクチャについて説明したものはどれか。

(H31 春-FE 問 61)

ア 業務に必要なデータの内容，データ間の関連や構造などを体系的に示したもの
イ 業務プロセスを支援するシステムの機能や構成などを体系的に示したもの
ウ 情報システムの構築・運用に必要な技術的構成要素を体系的に示したもの
エ ビジネス戦略に必要な業務プロセスや情報の流れを体系的に示したもの

解説

　エンタープライズアーキテクチャ（EA）は，**組織の業務と情報システムを階層別に整理して相互関係を明らかにして，最適化を図る活動**です。

　アプリケーションアーキテクチャは業務プロセス（業務内容，業務フロー）を支援するシステムの機能や構成を示すものなので，（イ）が正解です。

ア：データアーキテクチャの説明です。
ウ：テクノロジアーキテクチャの説明です。
エ：ビジネスアーキテクチャの説明です。

解答　イ

問4　業務プロセスを可視化する手法として UML を採用した場合の活用シーンはどれか。

（H30 秋-AP 問 62）

　ア　対象をエンティティとその属性及びエンティティ間の関連で捉え，データ中心アプローチの表現によって図に示す。

　イ　データの流れによってプロセスを表現するために，データ送出し，データ受取り，データ格納域，データに施す処理を，データの流れを示す矢印でつないで表現する。

　ウ　複数の観点でプロセスを表現するために，目的に応じたモデル図法を使用し，オブジェクトモデリングのために標準化された記述ルールで表現する。

　エ　プロセスの機能を網羅的に表現するために，一つの要件に対して発生する事象を条件分岐の形式で記述する。

解説

　問題文を「業務プロセスを表現するのに UML を使うのはなぜですか？」と言い換えてみると，答えを選びやすくなります。UML（Unified Modeling Language）とオブジェクトモデリングを紐付けて，（ウ）と答えて構いませんが，なぜ，ストラテジ分野でこの問題が出題されるのか理解してください。

　UML は，オブジェクト指向設計で使われるモデリング言語で，複数のモデル図法があります。例えば，**ユースケース図は機能の観点から利用者が行う業務を表現**し，**アクティビティ図（活動図）は振る舞いの観点から処理の流れや作業手順を表現**します。また，**クラス図は構造の観点から，データと処理の関係を表現**します。このように，目的に応じたモデル図法を使用する

ので，（ウ）が正解です。

　E-R 図や DFD も同様で，システム開発の設計で利用されますが，システム戦略においても，分析結果を記述するために利用されます。

ア：E-R 図（Entity Relationship Diagram）の説明です。

イ：DFD（Data Flow Diagram）の説明です。

エ：ビジネスプロセスをワークフローとして描画できるようにした BPMN（Business Process Modeling Notation；ビジネスプロセスモデリング表記法）の説明です。業務の流れを統一的な表記法で示すことによって，いろいろな立場の人がビジネスプロセスを理解しやすくなります。

解答　ウ

問5　企業活動における BPM（Business Process Management）の目的はどれか。

（H28 秋·FE 問 63）

　　ア　業務プロセスの継続的な改善
　　イ　経営資源の有効活用
　　ウ　顧客情報の管理，分析
　　エ　情報資源の分析，有効活用

解説

　Business→**ビジネス**→業務，Process→**プロセス**，Management→**マネジメントから継続するイメージ**ができると思います。BPM では，業務プロセスの整理，可視化，分析を行うことによって，継続的な改善サイクルを維持，管理するという特徴があるので，（ア）が正解です。

イ：経営資源→Enterprise Resource，資源の有効活用→情報共有と計画が必要→ Planning から，ERP（経営情報統合管理）の目的といえます。

ウ：顧客情報→Customer 又は Customer Relationship，管理・分析→ Management から，CRM（顧客情報管理）の目的といえます。

エ：情報資源→ビジネスに重要な情報，分析・有効活用→Business Intelligence から，BI の目的といえます。

解答　ア

問6　ITサービスをアウトソーシングする際の，システム保守品質・運用品質の低下リスクへの対応策はどれか。

(H29春·FE 問62)

ア　アウトソーシング後の自社の人材強化計画の提案を，委託先の選定段階で求め，契約書などにも明文化しておく。
イ　サービス費用の妥当性を検証できるように，サービス別の詳細な料金体系を契約書などで明文化しておく。
ウ　サービス品質を示す指標を用い，目標とする品質のレベルを委託先と取り決めた上で，サービス品質の改善活動を進めていく。
エ　システム保守・運用実務などのサービス費用について，査定能力をもつ人材を自社側に確保しておく。

解説

　この問題のアウトソーシング（委託）する"ITサービス"は，**システム運用**です。自社で行っていたシステム運用をアウトソーシングする場合，保守や運用の品質の低下に注意する必要があります。今までと同じ品質レベルでシステムを使えなければ利用者から不満が出ます。

　アウトソーシングする場合，このリスクへの対策も考えておく必要があるので，**現在の保守・運用の品質レベルを数値化し，アウトソーシング先とSLA（サービスレベル合意書）を締結します**。このように，目標とする品質のレベルを委託先と取り決めた上で，サービス品質の改善活動を進めることで，品質の低下リスクの対応策になるので，（ウ）が正解です。

　SLAについては，「10.2 サービスマネジメント」を復習しておきましょう。SLAを維持するための活動は，サービスマネジメントの一部ですが，どのような内容で締結するかを考えるのは，ストラテジに関連する活動です。

ア：アウトソーシングした業務は社内で行わなくなるので，自社の人材強化をしても，品質の低下リスクへの対応策にはつながらないといえます。
イ，エ：アウトソーシング戦略の費用対効果を評価するための対応といえ，リスクの対応策ではありません。

解答　ウ

第11章

問7　自社の経営課題である人手不足の解消などを目標とした業務革新を進めるために活用する，RPAの事例はどれか。

(R1 秋·FE 問 62)

　　ア　業務システムなどのデータ入力，照合のような標準化された定型作業を，事務職員の代わりにソフトウェアで自動的に処理する。

　　イ　製造ラインで部品の組立てに従事していた作業員の代わりに組立作業用ロボットを配置する。

　　ウ　人が接客して販売を行っていた店舗を，ICタグ，画像解析のためのカメラ，電子決済システムによる無人店舗に置き換える。

　　エ　フォークリフトなどを用いて人の操作で保管商品を搬入・搬出していたものを，コンピュータ制御で無人化した自動倉庫システムに置き換える。

解説

　RPA（Robotic Process Automation）は，直訳すると，ロボットによる作業プロセスの自動化という意味です。ただし，**ロボットは機械のようなハードウェアではなく，ソフトウェアを指します。**人間が行う作業をあらかじめ，プログラミングしてソフトウェアを作成しておき，**このソフトウェアを実行することで，人間（事務職員）の代わりに，ロボット（ソフトウェア）が自動的に処理を行います。**したがって，（ア）が正解です。

　RPAは，データ入力や照合のような標準化された定型作業が適しています。表計算ソフトを使って作成したデータに基づいて，別のシステムへの入力や照合処理をRPAによって自動化するといったことが行われています。

イ：FA（Factory Automation；ファクトリオートメーション）に関する記述です。ハードウェアのロボットを用いた事例です。

ウ：センサやカメラ，AI，RFID，キャッシュレスシステムなど新しい技術を使い，ネットワーク経由で遠隔対応できる無人店舗（スマート店舗）に関する記述です。IoTを用いた事例といえます。

エ：自動倉庫は，ロボットアームや台車などのハードウェアとコンピュータ制御を用いた事例といえます。

解答　ア

問8　SOA の説明はどれか。

(R4 春·AP 問 62)

　ア　会計，人事，製造，購買，在庫管理，販売などの企業の業務プロセス
　　　を一元管理することによって，業務の効率化や経営資源の全体最適を図
　　　る手法
　イ　企業の業務プロセス，システム化要求などのニーズと，ソフトウェア
　　　パッケージの機能性がどれだけ適合し，どれだけかい離しているかを分
　　　析する手法
　ウ　業務プロセスの問題点を洗い出して，目標設定，実行，チェック，修
　　　正行動のマネジメントサイクルを適用し，継続的な改善を図る手法
　エ　利用者の視点から業務システムの機能を幾つかの独立した部品に分
　　　けることによって，業務プロセスとの対応付けや他ソフトウェアとの連
　　　携を容易にする手法

解説

　SOA（Service Oriented Architecture）は，業務システムの機能をユーザ
に対するサービスとしてとらえ，この機能を独立した部品に分けて，システ
ムを部品の集合として構築する設計手法です。**インタフェースが共通化され
た部品単位でシステムを構築するため**，**業務プロセスとの対応付けや他のソ
フトウェアとの連携が容易になります。**したがって，（エ）が正解です。
ア：ERP（Enterprise Resource Planning；企業資源計画）の説明です。
イ：ニーズと機能の適合（フィット）とかい離（ギャップ）を調べる手法は，
　　フィット＆ギャップ分析といわれています。
ウ：BPM（Business Process Management）の説明です。

解答　エ

問9　ホスティングサービスの特徴はどれか。

(H29 春·FE 問 63)

　ア　運用管理面では，サーバの稼働監視，インシデント対応などを全て利
　　　用者が担う。
　イ　サービス事業者が用意したサーバの利用権を利用者に貸し出す。
　ウ　サービス事業者の高性能なサーバを利用者が専有するような使い方
　　　には対応しない。
　エ　サービス事業者の施設に利用者が独自のサーバを持ち込み，サーバの
　　　選定や組合せは自由に行う。

解説

　ホスティングサービスの "ホスト (host)" は，もてなす側という意味なので，要求を受け付けるサーバを意味していて，利用者は**サーバの利用権を借りてサーバを利用します**。したがって，（イ）が正解です。

　サーバを貸し出すサービスですが，**一緒に，サーバが置いてある場所と電源，通信回線も借りることができ，サーバの保守運用も行ってくれます**。

ア：ハウジングサービスか，自社内にサーバを置くオンプレミスの特徴です。

ウ：サーバを占有する利用権を貸し出すホスティングサービスもあります。

エ：ハウジングサービスの特徴です。

解答　イ

問10　BI（Business Intelligence）の活用事例として，適切なものはどれか。

(H31 春·FE 問 63)

　　ア　競合する他社が発行するアニュアルレポートなどの刊行物を入手し，経営戦略や財務状況を把握する。

　　イ　業績の評価や経営戦略の策定を行うために，業務システムなどに蓄積された膨大なデータを分析する。

　　ウ　電子化された学習教材を社員がネットワーク経由で利用することを可能にし，学習・成績管理を行う。

　　エ　りん議や決裁など，日常の定型的業務を電子化することによって，手続を確実に行い，処理を迅速にする。

解説

　BI（Business Intelligence）とは，**業務システムなどで蓄積されたデータを統合・分析・加工し，企業の業績の評価や経営戦略の策定などの意思決定に活用する仕組み**ですから，（イ）が適切です。

ア：アニュアルレポート（年次報告書）による経営戦略や財務状況の把握は，データを分析・活用していないので，BI とはいえません。

ウ：ネットワーク経由で学習する WBT（Web Based Training）の説明です。

エ：ワークフローシステムの説明です。業務を電子化することで扱う情報もデータ化されるので，BI のためのデータ蓄積を担っているともいえます。

解答　イ

問11 ビッグデータの活用事例を，ビッグデータの分析結果のフィードバック先と反映タイミングで分類した場合，表中の d に該当する活用事例はどれか。

(H31 春-FE 問 64)

		分析結果の反映タイミング	
		一定期間ごと	即時
分析結果の フィードバック先	顧客全体	a	b
	顧客個々	c	d

ア 会員カードを用いて収集・蓄積した大量の購買データから，一人一人の嗜好を分析し，その顧客の前月の購買額に応じて，翌月のクーポン券を発行する。

イ 会員登録をした来店客のスマートフォンから得られる位置データと，来店客の購買履歴データを基に，近くの売場にある推奨商品をスマートフォンに表示する。

ウ 系列店の過去数年分の POS データから月ごとに最も売れた商品のランキングを抽出し，現在の月に該当する商品の映像を店内のディスプレイに表示する。

エ 走行中の自動車から，車両の位置，速度などを表すデータをクラウド上に収集し分析することによって，各道路の現在の混雑状況を Web サイトに公開する。

解説

表中の d は，分析結果のフィードバック先が顧客個々で，分析結果の反映タイミングが即時の位置です。**顧客個々に，分析結果を即時フィードバックしているものを選びます。**スマートフォンは個人所有が基本なので，個々の顧客がもっています。そして，来店客の位置データと購買履歴データから分析した，近くの売場にある推奨商品をスマートフォンに表示するのは，個々の顧客に対する即時フィードバックです。したがって，（イ）が正解です。

ア：会員一人一人に翌月クーポン券を発行するので，c に該当します。

ウ：月ごとに最も売れた商品をディスプレイ表示するので，a に該当します。

エ：走行中の自動車に現在の混雑状況を公開するので，b に該当します。

解答 イ

11.2 システム企画

▶▶▶ **Explanation**

ポイントの解説

　システム企画に対応する共通フレームのプロセスは，企画プロセスと要件定義プロセスです。企画プロセスでは，システム化構想の立案と，システム化計画の立案を行います。要件定義プロセスでは，利害関係者の要件を定義して，合意と承認を得て要件を確認し，その後，開発プロセスに入ります。

```
        情報システム戦略
  （業務プロセスのモデル化，業務改善）
              ⬇
         システム企画
  （システム化計画，業務要件定義，調達）
              ⬇
         システム開発
```

（1）　システム化計画

　システム化計画ではシステム戦略での業務改善を受けて，システム化を考えて対象業務を分析します。そして，システム開発の順番を決め，概算コストを計算してシステム化の効果を求めるなど，全体像を明らかにします。

① 　BABOK（Business Analysis Body Of Knowledge；バボック）

　　ビジネスアナリシスはビジネスを成功に導くための活動です。BABOKはその知識体系で，ビジネスアナリシスの計画とモニタリング，引き出し，要求アナリシスなど，七つの知識エリアから構成されています。

② 　システム化構想

　　・SoR（System of Record）

　　顧客管理や受注処理など，情報やデータの記録を中心とした戦略です。社内だけで利用する従来型の情報システムを指します。

　　・SoE（System of Engagement）

　　エンゲージメント（思い入れ，愛着）の意味から，お客様とのつながりをもつことを中心に考えた戦略です。例として，購買履歴や閲覧履歴などに基づいてレコメンデーションをするショッピングサイトがあります。

・SoI（System of Insight）

SoR や SoI によって収集した情報やデータを蓄積し，分析して利用する戦略です。ビッグデータ構築や AI 分析の仕組みを指します。

③　リスク分析

開発が計画どおりに進まない，期待した効果が得られない，といったリスクを洗い出し，損失の大きさと発生する確率などを検討します。

分析した結果によって，リスクの対応策（リスク低減・回避・保有・移転など）を決めます。これらの対応策に関しては第 8 章「8.3(3) リスクマネジメント（リスク管理）」の内容を確認してください。

④　開発投資対効果

システム化にかかったコストに対して，どれくらいの効果が期待できるかを調べます。システム化のコストは組織にとっては投資なので，ROI（投資利益率）を用いて定量的に評価します。また，定性的な効果についても調べます。

・ROI（Return On Investment）$= \dfrac{\text{利益額}}{\text{投資額}} \times 100$

（2）　要件定義

経営戦略やシステム戦略，顧客の要求など，システム化計画で明らかになった内容に基づいて，システムに求める機能と要件を発注者（利用者）の立場で定義します。

要件定義に当たっては，ユーザニーズ調査や利害関係者（ステークホルダ）要件の確認などを行います。なお，共通フレームでは，システム化に対する"要求"と"要件"の二つの用語を使い分けています。

①　要求

ビジネス構築，業務改善を遂行する上で，システムの利用者・利害関係者が必要だと思っている事項で，システム化するかどうかはまだ決まっていない状態の要望事項です。

②　要件

前述の"要求"の中でも，システム化の目的と対象範囲（スコープ），実現上の制約（コスト，納期，技術など）について検討し，システムに実装すべき要求で，かつ実現可能性が立証されているものです。

要件には機能要件と非機能要件があります。

・機能要件……ユーザの要求を満足させるために，システムが実現しなければならない機能に関する要件

業務処理，業務機能のデータの流れ，人の作業，機能の実現範囲，他システムとのインタフェースなど

・非機能要件……機能要件以外の要件で，業務内容及びシステムの機能と直接の関連がない要件

品質要件，技術要件，移行要件，運用要件，操作性，要員教育など

（3） 調達の実施

調達は，必要なものを外部（社外）から購入することです。情報システムの調達は，外部の開発会社（ベンダ）に委託することになるので，調達先の候補から情報を収集し，システム化計画の内容を伝えて提案してもらい，内容や費用を比較検討した上で調達先を決めます。

① 情報提供依頼書（RFI；Request For Information）

提案依頼書の作成に当たって，ベンダに，技術動向や解決策の案などの情報提供を依頼する書類です。これを基に提案依頼先を決めます。

② 提案依頼書（RFP；Request For Proposal）

システムに求める機能と要件定義，提案依頼事項，調達条件をまとめた書類です。複数のベンダに配付して，システム開発の提案を依頼します。

③ 提案書

ベンダから送られてきた提案内容です。システム開発の内容と開発費用を示す見積書が含まれます。

（4） 調達先の選定

提案内容だけでなく，様々な企業責任の問題も考慮した上で選定します。

① CSR 調達

CSR（Corporate Social Responsibility）は企業の社会的責任のことで，調達先企業に対して，社会貢献や人権・労働・自然環境への配慮を求めます。

② グリーン調達

製品やサービスの調達に際して，環境負荷が小さい製品やサービスを優先して選ぶ取組みです。グリーン購入ともいわれます。

▶▶▶ Check

理解度チェック ▶ 11.2 システム企画

---

(1) 企画プロセス，要件定義プロセス，開発プロセスの三つのプロセスは，どの順で実施されますか。

(2) ビジネスアナリシスの知識体系を何といいますか。

(3) お客様とのつながり（エンゲージメント）をもつことを中心に考えた戦略を何といいますか。

(4) （利益額÷投資額）×100 で求められる評価指標は何ですか。

(5) システムの処理内容など業務機能に対する要件を何といいますか。

(6) 業務内容やシステム機能と直接関係のない要件を何といいますか。

(7) 提案依頼の前に，技術動向や解決策の案などの情報提供を依頼する書類を何といいますか。

(8) システム開発の提案を依頼する書類を何といいますか。

(9) 調達先企業に対して，社会貢献や人権・労働・自然環境への配慮を求める調達方法を何といいますか。

(10) 調達に際して，環境負荷が小さい製品やサービスを優先して選ぶ取組みを何といいますか。

解 答

(1) 企画プロセス→要件定義プロセス→開発プロセス

(2) BABOK

(3) SoE

(4) ROI

(5) 機能要件

(6) 非機能要件

(7) 情報提供依頼書（RFI）

(8) 提案依頼書（RFP）

(9) CSR 調達

(10) グリーン調達

第11章

▶▶▶ Question

問題で学ぼう

問1　企業システムにおける SoE (Systems of Engagement) の説明はどれか。

(R2-AP 問72)

ア　高可用性，拡張性，セキュリティを確保しながら情報システムを稼働・運用するためのハードウェア，ソフトウェアから構成されるシステム基盤

イ　社内業務プロセスに組み込まれ，定型業務を処理し，結果を記録することによって省力化を実現するためのシステム

ウ　データの活用を通じて，消費者や顧客企業とのつながりや関係性を深めるためのシステム

エ　日々の仕訳伝票を入力した上で，データの改ざん，消失を防ぎながら取引データベースを維持・管理することによって，財務報告を行うためのシステム

解説

　SoE (System of Engagement) とは，**エンゲージメントが意味するとおり，思い入れ，愛着など，お客様とのつながりを深めるシステム**のことで，（ウ）の説明が該当します。SoE の事例として，SNS やグループウェア，購買履歴などからレコメンデーション（おすすめ）するショッピングサイトがあります。

　SoE は，従来から導入されてきた会計や販売管理システムなどの SoR (System of Record) と呼ばれる記録のためのシステムと対比されることが多いです。

ア：サービスを中断すると，ビジネスに与える影響が大きいシステムに用いられる高可用性システムに関する説明といえます。

イ：定型業務を処理し，結果を記録するシステムは，SoR に分類されます。

エ：仕訳伝票を入力し，取引データベースを維持管理するシステムは，SoR に分類されます。

解答　ウ

問2　非機能要件の定義で行う作業はどれか。

(R01 秋·FE 問 65)

ア　業務を構成する機能間の情報（データ）の流れを明確にする。

イ　システム開発で用いるプログラム言語に合わせた開発基準，標準の技術要件を作成する。

ウ　システム機能として実現する範囲を定義する。

エ　他システムとの情報授受などのインタフェースを明確にする。

解説

共通フレーム 2013 では，機能要件と非機能要件を次のように定義しています。どちらに該当するか，共通フレームの定義で覚えておきましょう。

機能要件：明確にした業務要件を実現するために必要なシステムの機能

① 業務を構成する機能間の情報（データ）の流れ

② 対象となる人の作業及びシステム機能の実現範囲

③ 利用者のニーズ及び要望を基に，情報管理の観点，管理の単位，形式などを理解・分析

④ 他システムとの情報授受などのインタフェース

非機能要件：機能要件以外の要件

① 品質要件（機能性，信頼性，使用性，効率性，保守性，移植性など）

② 技術要件（システム構成，システム開発方式など）

③ 運用，操作要件（システム運用形態，システム運用スケジュールなど）

④ 移行要件

⑤ 付帯作業（環境設定，エンドユーザ教育など）

ア：機能要件の①です。機能間のデータの流れは，受注入力で入力したデータを在庫管理に渡して出荷するといった，処理の流れを意味します。

イ：非機能要件の②です。**開発基準，技術要件は，どの技術を使って，どのように開発するかを意味するシステム開発方式に該当します。**したがって，（イ）が正解です。

ウ：機能要件の②です。プログラムを作成する範囲です。

エ：機能要件の④です。インタフェースは，（ア）のデータの流れの具体的な内容で，受け渡すデータと受渡し方法です。

解答　イ

問3　投資案件において，5年間の投資効果を ROI（Return On Investment）で評価した場合，四つの案件 a～d のうち，最も ROI が高いものはどれか。ここで，割引率は考慮しなくてもよいものとする。

（H31春-FE 問65）

a

年目		1	2	3	4	5
利益		15	30	45	30	15
投資額	100					

b

年目		1	2	3	4	5
利益		105	75	45	15	0
投資額	200					

c

年目		1	2	3	4	5
利益		60	75	90	75	60
投資額	300					

d

年目		1	2	3	4	5
利益		105	105	105	105	105
投資額	400					

ア　a　　　イ　b　　　ウ　c　　　エ　d

解説

　ROI（Return On Investment；投資利益率，投下資本利益率）は，投資効率を判断する指標で，投資に対する利益の割合でしたね。投資は，資本を投下（投入）することなので，投下資本ともいいます。「割引率は考慮しなくてもよい」とあるので，**投資時の投資額と1～5年後の投資額の価値は変わらないものとして，利益÷投資額×100 を計算しましょう。**ROI が高いものほど，早く投資額を回収できます。したがって，（ア）が正解です。

a：$(15+30+45+30+15)÷100×100=135$

b：$(105+75+45+15)÷200×100=120$

c：$(60+75+90+75+60)÷300×100=120$

d：$(105+105+105+105+105)÷400×100=131.25$

解答　ア

問4　グリーン調達の説明はどれか。

(H29 秋-FE 問 64)

ア　環境保全活動を実施している企業がその活動内容を広くアピールし，投資家から環境保全のための資金を募ることである。

イ　第三者が一定の基準に基づいて環境保全に資する製品を認定する，エコマークなどの環境表示に関する国際規格のことである。

ウ　太陽光，バイオマス，風力，地熱などの自然エネルギーによって発電されたグリーン電力を，市場で取引可能にする証書のことである。

エ　品質や価格の要件を満たすだけでなく，環境負荷が小さい製品やサービスを，環境負荷の低減に努める事業者から優先して購入することである。

解説

　グリーン調達は，製品やサービスを調達するときに，二酸化炭素の排出が少ないなど環境負荷が小さい製品やサービスを優先して選ぶ取組みです。システム開発や工場など業務に必要な資材を購入する生産者の観点ではグリーン調達といいますが，**消費者の観点ではグリーン購入**といいます。したがって，（エ）が正解です。

ア：CSR（Corporate Social Responsibility；企業の社会的責任）の具体例に関する説明です。詳細は，本項 11.5 企業活動を参照してください。企業が説明責任を負う経営活動には，業務実績だけでなく，環境保全活動など社会的貢献も含まれます。こうした本来の業務以外の諸活動が総合的な企業価値の向上につながります。

イ：ISO 14020（環境ラベル及び宣言・一般原則）及び ISO 14024（環境ラベル及び宣言・タイプ I 環境ラベル表示・原則及び手続）についての記述です。公益財団法人日本環境協会が実施するエコマーク事業は，これらの規格に則って運営されています。

ウ：グリーン電力証書の説明です。**グリーン電力とは，自然エネルギーによって発電された再生可能エネルギー**です。

解答　エ

11.3 経営戦略マネジメント

▶▶▶ **Explanation**

ポイントの解説

　経営戦略マネジメントで重要な用語としては，ERP，SCM，CRM，PPM，ニッチ戦略など，以前から出題されていた経営管理や経営戦略手法の用語に加えて，クラウドファンディング，DX（デジタルトランスフォーメーション），サブスクリプションモデルなど，新しい内容に関する出題が予想されます。

（1）　経営戦略手法

① 　コアコンピタンス（core competence）

　他社にはまねのできない企業独自のノウハウ・技術などです。IT投資を既存業務の効率化に向けるだけではなく，創業以来築いてきたコアコンピタンスと融合させることが必要とされます。

② 　アライアンス（alliance）

　業務提携することです。ライセンス契約を結ぶ技術提携，OEM契約を結ぶ生産提携，販売契約を結ぶ販売提携などがあります。

③ 　M&A（Mergers and Acquisitions）

　Mergers（合併）とAcquisitions（買収）の頭文字で，企業の合併と買収を意味します。M&Aによって新しい事業への参入が容易になります。

④ 　クラウドファンディング（crowdfunding）

　企業や起業家がインターネット上で事業資金を必要とする目的や内容を告知し，資金提供者を募集することです。crowdは群衆という意味です。

⑤ 　シェアドサービス（shared services）

　大企業やグループ企業などで，経理や総務・人事など複数の組織で行われている業務を一つの部門に集約し，コスト削減や業務効率化を図る手法です。

⑥ 　ベンチマーキング（benchmarking）

　経営戦略を立案するに当たって，競合相手や先進企業と比較し，自社の製品，サービス，オペレーションなどを定性的・定量的に把握することです。その結果，自社の問題点を明らかにして，改革を進めます。

⑦ 　DX（デジタルトランスフォーメーション）

　デジタル技術を用いて企業のビジネスを変革し，自社の競争力を高めることです。AIやIoTなどの利活用が進展する環境で製品やサービスの差別化を図り，

勝ち残るために，デジタル技術を効果的に活用し，他社に先駆けて成果に結び付けることが重要な経営課題となっています。

⑧ SWOT分析

SWOTは，自社の強み（Strengths），弱み（Weaknesses），機会（Opportunities），脅威（Threats）の頭文字を取った略語で，この四つの要素を経営の外部環境と内部環境から分析する手法です。

	好影響	悪影響
内部	強み（Strengths）	弱み（Weaknesses）
外部	機会（Opportunities）	脅威（Threats）

⑨ PPM（Product Portfolio Management；プロダクトポートフォリオマネジメント）

製品を市場成長率と市場占有率のマトリックスに位置付け，企業全体として最も資金効率の高い投資を行うことを目指す経営戦略手法です。

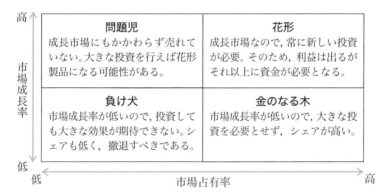

⑩ バリューチェーン分析

顧客に提供する製品やサービスの価値が，どの活動（作業や工程など）によって生み出されているかを分析する手法です。業界や市場ごとに競争を有利に運ぶポイントが異なるので，バリューチェーンを用いて業界分析をすることによって，事業戦略の有効性や改善の方向を探ります。

⑪ 成長マトリクス

事業の方向性分析や成長戦略検討の手法として，製品と市場を2軸にとったマトリクスです。経営学者のアンゾフが提唱しました。製品の軸は既存製品と新規製品の区分，市場の軸は既存市場と新規市場の区分にします。

第11章

(2) 競争戦略

① コトラーの競争戦略

市場占有率（シェア）と経営資源の有無別の経営戦略目標です。

- **マーケットリーダ**（主導者）……シェアそのものの拡大が利益の拡大に直結するため，マーケットシェアの拡大に経営資源を投入する。
- **マーケットチャレンジャ**（挑戦者）……トップシェアを占めていないため，リーダになる施策に経営資源を投入する。
- **マーケットフォロワ**（追随者）……独自性やトップシェアを目指す経営資源がないので，利益確保のために業務プロセスの最適化を図る。
- **マーケットニッチャ**（隙間開拓者）……特定分野（ニッチ）の製品・サービスに経営資源を集中させて収益を高め，独自の地位を獲得する。

② 差別化戦略

他社との違い（差）を明確に打ち出すビジネス戦略です。品質面，利便性，顧客密着度の軸で市場や顧客のニーズを調査し，それに合致した製品やサービスを開発することで市場優位性を確保します。

③ 集中戦略

ある特定の顧客層にターゲットを絞り込む戦略です。そのターゲットに最適な製品展開を図ることによって，顧客を囲い込み市場優位性を確保します。

④ 低価格化戦略

圧倒的な低価格で販売し，競合他社の市場を奪う戦略です。コストリーダシップ戦略とも呼ばれ，自社の打ち出す価格を業界標準に設定できれば，自社の戦略に基づき低価格ながらも利益を出せるという考え方です。

⑤ ニッチ戦略

ニッチは"くぼみ"とか"適所"という意味です。企業競争の隙間を狙って，競争相手がいない狭い範囲の市場でシェアを獲得する戦略です。

(3) マーケティング戦略と手法

① 3C分析

マーケティングを成功させるために，顧客（Customer），競合他社（Competitor），自社（Company）について分析する手法です。

② マーケティングミックス

様々なマーケティング要素を戦略的に組み合わせることによって顧客を満足させようとするマーケティング戦略です。マーケティングミックスで用いる主要なマーケティング要素を4P（Product, Price, Promotion, Place）といい，それぞれ，製品，価格，販売促進，流通（チャネル）に対応します。

③ デルファイ法

　多くの専門家へのアンケートを繰り返しながら，意見を収束・集約していく定性的な予測技法の一つです。

④ 顧客満足（CS；Customer Satisfaction）

　顧客に精神的・主観的な満足を感じさせることが企業課題になっています。

・コンバージョン率……製品を認知した消費者のうち，初回購入に至る割合
・リテンション率……製品を購入した消費者のうち，固定客となる者の割合

⑤ ブランド戦略

　ブランドの知名度を武器とした拡大戦略です。既に存在するブランドに新分野を外付けするので，ブランドエクステンションとも呼ばれています。

⑥ プロダクトライフサイクル（Product Life Cycle；PLC）

　製品が市場に受け入れられる段階をライフサイクルとしてとらえます。

・導入期：需要は部分的で，新規需要開拓がポイントになる。
・成長期：市場が商品の価値を理解し始め，売上は伸びるが投資も必要になる。
・成熟期：需要が大きくなり，製品の差別化や市場の細分化が明確になる。
・衰退期：需要が減り，撤退する企業も出てくる。

⑦ コモディティ化

　日用品（commodity）や生活必需品のように機能などの差がなくなることです。独自性を出すのが難しくなり，価格以外での差別化が困難になります。

⑧ カニバリゼーション（cannibalization）

　共食いを意味する言葉で，自社とグループ企業，自部門と他部門で製品やサービスが競合し，顧客や売上の奪い合いが発生することです。社内での競合は戦略として好ましくなく，避ける必要があります。

⑨ 価格戦略

・コストプラス法……製造原価（仕入原価）に一定の利益を加えて価格を決定する方法で，競争が厳しくない場合などに適用されます。
・スキミングプライス（skimming price）……新商品に高めの価格を設定し，販売開始後，早期に開発費用を回収する戦略です。高くても購入してくれる（新しいものがほしい）購買層をターゲットにします。
・サブスクリプションモデル……売り切りではなく，一定期間の利用権を販売する方法です。企業は契約を更新してもらうことで継続的に利益を得ます。利用者は購入の初期費用が抑えられるメリットがあります。

⑩ オムニチャネル

　店舗や通販サイトなど複数の接点（チャネル）から商品の注文や購入ができるようにすることです。オムニ（omni-）は，"全ての"という意味です。

(4) ビジネス戦略と目標・評価

① CSF分析（Critical Success Factor；重要成功要因）

成功するための重要な機能や特性を明らかにする分析方法です。経営戦略やビジョンを実現するためのCSF（重要成功要因）を導き出します。

② バランススコアカード（BSC；Balanced Score Card）

企業の業績を**財務，顧客，社内業務プロセス，学習と成長**の四つの視点から分析する企業評価モデルです。

③ KPIとKGI

経営戦略の成果を示すために設定する定量的な目標値です。

- ・KGI（Key Goal Indicator；重要目標達成指標）……企業が最終的に経営目標を達成したことを示す定量的な目標値のこと
- ・KPI（Key Performance Indicator；重要業績評価指標）……KGIの実現のために必要となる具体的な行動を評価する指標のこと。売上高や利益など評価しやすい定量的な数値が用いられます。

④ ビジネスモデルキャンバス

ビジネスモデルを考えたり，分析したりするためのツールです。現状や課題を九つの要素（顧客セグメント，提供する価値，チャネル，顧客との関係，収入の流れ，主なリソース，主な活動，パートナー，コスト）に分類し，図式化して1ページにまとめ，今後のビジネスモデルを視覚的に検討します。

(5) 経営管理システム

① SCM（Supply Chain Management；サプライチェーンマネジメント）

受発注，資材，部品の調達，在庫，生産，配送などのモノの流れの「川上から川下まで」を，情報システムを利用して総合的に管理することです。

② CRM（Customer Relationship Management）

顧客情報を一元化し，顧客との良好な関係を構築，維持する手法です。顧客ロイヤリティ（顧客の忠誠心）の獲得と顧客生涯価値の最大化を狙います。顧客の生涯需要を自社製品で賄えれば，その価値は最大となります。

③ ERP（Enterprise Resource Planning）

経営資源の最適配分を目指して，企業の資材調達，生産，流通，販売など多岐にわたる基幹業務を統合し，効率的な経営活動を行う経営手法です。

▶▶▶ **Check**

理解度チェック ▶ 11.3 経営戦略マネジメント

(1) 他社がまねできない独自のノウハウや技術のことを何といいますか。

(2) デジタル技術を用いてビジネスを変革し，企業の競争力を高めることを何といいますか。

(3) SWOT 分析で調べる四つの要素は何ですか。

(4) 製品を市場成長率と市場占有率のマトリックスに位置付け，最も資金効率の高い投資を行うことを目指す経営戦略手法を何といいますか。

(5) 他社との違いを明確に打ち出すビジネス戦略を何といいますか。

(6) プロダクトライフサイクルの四つの段階は何ですか。

(7) マーケティング分析手法の 3C 分析で対象となる 3C は何ですか。

(8) 多くの専門家へのアンケートを繰り返しながら，意見を収束・集約する予測技法を何といいますか。

(9) 商品の売り切りではなく，一定期間の利用権を販売する方法を何といいますか。

(10) 企業の業績を「財務，顧客，社内業務プロセス，学習と成長」の四つの視点で分析する企業評価モデルを何といいますか。

(11) ビジネスモデルを考えたり分析したりするツールを何といいますか。

(12) 経営管理システムのうち，顧客情報を一元化し，企業が顧客との良好な関係を構築し，維持する手法を何といいますか。

(13) 経営資源の最適配分を目指して，企業の資材調達，生産，流通，販売などの基幹業務を統合し，効率的な活動を行う経営手法を何といいますか。

解 答

(1) コアコンピタンス
(2) デジタルトランスフォーメーション
(3) 強み，弱み，機会，脅威
(4) プロダクトポートフォリオマネジメント
(5) 差別化戦略
(6) 導入期，成長期，成熟期，衰退期
(7) 顧客（Customer），競合他社（Competitor），自社（Company）
(8) デルファイ法
(9) サブスクリプションモデル
(10) バランススコアカード
(11) ビジネスモデルキャンバス
(12) CRM
(13) ERP

第11章

▶▶▶**Question**

問題で学ぼう

問1　企業経営で用いられるコアコンピタンスを説明したものはどれか。

(H31春-FE 問67)

　ア　企業全体の経営資源の配分を有効かつ統合的に管理し，経営の効率向
　　　上を図ることである。
　イ　競争優位の源泉となる，他社よりも優越した自社独自のスキルや技術
　　　などの強みである。
　ウ　業務プロセスを根本的に考え直し，抜本的にデザインし直すことによ
　　　って，企業のコスト，品質，サービス，スピードなどを劇的に改善する
　　　ことである。
　エ　最強の競合相手又は先進企業と比較して，製品，サービス，オペレー
　　　ションなどを定性的・定量的に把握することである。

解説

　コアコンピタンス（core competence）は，他社には提供できない自社独
自のノウハウや技術，スキルの集まりのことなので，（イ）が正解です。企
業経営においては，自社独自の力である「企業力」を見つけ出し，それを基
に企業をマネジメントする戦略ともいえます。
ア：ERP（Enterprise Resource Planning）の説明です。
ウ：BPR（Business Process Re-engineering）の説明です。
エ：ベンチマーキングの説明です。

解答　イ

問2　多角化戦略のうち，M&Aによる垂直統合に該当するものはどれか。

(H29春-AP 問66)

　ア　銀行による保険会社の買収・合併
　イ　自動車メーカによる軽自動車メーカの買収・合併
　ウ　製鉄メーカによる鉄鋼石採掘会社の買収・合併
　エ　電機メーカによる不動産会社の買収・合併

解説

　M&A における**垂直統合とは，バリューチェーンにおける上流又は下流に当たる企業を合併・買収によって統合し，競争力を高める手法**です。製鉄メーカにとって鉄鉱石採掘会社は上流の企業に当たるので，（ウ）が M&A における垂直統合に該当します。なお，バリューチェーンは，製品やサービスが顧客に届くまでの各過程で付加される価値のつながり（連鎖）のことです。

ア：保険会社は銀行と同じ金融業なので，M&A による水平統合といえます。

イ：製造している自動車の種類が異なるだけで自動車メーカ同士の買収・合併のため，M&A による水平統合に該当します。

エ：電機メーカと不動産会社はほとんど関連のない企業同士の合併・買収のため，M&A による集成的多角化というパターンに該当します。

解答　ウ

問3　SWOT 分析において，一般に脅威として位置付けられるものはどれか。

(H29 秋·FE 問 67)

　　ア　競合他社に比べて高い生産効率

　　イ　事業ドメインの高い成長率

　　ウ　市場への強力な企業の参入

　　エ　低いマーケットシェア

解説

　SWOT 分析は，**内部環境として自社の強み（S）と弱み（W），外部環境として機会（O）と脅威（T）を分析する**手法です。脅威は，自社を脅かす外部要因なので，「市場への強力な企業の参入」が該当し，（ウ）が正解です。例えば，自社と同じ製品を格安で販売するなど，新たに参入した企業の販売戦略が強力な場合，市場を奪われ，売上が低下してしまいます。

ア：高い生産効率は，自社の武器となる内部要因なので，強みに該当します。

イ：事業ドメインの高い成長率は，自社にとってチャンスとなる外部要因なので，機会に該当します。

エ：低いマーケットシェアは，宣伝不足で知名度がないなど，自社にとってよくない内部要因なので，弱みに該当します。

解答　ウ

第11章

問4　プロダクトポートフォリオマネジメント（PPM）マトリックスのa, b
に入れる語句の適切な組合せはどれか。

(R3 春-AP 問 67)

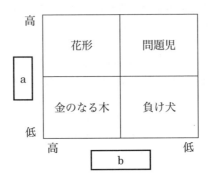

	a	b
ア	売上高利益率	市場占有率
イ	市場成長率	売上高利益率
ウ	市場成長率	市場占有率
エ	市場占有率	市場成長率

解説

　PPM 分析は，**製品や事業を市場成長率と市場占有率の高低によって四つ
のタイプに分類し**，各製品事業の市場ポジションをこの分類で客観的に評価
して，**企業の経営資源の適正配分と，個々の製品戦略を考えます。**なお，こ
の問題では縦軸と横軸の“高”“低”の位置に注意が必要です。

・花形……市場成長率，市場占有率ともに高いもので，利益は出ているがキ
　　　ャッシュフローの面でプラスにはならず，多くの資金を必要とします。

・金のなる木……市場成長率が低く，市場占有率が高いものです。成長は期
　　　待できないが，新規の投資を必要とせず安定的に収益が見込めます。

・問題児……市場成長率が高く，市場占有率が低いもので，競争に勝って市
　　　場占有率が上がれば花形になり，負ければ撤退しなければなりません。

・負け犬……市場成長率，市場占有率ともに低く，将来を期待できない分野
　　　なので，撤退も視野に入れて事業の再編成を考える必要があります。

　　これらから，aが市場成長率，bが市場占有率となり，（ウ）が適切です。

解答　ウ

問5 衣料品製造販売会社を対象にバリューチェーン分析を行った。会社の活動を，購買物流，製造，出荷物流，販売とマーケティング，サービスに分類した場合，購買物流の活動はどれか。

(H27春·FE 問68)

　ア　衣料品を購入者へ配送する。
　イ　生地を発注し，検品し，在庫管理する。
　ウ　広告宣伝を行う。
　エ　縫製作業を行う。

解説

　バリューチェーン（価値連鎖）は，**企業活動を五つの主活動（購買物流，製造，出荷物流，販売・マーケティング，サービス）と四つの支援活動（全体管理，人的資源管理，技術開発，調達）に分類し**，利益が生み出されている活動を明らかにするための企業内部の環境分析です。「生地を発注し，検品し，在庫管理する」活動は，購買物流の活動を具体的に示しているものといえるので，（イ）が正解です。
ア：「衣料品を購入者へ配送する」は，出荷物流に該当する活動です。
ウ：「広告宣伝を行う」は，マーケティングに該当する活動です。
エ：「縫製作業を行う」は，製造に該当する活動です。

解答　イ

問6 アンゾフが提唱した成長マトリクスにおいて，既存市場に対して既存製品で事業拡大する場合の戦略はどれか。

(H29春·FE 問69改)

　ア　市場開拓　　　イ　市場浸透　　　ウ　製品開発　　　エ　多角化

解説

　成長マトリクスは，企業が成長するための戦略を分析する方法です。市場と製品を，新規と既存にそれぞれ分類し，分けられた四つの事象に戦略を割り当てます。この中で，**市場浸透は，既存市場に既存製品を販売して事業を拡大する戦略で**，商品宣伝を強化し，他社のシェアを奪う戦略です。したがって，（イ）が正解です。

製 品

		新規	既存
市 場	新規	多角化	市場開拓
	既存	製品開発	市場浸透

ア：市場開拓は，新しい顧客を開拓して，既存の製品の販売を伸ばす戦略です。例えば，販売範囲が関東の商品を全国販売するといった戦略です。

ウ：製品開発は，既存の顧客に，新製品を販売する戦略です。

エ：多角化は，新しい市場に，新しい製品を販売する戦略です。新事業を立ち上げることになります。

解答　イ

問7　企業経営におけるニッチ戦略はどれか。

(H30 春·FE 問 66)

　　ア　キャッシュフローの重視　　　イ　市場の特定化
　　ウ　垂直統合　　　　　　　　　　エ　リードタイムの短縮

解説

　既に多くの企業によって厳しい市場競争のある分野ではなく，**特定の消費者に好まれる製品や専門家向けの製品など，特定された狭い市場（ニッチ市場）に資源を集中し，専門化を図るのがニッチ戦略**です。したがって，（イ）が正解です。

ア：キャッシュフローの重視は，利益ではなく現金の増減を重視して黒字倒産などの防止を図るもので，キャッシュフロー経営と呼ばれます。

ウ：企業経営における垂直統合は，設計から製造，販売までを全て自社で行う考え方で，M&Aでこれを目指した企業の統合が行われます。

エ：注文を受けてから商品を納入するまでの所要期間であるリードタイムの短縮は，顧客満足度の向上につながる一般的なことで，ニッチ戦略とはいえません。

解答　イ

問8　他の技法では答えが得られにくい，未来予測のような問題に多く用いられ，(1)～(3)の手順に従って行われる予測技法はどれか。

(H29 春·AP 問69)

(1)　複数の専門家を回答者として選定する。
(2)　質問に対する回答結果を集約してフィードバックし，再度質問を行う。
(3)　回答結果を統計的に処理し，分布とともに回答結果を示す。

ア　クロスセクション法　　　　イ　シナリオライティング法
ウ　親和図法　　　　　　　　　エ　デルファイ法

解説

　(1)～(3)の手順は，**複数の専門家に繰り返し同一のアンケートをとって意見を収束させていくデルファイ法と呼ばれる予測技法**なので，（エ）が正解です。
　2回目以降のアンケートでは前回の調査結果を回答者に示すため，回答者は全体傾向を知り，次の回答にそれが影響して，徐々に意見が収束していきます。
ア：クロスセクション（cross section）とは，断面図のことで，同時点での様々なデータを意味します。クロスセクション法は，時と場所が違っても似た事象が起こり得る可能性を念頭に置き，先行する事例をある一時点で横断的に切って調査・分析する手法です。
イ：シナリオライティング法は，アイディアを具体化するための予測・評価技法の一つです。既に存在する各要素を前提条件として，アンケートや聞き取り情報などを活用しながらドラマ展開を創作する手法で，予測状況を提示し，併せてそれに対する措置案を生み出していきます。
ウ：親和図法は，川喜田二郎氏が発案したカード操作によるアイディア発想法であるKJ法と類似の手法で，カード作成・グルーピング・タイトル（表札）付け・図解・文書化の五つのプロセスを経て問題解決を図るデータ整理と分析技法です。新QC七つ道具の一つに含まれています。

解答　エ

第11章

問9　表は，投資目的に応じて，投資分類とKPIを整理したものである。投資目的のcに当てはまるものはどれか。ここで，ア～エはa～dのいずれかに入る。

（H27秋-FE 問70）

投資目的	投資分類	KPI
a	業務効率化投資	納期の遵守率，月次決算の所要日数
b	情報活用投資	提案事例の登録件数，顧客への提案件数
c	戦略的投資	新規事業のROI，新製品の市場シェア
d	IT基盤投資	システムの障害件数，検索の応答時間

ア　作業プロセスの改善，作業品質の向上
イ　システム維持管理コストの削減，システム性能の向上
ウ　ナレッジの可視化，ナレッジの共有
エ　ビジネスの創出，競争優位の確立

解説

　a，b，dは置いておいて，**解答すべきcに注目しましょう。**

　cの投資分類は，戦略的投資なので，新しいことに挑戦しています。そして，KPI（重要業績評価指標）は新規事業のROI（投下資本利益率）と新製品の市場シェアなので，**新しいビジネスで想定する利益や市場シェアを獲得できたかを評価しています。**

　利益が出ていれば，新たなビジネスを創出できたことになります。市場シェアを獲得できていれば，新たなビジネスで競争優位を確立したことになります。したがって，（エ）が正解です。

ア：業務や作業なので，aの業務効率化投資の目的です。
イ：システムの維持管理や性能向上なので，dのIT基盤投資の目的です。
ウ：ナレッジ（情報や知識，経験）なので，bの情報活用投資の目的です。

解答　エ

問10 サプライチェーンマネジメントを説明したものはどれか。

(H29 秋-FE 問 69)

ア 購買，生産，販売及び物流を結ぶ一連の業務を，企業内，企業間で全体最適の視点から見直し，納期短縮や在庫削減を図る。

イ 個人がもっているノウハウや経験などの知的資産を組織全体で共有して，創造的な仕事につなげていく。

ウ 社員のスキルや行動特性を把握し，人事戦略の視点から適切な人員配置・評価などのマネジメントを行う。

エ 多様なチャネルを通して集められた顧客情報を一元化し，活用することによって，顧客との関係を密接にしていく。

解説

供給の流れ（Supply Chain）が複数の企業や部門にまたがる場合，どこで滞っても在庫不足が発生します。そうならないよう，あちこちで在庫をもつと，今後は逆にコストが増加します。

サプライチェーンマネジメント（SCM；Supply Chain Management）は，このような問題を解決するために，**資材の受発注から在庫管理，配送に至るまでの物流を総合的に管理する手法**です。したがって，（ア）が正解です。

サプライチェーンマネジメントでは，生産を中心に据えた中期的な計画を策定するため，工場の生産計画を元に需要予測を行います。そして，物流・在庫管理業務を中心に実行計画を策定するため，輸送計画，倉庫管理，受発注管理を行います。これらの活動によって，生産・物流計画実施のための最適化を行い，倉庫・物流を効率化して，コストの削減を図ります。

このとき，企業という枠にとらわれず，関係する企業間で情報を共有し，関係する企業全てを通してコスト削減を目指すことも特徴です。

イ：知的資産を共有することから，ナレッジマネジメント（KM；knowledge management）に関する説明です。

ウ：人員配置・評価から，ヒューマンリソースマネジメント（HRM；Human Resource Management；人的資源管理）に関する説明です。

エ：顧客情報の一元化と活用から，カスタマリレーションシップマネジメント（CRM；Customer Relationship Management；顧客関係管理）に関する説明です。

解答　ア

第11章

問11　あるメーカがビールと清涼飲料水を生産する場合，表に示すように
6種類の組合せ（A～F）によって異なるコストが掛かる。このメーカの両製
品の生産活動におけるスケールメリットとシナジー効果に関する記述のう
ち，適切なものはどれか。

(R3 秋-AP 問 68)

組合せ	ビール （万本）	清涼飲料水 （万本）	コスト （万円）
A	20	0	1,500
B	40	0	3,300
C	0	10	500
D	0	20	1,100
E	20	10	1,900
F	40	20	4,200

ア　スケールメリットはあるが，シナジー効果はない。
イ　スケールメリットはないが，シナジー効果はある。
ウ　スケールメリットとシナジー効果がともにある。
エ　スケールメリットとシナジー効果がともにない。

解説

　スケールメリットは量が多いほど，よい結果をもたらすこと，シナジー効
果は異なるものを組み合わせて，よい結果をもたらすことです。この問題で
はビールと清涼飲料水を組み合わせて生産したときのコストを調べます。

　表から，AとBはビールだけ，CとDは清涼飲料水だけ，EとFは両方
生産しています。この中で例えばAとBを比較すると，Bの生産量40はA
の生産量20の2倍ですが，Bのコスト3,300がAの1,500の2倍以上になっ
ているので，スケールメリットはないといえます。

　次にEはAとCを合わせた生産内容，FはBとDを合わせた生産内容に
なっています。それぞれのコストを計算すると，次のように両方生産するE
とFの方が少ないので，シナジー効果があるといえます。したがって，「ス
ケールメリットはないが，シナジー効果はある」の（イ）が適切な記述です。

　E＝1,900（万円），　　A＋C＝1,500＋500＝2,000（万円）
　F＝4,200（万円），　　B＋D＝3,300＋1,100＝4,400（万円）

解答　イ

11.4 技術戦略マネジメントとビジネスインダストリ

▶▶▶ **Explanation**

ポイントの解説

　企業が持続的に発展するためには，技術開発の投資と合わせてイノベーション（革新）を促進し，技術と市場ニーズを結び付ける技術開発戦略が重要です。技術戦略マネジメントでは，技術開発戦略の目的，考え方，経済的価値を生み出す方法を理解しましょう。

　ビジネスインダストリでは，ITを活用してどのようなシステムや製品が実現されているかについて，ビジネスシステムに加えてエンジニアリングシステム，e-ビジネス，IoTシステム，組込みシステムを含めて理解してください。

（1）　技術開発戦略

① **MOT**（Management Of Technology；技術経営）

　技術の変化・革新に対する視点を強化した経営です。経営の立場から技術をマネジメントし，そのための人材育成が重要視されています。

② **イノベーション**（革新）

・プロセスイノベーション……生産方法や流通過程を変え，生産性や品質，コストを改善すること

・プロダクトイノベーション……市場のニーズから新たな製品やサービスを創造して他社をリードすること

・オープンイノベーション……異業種，異分野の知識や技術などを組み合わせ，ビジネスモデル構築や製品開発を行うこと

・イノベーションのジレンマ……安定して利益が出ている売れ筋商品があるとき，それを変えることを躊躇してイノベーションに至らないこと

③ **リーンスタートアップ**

　コストをかけず，最低限の機能やサービスで製品を短期間で作り，顧客に提供して反応を観察するビジネス開発手法です。反応を分析して市場価値がなければ撤退，あれば機能を追加します。こうすることで，浪費を防ぎ，新規事業の成功率を高めます。

④ **API エコノミー**（API経済圏）

　API（Application Programing Interface）は，アプリケーションが提供する機能を利用するための仕組みや決まりのことです。ネット社会になり，外

第11章

部に API を公開することによって他のシステムと連携して利用者の利便性を高め，API による経済圏を作っていく考え方が API エコノミーです。

例えば，地図アプリの API が公開されていれば，自社の Web サイトを構築する際，地図を自社で用意しなくても API を利用して所在地を正確に示したり，最寄り駅からの道順を表示させたりすることで利便性が高くなります。

⑤ 技術の S カーブ

技術の進化は，始め緩やかで，やがて急激に進歩し，成熟期を迎えると停滞するのが一般的で，この技術進化過程を技術の S カーブといいます。

⑥ 価値創出の三要素

技術開発を経済的価値へ結び付けるためには，技術・製品価値創造，価値実現，価値利益化の三要素が重要です。技術開発の事業は，研究→製品開発→事業化→市場形成の順に進められますが，次の段階に進むには障壁があり，これを越えられなければ，研究費用や開発費用を回収できません。

- 魔の川（Devil River）……市場ニーズを見出せず製品化できません。
- 死の谷（Valley of Death）……資金不足や法制度の問題があります。
- ダーウィンの海（Darwinian Sea）……競争相手が待ち受けています。

- キャズム（Chasm）……深い溝という意味です。顧客には，新製品や技術を好んで受け入れる層と，変化を好まず受け入れられない層があります。両者の価値観の差を"溝"といいます。

⑦ 技術開発戦略の立案

製品動向，技術動向を分析し，核となる技術を見極め，柔軟に外部資源を活用します。

- デザイン思考……顧客が提示した問題の根本原因やニーズを探し，それを解決し変革するイノベーションを考えることです。design には，狙いを実現するために創意工夫をするという意味があります。
- PoC（Proof of Concept；概念実証）……技術開発計画の可否決定に当たり，実行・実現可能かどうかを検証することです。
- PoV（Proof of Value；価値実証）……導入や事業化に当たり，ビジネスに価値があるかどうかを検討することです。

（2）　技術開発計画

① コンカレントエンジニアリング（Concurrent Engineering；CE）

製品開発において，企画，設計，試作，製造，販売，サービスなどの工程を同時に並行して進める手法で，開発期間の短縮やコスト削減を目指します。

② 技術ロードマップ

技術分野の研究開発に関する指針です。事業戦略に基づいて組織体としての技術開発の取組み強化と開発活動の効率化を目的として策定されます。

（3）　ビジネスシステム

① POS（Point Of Sale）

店舗で商品を販売した時点で販売情報を記録し，集計するシステムです。最新の在庫状況の把握や，時間別売れ筋商品の分析などが可能になります。

② スマートグリッド

ICT（Information and Communication Technology；情報通信技術）を利用して，電力を供給する側と使う側の両方で制御し，需給バランスを最適化する電力網です。スマートは"賢い"という意味で使われ，通信機能をもつスマートメータやスマートハウスといった用語があります。

③ GPS（Global Positioning System；全地球測位システム）

GPS 端末と GPS 衛星を連動させて，人や物の位置を特定する仕組みです。GPS 機能を組み込んだ機器や応用した様々な情報システムがあります。

④ ブロックチェーン

コンピュータにトランザクションデータ（取引データ）をブロックという単位でまとめて記録し，このブロック情報を分散して管理する技術のことです。ブロックが時系列順につながっていることからブロックチェーン（分散型台帳技術）と呼ばれます。もともと暗号化データの改ざんを防止するための仕組みでしたが，これを応用したものが仮想通貨（暗号資産）です。

- ・仮想通貨マイニング……ブロックチェーンで新たなブロックを生成し，その報酬として仮想通貨を手に入れる行為のことです。仮想通貨の取引があると，取引の確認や記録に膨大な作業が必要となるため，分散したコンピュータリソースを借りて行い，この作業に参加した者は，報酬として仮想通貨が支払われる仕組みになっています。
- ・スマートコントラクト……ブロックチェーンのシステムで実行可能なプログラム機能です。取引の発生をトリガ（きっかけ）にして，データ交換や契約を自動的に行います。

第11章

⑤　Society 5.0（超スマート社会）

　サイバー空間（仮想空間）とフィジカル空間（現実空間）を融合させたサイバーフィジカルシステム（CPS）によって実現する社会です。

　IoT，ロボット，AI，ビッグデータなどの技術を産業や社会生活に取り入れてイノベーションを創出し，一人一人のニーズに合わせて社会的課題を解決することを目指します。なお，"5.0"は，狩猟社会，農耕社会，工業社会，情報社会に続く5番目の社会を意味します。

（4）　エンジニアリングシステム

①　CAD（Computer Aided Design）

　コンピュータを使って，機械などの設計図の作成を支援するシステムです。手書きで行われていた設計作業が，コンピュータの支援で効率化できます。

②　MRP（Material Requirements Planning；資材所要量計画）

　生産計画に基づいて，必要となる資材を算出し，発注すべき資材の量と発注時期を求める手法です。資材の不足解消と在庫の圧縮を，同時に実現します。

③　生産方式

　工場などでの生産を効率化するシステムでは，生産方式の知識が必要です。

　・JIT（Just In Time）……必要なときに必要量の部品を調達することで，在庫をできるだけもたずに生産する方式
　・かんばん方式……かんばん（生産指示票）に基づいて，前工程から必要な部品を必要なだけ調達する仕組みで，JITのための情報の流れを実現しています。トヨタ自動車が考案し，後に米国のMITがリーン生産方式として体系化しました。
　・セル生産方式……1人又は少人数の担当者が，生産の全工程を担当する多品種少量生産向きの方式
　・ロット生産方式……計画的に決められた一定数量（ロット）を単位として，ロットごとに生産する方式
　・ファブレス生産方式……自社で工場や生産設備をもたずに製品の企画・設計，マーケティング活動だけを行い，生産は他のメーカに委託する方式

（5）　e-ビジネス

①　EC（Electronic Commerce；電子商取引）

　ネットワークを介して，契約や決済などの取引を電子的に行うことです。取引を示す広い意味で使われます。代表的なものに，スマートフォンのキャ

リア決済や QR コード決済，非接触 IC 決済など，現金のやり取りを行わないキャッシュレス決済があります。

なお，企業（Business）間の取引を B to B，企業と一般消費者（Consumer）との取引を B to C，政府や自治体（Government）と企業との取引を G to B といいます。O to O（Online to Offline／Offline to Online）は，Web サイトなどの仮想店舗（オンライン）から実店舗（オフライン）へ，又は実店舗から Web サイトへ誘導し，購入につなげる仕組みです。

・RFID（Radio Frequency IDentification）……小さな無線チップを利用してモノや人を識別する仕組みで，アンテナを内蔵した IC チップと読取り装置で構成されています。IC タグとも呼ばれます。

・フィンテック（FinTech）……金融機関が担ってきたサービスに IT が融合した技術です。電子マネーやキャッシュレス決済にも使われている技術です。

・暗号資産（仮想通貨）……インターネット上でやり取りできる財産的価値です。銀行などの金融機関を介することなくやり取りできます。

・クラウドソーシング……発注者がインターネット上のウェブサイトで受注者を公募し，仕事を発注する仕組みです。お互いの連絡や成果のやり取りなどは，基本的にインターネット経由で行います。

・ロングテール……インターネットを利用した商品販売で，人気商品の売上を，それ以外の売上数の少ない商品の総額が上回る現象です。それ以外の商品が多種類あると，売上の多い順に表した棒グラフが長い尾（long tail）をひくように見えることから，このように呼ばれています。

・SEO（Search Engine Optimization；検索エンジン最適化）
自社サイトの情報が検索エンジンの検索結果の上位となるように，検索キーワードを Web ページに記述したり，Web ページへのリンクを張ったりするなど，様々な試みを行うことです。

② EDI（Electronic Data Interchange；電子データ交換）
ネットワークを介して，電子的にデータをやり取りすることです。受発注，輸送，決済などのデータを，定められた形式に従ってデータ交換します。

③ ソーシャルメディア
・情報銀行……生活や行動，購買に関する個人情報を預け，その対価としてポイント還元やサービス利用料金の割引を受ける仕組みです。提供した情報は，プライバシを侵害しない範囲で利用されます。

- シェアリングエコノミー……スキルや空き部屋など，個人の遊休資産を貸し出して収入を得ることです。利用者を探すには，クラウドソーシングやCGMなどを活用します。
- CGM（Consumer Generated Media）……動画共有サービス，SNS（Social Networking Service）など，情報発信を目的として，消費者がコンテンツ（作品）を制作してインターネットで配信することです。

(6) 民生機器，産業機器

① IoT（Internet of Things）

世の中にある様々なモノをインターネットに接続し情報交換する仕組みです。データを収集するセンサなどのモノ，データを伝送するための通信機能とネットワーク，データを受け取り処理するサーバで構成され，IoT ネットワークとも呼ばれます。代表的な例として道路交通システムや電気の自動検針（スマートメータ），農作物の管理（スマート農業）などがあります。

- デジタルツイン……IoT 技術を活用して，現実の世界や物理的現象をリアルタイムに仮想空間で忠実に再現することです。仮想空間上で問題を解決したり，条件を変えて様々なシミュレーションを行ったりすることができます。
- BLE ビーコン……BLE を利用して位置を特定する機能です。モノがビーコンを発信することで現在位置を特定し，応答の情報を受け取ります。

② HEMS（Home Energy Management System；ヘムス）

家庭内のエネルギーを総合的に管理するシステムのことで，電力消費量を把握し制御することによって，細かな電力管理が可能になります。

③ M to M（M2M；Machine to Machine）

モノとモノが直接通信することです。コンピュータ制御の下，機械同士がネットワークを通じて直接，情報のやり取りを行います。

④ スマートファクトリー（スマート工場）

作業する人・機械・工場内の設備が，IoT などを活用して互いに通信して製造情報や出荷情報などを共有し，作業の最適化を図った工場のことです。バリューチェーンの変革や新たなビジネスモデルの構築を目的とします。

⑤ 自動車制御システム

自動運転は，自動車が各種センサ（IoT デバイス）の情報を利用してブレーキを踏む，走行レーンをキープするなどの操作を行い，人手を介さず走行することです。また，自動車が IoT デバイスとなり，インターネットを介した通信機能をもつものをコネクテッドカー（connected car）といいます。車両や周囲の状況を収集し，修理の案内や最適な経路選択などを行います。

▶▶▶ Check

理解度チェック ▶ 11.4 技術戦略マネジメントとビジネスインダストリ

(1) API を公開することによって他のシステムと連携して利用者の利便性を高め，API による経済圏を作っていく考え方を何といいますか。

(2) 技術開発が進む過程で，研究は終わったが市場ニーズを見出せず製品化できない障壁を何といいますか。

(3) 技術開発計画の可否決定に当たり，実行・実現可能かどうかを検証することを何といいますか。

(4) 取引データをブロックという単位でまとめて記録し，このブロック情報を分散して管理する技術を何といいますか。

(5) サイバー空間（仮想空間）とフィジカル空間（現実空間）を融合させたシステムによって実現する社会を何といいますか。

(6) 生産計画に基づいて必要資材を算出し，発注すべき資材の量と発注時期を求める手法を何といいますか。

(7) JIT のための情報の流れを実現した仕組みを何といいますか。

(8) 無線チップを利用してモノや人を識別する仕組みを何といいますか。

(9) インターネット上でやり取りできる財産的価値を何といいますか。

(10) 自社サイトの情報が検索エンジンの検索結果の上位となるような様々な試みを行うことを何といいますか。

(11) IoT 技術を活用して，現実の世界や物理的現象を仮想空間上でリアルタイムに忠実に再現することを何といいますか。

(12) コンピュータ制御の下，機械同士がネットワークを通じて直接，情報のやり取りを行うことを何といいますか

(13) 自動車が IoT デバイスとなり，通信機能をもつものを何といいますか。

解 答

(1) API エコノミー　(2) 魔の川　(3) PoC（概念実証）

(4) ブロックチェーン　(5) Society 5.0　(6) MRP

(7) かんばん方式　(8) RFID　(9) 暗号資産（仮想通貨）

(10) SEO（検索エンジン最適化）　(11) デジタルツイン

(12) M to M（M2M）　(13) コネクテッドカー

第11章

▶▶▶ **Question**

問題で学ぼう

問1 技術経営におけるプロダクトイノベーションの説明として，適切なものはどれか。

(R1 秋-FE 問 68)

　ア　新たな商品や他社との差別化ができる商品を開発すること
　イ　技術開発の成果によって事業利益を獲得すること
　ウ　技術を核とするビジネスを戦略的にマネジメントすること
　エ　業務プロセスにおいて革新的な改革をすること

解説

　イノベーションは革新という意味なので，今までとは全く違うことを行います。また，プロダクトは製品という意味なので，プロダクトイノベーションは，今までとは違う新たな商品や，他社とは異なる差別化できる商品の開発と考えることができます。したがって，（ア）が正解です。

イ：技術戦略マネジメントの目的に関する説明です。

ウ：MOT（Management Of Technology；技術経営）の説明です。

エ：プロセスイノベーション（業務革新）の説明です。

解答　ア

問2 API エコノミーの事例として，適切なものはどれか。

(R4 秋-AP 問 70)

　ア　既存の学内データベースの API を活用できる EAI（Enterprise Application Integration）ツールを使い，大学業務システムを短期間で再構築することによって経費を削減できた。
　イ　自社で開発した音声合成システムの利用を促進するために，自部門で開発した API を自社内の他の部署に提供した。
　ウ　不動産会社が自社で保持する顧客データを BI（Business Intelligence）ツールの API を使い可視化することによって，商圏における売上規模を分析できるようになった。
　エ　ホテル事業者が，他社が公開しているタクシー配車アプリの API を自社のアプリに組み込み，サービスを提供した。

解説

　APIエコノミーは，APIを公開することによって他のシステムと連携して新たな価値（利便性を高めるなど）を生み出し，APIによる経済圏を作っていく考え方です。

　他社が公開しているタクシー配車アプリのAPIを，ホテル事業者の自社のアプリに組み込んで，サービスを提供することはAPIエコノミーの例といえるので，（エ）が正解です。

　他の選択肢は，APIの利用目的や効果に関することで，経済圏を作っていくAPIエコノミーの事例として適切ではありません。

　なお，（ア）のEAI（Enterprise Application Integration）は，企業内や企業間の異なるシステムを相互接続して利用する技術，（ウ）のBI（Business Intelligence）は，システムで蓄積されたデータを統合・分析・加工し，企業の意思決定に活用する技術のことです。

解答　エ

問3　技術経営における課題のうち，"死の谷"を説明したものはどれか。

（H28秋·AP 問70）

　ア　コモディティ化が進んでいる分野で製品を開発しても，他社との差別化ができず，価値利益化ができない。
　イ　製品が市場に浸透していく過程において，実用性を重んじる顧客が受け入れず，より大きな市場を形成できない。
　ウ　先進的な製品開発に成功しても，事業化するためには更なる困難が立ちはだかっている。
　エ　プロジェクトのマネジメントが適切に行われないために，研究開発の現場に過大な負担を強いて，プロジェクトのメンバが過酷な状態になり，失敗に向かってしまう。

解説

　技術開発の事業は，研究→製品開発→事業化→市場形成の順に進められますが，**次の段階に進むには障壁があり，その障壁を越えられなければ，先に進めません**。また無理に進めても成功するとはいえません。

　"死の谷"は，研究成果を生かした製品の開発に成功したものの，それを生産する設備がないとか，条例に違反してしまうなどの問題で事業化できない状況で，「事業化するためには更なる困難が立ちはだかっている」とする（ウ）が正解です。

　"魔の川"は，製品需要がなく開発の許可が出ない状況です。製品の研究

が終わっても事業化に進めません。製品開発には需要と投資が必要です。

ア：コモディティ化は，製品の個性が失われ差別化が困難な状況です。記述自体は正しいのですが，"死の谷"の説明ではありません。

イ：ダーウィンの海の説明です。事業化に成功して製品の販売を開始できても，売れなければ研究開発費用を回収できません。シェア（需要）を獲得し，市場を形成するために顧客に受け入れてもらう（買ってもらう），といった他社との販売競争に勝つという障壁があります。

エ：死の行進（デスマーチ）の説明です。

解答　ウ

問4　政府は，IoT を始めとする様々な ICT が最大限に活用され，サイバー空間とフィジカル空間とが融合された"超スマート社会"の実現を推進してきた。必要なものやサービスが人々に過不足なく提供され，年齢や性別などの違いにかかわらず，誰もが快適に生活することができるとされる"超スマート社会"実現への取組は何と呼ばれているか。

(R3 春-AP 問 72)

ア　e-Gov 　　　　　イ　Society 5.0
ウ　Web 2.0 　　　　エ　ダイバーシティ社会

解説

政府が推進している"超スマート社会"では「IoT で全ての人とモノがつながり，様々な知識や情報が共有され，**AI やロボット技術を活用し，今までにない新たな価値を生み出すことで経済の発展と社会的課題の解決を両立する**」としていて，この取組みが（イ）の Society 5.0 です。

ア：e-Gov とは，総務省行政管理局が運営する総合的な行政情報ポータルサイト（電子政府の総合窓口）のことです。

ウ：Web 2.0 とは，次世代のインターネットの概念を象徴する言葉です。SNSなど双方向のサービスや，新しい技術を使って更に高度な処理を実現するサービスが Web 2.0 に該当します。なお，**ブロックチェーンの技術を活用して新しい価値を創出する動きを Web 3.0** といいます。

エ：ダイバーシティ社会とは，国籍，年齢，性別，宗教観などの多様性（ダイバーシティ）を尊重し積極的に活用していく社会のことです。

解答　イ

問5　ブロックチェーンによって実現されている仮想通貨マイニングの説明は
どれか。

(R1 秋-FE 問 71)

　　ア　仮想通貨取引の確認や記録の計算作業に参加し，報酬として仮想通貨
　　　　を得る。
　　イ　仮想通貨を売買することによってキャピタルゲインを得る。
　　ウ　個人や組織に対して，仮想通貨による送金を行う。
　　エ　実店舗などで仮想通貨を使った支払や決済を行う。

解説

　ブロックチェーンは取引データをブロックという単位でまとめて記録し，
この情報を分散して管理する技術のことで，仮想通貨（暗号資産）に応用さ
れました。
　**仮想通貨マイニングは，ブロックチェーンに新たな取引データ（ブロック）
を生成するとき，取引の確認や必要な計算を行うためのコンピュータ使用の
報酬として仮想通貨を手に入れること**ですから，「確認や記録の計算作業に
参加し，報酬として仮想通貨を得る」としている（ア）が正解です。なお，
マイニングは「金鉱山から金を採掘すること」に由来しています。
　他の記述は，どれも「計算の報酬として仮想通貨を得る」という内容では
ないので誤りです。なお，（イ）のキャピタルゲインは株式や不動産などの
売却で得られる売買差益のことです。

解答　ア

問6　"かんばん方式"を説明したものはどれか。

(R1 秋-FE 問 70)

　　ア　各作業の効率を向上させるために，仕様が統一された部品，半製品を
　　　　調達する。
　　イ　効率よく部品調達を行うために，関連会社から部品を調達する。
　　ウ　中間在庫を極力減らすために，生産ラインにおいて，後工程の生産に
　　　　必要な部品だけを前工程から調達する。
　　エ　より品質が高い部品を調達するために，部品の納入指定業者を複数定
　　　　め，競争入札で部品を調達する。

第11章

解説

　"かんばん方式"とは，トヨタ自動車が考案した生産方式で，かんばん（生産指示票）を部品の容器などに差し込んでおき，使い始めるときにかんばんを外し，そのかんばんの内容に基づいて前工程から部品を調達することで，**中間在庫をできるだけ減らし，必要な部品を必要な分だけ調達する仕組み**です。したがって，（ウ）が正解です。

ア：部品のモジュール化の説明です。モジュール化によって作業の効率化だけでなく，コストの削減にも効果が期待できます。

イ：サプライチェーンを通じた部品調達の説明です。自動車業界では特定メーカと部品を供給するグループを構成することがあります。

エ：指名競争入札の説明です。競争入札には，参加資格や入札の条件さえ満たせば業者を限定しない一般競争入札という種類もあります。

解答　ウ

問7　ICタグ（RFID）の特徴はどれか。

(H30秋・FE 問72)

　ア　GPSを利用し，現在地の位置情報や属性情報を表示する。
　イ　専用の磁気読取り装置に挿入して使用する。
　ウ　大量の情報を扱うので，情報の記憶には外部記憶装置を使用する。
　エ　汚れに強く，記録された情報を梱包の外から読むことができる。

解説

　ICタグ（RFID；Radio Frequency IDentification）は，小さいICチップを埋め込んだ荷札で，**商品や製品の外側に付けられる**ため，**汚れに強くなければなりません**。また，プラスチックなどで**梱包されていても記録された情報を読み取ることができない**と困るので，読取り装置に近付けるだけで反応する非接触方式が採用されています。したがって，（エ）が正解です。

ア：GPS（Global Positioning System；全地球測位システム）を使って位置情報を表示するものではありません。GPSとは通信しません。

イ：専用の磁気読取り装置に挿入して使用するのはICカードです。

ウ：ICタグは，内蔵しているICチップで少量の情報を扱います。

解答　エ

問8　シェアリングエコノミーの説明はどれか。

(H31 春・FE 問73)

ア　IT の活用によって経済全体の生産性が高まり，更に SCM の進展によって需給ギャップが解消されるので，インフレなき成長が持続するという概念である。

イ　IT を用いて，再生可能エネルギーや都市基盤の効率的な管理・運営を行い，人々の生活の質を高め，継続的な経済発展を実現するという概念である。

ウ　商取引において，実店舗販売とインターネット販売を組み合わせ，それぞれの長所を生かして連携させることによって，全体の売上を拡大する仕組みである。

エ　ソーシャルメディアのコミュニティ機能などを活用して，主に個人同士で，個人が保有している遊休資産を共有したり，貸し借りしたりする仕組みである。

解説

　総務省の情報通信白書では，「**シェアリングエコノミーとは，典型的には個人が保有する遊休資産（スキルのような無形のものも含む）の貸出しを仲介するサービス**であり，貸主は遊休資産の活用による収入，借主は所有することなく利用ができるというメリットがある」と記述されているので，（エ）が当てはまります。

ア：「ニューエコノミー」といわれる考え方です。

イ：「スマートシティ」の説明といえます。

ウ：実店舗販売とインターネット販売を組み合わせて連携させるというのは，「O to O（Online to Offline）」の説明です。

解答　エ

問9　IoT の構成要素に関する記述として，適切なものはどれか。

(H30 秋・FE 問71)

ア　アナログ式の機器を除く，ディジタル式の機器が対象となる。

イ　インターネット又は閉域網に接続できる全てのものが対象となる。

ウ　自律的にデータを収集してデータ分析を行う機器だけが対象となる。

エ　人や生物を除く，形のある全てのものが対象となる。

解説

　IoT（Internet of Things）を実現するには，通信機能をもったモノ（機器）と，通信網となるネットワーク，情報を受け取り分析して送り返すサーバが必要です。IoT はモノのインターネットという言い方をしますが，このインターネットには**社内 LAN など閉じたネットワーク（閉域網）も含みます。**ネットワークに接続できる全てのものは通信機能をもっていて，IoT の構成要素といえるので，（イ）が正解です。

ア：アナログ式の機器もネットワークにつながれば，構成要素になります。

ウ：データを収集するだけの機器（センサなど）も IoT の構成要素です。

エ：形があるものというだけでは，構成要素になるとはいえません。

解答　イ

問 10　工場の機器メンテナンス業務において IoT を活用した場合の基本要素とデバイス・サービスの例を整理した。ア〜エが a〜d のいずれかに該当するとき，a に該当するものはどれか。

(H29 秋·FE 問 71)

基本要素	デバイス・サービスの例
データの収集	a
データの伝送	b
データの解析	c
データの活用	d

　ア　異常値判定ツール　　　　　イ　機器の温度センサ

　ウ　工場内無線通信　　　　　　エ　作業指示用ディスプレイ

解説

　IoT（Internet of Things）で機器のメンテナンス業務を行うには，**ネットワークに接続したモノがデータを収集する必要があります。この役割を担うモノはセンサなので**，「データの収集」の a に該当するものは（イ）の「機器の温度センサ」となります。

　収集したデータは，解析するため工場内のネットワークで伝送されるので，「データの伝送」の b には（ウ）の「工場内無線通信」が該当します。

　次に，伝送されたデータはソフトウェアなどを使って解析するので，「データの解析」の c には（ア）の「異常値判定ツール」が該当します。

　最後に，解析した結果は人が見て活用するので，「データの活用」の d に

は（エ）の「作業指示用ディスプレイ」が該当します。このとき，例えば，異常値の場合は赤色の点滅で表示したり，工場内無線通信を使って，機器を停止させる制御信号を送ったりすることもできます。

解答　イ

問 11　IoT の応用事例のうち，HEMS の説明はどれか。

(H31 春·FE 問 71)

ア　工場内の機械に取り付けたセンサで振動，温度，音などを常時計測し，収集したデータを基に機械の劣化状態を分析して，適切なタイミングで部品を交換する。
イ　自動車に取り付けたセンサで車両の状態，路面状況などのデータを計測し，ネットワークを介して保存し分析することによって，効率的な運転を支援する。
ウ　情報通信技術や環境技術を駆使して，街灯などの公共設備や交通システムをはじめとする都市基盤のエネルギーの可視化と消費の最適制御を行う。
エ　太陽光発電装置などのエネルギー機器，家電機器，センサ類などを家庭内通信ネットワークに接続して，エネルギーの可視化と消費の最適制御を行う。

解説

HEMS（Home Energy Management System）は，家庭内のエネルギーを総合的に管理するためのシステムでしたね。ソーラーパネルを使用した太陽光発電や水素燃料などで発電した電気をリチウムイオン電池などの二次電池に蓄えて使用する場合，**HEMS によって発電量と蓄電量をリアルタイムで把握できるようになります。**また，**家電製品をネットワークで接続し，個々の電力消費量を把握し最適な制御をする**ことによって，節電や CO_2 削減が期待できます。したがって，（エ）が正解です。
ア：スマートファクトリーの説明です。
イ：コネクテッドカーの説明です。
ウ：スマートシティの説明です。

解答　エ

第11章

11.5 企業活動

▶▶▶ **Explanation**

ポイントの解説

(1) 経営・組織論

① 企業活動

　企業は経済的成長だけでなく，企業活動が社会環境に及ぼす影響にも責任をもつ必要があります。これを CSR（Corporate Social Responsibility；企業の社会的責任）といいます。持続可能で多様性と包摂性のある社会の実現を目指す施策である SDGs（Sustainable Development Goals；持続可能な開発目標）への取組みも重要で，環境への配慮を積極的に行っている製品やサービスを選ぶ取組みであるグリーン購入も推進されています。このように，社会環境からの要請に対し責任を果たすことで社会的信頼を得ます。

　企業活動は，道徳や法令を遵守しなければいけません。企業倫理や法令に基づいて企業活動を行うことをコンプライアンス（法令遵守）といいます。法令違反は企業存続の危機につながるため，経営者や従業員に対してコンプライアンスの重要性を理解させる必要があります。

　そこで重要となるのが，経営方針とコンプライアンスに基づく企業経営を行うこと，また，それが行われているかを監視する仕組みであるコーポレートガバナンス（企業統治）です。

・コーポレートアイデンティティ……自社の存在価値やイメージ，個性
・コーポレートブランド……顧客や利用者から見た企業価値
・レピュテーションリスク……信頼性を損なうおそれのある第三者の評価

② 経営管理

　PDCA サイクルは，全ての仕事の基本となるマネジメントサイクルです。Plan-Do-Check-Act（計画－実行－検討－改善）の順に作業を循環させ，継続的に企業活動を改善し，経営を管理します。企業では，人もリソース（資源）と考えるので，業務にはヒューマンリソースマネジメントも含まれます。

図　PDCA サイクル

- **OJT**（On the Job Training）……職場環境で知識や技能を身に付けます。
- **ブレーンストーミング**……批判禁止，自由奔放，質より量，結合・便乗
  歓迎のルールの下，会議形式で斬新なアイディアを発想する技法です。
- アダプティブラーニング……個々人に合わせた内容で学習することです。
- HR テック（HRTech）……採用や評価などの人事業務をデータと AI
  やクラウドなどの IT 技術を使って効率化することです。
- テレワーク……自宅の端末などを用いてリモートデスクトップや仮想デ
  スクトップで，業務用端末と同じ利用環境を構築することです。
- ダイバーシティ……性別や年齢，国籍などの面で従業員の多様性を尊重
  することによって，組織の活力を向上させることです。
- **ワークライフバランス**……従業員が仕事と生活の調和を図り，やりがい
  をもって業務に取り組み，組織の活力を向上させることです。
- **ワークシェアリング**……従業員 1 人当たりの勤務時間短縮，仕事配分の
  見直しによる雇用確保の取組みです。

③　経営組織

　組織は，複数の人が役割分担して，ある目的を達成するための共同体です。目的（戦略）を達成するために様々な形態があります。CIO（Chief Information Officer；主席情報担当役員）は情報を統括する役員で，情報戦略立案などを行います。CEO（Chief Executive Officer；主席執行役員）は，最高経営責任者や社長に相当します。

- 職能別組織……生産，販売などの職能別に，その業務を専門に行います。
- 事業部制組織……製品，顧客，地域などターゲット別に，経営活動を展
  開します。事業部ごとに購買部門や人事部門が存在するなど，組織機
  能が重複して存在する場合があります。
- マトリックス組織……従業員は，職能部門と特定の事業を遂行する部門
  の両方に所属します。人的資源を有効活用できますが，"命令－報告"
  の流れが複数できるため命令系統が混乱しやすい傾向があります。
- プロジェクト組織……「10.1 プロジェクトマネジメント」を参照してください。
- 社内ベンチャ組織……複数の組織から人材を出し，所属組織と独立して
  編成される組織です。将来性のある事業領域で編成されます。
- 社内カンパニー制……社内の組織を事業部などの単位に分割し，それぞ
  れを一つの会社とみなして分権化を進める制度です。意思決定が迅速
  化され，責任の所在が明確になるといった効果があります。

第11章

(2)　OR（オペレーションズリサーチ）

OR とは，科学的な方法を使って問題解決することで，次のような分野でその手法が利用されています。

① 線形計画法（LP；Linear Programming）

1 次式で表現される制約条件の下で，利益や効果を表す 1 次式の目的関数を最大化する値を求める手法です。資源の量に制約条件があるとき，利益を最大化する製品製造量を求めるときなどに応用されます。

② 在庫管理

適切な在庫量を維持しながら，商品などを発注します。

・定量発注方式……在庫がある量（発注点）になったら，一定量を発注します。発注点方式ともいわれます。単価があまり高くなく，需要が安定している商品の在庫管理に適しています。

・定期発注方式……発注間隔を一定にし，需要予測から発注量を決定します。ABC 分析（後述）で A ランク（単価が高く最も重要な商品）に該当するものを管理するのに適しています。

③ ゲーム理論

ビジネスにおいて，複数ある戦略の中から最適な方法を選択します。

④ 待ち行列理論

窓口に並ぶ客の数や待ち時間などを調べます。

(3)　IE（インダストリアルエンジニアリング）

IE は，経営工学の一分野で，生産工学と訳されます。数学の統計理論や工学に基づく科学的な手法を使って，職場などでの作業の改善による生産性の向上や品質の向上を目指します。

① ワークサンプリング

ある時点での人や機械などの観測対象が，どの作業をしていたかという観測を何回か行い，その割合から各作業時間を推定する方法です。

② ABC 分析

ABC 分析は重点的に管理するものを決める手法です。商店の例では，一般に少数のヒット商品の売上が全体の大部分を占めることが多く，こうしたヒット商品を重点的に管理して，売上や利益の増加につなげます。

具体的には，対象となる値を大きい順から並べ，パレート図を用いて累積比率順にランク A，B，C の 3 グループに分け，グループごとに管理方法を検討します。

・A ランク……売上累計が 70％程度までの商品

・B ランク……売上累計が 70〜90％程度までの商品

・C ランク……それ以外の商品

商品	売上高	売上高累計	累計比率	ランク
a	180	180	22.5%	A
b	140	320	40.0%	A
c	120	440	55.0%	A
d	100	540	67.5%	A
e	80	620	77.5%	A
f	70	690	86.3%	B
g	50	740	92.5%	B
h	40	780	97.5%	C
その他	20	800	100.0%	C

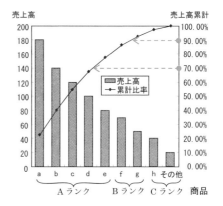

図　商品の ABC 分析例（右のグラフがパレート図）

③　QC 七つ道具

　パレート図，特性要因図，散布図，ヒストグラム，管理図，チェックシート，グラフの七つの手法をまとめて QC 七つ道具といいます。

・パレート図……ABC 分析で使用する図です。

・特性要因図……原因と結果の関連を魚の骨のような形で整理して体系的にまとめ，結果に対してどのような原因が関連しているかを明確にします。

　図の形から，フィッシュボーン図ともいわれています。

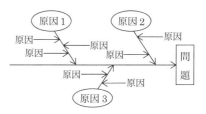

図　特性要因図

・散布図……二つ以上の変数で表されるデータをグラフ上に点で表した（プロット）図で，変数の相互関係を調べるのに役立ちます。

　散布図にプロットされたデータが，次の図のように一定の直線（回帰直線）に沿うような形で分布するとき，二つのデータには相関関係があり，その直線が右上がりのときは正の相関関係があるといい，右下がりのときは負の相関関係があるといいます。

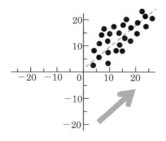
図　正の相関関係のある散布図

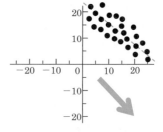
図　負の相関関係のある散布図

・ヒストグラム……収集したデータの個数を
区間ごとに棒グラフとして表したもので
す。データ全体の分布の形やデータの平均
値、データのばらつきを把握することがで
きます。

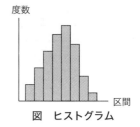
図　ヒストグラム

・管理図……時系列データのばらつ
きを折れ線グラフで表し、上昇・
下降傾向や管理限界線を利用して
客観的に管理します。

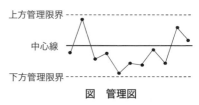
図　管理図

④　新 QC 七つ道具
　問題解決のために、主に言葉で表されるデータを扱う手法です。親和図、
連関図、系統図、マトリックス図、マトリックスデータ解析法、アローダイ
アグラム、PDPC（Process Decision Program Chart）の七つを指します。
　　・親和図……情報を記入した多数のカードを関係の深い（親和性の高い）
　　　ものでまとめて、問題点や意見、アイディアなどを整理し、まとめます。
　　・連関図……複数の要因が相互に絡み合うとき、原因と結果、目的と手段
　　　といった関係を関連付けて、因果関係を明らかにします。
　　・アローダイアグラム……関連する作業の順序や作業の余裕などを管理し
　　　ます。第 10 章「10.1 プロジェクトマネジメント」を参照してください。

⑤　OC 曲線（Operating Characteristic 曲線；検査特性曲線）
　出荷検査に用いられる、抜取り検査などで使用されます。横軸にロット（生
産や出荷単位とした同じ商品の集まり）の不良率を取り、縦軸に不良率に対
する合格率を表したグラフです。

（4） 会計・財務

会計・財務の学習を一から始めると大変な時間がかかります。受験対策としては，出題される重要なポイントに絞って理解するとよいでしょう。

① 原価

原価とは，モノ（製品）を作ったり，売ったりするときにかかる費用です。例えば，製品を作るために必要な部品代（材料費）や，給料やアルバイト代などの人件費（労務費），電気代などの光熱費や事務所などの家賃（経費）などがあります。

費用は，売上高との関係で，次のように固定費と変動費に分類できます。

固定費……売上高に関係なく発生する費用
変動費……売上高に応じて発生する費用

このうち，変動費は売上高に比例して発生するため，売上高に対する比率（変動費率）が指標としてよく用いられます。

$$変動費率＝\frac{変動費}{売上高}$$

（例）売上高 2,000 万円で変動費が 600 万円なら，変動費率は 600÷2,000 ＝0.3 となります。また，この変動費率で売上高が 4,000 万円なら，変動費は 4,000×0.3=1,200 万円になります。

② 売上高，費用，利益の関係

売上高から費用を引いたものが利益になるので，利益＝売上高－費用となり，売上高を求める式にすると，次のようになります。

売上高＝費用＋利益

（例）費用が 800 万円で利益が 400 万円になる売上高は，800＋400＝1,200 万円です。

③ 利益率

ROA（Return On Assets；総資産利益率）は，借入などの負債を含む総資産に対する利益の割合です。ROE（Return On Equity；自己資本利益率）は，返済を要しない自己資本に対する利益の割合です。企業の収益性や財政の安全性など経営状況を示す指標です。

第11章

④ 利益の種類

　費用の考え方や収益の種類によって，いろいろな利益の考え方ができますが，次の利益計算の考え方は大切なので理解しておきましょう。

・**売上総利益**＝売上高－売上原価

　　売上総利益は粗利とも呼ばれ，売上高からその売上原価（商品原価）だけを引いた，最もおおまかな利益額を表します。

・**営業利益**＝**売上総利益**－販売費及び一般管理費

　　　　　　＝売上高－(売上原価＋販売費及び一般管理費)

　　売上総利益（粗利）から販売費や一般管理費などの営業費用を引いた実際の利益額を表します。営業利益は**営業損益**ともいわれます。

・**経常利益**＝**営業利益**＋営業外収益－営業外費用

　　　　　　＝売上高－(売上原価＋販売費及び一般管理費)＋営業外損益

　　経常利益とは，営業利益に対して，企業の主な活動以外で発生する支払利息，社債利息などの営業外収益や，企業の創立・組織化に要する費用などの営業外費用（合わせて営業外損益）を加えたものです。

⑤ 損益分岐点

　費用は固定費と変動費に分類できるので，次のように表すことができます。

　　売上高＝(固定費＋変動費)＋利益

　利益が0になる売上高，つまり売上高と費用が等しくなる点が損益分岐点です。このとき，売上高＝固定費＋変動費という関係が成り立ちます。損益分岐点に関しては，計算問題でよく出題されます。損益分岐点が「**利益が0になる売上高**」ということに注意して，確実に理解しておきましょう。

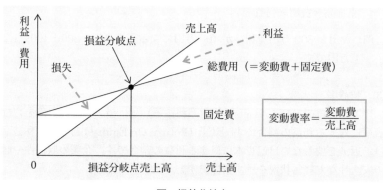

図　損益分岐点

⑥ 減価償却

会計制度では，資産の取得にかかった金額を一度にまとめて必要経費にすることはできません。減価償却とは，資産の取得にかかった金額を，一定の計算方法によって各年分の必要経費に配分することです。使用可能期間を耐用年数，使用可能期間経過後の資産価値を残存価額といいます。

・定額法……耐用年数の期間中に，資産の価値が一定額ずつ減少すると考えて計算する方法です。各年度の償却額は次の計算で求めます。
減価償却費＝(取得価額)÷耐用年数
・定率法……その年の価額に一定の率を掛けて償却額を計算する方法です。定率法は期首の帳簿価額に応じて償却額が変化するので，始めは償却額が大きく，年数に応じて徐々に小さくなります。

⑦ 棚卸高

在庫として棚にある商品の価値（原価）の合計です。企業では決算期間ごとの経営成績を明らかにするために，期首と期末の商品棚卸高を調べます。
・期首商品棚卸高……期の始め，棚にある商品の原価の合計
・期末商品棚卸高……期の終わり，棚にある商品の原価の合計
一般的に，商品は何回かに分けて仕入れたり作ったりするので，個々の商品の原価が全て同じとはいえず，原価の異なる商品が混在します。そのため，棚卸高の計算では，次のように仕入単価を求め，原価を計算します。
・先入先出法……先に仕入れた商品から出荷する考え方で，棚卸高を計算する場合は期末に近い仕入単価から順に適用します。
・後入先出法……後から仕入れた商品を先に出荷する考え方で，棚卸高を計算する場合は期首に近い仕入単価から順に適用します。
・総平均法………価格合計を数量で割って仕入単価を求めます。

⑧ **財務諸表**
・損益計算書……会計期間の全ての収益とこれに対応する全ての費用を記載して，その差引である利益を表示したものです。
・貸借対照表……会計期間の期末時点の財政状況を表すもので，資産，負債，資本の残高を項目別に記載します。ただし，オフバランスといって，クラウドサービスの利用料など記載を割愛できるものもあります。
・キャッシュフロー計算書……営業キャッシュフローなど，目的や原因ごとに実際の現金の出入りを記載した計算書です。

第11章

▶▶▶ **Check**

理解度チェック ▶ 11.5 企業活動

次の文中の □ に適切な用語を入れてください。

(1) 経営方針とコンプライアンスに基づく企業経営を行うこと，それが行われているかを監視する仕組みを ア といいます。

(2) 職能部門と，特定の事業を遂行する部門の両方に従業員が所属する組織を イ といいます。

(3) 採用や評価などの人事業務をデータとAIやクラウドなどのIT技術を使って効率化することを ウ といいます。

(4) 性別や年齢，国籍などの多様性を尊重し，組織の活力を向上させることを エ といいます。

(5) 在庫管理に関して，在庫がある量（発注点）になったら，一定量を発注する方式を オ といい，発注間隔を一定にし，需要予測から発注量を決定する方式を カ といいます。

(6) ABC分析では， キ というグラフが使われます。また，原因と結果の関連を体系的にまとめた魚の骨のような図を ク といいます。

(7) 売上高に関係なく発生する費用を ケ ，売上高に比例して発生する費用を コ といい，変動費率は， コ ÷ サ で求めます。

(8) 売上高，費用，利益の関係は，売上高＝費用＋利益で，利益が0になる売上高，つまり売上高と費用が等しくなる点を シ といいます。

(9) 資産の取得費用を，一定の計算方法で各年分の必要経費に配分することを ス といいます。

(10) 会計期間の期末時点の財政状況を表す財務諸表は セ です。

解 答

(1) ア：コーポレートガバナンス（企業統治）　　(2) イ：マトリックス組織

(3) ウ：HRテック　　　　　　　(4) エ：ダイバーシティ

(5) オ：定量発注方式　　カ：定期発注方式

(6) キ：パレート図　　　ク：特性要因図

(7) ケ：固定費　　コ：変動費　　サ：売上高（変動費率＝変動費÷売上高）

(8) シ：損益分岐点　　(9) ス：減価償却　　(10) セ：貸借対照表

▶▶▶ **Question**

問題で学ぼう

問1 企業が社会的責任を果たすために実施すべき施策のうち，環境対策の観点から実施するものはどれか。

(H31 春·FE 問 75)

ア　株主に対し，企業の経営状況の透明化を図る。
イ　グリーン購入に向けて社内体制を整備する。
ウ　災害時における従業員のボランティア活動を支援する制度を構築する。
エ　社内に倫理ヘルプラインを設置する。

解説

　企業は利益を生み出すだけでなく，社会的責任も果たす必要があります。例えば，ステークホルダ（利害関係者）に経営活動の内容・実績の説明を行ったり，環境保全活動などを行ったりします。

　企業（国，公共団体）が行う環境対策としては，**製品やサービスの調達に際して，環境負荷の小さいものを選んだり，負荷の低減に努める事業者を購入先とするグリーン購入を推進する**ための社内体制を整備したりします。したがって，（イ）が正解です。

ア：コーポレートガバナンス（企業統治）の観点で実施する施策です。
ウ：災害対策支援の観点で実施する施策です。
エ：倫理ヘルプラインは倫理上の問題を相談できる仕組みのことで，コンプライアンス（法令遵守）対策の観点で実施する施策です。

解答　イ

問2 CIO が経営から求められる役割はどれか。

(H27 秋·FE 問 75)

ア　企業経営のための財務戦略の立案と遂行
イ　企業の研究開発方針の立案と実施
ウ　企業の法令遵守の体制の構築と運用
エ　ビジネス価値を最大化させる IT サービス活用の促進

解説

　CIO（Chief Information Officer；**最高情報責任者**）は，**情報戦略に責任をもつ人**で，一般的には情報システムの担当役員です。情報化戦略を立案し，そこで掲げた IT サービスの実現に努めます。そして，その活用を社内で促進し，利益（ビジネス価値）につなげます。したがって，（エ）が正解です。

　CxO は，英語表記中央の英単語 x の内容に責任をもちます。

ア：CFO（Chief **Financial** Officer；**最高財務責任者**）の説明です。

イ：CTO（Chief **Technical** Officer；**最高技術責任者**）の説明です。

ウ：CLO（Chief **Legal** Officer；**最高法務責任者**）の説明です。

解答　エ

問3　社内カンパニー制を説明したものはどれか。

(H31 春·FE 問 76)

　　ア　1 部門を切り離して別会社として独立させ，機動力のある多角化戦略を展開する。

　　イ　合併，買収によって，自社にない経営資源を相手企業から得て，スピーディな戦略展開を図る。

　　ウ　時間を掛けて研究・開発を行い，その成果を経営戦略の基礎とする。

　　エ　事業分野ごとの仮想企業を作り，経営資源配分の効率化，意思決定の迅速化，創造性の発揮を促進する。

解説

　社内カンパニー制は，社内を事業部などの単位に分割し，それぞれを仮想的な別会社として経営していく制度です。カンパニー単位に**独立した企業と同じように権限が与えられる**ことから，**人や資金などの経営資源を効率的に配分でき，意思決定を迅速化して，創造性を発揮し**やすくなります。したがって，（エ）が正解です。社内カンパニー制は企業内での競争力を強化して，企業自身を活性化させるねらいもあります。

ア：分社化の説明です。

イ：M&A（Mergers and Acquisitions）による成長戦略の説明です。

ウ：MOT（Management Of Technology；技術経営）の説明です。

解答　エ

問4　企業経営の透明性を確保するために，企業は誰のために経営を行っているか，トップマネジメントの構造はどうなっているか，組織内部に自浄能力をもっているかなどの観点で，企業活動を監督・監視する仕組みはどれか。

(H28 春·FE 問 75)

　　ア　コアコンピタンス　　　　　イ　コーポレートアイデンティティ
　　ウ　コーポレートガバナンス　　エ　ステークホルダアナリシス

解説

　　企業に出資している株主は，直接経営に携わることはできませんが，企業活動が適切に行われていることを，株主が主体となって監督・監視する仕組みがコーポレートガバナンス（企業統治）です。**株主が利害関係者を代表して，企業（経営陣）を統治する**，という意味です。経営陣の独断による不適切な経営を抑止し，経営責任を明確にするために，意思決定の経緯（トップマネジメントの構造）や組織内部の自浄能力を監督・監視します。したがって，（ウ）が正解です。

ア：コアコンピタンスは，独自の技術など自社の強みです。

イ：コーポレートアイデンティティは，企業のアイデンティティ（個性や他との識別）を意味し，企業が考える自社の存在価値やイメージです。

エ：ステークホルダアナリシスは，企業の利害関係者と友好な関係を築くため，利害関係者のニーズや影響力を分析することです。

解答　ウ

問5　ある工場では表に示す3製品を製造している。実現可能な最大利益は何円か。ここで，各製品の月間需要量には上限があり，組立て工程に使える工場の時間は月間 200 時間までとする。また，複数種類の製品を同時に並行して組み立てることはできないものとする。

(H28 秋·FE 問 71)

	製品 X	製品 Y	製品 Z
1個当たりの利益（円）	1,800	2,500	3,000
1個当たりの組立て所要時間（分）	6	10	15
月間需要量上限（個）	1,000	900	500

　　ア　2,625,000　　イ　3,000,000　　ウ　3,150,000　　エ　3,300,000

解説

問題文と表の数値から，制約式を考えてみましょう。

製品X，Y，Zの組立て個数をx，y，zとすると，次の関係があります。

$0 \leqq x \leqq 1,000$ 個　　　$0 \leqq$ Xの組立て所要時間$\leqq 6,000$ 分

$0 \leqq y \leqq \ \ 900$ 個　　　$0 \leqq$ Yの組立て所要時間$\leqq 9,000$ 分

$0 \leqq z \leqq \ \ 500$ 個　　　$0 \leqq$ Zの組立て所要時間$\leqq 7,500$ 分

組立てに使える製造能力の制約は，月間200時間（＝12,000分）なので，

Xの組立て所要時間＋Yの組立て所要時間＋Zの組立て所要時間$\leqq 200$時間

表には各製品1個当たりの利益と組立て所要時間が示されているので，利益を組立て所要時間で割って，1分当たりで得られる利益を計算すると，

製品X：300円／分，製品Y：250円／分，製品Z：200円／分

となり，**利益の多い製品X，Y，Zの順に月間需要量の上限まで製造すると，最大利益が得られる**ことになります。

xを上限の1,000個とした場合，組立て所要時間＝6,000分，利益＝1,000×1,800＝1,800,000円となります（①とする）。ここで，製造能力の制約は12,000分なので，残りは12,000分－6,000分＝6,000分となります。

次にyを上限の900個とすると，組立て所要時間＝9,000分となりますが，製造能力の残り時間は6,000分なので，製品Yは6,000分÷10分＝600個しか製造できません。そこで，y＝600個として利益を求めると，利益＝600×2,500＝1,500,000円となります（②とする）。

したがって，最大利益は①＋②＝3,300,000円となり，（エ）が正解です。

解答　エ

問6　親和図法を説明したものはどれか。

(H29 春-FE 問76)

ア　事態の進展とともに様々な事象が想定される問題について対応策を検討し，望ましい結果に至るプロセスを定める方法である。

イ　収集した情報を相互の関連によってグループ化し，解決すべき問題点を明確にする方法である。

ウ　複雑な要因が絡み合う事象について，その事象間の因果関係を明らかにする方法である。

エ　目的・目標を達成するための手段・方策を順次展開し，最適な手段・方策を追求していく方法である。

解説

　親和図法は新 QC 七つ道具の一つで，言葉や文章で表現したデータを相互の親和性でまとめ，問題点を明確にする方法です。**情報を整理して関連するものをグループ化して本質を分析します。**したがって，（イ）が正解です。

　選択肢は，全て新 QC 七つ道具の説明です。QC 七つ道具が，数値を用いて定量的に分析するのに対し，新 QC 七つ道具は，**言葉を用いて定性的に分析**します。どちらも製品の品質を保つための分析方法ですが，品質以外の分析にも利用されています。

ア：PDPC 法（Process Decision Program Chart）に関する記述です。目的達成までのプロセスを改善する方策を考えるときに使います。

ウ：関連図法に関する記述です。構成要素の因果関係を分析します。

エ：系統図に関する記述です。目的・目標とその手段について，抽象的なものから具体的なものへと展開することで，最適な手段・方策を求めます。

解答　イ

問7　抜取り検査において，ある不良率のロットがどれだけの確率で合格するかを知ることができるものはどれか。

（H30 春・FE 問 76）

　　ア　OC 曲線　　　　　　　　　イ　ゴンペルツ曲線
　　ウ　バスタブ曲線　　　　　　　エ　ロジスティック曲線

解説

　OC 曲線（Operating Characteristic；検査特性曲線）は，抜取り検査において**検査対象ロット（一定数量の製造単位）の実際の不良率 p とそのロットの合格の確率 P(p) の関係を示すグラフ**です。したがって，（ア）が正解です。

　OC 曲線は，右図のような曲線の形になり，検査特性曲線ともいいます。

イ，エ：ゴンペルツ曲線やロジスティック曲線は，成長曲線とか S カーブとも呼ばれる形状の曲線です。システム開発の業務では，単体テストの進捗に伴うバグの収束傾向を分析するために使われます。

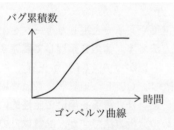

ゴンペルツ曲線　　　　　　　　ロジスティック曲線

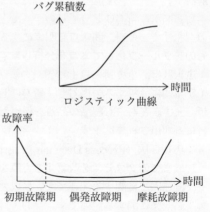

ウ：バスタブ曲線はU字型の形状
　　の曲線です。横軸に経過時間，
　　縦軸に機器の故障率を示してい
　　ます。ハードウェアの故障発生
　　傾向の分析ができます。

解答　ア

問8　財務諸表のうち，一定時点における企業の資産，負債及び純資産を表示
し，企業の財政状態を明らかにするものはどれか。

(H29秋・FE 問77)

　　ア　株主資本等変動計算書　　　　イ　キャッシュフロー計算書
　　ウ　損益計算書　　　　　　　　　エ　貸借対照表

解説

　企業会計における「一定時点」は，一般に会計期間の期末時点を意味しま
す。**貸借対照表は，期末時点の資産，負債，資本の残高を項目別に記載した
表**なので，（エ）が正解です。貸借対照表を見れば，企業の財政状況が分か
ります。

ア：株主資本等変動計算書は，株主資本など純資産の変動額を記載したもの
　　です。貸借対照表を補完するもので，利益の処分方法などを記録します。

イ：キャッシュフロー計算書は，目的，原因ごとの現金預金の出入りを表す
　　ものです。

ウ：損益計算書は，会計期間における全ての収益と費用を記載して，その差
　　引である利益（又は損失）を表示したものです。

解答　エ

問9 キャッシュフロー計算書において，営業活動によるキャッシュフローに
該当するものはどれか。

(R3 春·AP 問 77)

　　ア　株式の発行による収入　　　　イ　商品の仕入による支出
　　ウ　短期借入金の返済による支出　　エ　有形固定資産の売却による収入

解説

　財布の中の現金は，**お金を払えば減り，受け取れば増えます。キャッシュ
フローは，このお金の流れ**のことです。キャッシュフロー計算書は，お金の
流れを次のように分類していて，商品の仕入は営業活動によるキャッシュフ
ローに該当するので，（イ）が正解です。

① 営業活動によるキャッシュフロー
　　商品の販売やサービスの提供など，本業から得られる資金の増減
② 投資活動によるキャッシュフロー
　　有価証券や固定資産の取得・売却など，投資による資金の増減
③ 財務活動によるキャッシュフロー
　　株式発行による資金調達や借入，返済による資金の増減

ア，ウ：財務活動によるキャッシュフローに該当します。
エ：投資活動によるキャッシュフローに該当します。

解答　イ

問10 表は，ある企業の損益計算書である。損益分岐点は何百万円か。

(H26 春·FE 問 78)

単位 百万円

項　　目	内　　訳		金額
売上高			700
売上原価	変動費	100	
	固定費	200	300
売上総利益			400
販売費・一般管理費	変動費	40	
	固定費	300	340
営業利益			60

　　ア　250　　　　　　イ　490　　　　　　ウ　500　　　　　エ　625

解説

　損益分岐点では「**売上と費用（＝固定費＋変動費）が同じで利益は0**」と，変動費は売上に比例し「**変動費率＝変動費÷売上で計算する**」の二つが理解できていれば，損益分岐点売上高を求める式を忘れても解答できます。

　まず，売上高700に対して，変動費は100＋40＝140となるので，変動費率＝140÷700＝0.2です。そこで，損益分岐点売上高をSとすると，変動費はS×0.2となります。固定費は200＋300＝500で，売上に関係しません。

　そして，損益分岐点売上高＝固定費＋変動費ですから，S＝500＋S×0.2という関係が成り立ち，この式から，S－S×0.2＝500　→　0.8×S＝500　→　S＝500÷0.8＝625（百万円）と計算でき，（エ）が正解です。

　損益分岐点売上高を計算式で求めると次のようになりますが，式を覚えるのは大変なので，変動費を考える方法で計算できるようにしましょう。

　売上高700，変動費140，固定費500から，

$$損益分岐点売上高＝\frac{固定費}{1-\dfrac{変動費}{売上高}}＝\frac{500}{1-\dfrac{140}{700}}＝625（百万円）$$

解答　エ

問11　図の損益計算書における経常利益は何百万円か。ここで，枠内の数値は明示していない。

（H24春・FE 問76）

```
              損益計算書

  Ⅰ．売上高              1,585
  Ⅱ．売上原価              951
        ┌─────────┐
        └─────────┘
  Ⅲ．販売費及び一般管理費   160
        ┌─────────┐
        └─────────┘
  Ⅳ．営業外収益            80
  Ⅴ．営業外費用           120
        ┌─────────┐
        └─────────┘
  Ⅵ．特別利益              5
  Ⅶ．特別損失             15
        ┌─────────┐
        └─────────┘
```

　　ア　424　　　　イ　434　　　　ウ　474　　　　エ　634

解説

　損益計算書は，**一定期間の企業の経営状態（損益状況）を表した財務諸表**の一つで，経営成績を，売上総利益，営業利益，経常利益，税引き前当期利益，純利益の 5 種類の利益で表します。上から順番に利益を計算します。

・**売上総利益**（1 番目の空欄）

　　　売上高−売上原価＝1,585−951＝634

・**営業利益**（2 番目の空欄；粗利）

　　　売上総利益−販売費及び一般管理費＝634−160＝474

・**経常利益**（3 番目の空欄）

　　　営業利益＋営業外収益−営業外費用＝474＋80−120＝434

・**税引き前当期利益**（4 番目の空欄）

　　　経常利益＋特別利益−特別損失＝434＋5−15＝424

　したがって，経常利益は 3 番目の空欄の 434 となり，（イ）が正解です。

解答　イ

問 12　平成 27 年 4 月に 30 万円で購入した PC を 3 年後に 1 万円で売却するとき，固定資産売却損は何万円か。ここで，耐用年数は 4 年，減価償却は定額法，定額法の償却率は 0.250，残存価額は 0 円とする。

（H27 秋・FE 問 77）

　　ア　6.0　　　　　　イ　6.5　　　　　　ウ　7.0　　　　　　エ　7.5

解説

　定額法での減価償却費の額は毎年一定の金額になることに注意します。

　　　償却額＝(取得価額−残存価額)÷耐用年数

　　　　　　＝(取得価額−残存価額)×償却率

　償却率は出ていますが，耐用年数が 4 年なので 1÷4＝0.25 となります。残存価額は耐用年数経過時点の価値で残存簿価 1 円（実質的 0 円）です。償却額を求める式に数値を入れると，毎年の償却額は次のようになります。

　　　償却額＝(30 万円−0 万円)×0.250＝7.5 万円

　この償却額で，3 年間償却すると 3 年後の残存価額は次のようになります。

　　　3 年後の残存価額＝30−3×7.5＝30−22.5＝7.5 万円

　7.5 万円の価値がある PC を 1 万円で売却するので，固定資産売却損は，固定資産売却損＝7.5 万円−1 万円＝6.5 万円となり，（イ）が正解です。

解答　イ

第
11
章

問13 ある商品の前月繰越と受払いが表のとおりであるとき，先入先出法によって算出した当月度の売上原価は何円か。

(H30 秋·FE 問 77)

日付	摘要	受払個数		単価 (円)
		受入	払出	
1日	前月繰越	100		200
5日	仕入	50		215
15日	売上		70	
20日	仕入	100		223
25日	売上		60	
30日	翌月繰越		120	

ア 26,290　　　イ 26,450　　　ウ 27,250　　　エ 27,586

解説

　売上原価は，受入した全ての商品の受入値合計ではなく，払い出した商品の受入値合計のことです。同じ商品の受入と払出が複数回行われ，そのたびに単価が違う場合，売上原価の元になる単価をどのように計算するか決める必要があります。**先入先出法は，先に受け入れたものから先に払い出すと考えて原価を計算する**方法です。

　当月度の売上の合計数量は 70＋60＝130 個で，先入先出法なので仕入れた順に商品を割り当てて，原価を計算していきます。

　130 個のうち，前月繰越分の 100 個を割り当てて，原価は 200 円×100 個＝20,000 円となり，残りの 30 個は 5 日に仕入れた 50 個の中から割り当てるので，原価は 215 円×30 個＝6,450 円となります。

　したがって，当月度の 130 個分の原価は，20,000＋6,450＝26,450 円となり，（イ）が正解です。

　なお，先入先出法の他に，後入先出法や総平均法などの計算方法がありますので，この方法で売上原価も計算してみてください。

解答　イ

11.6 法務

▶▶▶ **Explanation**

ポイントの解説

　法律，ガイドライン，標準化に関して，基本的な内容や用語の意味が出題されます。法律の条文やガイドラインの内容を覚える必要はありませんが，過去の試験で出題された内容について，条文を確認することをお勧めします。

(1) 知的財産権

　知的財産権（知的所有権）に関する主な用語と法律は次のとおりです。特許権と著作権に関する出題は多いので，しっかりと覚えておきましょう。

① 産業財産権（工業所有権）

　工業的保護を受ける権利のことで，次の四つの権利を含んでいます。

- ・特許権……自然法則を利用した創作のうち高度なものを発明として保護します。先に権利を取得した人がいれば権利の侵害になります。
- ・実用新案権……産業上利用できるアイディア（物品の形状，構造又は組合せに関するものに限る）に対する権利です。
- ・意匠権……物品の外観（形状，模様，色彩など）に関するデザインや図案などに対する権利です。
- ・商標権……自社商品やサービスを他と区別するため，目印として使用するマーク（トレードマーク）や商号などに対する権利です。

② 著作権法

著作財産権	複製権，上演権，演奏権，展示権，上映権，二次的著作物の利用に関する原著作者の権利など（譲渡可）
著作者人格権	公表権，氏名表示権，同一性保持権（譲渡不可）

ソフトウェアの著作権に関しては，次の点が出題されるポイントです。

- ・プログラム言語や規約，解法（アルゴリズム）は保護の対象外
- ・データベースは情報の選択や体系的な構成に創造性があれば保護の対象
- ・従業員が職務で作成したプログラムの著作権は原則として法人に帰属
- ・著作権の保護期間は，個人が70年，法人が公表後70年
- ・他人の著作物と類似した作品でも，盗用・模倣でなければ，著作権の侵害にはならない。

第11章

　なお，許諾を得なくても著作物を利用できる場合として，バックアップ用の複製や，著作物市場に悪影響を及ぼさないビッグデータを活用した情報解析などがあります。

③　不正競争防止法

　著作権や産業財産権関連法規で保護されない商品などの表示や形態，営業秘密を保護します。営業秘密とは，「公然と知られていない」，「秘密として管理されている」，「事業活動に有用な情報」のことです。

（2）　労働関連・取引関連法規

　労働者派遣法は，労働条件の理解や著作権の帰属などについて，よく出題されます。しっかり理解してください。

①　労働者派遣法（派遣法）
・指揮命令権は派遣先の管理者にある。
・派遣先との雇用契約はなく，派遣元（派遣会社）と雇用契約を結ぶ。
・派遣労働者の開発成果物の著作権は，原則として派遣先に帰属する。
・二重派遣は禁止である。

②　請負契約（一括請負契約）
・注文者と請負人（受注者）との関係は対等で，受注者は更に下請けを使うことができる。
・労働提供は独立労働である（注文者の指揮命令は受けない）。
・結果を提供する（完成させる）ことが目的であり，完成責任がある。

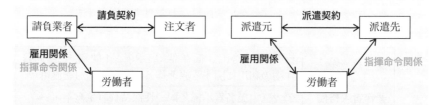

図　請負契約と派遣契約の違い

③　その他の契約形態と偽装請負
・準委任契約……請負と同様に注文者からの指揮命令を受けない契約です。令和2年に民法が改正され，契約途中でも報酬を請求できるようになりました。また，仕事を完成させる契約をして途中で解除になった場合でも，作業を行った分の報酬を請求できるようになりました。なお，法律関係以外の委任契約は，慣例的に準委任契約と呼ばれています。

・出向契約……出向元事業者との関係を保ちながら，出向先事業者との雇用関係に基づき勤務する形態です。指揮命令は出向先事業者が行います。
・偽装請負……請負契約を締結しているのに，要員を発注者側に常駐させて，発注者側の指揮命令に従い業務を行わせることです。

④ ソフトウェアライセンス

PC のソフトウェアなどは，ソフトウェアの使用許諾に関するライセンス契約に基づいて使用する権利を得ます。使用許諾には，著作権法に規定されていない使用権（契約による権利）に関する内容が定められます。OSS のライセンスに関しては，第 4 章「4.4 OSS（オープンソースソフトウェア）」を参照してください。

・シュリンクラップ契約……商品の包んだ透明な梱包（シュリンクラップ）を解いた時点で使用許諾契約が成立します。
・サイトライセンス契約……企業や団体などにある複数のコンピュータでの使用を一括して認める使用許諾です。
・ボリュームライセンス契約……ユーザ個々に契約する使用許諾です。

（3） セキュリティ関連法規

① サイバーセキュリティ基本法

日本におけるサイバーセキュリティに関する施策の基本事項を定めた法律です。サイバーセキュリティの対象となるのは，電子的方式，磁気的方式，電磁的方式（人の知覚によっては認識することができない方式）によって記録，発信，伝送，受信されるものです。これらを侵害する行為は，該当する法律（刑法，不正アクセス禁止法など）によって罰せられます。

・サイバーセキュリティ協議会……サイバーセキュリティに関する施策推進のために，官民の各種機関が密接に連携する組織です。

② 不正アクセス禁止法

他人のパスワードやユーザ ID を無断で使用し，ネットワーク経由で不正にアクセスすることを禁じた法律です。他人のパスワードを無断で教えるなどの不正アクセス助長行為も処罰の対象です。なお，ネットワークを経由しない不正アクセスは対象外なので，他の法律で罰せられます。

③ 刑法

悪用を目的として，コンピュータウイルスを作成，提供又は取得，所持した場合，刑法の不正指令電磁的記録作成罪（ウイルス作成罪）で処罰の対象

となります。悪用前でも，悪用目的で所持していれば対象となります。

　また，コンピュータや電磁的記録の直接的・物理的破壊，データの消去，プログラムの不正作成・消去など，本来の使用目的に沿わない動作をさせて業務妨害を行う行為は，刑法の電子計算機損壊等業務妨害罪に当たります。

④　個人情報保護法（2020年6月5日公布の改正案が2022年4月1日に施行）

　個人情報を取り扱う事業者が守るべき基本的ルールなどを定めた法律で，個人の権利や利益を保護することを目的としています。個人情報は，利用目的を明示して同意を得た上で取得し，正確性や安全性を確保して保管し，本人の申し出によって，閲覧，訂正，削除ができます。そして，利用目的の範囲内で利用し，同意なく第三者に提供することはできません。

　なお，ビッグデータ分析などで情報を利活用する際は，個人を特定できないように匿名化する加工をして提供することができ，元の個人情報に復元できないようにします（匿名加工情報）。これは個人情報に該当しません。

- ・個人情報……生存する特定の個人を識別できる情報です。氏名，生年月日やこれと組み合わせることで個人を特定できる情報，指紋データや免許証番号のような個人識別符号が該当します。
- ・要配慮個人情報……人種，信条，社会的身分，病歴，犯罪履歴，犯罪被害の事実などの機微情報を指します。
- ・仮名加工情報……他の情報と照合しない限り特定の個人を識別できないように加工した個人に関する情報です。企業として他の情報も合わせてもつことが多く，元の個人情報の復元が可能なため，個人情報に該当します。
- ・個人情報取扱事業者……個人情報を保有する全ての事業者を指します。

⑤　マイナンバー法（行政手続における特定の個人を識別する番号の利用等に関する法律）

　マイナンバー制度を施行するための法律です。マイナンバー（個人番号）に個人情報を加えたものを特定個人情報と定義しています。特定個人情報は，主に税務，社会保障に関する事務手続に使われます。

⑥　特定個人情報の適正な取扱いに関するガイドライン

　特定個人情報は，個人情報とマイナンバーで構成されるため，個人情報保護法とマイナンバー法に準拠して保護することが義務付けられています。そこで，両方の法律に準拠して，事業者又は行政機関・地方公共団体がとるべき措置を個人情報保護委員会がまとめたものがこのガイドラインです。

⑦　一般データ保護規則（GDPR）

　欧州連合（EU）で，個人情報の保護という基本的人権の確保を目的に適用されている規則です。欧州経済領域で取得した個人情報（氏名，メールアドレス，クレジットカード番号など）を第三国に移転するために満たすべき法的要件を規定しています。移転は原則禁止で，領域内と同等のセキュリティが確保できると認められる場合だけ例外的に適法化されます。

⑧　情報セキュリティに関する基準

　情報セキュリティの対象や範囲によって対策の内容は異なるため，様々な基準やガイドラインがあります。第 8 章「8.3 情報セキュリティ管理」も合わせて学習しておきましょう。

- ・サイバーセキュリティ経営ガイドライン……経営者が認識すべき内容や，セキュリティ責任者に指示すべき事項をまとめたものです。
- ・コンシューマ向け IoT セキュリティガイド……IoT 製品やシステム，サービスを提供する事業者が考慮すべき事項をまとめたものです。
- ・IoT セキュリティガイドライン……利用者と IoT サービス提供者，それぞれの立場に応じた対策を検討するための指針をまとめたものです。
- ・サイバー・フィジカル・セキュリティ対策フレームワーク……Society 5.0 によって実現されるサプライチェーンのセキュリティを確保するために必要なセキュリティ対策の全体像をまとめたものです。

（4）　その他の法律

①　製造物責任法（PL 法）

　製造業者に過失がない場合でも，製品の欠陥が原因で被害が発生した場合，製造業者が一定の条件の下で責任を問われる法律です。ここでいう製造業者とは，実際に製造を行った業者だけでなく，加工業者や輸入業者も含まれます。製造物責任（Product Liability）から PL 法と呼ばれます。

②　プロバイダ責任制限法

　インターネット上の違法・有害情報に対する対応として，誹謗中傷された被害者救済と表現の自由という権利・利益のバランスに配慮して，被害者側からプロバイダに対して発信者情報の開示を請求する権利と，プロバイダやサイト運営者の責任範囲を定めた法律です。

　これまで何度か改訂され，誹謗中傷の被害があった際の発信者情報の開示請求手続の簡素化や，裁判手続の簡易化・迅速化が図られました。

(5) 標準化関連

① 標準化組織

- ・ISO（国際標準化機構）……各国の代表機関で構成される国際的な機関です。電気・電子分野を除く全分野の国際規格を作成しています。
- ・IEEE（電気電子学会）……米国に本部がある世界最大の電気・電子関係の技術者組織で，"アイトリプルイー"と呼ばれます。
- ・IETF（Internet Engineering Task Force）……インターネットの各種技術の標準化を進めている団体で，技術文書を RFC（Request For Comments）として公開しています。
- ・日本産業標準調査会（Japanese Industrial Standards Committee；JISC）……JIS（日本産業規格）の制定・改正，JIS マーク表示制度など産業標準化の促進や，ISO や IEC など国際機関の活動に参加しています。

② 文字コード

- ・ASCII コード……ANSI（米国規格協会）が制定したコードで，アルファベット，数字などの表現のための 7 ビットの文字コード体系です。
- ・EUC（Extended UNIX Code）……UNIX で世界各国の文字を統一的に扱うためのコード体系です。漢字コードは 2 バイトで表現しますが，JIS の補助漢字は制御文字を含めて 3 バイトで表現します。
- ・Unicode（UCS-2）……全世界の文字を統一して扱うための文字コードです。文字コードは 2 バイトで，各国の文字体系に対応しています。

③ バーコード

- ・JAN コード（Japan Article Number）……どの事業者のどの商品かを表すコードで，POS（Point Of Sale）システムなどで利用されています。13 桁で構成される標準タイプと 8 桁で構成される短縮タイプがあります。

- ・QR コード……2 次元バーコードで最も利用されているものです。1 次元バーコードより多くの情報を表現できるので，エラー訂正用の情報を含めて，訂正機能をもたせることもできます。

▶▶▶ **Check**

理解度チェック ▶ **11.6 法務**

(1) 著作権法に関する次の記述は○ですか，×ですか？
　① プログラム言語や規約，解法（アルゴリズム）は保護される。
　② データベースは保護されない。
　③ 従業員が職務で作成したプログラムの著作権は原則会社に帰属する。
(2) 営業秘密を保護する法律は何ですか。
(3) 労働者派遣法の契約において，労働者に指揮命令するのは誰ですか。
(4) 成果物を提供することが目的であり，完成責任がある契約は何ですか。
(5) 他人のパスワードやユーザIDを無断で使い，ネットワーク経由で不正に他者のコンピュータにアクセスすることを禁じた法律は何ですか。
(6) 悪用を目的に，コンピュータウイルスを作成，提供又は取得，所持したときに適用される罪は何ですか。
(7) サイバーセキュリティに関する施策の基本事項を定めた法律は何ですか。
(8) 個人を特定できないように加工し，元の個人情報に復元できないようにした情報を何といいますか。
(9) 他の情報と照合しない限り，特定の個人を識別できないように加工した個人情報を，何といいますか。
(10) 利用者とIoTサービス提供者，それぞれの立場に応じた対策を検討するための指針をまとめたガイドラインは何ですか。
(11) 過失がない場合でも，製品の欠陥が原因で被害が発生した場合，製造業者が一定の条件の下で責任を問われる法律は何ですか。

─ 解 答 ─

(1) ① 言語や規約・解法は保護されない(×)
　　② 創造性があれば保護される(×)　③ 会社に帰属する(○)
(2) 不正競争防止法　　　　　　　　　(3) 派遣先（派遣先企業）
(4) 請負契約　　　　　　　　　　　　(5) 不正アクセス禁止法
(6) 刑法（ウイルス作成罪）　　　　　(7) サイバーセキュリティ基本法
(8) 匿名加工情報　　　　　　　　　　(9) 仮名加工情報
(10) IoTセキュリティガイドライン　　(11) 製造物責任法（PL法）

▶▶▶ Question

問題で学ぼう

問1　著作権法によるソフトウェアの保護範囲に関する記述のうち，適切なものはどれか。

（H29 春·FE 問 79）

　　ア　アプリケーションプログラムは著作権法によって保護されるが，OSなどの基本プログラムは権利の対価がハードウェアの料金に含まれるので，保護されない。
　　イ　アルゴリズムやプログラム言語は，著作権法によって保護される。
　　ウ　アルゴリズムを記述した文書は著作権法で保護されるが，プログラムは保護されない。
　　エ　ソースプログラムとオブジェクトプログラムの両方とも著作権法によって保護される。

解説

　ソフトウェアとは，プログラムのことです。プログラムを作成するには設計書が必要であり，設計書を元にソースプログラムを作成します。そして，ソースプログラムをコンパイルして，実行形であるオブジェクトプログラムを作成します。また，そのプログラムの使い方を記載したマニュアルを作成します。著作権法では，**ソフトウェア開発で作成するこうした個々の成果物を著作物として扱い保護します。**したがって，（エ）が正解です。

ア：OS などの基本プログラムも著作物で著作権法によって保護されます。
　権利の対価はハードウェアの料金に含まれません。
イ：アルゴリズム（解法）やプログラム言語は著作権法で保護されません。また，アプリケーションと OS のインタフェースなどの規約も著作権法では保護されません。
ウ：文書だけでなく，プログラムも著作権法で保護されます。

解答　エ

問2 A社は，B社と著作物の権利に関する特段の取決めをせず，A社の要求仕様に基づいて，販売管理システムのプログラム作成をB社に委託した。この場合のプログラム著作権の原始的帰属に関する記述のうち，適切なものはどれか。

(R4春·AP 問77)

　ア　A社とB社が話し合って帰属先を決定する。
　イ　A社とB社の共有帰属となる。
　ウ　A社に帰属する。
　エ　B社に帰属する。

解説

　個人が会社の業務で作成したソフトウェアやプログラムの権利は，著作権法の第15条第2項で，「法人等の発意に基づきその法人等の業務に従事する者が職務上作成するプログラムの著作物の著作者は，その作成の時における契約，勤務規則その他に別段の定めがない限り，その法人等とする」と定められています。

　企業に開発を委託する場合，通常は請負契約になりますが，開発業務に従事する作業者への指示は発注元ではなく委託された企業が行います。著作権法の条文における**「法人等」は，この開発を行う「委託された企業」に該当するので，著作権は委託された企業に帰属します。**すなわち，著作物の権利に関して特段の取決めをしないで開発されたソフトウェアやプログラムの著作権は，開発を委託されたB社に帰属することになるので，（エ）が正解です。

解答　エ

問3 著作者人格権に該当するものはどれか。

(H31春·FE 問79)

　ア　印刷，撮影，複写などの方法によって著作物を複製する権利
　イ　公衆からの要求に応じて自動的にサーバから情報を送信する権利
　ウ　著作物の複製物を公衆に貸し出す権利
　エ　自らの意思に反して著作物を変更，切除されない権利

解説

　著作者人格権は著作権とは別の権利で，①公表権，②氏名表示権，③同一性保持権，④名誉声望を害する方法での利用を禁止する権利，の四つがあります。「自らの意思に反して著作物を変更，切除されない権利」は，著作者人格権の③同一性保持権に該当するので，（エ）が正解です。

　著作権法の第20条では，同一性保持権として，「著作者は，その著作物及びその題号の同一性を保持する権利を有し，その意に反してこれらの変更，切除その他の改変を受けないものとする」と規定されています。

ア：「印刷，撮影，複写などの方法によって著作物を複製する権利」は，著作権の中の複製権に当たります。

イ：「公衆からの要求に応じて自動的にサーバから情報を送信する権利」は，著作権の中の自動公衆送信権というものに当たります。

ウ：「著作物の複製物を公衆に貸し出す権利」は，著作権の中の貸与権に当たります。

解答　エ

問4　ソフトウェアやデータに瑕疵がある場合に，製造物責任法の対象となるものはどれか。

(R1秋-FE 問80)

　　ア　ROM化したソフトウェアを内蔵した組込み機器
　　イ　アプリケーションソフトウェアパッケージ
　　ウ　利用者がPCにインストールしたOS
　　エ　利用者によってネットワークからダウンロードされたデータ

解説

　製造物責任法（PL法）は，製造物の不具合によって人の生命，身体又は財産に係る被害が発生した場合に適用される法律で，製造業者に過失がなくても製品の欠陥が原因で被害が発生した場合，製造業者が一定の条件の下で責任を問われます。なお，**製造業者には，実際に製造を行った業者だけでなく，加工・輸入業者も含まれます**。対象となる製造物は，電化製品，生活用品，自動車，加工食品など製造・加工された動産（不動産以外の形のあるもの）です。不動産や加工していない物やサービスは，対象外です。

　ソフトウェアは形がないため，製造・加工された動産には該当しませんが，

ROM化したソフトウェアは切り離せないため，ソフトウェアを含めてROMが製造物の一部（部品）として扱われます。このようなROMに組み込まれたソフトウェアに瑕疵があり，消費者に損害が生じた場合，その製品は製造物責任法の対象となります。したがって，（ア）が正解です。

イ：アプリケーションのソフトウェアパッケージそのものは直接損害賠償の対象となりません。

ウ：OSは製造物ではありません。PCは製造物ですが，利用者がインストールしたOSにはPC製造メーカの責任がないので，対象外です。

エ：利用者がダウンロードしたデータは製造物ではないので，対象外です。

解答　ア

問5　労働者派遣法に基づく，派遣先企業と労働者との関係（図の太線部分）はどれか。

(H30春・FE 問80)

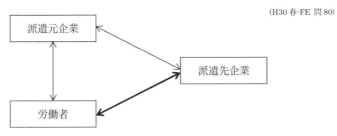

　ア　請負契約関係　　　　　　　イ　雇用契約関係
　ウ　指揮命令関係　　　　　　　エ　労働者派遣契約関係

解説

　労働者派遣法に基づく契約では，**労働者は派遣先企業から指揮命令を受けて業務を行う**ので，（ウ）の指揮命令関係が正解です。

ア：請負契約関係は，請負における注文主と請負元との関係です。請負では，労働者は請負元と雇用関係があり，指揮命令も請負元から出されます。

イ：労働者は派遣元企業と雇用契約関係があります。労働者と派遣先企業は雇用契約関係にありません。

エ：労働者派遣契約関係は，派遣元と派遣先企業が取り交わす契約関係です。

解答　ウ

問6　請負契約を締結していても，労働者派遣とみなされる受託者の行為はどれか。

(H30 秋·FE 問 80)

ア　休暇取得の承認を発注者側の指示に従って行う。

イ　業務の遂行に関する指導や評価を自ら実施する。

ウ　勤務に関する規律や職場秩序の保持を実施する。

エ　発注者の業務上の要請を受託者側の責任者が窓口となって受け付ける。

解説

　請負契約は，当事者の一方が仕事を完成させることを約束し，相手方が仕事の結果に対して報酬を支払うことを約束する契約で（民法第 632 条），発注者は仕事の成果としての製品やサービスを受け入れます。一方，請け負った受託者はその仕事を行う労働者を雇用契約に基づいて管理します。

　労働者派遣契約では，派遣元の事業主が自己の雇用する労働者を，雇用契約を結んだままで，別の事業主の指揮命令で労働させることです。

　したがって，**請負契約における作業の指示や勤怠管理，労働者の評価，職場秩序の維持などは，全て受託企業側が自ら行う必要があり，（ア）の「休暇取得の承認を発注者側の指示に従って行う」**ことは請負契約ではなく，労働者を実質的に派遣している行為（偽装派遣）とみなされます。

　その他の（イ），（ウ），（エ）の行為は，請負契約において受託者側が通常行うことで，労働者派遣とみなされる行為ではありません。

解答　ア

問7　個人情報保護委員会 "個人情報の保護に関する法律についてのガイドライン（通則編）平成 28 年 11 月（令和 4 年 9 月一部改正）" によれば，個人情報に**該当しない**ものはどれか。

(H30 秋·FE 問 79 改)

ア　受付に設置した監視カメラに録画された，本人が判別できる映像データ

イ　個人番号の記載がない，社員に交付する源泉徴収票

ウ　指紋認証のための指紋データのバックアップデータ

エ　匿名加工情報に加工された利用者アンケート情報

解説

　個人情報の意味を落ち着いて思い出しましょう。個人情報は「**生存する特定の個人を識別できる情報**」でした。（ア）本人が判別できる映像データや，（ウ）指紋データは明らかに個人情報です。（イ）の源泉徴収票は，個人番号の記載がなくても，**住所と氏名は必ず記載されている**ので個人情報です。

　（エ）の匿名加工情報に加工された利用者アンケート情報は，個人を特定することができないようにするので，個人情報には該当しません。匿名加工情報の作成では，法律の規定に従い，**個人を特定できないように加工しなければいけません。なお，匿名加工情報とは別の仮名加工情報は個人情報です。**

解答　エ

問 8　不正アクセス禁止法で規定されている，"不正アクセス行為を助長する行為の禁止"規定によって規制される行為はどれか。

(H30 秋·SG 問 32)

　　ア　正当な理由なく他人の利用者 ID とパスワードを第三者に提供する。
　　イ　他人の利用者 ID とパスワードを不正に入手する目的でフィッシングサイトを開設する。
　　ウ　不正アクセスを目的とし，他人の利用者 ID とパスワードを不正に入手する。
　　エ　不正アクセスを目的とし，不正に入手した他人の利用者 ID とパスワードを PC に保管する。

解説

　不正アクセス禁止法では，アクセス権をもたない人が**ネットワーク経由で不正にアクセスすること**を禁止しています。一方で，正当な理由なく他人の利用者 ID やパスワードなど，システムに**アクセスするために必要な情報を第三者に提供することは，その第三者に不正アクセスが可能な状況を作り出す行為**という意味で，"不正アクセス行為を助長する行為"とされ，処罰の対象となります。したがって，（ア）が正解です。

　（イ）と（ウ）は「他人の識別符号を不正に取得する行為の禁止」で，（エ）は「他人の識別符号を不正に保管する行為の禁止」で規制される行為です。

解答　ア

問9　コンピュータウイルスを作成する行為を処罰の対象とする法律はどれか。

(H30 秋·FE 問 78)

　ア　刑法　　　　　　　　　　　イ　不正アクセス禁止法
　ウ　不正競争防止法　　　　　　エ　プロバイダ責任制限法

解説

　コンピュータウイルスを作成する行為は，**刑法の第 168 条の不正指令電磁的記録作成罪**に当たります。一般に，ウイルス作成罪と呼ばれていて，3 年以下の懲役又は 50 万円以下の罰金が科せられます。したがって，(ア) が正解です。この他，コンピュータの破壊やデータやプログラムの消去などによって業務妨害を行う行為は，同じ刑法の電子計算機損壊等業務妨害罪に当たります。

イ：不正アクセス禁止法では，ID・パスワードの不正な使用や攻撃による，アクセス権限のないコンピュータ資源へのアクセスを禁止しています。

ウ：不正競争防止法は，公正な競争と国際約束の的確な実施を確保するため，不正競争の防止を目的として設けられた法律です。

エ：プロバイダ責任制限法は，Web サイトの掲示板に個人のプライバシを侵害する書込みがあった場合のプロバイダの責任範囲を定めた法律です。

解答　ア

問10　サイバーセキュリティ基本法の説明はどれか。

(H30 春·SG 問 31)

　ア　国民は，サイバーセキュリティの重要性に関する関心と理解を深め，その確保に必要な注意を払うよう努めるものとすると規定している。

　イ　サイバーセキュリティに関する国及び情報通信事業者の責務を定めたものであり，地方公共団体や教育研究機関についての言及はない。

　ウ　サイバーセキュリティに関する国及び地方公共団体の責務を定めたものであり，民間事業者が努力すべき事項についての規定はない。

　エ　地方公共団体を"重要社会基盤事業者"と位置づけ，サイバーセキュリティ関連施策の立案・実施に責任を負う者であると規定している。

解説

　サイバーセキュリティ基本法は，日本においてサイバーセキュリティ施策の基本となる事項を定めた法律でした。サイバーセキュリティの安全性と信頼性を確保するために，**それぞれが立場に応じて，自主的な施策を作成して実施すること**を定めています。政府をはじめ，情報通信事業者及び地方公共団体，教育機関，民間事業者については，施策の作成と実施を責務として，その指針を定めています。**国民については，サイバーセキュリティの重要性に関する関心と理解を深め，その確保に必要な注意を払うよう努める**ものとするとしています（第9条）。したがって，（ア）が正解です。

イ，ウ：地方公共団体や教育研究機関，民間事業者に関する規定もあります。

エ：内閣に設置された，サイバーセキュリティ戦略本部の行う事務として規定されています。

解答　ア

問11　インターネットで利用される技術の標準化を図り，技術仕様を RFC として策定している組織はどれか。

(H31 春·FE 問 80)

　　ア　ANSI　　　イ　IEEE　　　　ウ　IETF　　　エ　NIST

　IETF（Internet Engineering Task Force）は，**インターネットで利用される技術の標準化を図る組織で，技術仕様を RFC（Request for Comments）として策定している**ので，（ウ）が正解です。

ア：ANSI（American National Standards Institute）は，米国の国内における工業分野の標準化組織です。

イ：IEEE（Institute of Electrical and Electronics Engineers）は，米国に本部を置く世界規模の電気工学・電子工学の標準化組織で，電気通信関連の仕様を標準化しています。

エ：NIST（National Institute of Standards and Technology）は，米国国立標準技術研究所のことで，多くの研究部門がある中，暗号技術の標準化も行っています。

解答　ウ

巻末資料

出題範囲〔科目A，午前の試験〕

分野	大分類	中分類	情報セキュリティマネジメント試験	基本情報技術者試験	応用情報技術者試験	午前I（共通知識）	ITストラテジスト試験	システムアーキテクト試験	プロジェクトマネージャ試験	ネットワークスペシャリスト試験	データベーススペシャリスト試験	エンベデッドシステムスペシャリスト試験	ITサービスマネージャ試験	システム監査技術者試験	情報処理安全確保支援士試験
テクノロジ系	1 基礎理論	1 基礎理論													
		2 アルゴリズムとプログラミング													
	2 コンピュータシステム	3 コンピュータ構成要素						○3		○3	○3	◎4	○3		
		4 システム構成要素	○2					○3		○3	○3	◎4	○3		
		5 ソフトウェア		○2	○3	○3						◎4			
		6 ハードウェア										◎4			
	3 技術要素	7 ヒューマンインタフェース													
		8 マルチメディア													
		9 データベース	○2					○3			◎4		○3	○3	○3
		10 ネットワーク	○2					○3		◎4			○3	○3	◎4
		11 セキュリティ[1]	◎2	◎2	◎3	◎3	◎4	◎4	○4	◎4	◎4	◎4	◎4	◎4	◎4
	4 開発技術	12 システム開発技術						◎4	○3	○3	○3	◎4	○3		○3
		13 ソフトウェア開発管理技術						○3	○3	○3	○3	◎4			○3
マネジメント系	5 プロジェクトマネジメント	14 プロジェクトマネジメント	○2						◎4				◎4		
	6 サービスマネジメント	15 サービスマネジメント	○2						○3				◎4	○3	○3
		16 システム監査	○2										○3	◎4	
ストラテジ系	7 システム戦略	17 システム戦略	○2	○2	○3	○3	◎4	○3							
		18 システム企画	○2				◎4	◎4	○3			○3			
	8 経営戦略	19 経営戦略マネジメント					◎4					○3			○3
		20 技術戦略マネジメント					◎4					○3			
		21 ビジネスインダストリ					◎4					○3			
	9 企業と法務	22 企業活動	○2				◎4							○3	
		23 法務	◎2				○3		○3					○3	◎4

注記1　○は出題範囲であることを，◎は出題範囲のうちの重点分野であることを表す。

注記2　2，3，4は技術レベルを表し，4が最も高度で，上位は下位を包含する。

注[1]　"中分類11：セキュリティ"の知識項目には技術面・管理面の両方が含まれるが，高度試験の各試験区分では，各人材像にとって関連性の強い知識項目をレベル4として出題する。

図表　科目A，午前試験出題分野一覧表

科目 A，午前の出題範囲

共通キャリア・スキルフレームワーク			情報処理技術者試験	
分野	大分類	中分類	小分類	知識項目例
テクノロジ系	1 基礎理論	1 基礎理論	1 離散数学	2 進数，基数，数値表現，演算精度，集合，ベン図，論理演算，命題　など
			2 応用数学	確率・統計，数値解析，数式処理，グラフ理論，待ち行列理論　など
			3 情報に関する理論	符号理論，述語理論，オートマトン，形式言語，計算量，人工知能（AI），知識工学，学習理論，コンパイラ理論，プログラミング言語・意味論　など
			4 通信に関する理論	伝送理論（伝送路，変復調方式，多重化方式，誤り検出・訂正，信号同期方式ほか）　など
			5 計測・制御に関する理論	信号処理，フィードバック制御，フィードフォワード制御，応答特性，制御安定性，各種制御，センサ・アクチュエータの種類と動作特性　など
		2 アルゴリズムとプログラミング	1 データ構造	スタックとキュー，リスト，配列，木構造，2 分木　など
			2 アルゴリズム	整列，併合，探索，再帰，文字列処理，流れ図の理解，アルゴリズム設計　など
			3 プログラミング	既存言語を用いたプログラミング（プログラミング作法，プログラム構造，データ型，文法の表記法ほか）　など
			4 プログラム言語	プログラム言語（アセンブラ言語，C，C++，COBOL，Java[1]，ECMAScript，Ruby，Perl，PHP，Python ほか）の種類と特徴，共通言語基盤（CLI）　など
			5 その他の言語	マークアップ言語（HTML，XML ほか）の種類と特徴，データ記述言語（DDL）　など
	2 コンピュータシステム	3 コンピュータ構成要素	1 プロセッサ	コンピュータ及びプロセッサの種類，構成・動作原理，割込み，性能と特性，構造と方式，RISC と CISC，命令とアドレッシング，マルチコアプロセッサ　など
			2 メモリ	メモリの種類と特徴，メモリシステムの構成と記憶階層（キャッシュ，主記憶，補助記憶ほか），アクセス方式，RAM ファイル，メモリの容量と性能，記録媒体の種類と特徴　など
			3 バス	バスの種類と特徴，バスのシステムの構成，バスの制御方式，バスのアクセスモード，バスの容量と性能　など
			4 入出力デバイス	入出力デバイスの種類と特徴，入出力インタフェース，デバイスドライバ，デバイスとの同期，アナログ・ディジタル変換，DMA　など
			5 入出力装置	入力装置，出力装置，表示装置，補助記憶装置・記憶媒体，通信制御装置，駆動装置，撮像装置　など
		4 システム構成要素	1 システムの構成	システムの処理形態，システムの利用形態，システムの適用領域，仮想化，クライアントサーバシステム，Web システム，シンクライアントシステム，フォールトトレラントシステム，RAID，NAS，SAN，P2P，ハイパフォーマンスコンピューティング（HPC），クラスタ　など

共通キャリア・スキルフレームワーク			情報処理技術者試験		
分野	大分類	中分類		小分類	知識項目例
			2	システムの評価指標	システムの性能指標，システムの性能特性と評価，システムの信頼性・経済性の意義と目的，信頼性計算，信頼性指標，信頼性特性と評価，経済性の評価，キャパシティプランニング　など
		5 ソフトウェア	1	オペレーティングシステム	OS の種類と特徴，OS の機能，多重プログラミング，仮想記憶，ジョブ管理，プロセス/タスク管理，データ管理，入出力管理，記憶管理，割込み，ブートストラップ　など
			2	ミドルウェア	各種ミドルウェア（OS などの API，Web API，各種ライブラリ，コンポーネントウェア，シェル，開発フレームワークほか）の役割と機能，ミドルウェアの選択と利用　など
			3	ファイルシステム	ファイルシステムの種類と特徴，アクセス手法，検索手法，ディレクトリ管理，バックアップ，ファイル編成　など
			4	開発ツール	設計ツール，構築ツール，テストツール，言語処理ツール（コンパイラ，インタプリタ，リンカ，ローダほか），エミュレータ，シミュレータ，インサーキットエミュレータ（ICE），ツールチェーン，統合開発環境　など
			5	オープンソースソフトウェア	OSS の種類と特徴，UNIX 系 OS，オープンソースコミュニティ，LAMP/LAPP，オープンソースライブラリ，OSS の利用・活用と考慮点（安全性，信頼性ほか），動向　など
		6 ハードウェア	1	ハードウェア	電気・電子回路，機械・制御，論理設計，構成部品及び要素と実装，半導体素子，システム LSI，SoC（System on a Chip），FPGA，MEMS，診断プログラム，消費電力　など
3	技術要素	7 ヒューマンインタフェース	1	ヒューマンインタフェース技術	インフォメーションアーキテクチャ，GUI，音声認識，画像認識，動画認識，特徴抽出，学習機能，インタラクティブシステム，ユーザビリティ，アクセシビリティ　など
			2	インタフェース設計	帳票設計，画面設計，コード設計，Web デザイン，人間中心設計，ユニバーサルデザイン，ユーザビリティ評価　など
		8 マルチメディア	1	マルチメディア技術	オーサリング環境，音声処理，静止画処理，動画処理，メディア統合，圧縮・伸長，MPEG　など
			2	マルチメディア応用	AR（Augmented Reality），VR（Virtual Reality），CG（Computer Graphics），メディア応用，モーションキャプチャ　など
		9 データベース	1	データベース方式	データベースの種類と特徴，データベースのモデル，DBMS　など
			2	データベース設計	データ分析，データベースの論理設計，データの正規化，データベースのパフォーマンス設計，データベースの物理設計　など
			3	データ操作	データベースの操作，データベースを操作するための言語（SQL ほか），関係代数　など
			4	トランザクション処理	排他制御，リカバリ処理，トランザクション管理，データベースの性能向上，データ制御　など

共通キャリア・スキルフレームワーク			情報処理技術者試験	
分野	大分類	中分類	小分類	知識項目例
			5 データベース応用	データウェアハウス, データマイニング, 分散データベース, リポジトリ, メタデータ, ビッグデータ など
		10 ネットワーク	1 ネットワーク方式	ネットワークの種類と特徴 (WAN/LAN, 有線・無線, センサネットワークほか), インターネット技術, 回線に関する計算, パケット交換網, QoS, RADIUS など
			2 データ通信と制御	伝送方式と回線, LAN 間接続装置, 回線接続装置, 電力線通信 (PLC), OSI 基本参照モデル, メディアアクセス制御 (MAC), データリンク制御, ルーティング制御, フロー制御 など
			3 通信プロトコル	プロトコルとインタフェース, TCP/IP, HDLC, CORBA, HTTP, DNS, SOAP, IPv6 など
			4 ネットワーク管理	ネットワーク仮想化 (SDN, NFV ほか), ネットワーク運用管理 (SNMP), 障害管理, 性能管理, トラフィック監視 など
			5 ネットワーク応用	インターネット, イントラネット, エクストラネット, モバイル通信, ネットワーク OS, 通信サービス など
		11 セキュリティ	1 情報セキュリティ	情報の機密性・完全性・可用性, 脅威, マルウェア・不正プログラム, 脆弱性, 不正のメカニズム, 攻撃者の種類・動機, サイバー攻撃 (SQL インジェクション, クロスサイトスクリプティング, DoS 攻撃, フィッシング, パスワードリスト攻撃, 標的型攻撃ほか), 暗号技術 (共通鍵, 公開鍵, 秘密鍵, RSA, AES, ハイブリッド暗号, ハッシュ関数ほか), 認証技術 (ディジタル署名, メッセージ認証, タイムスタンプほか), 利用者認証 (利用者 ID・パスワード, 多要素認証, アイデンティティ連携 (OpenID, SAML) ほか), 生体認証技術, 公開鍵基盤 (PKI, 認証局, ディジタル証明書ほか), 政府認証基盤 (GPKI, ブリッジ認証局ほか) など
			2 情報セキュリティ管理	情報資産とリスクの概要, 情報資産の調査・分類, リスクの種類, 情報セキュリティリスクアセスメント及びリスク対応, 情報セキュリティ継続, 情報セキュリティ諸規程 (情報セキュリティポリシを含む組織内規程), ISMS, 管理策 (情報セキュリティインシデント管理, 法的及び契約上の要求事項の順守ほか), 情報セキュリティ組織・機関 (CSIRT, SOC (Security Operation Center), ホワイトハッカーほか) など
			3 セキュリティ技術評価	ISO/IEC 15408 (コモンクライテリア), JISEC (IT セキュリティ評価及び認証制度), JCMVP (暗号モジュール試験及び認証制度), PCI DSS, CVSS, 脆弱性検査, ペネトレーションテスト など
			4 情報セキュリティ対策	情報セキュリティ啓発 (教育, 訓練ほか), 組織における内部不正防止ガイドライン, マルウェア・不正プログラム対策, 不正アクセス対策, 情報漏えい対策, アカウント管理, ログ管理, 脆弱性管理, 入退室管理, アクセス制御, 侵入検知/侵入防止, 検疫ネットワーク, 多層防御, 無線 LAN セキュリティ (WPA2 ほか), 携帯端末 (携帯電話, スマートフォン, タブレット端末ほか) のセキュリティ, セキュリティ製品・サービス (ファイアウォール, WAF, DLP, SIEM ほか), ディジタルフォレンジックス など

共通キャリア・スキルフレームワーク			情報処理技術者試験		
分野	大分類	中分類		小分類	知識項目例
			5	セキュリティ実装技術	セキュアプロトコル（IPSec, SSL/TLS, SSH ほか），認証プロトコル（SPF, DKIM, SMTP-AUTH, OAuth, DNSSEC ほか），セキュア OS, ネットワークセキュリティ，データベースセキュリティ，アプリケーションセキュリティ，セキュアプログラミング　など
4	開発技術	12 システム開発技術	1	システム要件定義・ソフトウェア要件定義	システム要件定義（機能，境界，能力，業務・組織及び利用者の要件，設計及び実装の制約条件，適格性確認要件ほか），システム要件の評価，ソフトウェア要件定義（機能，境界，能力，インタフェース，業務モデル，データモデルほか），ソフトウェア要件の評価　など
			2	設計	システム設計（ハードウェア・ソフトウェア・サービス・手作業の機能分割，ハードウェア構成決定，ソフトウェア構成決定，システム処理方式決定，データベース方式決定ほか），システム統合テストの設計，アーキテクチャ及びシステム要素の評価，ソフトウェア設計（ソフトウェア構造とソフトウェア要素の設計ほか），インタフェース設計，ソフトウェアユニットのテストの設計，ソフトウェア統合テストの設計，ソフトウェア要素の評価，ソフトウェア品質，レビュー，ソフトウェア設計手法（プロセス中心設計，データ中心設計，構造化設計，オブジェクト指向設計ほか），モジュールの設計，部品化と再利用，アーキテクチャパターン，デザインパターン　など
			3	実装・構築	ソフトウェアユニットの作成，コーディング標準，コーディング支援手法，コードレビュー，メトリクス計測，デバッグ，テスト手法，テスト準備（テスト環境，テストデータほか），テストの実施，テスト結果の評価　など
			4	統合・テスト	統合テスト計画，統合テストの準備（テスト環境，テストデータほか），統合テストの実施，検証テストの実施，統合及び検証テスト結果の評価，チューニング，テストの種類（機能テスト，非機能要件テスト，性能テスト，負荷テスト，セキュリティテスト，回帰テストほか）　など
			5	導入・受入れ支援	導入計画の作成，導入の実施，受入れレビューと受入れテスト，納入と受入れ，教育訓練，利用者マニュアル，妥当性確認テストの実施，妥当性確認テストの結果の管理　など
			6	保守・廃棄	保守の形態，保守の手順，廃棄　など
		13 ソフトウェア開発管理技術	1	開発プロセス・手法	ソフトウェア開発モデル，アジャイル開発，ソフトウェア再利用，リバースエンジニアリング，マッシュアップ，構造化手法，形式手法，ソフトウェアライフサイクルプロセス（SLCP），プロセス成熟度　など
			2	知的財産適用管理	著作権管理，特許管理，保管管理，技術的保護（コピーガード，DRM，アクティベーションほか）　など
			3	開発環境管理	開発環境稼働状況管理，開発環境構築，設計データ管理，ツール管理，ライセンス管理　など

共通キャリア・スキルフレームワーク			情報処理技術者試験		
分野	大分類	中分類	小分類	知識項目例	
			4 構成管理・変更管理	構成識別体系の確立，変更管理，構成状況の記録，品目の完全性保証，リリース管理及び出荷　など	
マネジメント系	5 プロジェクトマネジメント	14 プロジェクトマネジメント	1 プロジェクトマネジメント	プロジェクト，プロジェクトマネジメント，プロジェクトの環境，プロジェクトガバナンス，プロジェクトライフサイクル，プロジェクトの制約　など	
			2 プロジェクトの統合	プロジェクト憲章の作成，プロジェクト全体計画（プロジェクト計画及びプロジェクトマネジメント計画）の作成，プロジェクト作業の指揮，プロジェクト作業の管理，変更の管理，プロジェクトフェーズ又はプロジェクトの終結，得た教訓の収集　など	
			3 プロジェクトのステークホルダ	ステークホルダの特定，ステークホルダのマネジメント　など	
			4 プロジェクトのスコープ	スコープの定義，WBS の作成，活動の定義，スコープの管理　など	
			5 プロジェクトの資源	プロジェクトチームの結成，資源の見積り，プロジェクト組織の定義，プロジェクトチームの開発，資源の管理，プロジェクトチームのマネジメント　など	
			6 プロジェクトの時間	活動の順序付け，活動期間の見積り，スケジュールの作成，スケジュールの管理　など	
			7 プロジェクトのコスト	コストの見積り，予算の作成，コストの管理　など	
			8 プロジェクトのリスク	リスクの特定，リスクの評価，リスクへの対応，リスクの管理　など	
			9 プロジェクトの品質	品質の計画，品質保証の遂行，品質管理の遂行　など	
			10 プロジェクトの調達	調達の計画，供給者の選定，調達の運営管理　など	
			11 プロジェクトのコミュニケーション	コミュニケーションの計画，情報の配布，コミュニケーションのマネジメント　など	
	6 サービスマネジメント	15 サービスマネジメント	1 サービスマネジメント	サービスマネジメント，サービスマネジメントシステム，サービス，サービスライフサイクル，ITIL[2)]，サービスの要求事項，サービスレベル合意書（SLA），サービス及びサービスマネジメントシステムのパフォーマンス，顧客，サービス提供者　など	

| 共通キャリア・スキルフレームワーク | | | 情報処理技術者試験 | |
分野	大分類	中分類	小分類	知識項目例
			2 サービスマネジメントシステムの計画及び運用	サービスマネジメントシステムの計画，サービスマネジメントシステムの支援（文書化した情報，知識ほか），サービスポートフォリオ（サービスの提供，サービスの計画，サービスライフサイクルに関与する関係者の管理，サービスカタログ管理，資産管理，構成管理），関係及び合意（事業関係管理，サービスレベル管理，供給者管理），供給及び需要（サービスの予算業務及び会計業務，需要管理，容量・能力管理），サービスの設計・構築・移行（変更管理，サービスの設計及び移行，リリース及び展開管理），解決及び実現（インシデント管理，サービス要求管理，問題管理），サービス保証（サービス可用性管理，サービス継続管理）　など
			3 パフォーマンス評価及び改善	パフォーマンス評価（監視・測定・分析・評価，内部監査，マネジメントレビュー，サービスの報告），改善（不適合及び是正処置，継続的改善）　など
			4 サービスの運用	システム運用管理，運用オペレーション，サービスデスク，運用の資源管理，システムの監視と操作，スケジュール設計，運用支援ツール（監視ツール，診断ツールほか）　など
			5 ファシリティマネジメント	設備管理（電気設備・空調設備ほか），施設管理，施設・設備の維持保全，環境側面　など
		16 システム監査	1 システム監査	システム監査の体制整備，システム監査人の独立性・客観性・慎重な姿勢，システム監査計画策定，システム監査実施，システム監査報告とフォローアップ，システム監査基準，システム監査技法（ドキュメントレビュー法,インタビュー法,CAATほか），監査証拠，監査調書，情報セキュリティ監査，監査による保証又は助言　など
			2 内部統制	内部統制の意義と目的，相互けん制（職務の分離），内部統制報告制度，内部統制の評価・改善，ITガバナンス，EDMモデル，CSA（統制自己評価）　など
ストラテジ系	7 システム戦略	17 システム戦略	1 情報システム戦略	情報システム戦略の意義と目的，情報システム戦略の方針及び目標設定，情報システム化基本計画，情報システム戦略遂行のための組織体制，情報システム投資計画，ビジネスモデル，業務モデル，情報システムモデル，エンタープライズアーキテクチャ（EA），プログラムマネジメント，システムオーナ，データオーナ，プロセスフレームワーク，コントロールフレームワーク，品質統制（品質統制フレームワーク），情報システム戦略評価，情報システム戦略実行マネジメント，IT投資マネジメント，IT経営力指標　など
			2 業務プロセス	BPR，業務分析，業務改善，業務設計，ビジネスプロセスマネジメント（BPM），BPO，オフショア，SFA　など
			3 ソリューションビジネス	ソリューションビジネスの種類とサービス形態，業務パッケージ，問題解決支援，ASP，SOA，クラウドコンピューティング（SaaS，PaaS，IaaSほか）　など

共通キャリア・スキルフレームワーク			情報処理技術者試験	
分野	大分類	中分類	小分類	知識項目例
			4 システム活用促進・評価	情報リテラシ，データ活用，普及啓発，人材育成計画，システム利用実態の評価・検証，ディジタルディバイド，システム廃棄　など
		18 システム企画	1 システム化計画	システム化構想，システム化基本方針，全体開発スケジュール，プロジェクト推進体制，要員教育計画，開発投資対効果，投資の意思決定法（PBP，DCF法ほか），IT ポートフォリオ，システムライフサイクル，情報システム導入リスク分析　など
			2 要件定義	要求分析，ユーザニーズ調査，現状分析，課題定義，要件定義手法，業務要件定義，機能要件定義，非機能要件定義，利害関係者要件の確認，情報システム戦略との整合性検証　など
			3 調達計画・実施	調達計画，調達の要求事項，調達の条件，提案依頼書（RFP），提案評価基準，見積書，提案書，調達選定，調達リスク分析，内外作基準，ソフトウェア資産管理，ソフトウェアのサプライチェーンマネジメント　など
	8 経営戦略	19 経営戦略マネジメント	1 経営戦略手法	競争戦略，差別化戦略，ブルーオーシャン戦略，コアコンピタンス，M&A，アライアンス，グループ経営，企業理念，SWOT 分析，PPM，バリューチェーン分析，成長マトリクス，アウトソーシング，シェアサービス，インキュベータ　など
			2 マーケティング	マーケティング理論，マーケティング手法，マーケティング分析，ライフタイムバリュー（LTV），消費者行動モデル，広告戦略，ブランド戦略，価格戦略　など
			3 ビジネス戦略と目標・評価	ビジネス戦略立案，ビジネス環境分析，ニーズ・ウォンツ分析，競合分析，PEST 分析，戦略目標，CSF，KPI，KGI，バランススコアカード　など
			4 経営管理システム	CRM，SCM，ERP，意思決定支援，ナレッジマネジメント，企業内情報ポータル（EIP）　など
		20 技術戦略マネジメント	1 技術開発戦略の立案	製品動向，技術動向，成功事例，発想法，コア技術，技術研究，技術獲得，技術供与，技術提携，技術経営（MOT），産学官連携，標準化戦略　など
			2 技術開発計画	技術開発投資計画，技術開発拠点計画，人材計画，技術ロードマップ，製品応用ロードマップ，特許取得ロードマップ　など
		21 ビジネスインダストリ	1 ビジネスシステム	流通情報システム，物流情報システム，公共情報システム，医療情報システム，金融情報システム，電子政府，POS システム，XBRL，スマートグリッド，Web 会議システム，ユビキタスコンピューティング，IoT　など
			2 エンジニアリングシステム	エンジニアリングシステムの意義と目的，生産管理システム，MRP，PDM，CAE　など
			3 e-ビジネス	EC（BtoB，BtoC などの電子商取引），電子決済システム，EDI，IC カード・RFID 応用システム，ソーシャルメディア（SNS，ミニブログほか），ロングテール　など

共通キャリア・スキルフレームワーク			情報処理技術者試験	
分野	大分類	中分類	小分類	知識項目例
			4 民生機器	AV 機器，家電機器，個人用情報機器（携帯電話，スマートフォン，タブレット端末ほか），教育・娯楽機器，コンピュータ周辺/OA 機器，業務用端末機器，民生用通信端末機器　など
			5 産業機器	通信設備機器，運輸機器/建設機器，工業制御/FA 機器/産業機器，設備機器，医療機器，分析機器・計測機器　など
9 企業と法務		22 企業活動	1 経営・組織論	経営管理，PDCA，経営組織（事業部制，カンパニ制，CIO，CEO ほか），コーポレートガバナンス，CSR，IR，コーポレートアイデンティティ，グリーン IT，ヒューマンリソース（OJT，目標管理，ケーススタディ，裁量労働制ほか），行動科学（リーダシップ，コミュニケーション，テクニカルライティング，プレゼンテーション，ネゴシエーション，モチベーションほか），TQM，リスクマネジメント，BCP，株式公開（IPO）　など
			2 OR・IE	線形計画法（LP），在庫問題，PERT/CPM，ゲーム理論，分析手法（作業分析，PTS 法，ワークサンプリング法ほか），検査手法（OC 曲線，サンプリング，シミュレーションほか），品質管理手法（QC 七つ道具，新 QC 七つ道具ほか）　など
			3 会計・財務	財務会計，管理会計，会計基準，財務諸表，連結会計，減価償却，損益分岐点，財務指標，原価，リースとレンタル，資金計画と資金管理，資産管理，経済性計算，IFRS　など
		23 法務	1 知的財産権	著作権法，産業財産権法，不正競争防止法（営業秘密ほか）　など
			2 セキュリティ関連法規	サイバーセキュリティ基本法，不正アクセス禁止法，刑法（ウイルス作成罪ほか），個人情報保護法，特定個人情報の適正な取扱いに関するガイドライン，プロバイダ責任制限法，特定電子メール法，コンピュータ不正アクセス対策基準，コンピュータウイルス対策基準　など
			3 労働関連・取引関連法規	労働基準法，労働関連法規，外部委託契約，ソフトウェア契約，ライセンス契約，OSS ライセンス（GPL，BSD ライセンスほか），パブリックドメイン，クリエイティブコモンズ，守秘契約（NDA），下請法，労働者派遣法，民法，商法，公益通報者保護法，特定商取引法　など
			4 その他の法律・ガイドライン・技術者倫理	コンプライアンス，情報公開，電気通信事業法，ネットワーク関連法規，会社法，金融商品取引法，リサイクル法，各種税法，輸出関連法規，システム管理基準，ソフトウェア管理ガイドライン，情報倫理，技術者倫理，プロフェッショナリズム　など
			5 標準化関連	JIS，ISO，IEEE などの関連機構の役割，標準化団体，国際認証の枠組み（認定/認証/試験機関），各種コード（文字コードほか），JIS Q 15001，ISO 9000，ISO 14000　など

注 1) Java は，Oracle Corporation 及びその子会社，関連会社の米国及びその他の国における登録商標又は商標です。
　　2) ITIL は，AXELOS Limited の登録商標です。

索　引

□チェックボックスを活用して，効率良く学習を進めましょう。

巻末資料

わ

巻末資料

■編著者

アイテックIT人材教育研究部
　石川　英樹
　山本　明生
　山浦　菜穂子

2023-2024 基本情報技術者 科目A試験対策書

編著 ■　アイテックIT人材教育研究部
制作 ■　山浦　菜穂子　戸波　奈緒
DTP・印刷 ■　株式会社ワコープラネット

発行日　2023年3月29日　第1版　第1刷
発行人　土元　克則
発行所　株式会社アイテック
　　　　〒143-0006
　　　　東京都大田区平和島6-1-1　センタービル
　　　　電話　03-6877-6312
　　　　https://www.itec.co.jp/

プロ講師の解法テクニック伝授で合格を勝ち取る！

２０２３秋　アイテックオープンセミナー
情報処理技術者試験対策講座『合格ゼミ』

https://www.itec.co.jp/howto/seminar/#a02

高いスキルと豊富な経験を誇るベテラン講師の解説で，テキストで学ぶ以上の知識やテクニックを習得できます。最新の試験傾向をいち早く分析し対応している，アイテックと講師のノウハウが詰まった，最善のカリキュラムを提供します。
『合格ゼミ』で合格を勝ち取りましょう！

試験区分	略号	セミナー名	価格	第１回	第２回	第３回
基本情報技術者	FE	試験対策講座	¥44,000	8/19(土)	9/2(土)	9/16(土)
		一日対策講座	¥16,980	9/30(土)	―	―
応用情報技術者	AP	テクノロジ系午後対策講座	¥47,000	8/20(日)	9/3(日)	9/17(日)
		マネジメント系／ストラテジ系午後対策講座	¥18,980	9/9(土)	―	―
		直前対策講座	¥18,980	9/23(土)	―	―
情報処理安全確保支援士	SC	午後対策講座	¥57,000	8/20(日)	9/3(日)	9/17(日)
		直前対策講座	¥19,980	9/24(日)	―	―
データベーススペシャリスト	DB	午後対策講座	¥57,000	8/19(土)	9/2(土)	9/16(土)
		直前対策講座	¥19,980	9/23(土)	―	―
エンベデッドシステムスペシャリスト	ES	試験対策講座	¥19,980	9/9(土)	―	―
プロジェクトマネージャ	PM	午後対策講座(論文添削付き)	¥81,000	8/19(土)	9/2(土)	9/16(土)
		直前対策講座	¥20,980	9/23(土)	―	―
システム監査技術者	AU	午後対策講座(論文添削付き)	¥81,000	8/19(土)	9/2(土)	9/16(土)
		直前対策講座	¥20,980	9/23(土)	―	―

※表示の価格はすべて税抜きの価格です。本内容は予告なく変更となる可能性がございます。
　詳細は Web にてご確認ください。

ITEC の書籍のご案内 | *表示の価格は全て税抜きの価格です。

● 総仕上げ問題集シリーズ

703490	2023 秋　応用情報技術者　総仕上げ問題集 ※1	¥3,300	978-4-86575-293-9
703491	2023 秋　情報処理安全確保支援士　総仕上げ問題集 ※1	¥3,700	978-4-86575-294-6
703492	2023　データベーススペシャリスト　総仕上げ問題集 ※1	¥3,700	978-4-86575-295-3
703493	2023　エンベデッドシステムスペシャリスト　総仕上げ問題集 ※1	¥4,100	978-4-86575-296-0
703494	2023　プロジェクトマネージャ　総仕上げ問題集 ※1	¥3,800	978-4-86575-297-7
703495	2023　システム監査技術者　総仕上げ問題集 ※1	¥3,800	978-4-86575-298-4
703373	2023　ネットワークスペシャリスト　総仕上げ問題集	¥3,700	978-4-86575-283-0
703374	2023　ＩＴストラテジスト　総仕上げ問題集	¥3,800	978-4-86575-284-7
703375	2023　システムアーキテクト　総仕上げ問題集	¥3,800	978-4-86575-285-4
703376	2023　ＩＴサービスマネージャ　総仕上げ問題集	¥3,800	978-4-86575-286-1

※1　2023 年 5 月刊行予定

● 重点対策シリーズ

703169	2022　システム監査技術者　「専門知識＋午後問題」の重点対策	¥3,700	978-4-86575-250-2
703342	2023　応用情報技術者　午後問題の重点対策	¥3,400	978-4-86575-275-5
703343	2023　情報処理安全確保支援士　「専門知識＋午後問題」の重点対策	¥3,700	978-4-86575-276-2
703344	2023-2024　ネットワークスペシャリスト　「専門知識＋午後問題」の重点対策	¥3,700	978-4-86575-277-9
703345	2023-2024　ＩＴストラテジスト　「専門知識＋午後問題」の重点対策	¥3,700	978-4-86575-278-6
703346	2023-2024　システムアーキテクト　「専門知識＋午後問題」の重点対策	¥3,700	978-4-86575-279-3
703347	2023-2024　ＩＴサービスマネージャ　「専門知識＋午後問題」の重点対策	¥3,700	978-4-86575-280-9
703507	2023-2024　基本情報技術者　科目Ｂの重点対策	¥2,400	978-4-86575-307-3
703421	2023-2024　データベーススペシャリスト　「専門知識＋午後問題」の重点対策 ※2	¥3,700	978-4-86575-289-2
703422	2023-2024　エンベデッドシステムスペシャリスト　「専門知識＋午後問題」の重点対策 ※2	¥3,700	978-4-86575-290-8
703423	2023-2024　プロジェクトマネージャ　「専門知識＋午後問題」の重点対策 ※2	¥3,700	978-4-86575-291-5

※2　2023 年 4 月刊行予定

● 予想問題シリーズ

703127	極選分析　基本情報技術者　予想問題集　第 4 版	¥2,000	978-4-86575-233-5

● 試験対策書シリーズ

703377	ITパスポート試験対策書　第6版	¥2,000	978-4-86575-287-8
703132	情報セキュリティマネジメント　試験対策書　第4版	¥2,500	978-4-86575-232-8
703506	2023-2024　基本情報技術者　科目A試験対策書	¥2,400	978-4-86575-306-6
703498	2024　高度午前Ⅰ・応用情報　午前試験対策書 ※3	¥2,700	978-4-86575-301-1

※3　2023年9月刊行予定

● 合格論文シリーズ

703129	プロジェクトマネージャ　合格論文の書き方・事例集　第6版	¥3,000	978-4-86575-235-9
703130	システム監査技術者　合格論文の書き方・事例集　第6版	¥3,000	978-4-86575-236-6
703499	ITストラテジスト　合格論文の書き方・事例集　第6版	¥3,000	978-4-86575-302-8
703500	システムアーキテクト　合格論文の書き方・事例集　第6版	¥3,000	978-4-86575-303-5
703501	ITサービスマネージャ　合格論文の書き方・事例集　第6版	¥3,000	978-4-86575-304-2

● その他書籍

703341	セキュリティ技術の教科書　第3版	¥4,200	978-4-86575-274-8
703171	ネットワーク技術の教科書　第2版	¥4,200	978-4-86575-305-9
702720	データベース技術の教科書	¥4,200	978-4-86575-144-4
703139	ITサービスマネジメントの教科書	¥4,200	978-4-86575-237-3
703157	コンピュータシステムの基礎　第18版	¥4,000	978-4-86575-238-0
703547	アルゴリズムの基礎　第3版 ※4	¥3,000	978-4-86575-308-0
703517	わかりやすい！　IT基礎入門　第4版 ※4	¥1,800	978-4-86575-309-7
702790	PMP®試験合格虎の巻　新試験対応	¥3,200	978-4-86575-229-8
702546	PMBOK®ガイド問題集　第6版対応	¥1,700	978-4-86575-141-3

※4　2023年8月刊行予定

★書籍のラインナップなどは，予告なく変更となる場合がございます。アイテックの書籍に関する最新情報は，アイテックホームページの書籍ページでご確認ください。
https://www.itec.co.jp/howto/recommend/